9급 공무원 한국사 시험대비

동영상강의 www.pmg.co.kr

브랜드만족
1위
박문각

2024

박문각 공무원

노범석
한국사
기선제압 OX

기출 선지를
제대로 압축하다

노범석 표지

박문각

이 책의 **머리말**

끝날 때까지는 끝난 것이 아니다.

잠깐 멈추어서 당신 인생의 "소중한 것"에 대하여 진지하게 생각해 보라. 그것은 무엇인가? 당신은 그 소중한 것에 진정 관심을 갖고, 중점을 두고, 시간을 쏟고 있는가? 아마도 이 책을 선택한 당신이라면 "그렇다"라고 답할 것이다. 그러나 "잘 되고 있는가?"라고 되묻는다면 아마도 대부분은 "그렇지 않다"고 할 것이다.

그렇다면 왜 의지와 상관없이 성취의 과정은 항상 시간에 쫓기거나 부족하게 느껴지는 것일까? 그것은 의지의 문제도 아니고 효율성과 방법의 문제도 아니다. 바로 목표에 대한 확고함의 결여와 원칙의 부재에서 비롯된다. 우리는 어떤 목표를 성취하기 위해 지름길 같은 쉬운 방법을 좋아하는 현대 사회에 살고 있다. 그러나 값지고 절실한 목표는 적당한 지름길을 택한다고 해서 이룰 수 있는 것이 아니다. '더 빨리, 더 열심히, 더 영리하게, 더 많이'라는 상투적인 학습 조언 역시 값진 목표를 이루기 위해서는 아무리 많이 해도 부족하다. 나의 강의와 교재는 당신에게 시계를 하나 더 주는 것이 아니라, 나침반을 줄 것이 다. 당신이 '얼마나 빨리 가느냐'보다 '어디로 가고 있느냐'가 더 중요하기 때문이다.

한국사 공부의 기본은 기본서를 얼마나 효과적이고 꾸준하게 회독하느냐에 있다. 그러나 그렇다고 무조건 참고 또 참으면서 회독의 수를 늘리는 것만이 능사는 아니다. 알고 있는 사항들만 계속 체크하고 놓치는 부분들은 계속 놓치거나, 시간을 너무 많이 투자하여 기회 비용이 커진다면 제한된 시간 내에 성적을 올려야 하는 수험생의 입장에서는 잃는 것이 너무 많을 수밖에 없다. 그래서 빠르고 효과적 이면서도 결코 가볍지 않게 한국사를 정리하는 또 하나의 나침반을 제시해야 한다는 목적에서 본 책을 저술하게 되었다.

본서는 최근 시행된 2023년 상반기 기출 지문까지 포함하여 14개년 기출 지문을 총 망라하여 구성하였으며, 모든 테마는 단원별 주제별로 분류하였고 출제 주제별로 자주 출제되는 기출 선지는 ★로 표시하여 대표 기출 선지로 선정하였다. 각 테마별 O×문제의 구성은 국가직, 지방직에서 출제된 지문들을 출제 순서대로 구성하였으며 특히, 중복된 기출 지문도 수록하여 특정 지문이 반복되는 출제 경향도 엿볼 수 있도록 하였다. 그리고 빠른 시간에 여러 번 반복하여 풀어 보고 또 왜 틀렸는지를 스스로 체크할 수 있도록 페이지 양쪽 여백에 자가진단 Self Check 표를 구성하여 다시 틀리는 경우를 최대한 방지하는 데 중점을 두어 구성하였다.

수험 생활에 지름길은 없지만, 올바른 길은 있다. 그 길은 성공한 여러 선배들의 경험에서 존중되어온 원칙들에 근거를 두고 있다. 수험 생활에서 중요한 것은 당신이 '어떤 일을 얼마나 빨리 하느냐'가 아니라, 당신이 '무슨 일을 하고 왜 그 일을 하느냐'이다. 즉, 확고한 목표 의식 속에 얼마만큼의 노력과 집중력을 가지고 수험 생활에 임하고 있느냐이다.

이 책의 효과를 최대한으로 보려면, 이 책에 깊이 몰두해야 한다. 단순히 실전 감각을 익히고 문제를 푸는 것을 넘어 강의와 함께 꾸준히 기본 지식을 연마해야 한다. 이제 이 책은 나의 책이 아닌 합격을 향해 쉼 없는 도전을 하고 있는 여러 수험생들의 책이다. 다시 한 번 여러분들의 믿음을 응원한다.

마지막으로 이 책이 나오기까지 너무나 애쓰고 노력해준 연구실 직원들, 늘 학원에서 사는 저를 이해해준 가족들, 도서 출판 박문각 직원 분들께 감사하며 글을 마친다.

노량진 연구실에서 해법국사 **노범석**

당신의 믿음을 응원합니다.

1 기출선지들로 구성된 O·X 문제를 출제 연도 순으로 분류
└ 국가직 · 지방직 9급, 법원직 9급, 경찰

테마 3 신석기 시대

01 신석기 시대의 유적과 유물을 바르게 연결한 것으로는 양양 오산리 유적 - 덧무늬 토기가 있다.
21. 국가 9급
O ¦ X

02 신석기 시대의 유적과 유물을 바르게 연결한 것으로는 서울 암사동 유적 - 빗살무늬 토기가 있다.
21. 국가 9급
O ¦ X

03 신석기 시대의 유적과 유물을 바르게 연결한 것으로는 공주 석장리 유적 - 미송리식 토기가 있다.
21. 국가 9급
O ¦ X

04 신석기 시대의 유적과 유물을 바르게 연결한 것으로는 부산 동삼동 유적 - 아슐리안형 주먹도끼가 있다.
21. 국가 9급
O ¦ X

⭐**05** 처음으로 농경이 시작되었다.
21. 법원 9급
O ¦ X

⭐**06** 권력을 가진 지배자가 등장하였다.
21. 법원 9급
O ¦ X

07 뗀석기를 주로 이용하였다.
21. 법원 9급
O ¦ X

⭐**08** 주로 동굴에 거주하거나 막집에 살았다.
21. 법원 9급
O ¦ X

09 비파형 동검을 보고 있는 군장의 모습을 볼 수 있었다.
21. 소방직
O ¦ X

10 제주 고산리나 양양 오산리 등에서 목책, 환호 등의 시설이 만들어졌다.
20. 경찰 1차
O ¦ X

틀린 기출선지에 대한 간결하고 정확한 해설

오답 확인하기

12 신석기 시대의 유적지에 대한 설명이다.
13 신석기 시대의 일이다.
15 구석기 시대에 대한 설명이다.
20 청동기 시대가 아니라 신석기 시대이다.
24 한반도에서 요동 반도까지 걸쳐 있다.

⭐19 청동기 시대에는 정교하고 날카로운 간돌검을 사용하였다.

20 빗살무늬 토기에 도토리 등을 저장하였다.

⭐21 정치 권력을 가진 군장이 출현하였다.

22 고창·화순·강화의 고인돌 유적은 청동기 시대의 돌무덤이

⭐23 불에 탄 쌀이 여주 흔암리, 부여 송국리 유적에서 발견되었

24 청동기 시대 유적은 한반도 지역에 국한하여 주로 분포되어

③ 자가진단 Self Check 표
ㄴ 취약한 부분을 한눈에 파악

Self Check

문항	○	×	틀린 이유
01	○	×	
02	○	×	
03	○	×	
04	○	×	
05	○	×	
06	○	×	
07	○	×	

테마1 한국사의 바른 이해

⭐01 기록으로서의 역사에서는 역사는 사실과 기록이라는 두 가ㅈ
어 있다고 보았다.

02 기록으로서의 역사라는 표현은 카(E. H. Carr)가 쓴 『역사란
오는 문구이다.

03 사료는 '과거에 있었던 사실'이므로 그대로 '사실로서의 역ㅅ

⭐04 사료 또한 사람에 의해 '기록된 과거'이므로, 기록한 역사가

CONTENTS

이 책의 목차

제3막 중세 사회의 발전

제4막 근세 사회의 발전

CONTENTS

이 책의 목차

제7막   일제의 침략과 민족의 독립운동

제8막   현대 사회의 발전

노범석 한국사
기선제압 OX

제1장 한국사의 바른 이해와 선사 시대

제 **1** 막

한국사의 이해와
선사 시대

CHAPTER **01**

한국사의 바른 이해와 선사시대

Self Check

문항	○	×	틀린 이유
01	○	×	
02	○	×	
03	○	×	
04	○	×	
05	○	×	
06	○	×	
07	○	×	

테마1 한국사의 바른 이해

⭐**01** 기록으로서의 역사에서는 역사는 사실과 기록이라는 두 가지 측면으로 구성되어 있다고 보았다.
19. 경찰 1차
O | X

02 기록으로서의 역사라는 표현은 카(E. H. Carr)가 쓴 『역사란 무엇인가?』에 나오는 문구이다.
19. 경찰 1차
O | X

03 사료는 '과거에 있었던 사실'이므로 그대로 '사실로서의 역사'라고 판단한다.
16. 국가 9급
O | X

⭐**04** 사료 또한 사람에 의해 '기록된 과거'이므로, 기록한 역사가의 가치관을 분석한다.
16. 국가 9급
O | X

05 '사실로서의 역사'란 과거에 존재했던 모든 사실과 사건을 의미한다.
10. 지방 9급
O | X

⭐**06** 역사라는 말은 일반적으로 과거에 있었던 사실(사실로서의 역사)과 조사되어 기록된 과거(기록으로서의 역사)라는 두 가지 의미를 지니고 있다.
10. 서울시 9급
O | X

07 기록으로서의 역사는 과거의 사실을 토대로 역사가가 이를 조사하고 연구하여 주관적으로 재구성한 것을 말한다.
10. 서울시 9급
O | X

오답 확인하기

03 사료도 당대 사람들의 주관에 의해 재구성된 것으로 그대로 '사실로서의 역사'로 판단할 수 없다.

정답

01 **O** 02 **O** 03 **X** 04 **O** 05 **O**
06 **O** 07 **O**

테마 2 구석기 시대

01 동굴이나 바위 그늘, 강가의 막집 등에서 살았다.
23. 지방 9급
O | X

02 내부에 화덕이 있는 움집이 일반적인 주거 형태였다.
23. 지방 9급
O | X

03 토기를 만들어 음식을 조리하거나 식량을 저장하였다.
23. 지방 9급
O | X

04 구릉에 마을을 형성하고 그 주변에 도랑을 파고 목책을 둘렀다.
23. 지방 9급
O | X

05 반달 돌칼을 이용하여 벼를 수확하였다.
20. 국가 9급
O | X

06 넓적한 돌 갈판에 옥수수를 갈아서 먹었다.
20. 국가 9급
O | X

07 사냥이나 물고기잡이 등을 통해 식량을 얻었다.
20. 국가 9급
O | X

08 영혼 숭배 사상이 있어 사람이 죽으면 흙 그릇 안에 매장하였다.
20. 국가 9급
O | X

09 슴베찌르개가 사용되던 시기, 벼농사를 짓기 시작하였고 나무로 만든 농기구를 사용하였다.
18. 지방 9급
O | X

10 연천 전곡리 유적에서는 동아시아에서 처음으로 아슐리안형 주먹도끼가 발굴되었다.
18. 서울시 7급
O | X

11 구석기 시대 전기에는 주먹도끼와 슴베찌르개 등이 사용되었다.
17. 지방 9급
O | X

12 슴베찌르개는 주로 구석기 시대 후기에 사용하였는데, 이것은 창의 기능을 하였다.
16. 경찰 1차
O | X

13 덕천 승리산 동굴에서 화석 인골이 발견되었다.
15. 국가 7급
O | X

14 동물의 뼈로 만든 뼈도구와 뗀석기를 도구로 사용하였다.
12. 지방 9급
O | X

15 무리를 지어 살면서 공동체적 생활을 영위하였다.
12. 경찰 2차
O | X

Self Check

문항	O	X	틀린 이유
01	O	X	
02	O	X	
03	O	X	
04	O	X	
05	O	X	
06	O	X	
07	O	X	
08	O	X	
09	O	X	
10	O	X	
11	O	X	
12	O	X	
13	O	X	
14	O	X	
15	O	X	

오답 확인하기

02 신석기 · 청동기 시대에 대한 설명이다.
03 신석기 시대에 대한 설명이다.
04 청동기 시대에 대한 설명이다.
05 구석기가 아니라 청동기다.
06 구석기가 아니라 신석기다.
08 구석기가 아니라 신석기다.
09 슴베찌르개는 주로 구석기 후기에 사용되었다. 벼농사를 짓기 시작한 것은 청동기 시대부터의 일이다.
11 슴베찌르개는 구석기 후기에 등장한 석기이다.

정답

01 O 02 X 03 X 04 X 05 X
06 X 07 O 08 X 09 X 10 O
11 X 12 O 13 O 14 O 15 O

오답 확인하기

03 공주 석장리 유적지는 구석기 시대의 유적지이고, 미송리식 토기는 청동기 시대의 유물이다.
04 아슐리안형 주먹 도끼는 구석기 시대의 유물이다.
06 청동기 시대에 대한 설명이다.
07 구석기 시대에 대한 설명이다.
08 구석기 시대에 대한 설명이다.
09 청동기 시대에 대한 설명이다.
10 목책, 환호 등이 시설이 만들어진 것은 청동기 시대의 일이다.
11 구석기 시대에 대한 설명이다.
14 검은 간 토기는 초기 철기 시대에 사용된 토기이다.

정답

01 **O** 02 **O** 03 **X** 04 **X** 05 **O**
06 **X** 07 **X** 08 **X** 09 **X** 10 **X**
11 **X** 12 **O** 13 **O** 14 **X**

테마 3 신석기 시대

01 신석기 시대의 유적과 유물을 바르게 연결한 것으로는 양양 오산리 유적 － 덧무늬 토기가 있다.
21. 국가 9급
O ｜ **X**

02 신석기 시대의 유적과 유물을 바르게 연결한 것으로는 서울 암사동 유적 － 빗살무늬 토기가 있다.
21. 국가 9급
O ｜ **X**

03 신석기 시대의 유적과 유물을 바르게 연결한 것으로는 공주 석장리 유적 － 미송리식 토기가 있다.
21. 국가 9급
O ｜ **X**

04 신석기 시대의 유적과 유물을 바르게 연결한 것으로는 부산 동삼동 유적 － 아슐리안형 주먹도끼가 있다.
21. 국가 9급
O ｜ **X**

05 처음으로 농경이 시작되었다.
21. 법원 9급
O ｜ **X**

06 권력을 가진 지배자가 등장하였다.
21. 법원 9급
O ｜ **X**

07 뗀석기를 주로 이용하였다.
21. 법원 9급
O ｜ **X**

08 주로 동굴에 거주하거나 막집에 살았다.
21. 법원 9급
O ｜ **X**

09 비파형 동검을 보고 있는 군장의 모습을 볼 수 있었다.
21. 소방직
O ｜ **X**

10 제주 고산리나 양양 오산리 등에서 목책, 환호 등의 시설이 만들어졌다.
20. 경찰 1차
O ｜ **X**

11 기원전 약 70만 년 전부터 시작되었다.
20. 경찰 2차
O ｜ **X**

12 갈돌과 갈판을 이용해 석기를 갈아서 사용하였다.
20. 경찰 2차
O ｜ **X**

13 움집을 만들고, 정착 생활을 하였다.
20. 경찰 2차
O ｜ **X**

14 검은 간 토기를 함께 사용하였다.
19. 국가 7급
O ｜ **X**

15 가락바퀴를 이용해 옷을 만들었다.
19. 국가 7급
O ⏐ X

16 고인돌에 간돌검을 부장하였다.
19. 지방 7급
O ⏐ X

17 명도전, 반량전 등의 화폐를 사용하였다.
19. 지방 7급
O ⏐ X

⭐**18** 반달돌칼을 사용하여 이삭을 수확하였다.
19. 지방 7급
O ⏐ X

19 조, 피, 수수 등이 재배되었고 벼농사가 본격적으로 이루어졌다.
19. 경찰 2차
O ⏐ X

20 눌러찍기무늬 토기가 사용되던 시기, 가락바퀴와 뼈바늘을 이용하여 옷이나 그물을 만들어 사용하였다.
18. 지방 9급
O ⏐ X

21 집터는 대부분 움집으로 바닥은 원형이나 모서리가 둥근 사각형이다.
17. 지방 9급
O ⏐ X

22 신석기 시대 사람들은 조개류를 많이 먹었으며, 때로는 장식으로 이용하기도 하였다.
17. 지방 9급
O ⏐ X

23 금속제 무기를 사용하여 주변 세력을 통합하였다.
17. 교육행정
O ⏐ X

⭐**24** 바닥이 뾰족한 모양의 빗살무늬 토기를 만들어 사용하였다.
17. 교육행정
O ⏐ X

⭐**25** 아직 지배와 피지배의 관계가 발생하지 않았고, 연장자나 경험이 많은 자가 자기 부족을 이끌어 나가는 평등 사회였다.
17. 경찰 1차
O ⏐ X

26 고인돌이나 돌널무덤을 만들었다.
16. 지방 9급
O ⏐ X

27 빈부의 격차가 나타나고 계급이 발생하였다.
16. 지방 9급
O ⏐ X

28 독무덤과 널무덤이 유행하였다.
16. 지방 7급
O ⏐ X

29 방추차를 이용하여 옷감을 짜서 입었다.
16. 지방 7급
O ⏐ X

30 이른 민무늬 토기, 덧무늬 토기 등을 사용하였다.
16. 지방 7급
O ⏐ X

Self Check

문항	○	×	틀린 이유
15	○	×	
16	○	×	
17	○	×	
18	○	×	
19	○	×	
20	○	×	
21	○	×	
22	○	×	
23	○	×	
24	○	×	
25	○	×	
26	○	×	
27	○	×	
28	○	×	
29	○	×	
30	○	×	

오답 확인하기

16 청동기 시대의 유물들이다.
17 초기 철기 때의 일이다.
18 청동기 시대의 일이다.
19 벼농사는 초기 철기 시대에 들어와 철기 농기구의 사용 등으로 인해 본격적으로 발달하였다.
23 청동기 시대에 대한 설명이다.
26 신석기가 아니라 청동기다.
27 신석기가 아니라 청동기다.
28 신석기가 아니라 초기 철기다.

정답

15 O   16 X   17 X   18 X   19 X
20 O   21 O   22 O   23 X   24 O
25 O   26 X   27 X   28 X   29 O
30 O

31 영혼 숭배와 조상 숭배가 나타났다.
16. 지방 7급
O | X

32 농기구는 주로 석기로 만들어졌는데, 반달 돌칼, 바퀴날 도끼, 홈자귀 등이 대표적이다.
16. 경찰 2차
O | X

⭐**33** 생산물의 분배 과정에서 사유재산 제도가 등장하였다.
15. 국가 9급
O | X

34 마을 주변에 방어 및 의례 목적으로 환호(도랑)를 두르기도 하였다.
15. 국가 9급
O | X

35 흑요석의 출토 사례로 보아 원거리 교류나 교역이 있었음을 알 수 있다.
15. 국가 9급
O | X

36 집자리는 주거용 외에 창고, 작업장, 집회소, 공공 의식 장소 등도 확인되었다.
15. 국가 9급
O | X

37 부산 동삼동 패총에서 조와 기장이 수습되었다.
15. 국가 7급
O | X

38 한자의 전래로 붓이 사용되었다.
14. 지방 9급
O | X

⭐**39** 조, 피 등을 재배하는 농경이 시작되었다.
14. 지방 9급
O | X

40 반량전, 오수전 등의 중국 화폐가 사용되었다.
14. 지방 9급
O | X

41 소를 이용한 밭갈이 농사를 하였다.
13. 지방 9급
O | X

⭐**42** 빗살무늬 토기와 가락바퀴가 제작되었다.
13. 지방 9급
O | X

43 한국식 동검이라 일컫는 세형 동검을 사용하였다.
13. 지방 9급
O | X

44 빗살무늬 토기보다 앞서 덧무늬 토기, 이른 민무늬 토기 등을 사용하였다.
12. 지방 7급
O | X

45 자연 현상이나 자연물에도 정령이 있다고 믿는 애니미즘이 생겨났다.
12. 경북교행
O | X

46 부족 사회를 이루고 있었으며, 부족은 혈연을 바탕으로 한 씨족을 기본 구성 단위로 하였다.

12. 경북교행

O ｜ X

47 미송리식 토기는 신석기 시대의 대표적인 토기이다.

11. 지방 7급

O ｜ X

⭐**48** 황해도 봉산 지탑리에서 나온 탄화된 좁쌀을 통해 농경 흔적을 알 수 있다.

10. 지방 7급

O ｜ X

테마 4 청동기 · 철기 시대

⭐**01** 청동기 시대에는 비파형 동검이 사용되었다.

23. 국가 9급

O ｜ X

02 청동기 시대에는 오수전 등의 화폐가 사용되었다.

23. 국가 9급

O ｜ X

03 청동기 시대에는 아슐리안형 주먹도끼가 사용되었다.

23. 국가 9급

O ｜ X

04 청동기 시대에는 철이 많이 생산되어 낙랑과 왜에 수출되었다.

23. 국가 9급

O ｜ X

05 청동기 시대에는 계급이 발생하고 부족장이 출현하였다.

20. 국가 7급

O ｜ X

06 청동기 시대에는 빗살무늬 토기를 만들기 시작하였다.

20. 국가 7급

O ｜ X

⭐**07** 청동기 시대에는 철제 무기로 주변 나라를 정복하였다.

20. 국가 7급

O ｜ X

08 청동기 시대에는 주로 동굴에서 사냥과 채집 생활을 영위하였다.

20. 국가 7급

O ｜ X

09 청동기 시대의 유적지인 연천 전곡리에서는 사냥도구인 주먹도끼가 출토되었다.

19. 국가 9급

O ｜ X

10 청동기 시대의 유적지인 창원 다호리에서는 문자를 적는 붓이 출토되었다.

19. 국가 9급

O ｜ X

오답 확인하기

47 신석기가 아니라 청동기다.

02 초기 철기 시대의 일이다.
03 구석기 시대에 대한 설명이다.
04 변한에 대한 설명이다.
06 신석기 시대에 대한 설명이다.
07 철기 시대에 대한 설명이다.
08 구석기 시대에 대한 설명이다.
09 구석기 시대의 유적지에 대한 설명이다.
10 창원 다호리는 초기 철기 시대의 유적지이다.

정답

46 **O** 47 **X** 48 **O** / 01 **O** 02 **X**
03 **X** 04 **X** 05 **O** 06 **X** 07 **X**
08 **X** 09 **X** 10 **X**

11 청동기 시대의 유적지인 강화 부근리에서는 탁자식 고인돌이 발견되었다.

19. 국가 9급

O | X

12 청동기 시대의 유적지인 서울 암사동에서는 곡물을 담는 빗살무늬 토기가 나왔다.

19. 국가 9급

O | X

13 청동기 시대에 농경이 시작되었다.

19. 법원 9급

O | X

⭐**14** 청동기 시대에 계급 사회가 성립되었다.

19. 법원 9급

O | X

15 청동기 시대에는 주로 동굴이나 막집에서 살았다.

19. 법원 9급

O | X

⭐**16** 청동기 시대에는 고인돌이 등장하고 미송리식 토기가 사용되었다.

19. 경찰 2차

O | X

⭐**17** 청동기 시대의 전형적인 유물로는 비파형 동검, 붉은 간토기, 반달돌칼, 홈자귀 등이 있다.

17. 지방 9급

O | X

18 철기 시대에는 철제 농기구를 사용하면서 농업이 크게 발달하였으며, 철기와 함께 출토되는 명도전, 반량전, 오수전은 중국과 활발하게 교류했음을 보여준다.

17. 경기북부여경

O | X

⭐**19** 청동기 시대에는 정교하고 날카로운 간돌검을 사용하였다.

16. 국가 7급

O | X

20 빗살무늬 토기에 도토리 등을 저장하였다.

16. 국가 7급

O | X

⭐**21** 정치 권력을 가진 군장이 출현하였다.

16. 교육행정

O | X

22 고창·화순·강화의 고인돌 유적은 청동기 시대의 돌무덤이다.

13. 국가 9급

O | X

⭐**23** 불에 탄 쌀이 여주 흔암리, 부여 송국리 유적에서 발견되었다.

13. 서울시 9급

O | X

24 청동기 시대 유적은 한반도 지역에 국한하여 주로 분포되어 있다.

13. 서울시 9급

O | X

⭐**25** 청동기 시대에는 추수용 도구로 반달 돌칼을 사용하였다.

12. 지방 9급

O | X

26 무리 가운데 경험이 많은 사람이 지도자가 되었으나 정치 권력을 갖지는 못하였다.

12. 지방 9급

O | X

27 초기 철기 시대에는 부뚜막이 등장하였다.

11. 지방 9급

O | X

⭐**28** 초기 철기 시대에는 원형의 송국리형 주거가 등장하였다.

11. 지방 9급

O | X

29 초기 철기 시대에는 출입구 시설이 붙은 '여(呂)'자형 주거가 등장하였다.

11. 지방 9급

O | X

30 청동기로 만든 유물 중 도끼 등 공구(工具)는 출토되었지만, 농구(農具)는 발견되지 않았다.

10. 서울시 9급

O | X

테마 5 고조선

01 서옥제라는 혼인 풍습이 있었다.

23. 법원 9급

O | X

02 해마다 영고라는 제천행사를 열었다.

23. 법원 9급

O | X

03 목지국의 지배자가 왕으로 추대되었다.

23. 법원 9급

O | X

⭐**04** 한 무제가 보낸 군대의 침공으로 멸망하였다.

23. 법원 9급

O | X

05 '단군신화'에서의 '풍백, 우사, 운사'는 고조선의 농경 사회 모습이 반영되어 있는 것을 보여준다.

21. 법원 9급

O | X

06 '단군신화'에서의 '곰과 호랑이가 사람이 되기를 원하므로 환웅은 쑥과 마늘을 주고'는 특정 동물을 수호신으로 여기는 샤머니즘의 존재를 보여준다.

21. 법원 9급

O | X

⭐**07** '단군신화'에서의 '단군왕검'은 정치적 지배자와 제사장이 일치된 사회였음을 보여준다.

21. 법원 9급

O | X

Self Check

문항	○	×	틀린 이유
26	○	×	
27	○	×	
28	○	×	
29	○	×	
30	○	×	
01	○	×	
02	○	×	
03	○	×	
04	○	×	
05	○	×	
06	○	×	
07	○	×	

오답 확인하기

26 청동기 시대 이전의 모습이다.
28 송국리 유적은 청동기 시대 유적지이다.

01 고구려에 대한 설명이다.
02 부여에 대한 설명이다.
03 삼한에 대한 설명이다.
06 샤머니즘이 아니라 토테미즘이다.

정답

26 X 27 O 28 X 29 O 30 O /
01 X 02 X 03 X 04 O 05 O
06 X 07 O

Self Check

문항	○	×	틀린 이유
08	○	×	
09	○	×	
10	○	×	
11	○	×	
12	○	×	
13	○	×	
14	○	×	
15	○	×	
16	○	×	
17	○	×	
18	○	×	
19	○	×	
20	○	×	
21	○	×	
22	○	×	

오답 확인하기

08 무천은 동예의 제천 행사이다.
09 형사취수제는 부여와 고구려에 존재한 혼인 풍습이다.
10 고구려의 법률에 대한 설명이다.
13 『삼국사기』에는 고조선에 관련된 기록이 없다.
14 마가·우가·저가·구가가 존재한 국가는 부여이다.
16 부여에 대한 설명이다.
19 삼한에 대한 설명이다.
22 위만이 고조선의 준왕을 축출하고 스스로 왕이 됨 → 예(濊)의 남려가 28만여 명의 주민을 이끌고 한(漢)에 투항 → 고조선이 군대를 보내 요동도위 섭하 살해 → 우거왕이 살해되고, 왕검성 함락 → 한(漢), 고조선 영토에 네 개의 군현 설치

정답

08 X 09 X 10 X 11 O 12 O
13 X 14 X 15 O 16 X 17 O
18 O 19 X 20 O 21 O 22 X

---

08 10월에 무천이라는 제천 행사를 개최하였다.
20. 법원 9급
O | X

09 형이 죽으면 형수를 아내로 삼는 풍습이 있었다.
20. 법원 9급
O | X

⭐**10** 중대한 범죄자는 제가 회의를 열어 사형에 처했다.
20. 법원 9급
O | X

⭐**11** 왕 밑에서 국무를 관장하던 상이라는 관직이 있었다.
20. 법원 9급
O | X

12 비파형 동검과 고인돌이 출토된 지역의 분포를 통해 고조선의 문화 범위를 알 수 있다.
20. 경찰 2차
O | X

⭐**13** 『삼국사기』와 『동국통감』에 고조선 관련 기록이 남아있다.
20. 경찰 2차
O | X

14 마가·우가·저가·구가가 존재했다.
20. 경찰 2차
O | X

15 최초로 고조선을 언급하는 문헌은 중국 춘추 전국 시대에 편찬된 『관자(管子)』이다.
19. 경찰 1차
O | X

16 전연의 공격을 받아 심한 타격을 받았다.
18. 국가 7급
O | X

17 8조의 법을 제정하였는데 세 조항만 전해진다.
18. 국가 7급
O | X

18 단군 신화의 내용이 『고기(古記)』에 수록되어 있었다.
18. 국가 7급
O | X

19 신지, 읍차로 불리는 군장들이 70여 개의 소국을 다스렸다.
17. 하반기 국가 7급
O | X

⭐**20** 단군 조선은 상, 대신, 장군 등의 관직을 두었으며, 연과 대립하였다.
17. 하반기 국가 7급
O | X

⭐**21** 위만조선은 기원전 108년 한나라의 침입에 의해 멸망했고, 이 지역에는 한의 군현이 설치되었다.
17. 서울시 사복
O | X

22 [순서나열] 위만이 고조선의 준왕을 축출하고 스스로 왕이 됨 → 고조선이 군대를 보내 요동도위 섭하 살해 → 우거왕이 살해되고, 왕검성 함락 → 예(濊)의 남려가 28만여 명의 주민을 이끌고 한(漢)에 투항 → 한(漢), 고조선 영토에 네 개의 군현 설치
17. 경찰 2차
O | X

★ **23** 단군 조선 시기에는 왕 아래 대부, 박사 등의 직책이 있었다. 16. 국가 9급
O ㅣ X

24 단군 조선 시기에는 고조선 지역에 한(漢)의 창해군이 설치되었다. 16. 국가 9급
O ㅣ X

★ **25** 위만 조선 시기에는 철기 문화를 본격적으로 수용하며, 중계 무역의 이득을 취하였다. 16. 국가 9급
O ㅣ X

★ **26** 위만의 고조선 망명 ~ 위만조선의 멸망 사이의 시기에 중국 연(燕)의 침략으로 요서 지역을 잃었다. 16. 법원 9급
O ㅣ X

27 위만의 고조선 망명 ~ 위만조선의 멸망 사이의 시기에 8조에 불과하던 법 조항이 60여 조로 늘어났다. 16. 법원 9급
O ㅣ X

28 위만의 고조선 망명 ~ 위만조선의 멸망 사이의 시기에 중국의 한과 한반도 남부의 진국 사이에서 중계 무역을 하였다. 16. 법원 9급
O ㅣ X

29 옥저와 동예를 정복하였다. 15. 지방 9급
O ㅣ X

30 족외혼과 책화의 풍습이 있었다. 15. 지방 9급
O ㅣ X

★ **31** 단군 조선 시기에 중국의 한과 대립할 정도로 성장하였다. 15. 지방 9급
O ㅣ X

32 건국에 관련된 기록이 『삼국유사』와 『제왕운기』 등에 실려 있다. 15. 지방 7급
O ㅣ X

33 요서 지방을 경계로 대립했던 연나라의 잇단 공격으로 멸망하였다. 15. 지방 7급
O ㅣ X

34 위만 조선 시기에는 졸본성에서 국내성으로 도읍을 옮겼다. 15. 교육행정
O ㅣ X

★ **35** 위만 조선 시기에는 부왕, 준왕과 같은 강력한 왕이 등장하여 왕위를 세습하였다. 14. 사회복지
O ㅣ X

36 위만조선은 한의 침략에 맞서 1차 접전(패수)에서 대승을 거두기도 했다. 14. 경찰 1차
O ㅣ X

★ **37** 『삼국사기』에 따르면 요 임금 때 건국되었다. 12. 지방 9급
O ㅣ X

38 남에게 상처를 입힌 자는 곡식으로 갚게 하였다. 12. 지방 9급
O ㅣ X

Self Check

문항	○	×	틀린 이유
23	○	×	
24	○	×	
25	○	×	
26	○	×	
27	○	×	
28	○	×	
29	○	×	
30	○	×	
31	○	×	
32	○	×	
33	○	×	
34	○	×	
35	○	×	
36	○	×	
37	○	×	
38	○	×	

오답 확인하기

24 위만 조선 시기에 해당한다.
26 기원전 3세기의 일로, 위만의 고조선 망명 이전이다.
27 위만조선 멸망 이후의 일이다.
29 고구려에 대한 설명이다.
30 동예에 대한 설명이다.
31 위만 조선 시기에 해당한다.
33 고조선은 한나라의 공격으로 멸망하였다.
34 고구려에 대한 설명이다.
35 단군 조선 시기에 해당한다.
37 『삼국사기』가 아니라 『삼국유사』다.

정답

23 **O** 24 **X** 25 **O** 26 **X** 27 **X**
28 **O** 29 **X** 30 **X** 31 **X** 32 **O**
33 **X** 34 **X** 35 **X** 36 **O** 37 **X**
38 **O**

오답 확인하기

01 옥저에 대한 설명이다.
02 옥저·동예에 대한 설명이다.
04 삼한에 대한 설명이다.
06 서옥제는 고구려의 혼인 풍습이다.
07 동예의 특산물에 대한 설명이다.
08 삼한에 대한 설명이다.
09 고구려에 대한 설명이다.
11 변한에 대한 설명이다.
12 삼한의 풍습이다.
14 고구려에 대한 설명이다.
15 문자왕 때 고구려에 완전히 병합되었다.
16 옥저와 동예에 대한 설명이다.

정답

01 X 02 X 03 O 04 X 05 O
06 X 07 X 08 X 09 X 10 O
11 X 12 X 13 O 14 X 15 X
16 X

테마 6 여러 나라의 성장(부여)

01 사람이 죽으면 뼈만 추려 가족 공동 무덤인 목곽에 안치하였다.
21. 지방 9급 O I X

02 읍군이나 삼로라고 불린 군장이 자기 영역을 다스렸다.
21. 지방 9급 O I X

⭐**03** 가축 이름을 딴 마가, 우가, 저가, 구가 등이 있었다.
21. 지방 9급 O I X

04 천신을 섬기는 제사장인 천군이 있었다.
21. 지방 9급 O I X

⭐**05** 매년 12월에 영고라는 제천 행사를 열었다.
20. 법원 9급 O I X

06 서옥제라는 혼인 풍습이 있었다.
20. 법원 9급 O I X

07 특산물로 단궁, 과하마, 반어피가 유명하였다.
20. 법원 9급 O I X

08 신지, 읍차라고 불리는 지배자들이 다스렸다.
20. 법원 9급 O I X

⭐**09** 5부가 있었으며, 계루부에서 왕위를 차지하였다.
19. 국가 9급 O I X

10 사출도라는 구역이 있었다.
19. 지방 9급 O I X

11 철이 많이 생산되어 낙랑과 왜에 수출하였다.
19. 지방 9급 O I X

12 소와 말을 순장하였고 큰 새의 깃털을 장례에 사용하였다.
19. 상반기 서울시 9급 O I X

13 국왕의 장례에는 옥갑(玉匣)을 사용하였다.
17. 국가 7급 O I X

14 집집마다 '부경'이라는 작은 창고를 갖고 있었다.
17. 국가 7급 O I X

15 국력이 쇠퇴하여 광개토대왕 때 고구려에 완전 병합되었다.
16. 서울시 9급 O I X

16 대군왕(大君王)은 없고 대대로 읍락에 장수(長帥)가 있었다.
16. 지방 7급 O I X

Self Check

문항	○	×	틀린 이유
17	○	×	
18	○	×	
19	○	×	
20	○	×	
21	○	×	
22	○	×	
23	○	×	
24	○	×	
25	○	×	
26	○	×	

⭐**17** 왕이 죽으면 많은 사람을 껴묻거리와 함께 묻는 순장의 풍습이 있었다.

15. 지방 7급
O | X

18 왕 아래에는 상가, 고추가 등의 대가가 있었다.

14. 지방 9급
O | X

⭐**19** 농사가 흉년이 들면 국왕을 바꾸거나 죽이기도 하였다.

14. 지방 9급
O | X

⭐**20** 이미 1세기 초에 왕호를 사용하였다.

14. 경찰 1차
O | X

⭐**21** 만주 길림시 일대를 중심으로 송화강 유역의 평야 지대에서 성장하였다.

14. 경찰 1차
O | X

22 형이 죽으면 동생이 형수를 취하는 취수혼이 널리 행해지고 있었다.

13. 지방 7급
O | X

23 길흉을 점치기 위해 소를 죽였고, 매년 10월에 제천 행사를 열었다.

12. 지방 9급
O | X

24 12월에 영고라고 하는 제천 행사를 지냈으며, 전쟁이 일어났을 때에는 이 행사를 지내지 않았다.

12. 국가 7급
O | X

25 남의 물건을 훔친 자는 노비로 삼았다.

10. 국가 9급
O | X

26 투기가 심한 부인은 사형에 처했다.

10. 국가 9급
O | X

오답 확인하기

18 고구려에 대한 설명이다.
23 부여에서는 매년 12월에 제천 행사를 열었다.
24 부여는 전쟁이 일어나면 하늘에 제사를 지내고 길흉을 판단하기 위해 소를 잡아 굽의 모양으로 점을 보았다.
25 고조선에 대한 설명이다.

정답

17 **O**　18 **X**　19 **O**　20 **O**　21 **O**
22 **O**　23 **X**　24 **X**　25 **X**　26 **O**

Self Check

문항	○	×	틀린 이유
01	○	×	
02	○	×	
03	○	×	
04	○	×	
05	○	×	
06	○	×	
07	○	×	
08	○	×	
09	○	×	
10	○	×	
11	○	×	
12	○	×	
13	○	×	
14	○	×	

테마 7 여러 나라의 성장(고구려)

01 신성 지역인 소도가 존재하였다.
22. 소방직
O ㅣ X

02 서옥제라는 혼인 풍습이 있었다.
22. 소방직
O ㅣ X

03 가(加)들이 사출도를 나누어 다스렸다.
22. 소방직
O ㅣ X

04 8조법을 만들어 사회 질서를 유지하였다.
22. 소방직
O ㅣ X

05 관리가 뇌물을 받으면 3배를 추징하였다.
21. 경찰 1차
O ㅣ X

06 민며느리제라는 독특한 혼인 풍습이 있었다.
20. 지방 7급
O ㅣ X

07 왕 아래에 가축의 이름을 딴 마가, 우가, 저가 등의 관리가 있었다.
20. 지방 7급
O ㅣ X

08 10월에 제천 행사를 성대하게 치르고, 국동대혈에 모여 제사를 지냈다.
20. 지방 7급
O ㅣ X

09 금, 은의 폐물로써 후하게 장례를 치렀으며 돌무지무덤(적석총)을 만들었다.
17. 하반기 지방 9급
O ㅣ X

10 신랑은 처가 쪽에 머물며 자식이 장성한 다음에야 부인을 데리고 본가로 돌아 왔다.
17. 하반기 지방 9급
O ㅣ X

11 철이 많이 생산되어 왜에 수출하였다.
17. 법원 9급
O ㅣ X

12 집집마다 부경이라는 작은 창고가 있었다.
17. 법원 9급
O ㅣ X

13 이미 1세기 초에 왕호를 사용하였다.
16. 경찰 2차
O ㅣ X

14 건국 시조인 주몽과 그 어머니 유화 부인을 조상신으로 섬겨 제사를 지냈다.
12. 국가 9급
O ㅣ X

오답 확인하기

01 삼한에 대한 설명이다.
03 부여에 대한 설명이다.
04 고조선에 대한 설명이다.
05 백제의 법률에 대한 설명이다.
06 옥저에 대한 설명이다.
07 부여에 대한 설명이다.
11 삼한에 대한 설명이다.

정답

01 X 02 O 03 X 04 X 05 X
06 X 07 X 08 O 09 O 10 O
11 X 12 O 13 O 14 O

15 남의 부족의 영역을 침범하면 소나 말 등으로 변상하는 책화라는 풍습이 있었다.

12. 국가 9급

O | X

⭐16 왕 아래 상가, 고추가 등의 대가들이 있었으며, 각기 사자, 조의, 선인 등 관리를 거느렸다.

12. 국가 9급

O | X

17 10월에 동맹이라는 제천 행사를 치르고, 아울러 왕과 신하들이 국동대혈에 모여 함께 제사를 지냈다.

12. 국가 9급

O | X

18 옥저를 정복하고 공물을 받는 공납적인 지배를 하였다.

12. 국가 7급

O | X

⭐19 흉년이 들면 그 책임을 왕에게 돌려 교체하고자 하든지 혹은 죽이자고 하였다.

12. 국가 7급

O | X

20 대가(大加)들 또한 자체적으로 사자·조의·선인을 두는데, 그 명단은 왕에게 보고한다.

12. 국가 7급

O | X

⭐21 압록강 지류인 동가강 유역의 졸본 지방에 자리 잡고 활발한 정복 전쟁을 통해 한의 군현을 공략하면서 세력을 확장하였다.

12. 서울시 9급

O | X

⭐22 관직명으로 상·대부·박사·장군 등이 있었다.

11. 국가 9급

O | X

23 중대한 범죄자가 있으면 제가 회의를 통해 사형에 처하고, 그 가족을 노비로 삼았다.

11. 국가 9급

O | X

24 제사장인 천군은 신성 지역인 소도에서 농경과 종교에 대한 의례를 주관하였다.

11. 국가 9급

O | X

25 송화강 평야 지대를 중심으로 하였고 명마(名馬)와 적옥(赤玉), 모피가 산출되었다.

11. 서울시 9급

O | X

Self Check

문항	O	X	틀린 이유
15	O	X	
16	O	X	
17	O	X	
18	O	X	
19	O	X	
20	O	X	
21	O	X	
22	O	X	
23	O	X	
24	O	X	
25	O	X	

오답 확인하기

15 동예에 대한 설명이다.
19 부여에 대한 설명이다.
22 고조선에 대한 설명이다.
24 삼한에 대한 설명이다.
25 부여에 대한 설명이다.

정답

15 X 16 O 17 O 18 O 19 X
20 O 21 O 22 X 23 O 24 X
25 X

문항	○	×	틀린 이유
01	○	×	
02	○	×	
03	○	×	
04	○	×	
05	○	×	
06	○	×	
07	○	×	
08	○	×	
09	○	×	
10	○	×	
11	○	×	
12	○	×	
13	○	×	
14	○	×	
15	○	×	
16	○	×	
17	○	×	

오답 확인하기

02 부여에 대한 설명이다.
03 삼한에 대한 설명이다.
04 동예에 대한 설명이다.
05 동맹은 고구려의 제천행사이다.
06 부여의 정치 제도에 대한 설명이다.
07 동예의 특산물에 대한 설명이다.
10 고구려에 대한 설명이다.
11 고구려에 대한 설명이다.
12 고구려에 대한 설명이다.
14 고구려에 대한 설명이다.
15 변한에 대한 설명이다.
16 부여에 대한 설명이다.
17 고구려에 대한 설명이다.

정답

01 **O** 02 **X** 03 **X** 04 **X** 05 **X**
06 **X** 07 **X** 08 **O** 09 **O** 10 **X**
11 **X** 12 **X** 13 **O** 14 **X** 15 **X**
16 **X** 17 **X**

테마 8 여러 나라의 성장(옥저)

★**01** 민며느리제라는 혼인 풍습이 있었다.
22. 국가 9급 **O** | **X**

02 제가가 별도로 사출도를 다스렸다.
22. 국가 9급 **O** | **X**

03 소도라는 신성 구역이 존재하였다.
22. 국가 9급 **O** | **X**

★**04** 무천이라는 제천행사를 열었다.
22. 국가 9급 **O** | **X**

05 농경과 관련하여 동맹이라고 하는 제천행사가 있었다.
21. 소방직 **O** | **X**

06 대가들의 호칭에 말, 소, 돼지, 개 등의 가축 이름을 붙였다.
21. 소방직 **O** | **X**

★**07** 단궁, 반어피(바다표범 가죽), 과하마 등의 특산물로 중국과 교역하였다.
21. 소방직 **O** | **X**

★**08** 시체를 가매장하였다가 뼈만 추려 가족 공동 무덤인 큰 나무 덧널에 넣었다.
21. 소방직 **O** | **X**

09 민며느리를 받아들이는 읍군의 모습을 볼 수 있었다.
20. 지방 9급 **O** | **X**

10 계루부 집단이 권력을 장악하였다.
19. 지방 9급 **O** | **X**

11 중대한 범죄자가 있으면 제가회의를 통해 사형시키고 그 가족은 노비로 삼았다.
18. 경찰 1차 **O** | **X**

12 매년 10월에 동맹이라는 제천 행사를 열었다.
17. 교육행정 **O** | **X**

13 농경이 발달하였고, 어물과 소금 등 해산물이 풍부하였다.
17. 서울시 9급 **O** | **X**

14 형사취수혼과 서옥제가 행해졌다.
16. 사회복지 **O** | **X**

15 철이 많이 생산되어 낙랑, 왜 등에 수출하였다.
16. 사회복지 **O** | **X**

16 12월에 제천 행사가 열렸으며, 1세기 초에 왕호를 사용하였다.
16. 사회복지 **O** | **X**

17 대가들이 각기 사자·조의·선인을 거느렸다.
14. 국가 7급 **O** | **X**

테마 9 여러 나라의 성장(동예)

01 마가, 우가, 저가 등 관직을 두었다.
22. 서울 9급
O | X

02 철이 많이 생산되어 왜, 낙랑 등에 수출하였다.
22. 서울 9급
O | X

03 소노부를 비롯한 5부가 정치적 자치력을 갖고 있었다.
22. 서울 9급
O | X

⭐**04** 다른 읍락을 함부로 침범하면 노비, 소 등으로 변상하는 책화가 있었다.
22. 서울 9급
O | X

05 1세기 초 왕호를 사용하였다.
21. 법원 9급
O | X

⭐**06** 민며느리제라는 혼인 풍습이 있었다.
21. 법원 9급
O | X

07 목지국의 지배자가 왕으로 추대되었다.
21. 법원 9급
O | X

⭐**08** 해마다 무천이라는 제천 행사를 열었다.
21. 법원 9급
O | X

09 죄를 지은 사람이 소도에 들어가면 잡아가지 못하였다.
19. 국가 9급
O | X

10 남의 물건을 훔치면 물건 값의 12배를 배상하게 하였다.
19. 경찰 2차
O | X

11 특산물로 단궁(檀弓), 반어피(班漁皮), 과하마(果下馬) 등이 유명하였다.
19. 경찰 2차
O | X

12 10월에는 동맹이라고 하는 제천 행사를 거행하였다.
19. 경찰 2차
O | X

13 범금팔조가 시행되어 살인, 상해, 절도 등을 처벌하였다.
18. 교육행정
O | X

⭐**14** 후·읍군·삼로 등이 하호를 통치하였다.
17. 국가 9급
O | X

⭐**15** 사람이 죽으면 가매장한 다음 뼈만 추려 목곽에 안치하였다.
17. 국가 9급
O | X

문항	○	×	틀린 이유
01	○	×	
02	○	×	
03	○	×	
04	○	×	
05	○	×	
06	○	×	
07	○	×	
08	○	×	
09	○	×	
10	○	×	
11	○	×	
12	○	×	
13	○	×	
14	○	×	
15	○	×	

오답 확인하기

01 부여에 대한 설명이다.
02 삼한(변한)에 대한 설명이다.
03 초기 고구려에 대한 설명이다.
05 부여와 고구려에 대한 설명이다.
06 옥저에 대한 설명이다.
07 삼한에 대한 설명이다.
09 삼한에 대한 설명이다.
10 부여·고구려에 대한 설명이다.
12 고구려에 대한 설명이다.
13 고조선에 대한 설명이다.
15 옥저에 대한 설명이다.

정답

01 X 02 X 03 X 04 O 05 X
06 X 07 X 08 O 09 X 10 X
11 O 12 X 13 X 14 O 15 X

문항	○	×	틀린 이유
16	○	×	
17	○	×	
18	○	×	
01	○	×	
02	○	×	
03	○	×	
04	○	×	
05	○	×	
06	○	×	
07	○	×	
08	○	×	
09	○	×	
10	○	×	

16 아이가 출생하면 돌로 머리를 눌러 납작하게 하는 풍습이 있었다.   17. 국가 9급   O | X

17 왕권이 강화된 중앙 집권 국가로 발전하였다.   13. 국가 9급   O | X

18 천군은 제사장으로서 소도라는 별읍(別邑)에서 농경 예식과 종교 의례를 주관하였다.   12. 지방 9급   O | X

테마 10 여러 나라의 성장(삼한)

01 남의 물건을 훔친 자는 12배의 배상을 하게 하였다.   17. 하반기 국가 9급   O | X

02 집집마다 부경이라는 창고를 두었다.   17. 하반기 국가 9급   O | X

★**03** 특산물인 단궁, 과하마, 반어피 등을 수출하였다.   17. 하반기 국가 9급   O | X

★**04** 정치적 지배자 외에 제사장인 천군이 있었다.   17. 지방 7급   O | X

05 간음한 자와 투기가 심한 부인은 사형에 처하였다.   17. 지방 7급   O | X

★**06** 국읍에 각각 한 사람씩 세워 천신의 제사를 주관하게 하였다.   17. 서울시 9급   O | X

07 마한의 세력이 가장 컸으며, 마한을 이루고 있는 소국의 하나인 목지국의 지배자가 마한왕 또는 진왕으로 추대되어 삼한 전체의 주도 세력이 되었다.   17. 경찰 1차   O | X

★**08** 제천 행사는 5월과 10월의 계절제로 구성되어 있었다.   14. 지방 9급   O | X

09 동이(東夷) 지역에서 가장 넓고 평탄한 곳이라 기록되어 있었다.   14. 지방 9급   O | X

10 철제 농기구의 사용으로 농경이 발달하였고 벼농사를 지었다.   13. 지방 7급   O | X

오답 확인하기

16 삼한(진한과 변한)에 대한 설명이다.
17 동예는 군장 국가 단계에서 소멸했기 때문에 중앙 집권 국가로 발전하지 못하였다.
18 삼한에 대한 설명이다.

01 부여와 고구려에 대한 설명이다.
02 고구려에 대한 설명이다.
03 동예에 대한 설명이다.
05 부여에 대한 설명이다.
09 부여에 대한 설명이다.

정답

16 X   17 X   18 X / 01 X   02 X
03 X   04 O   05 X   06 O   07 O
08 O   09 X   10 O

11 10월에는 추수 감사제인 제천 행사를 치르고 왕과 신하가 국동대혈에 모여 함께 제사를 지냈다.

13. 지방 7급

O | **X**

12 철이 많이 생산되어 낙랑과 왜 등에 수출하였다.

12. 국가 9급

O | **X**

13 부전 고원을 넘어 옥저를 정복하여 공물을 받았다.

12. 경찰 2차

O | **X**

14 지배자 중에서 세력이 큰 것은 신지, 작은 것은 읍차 등으로 불렸다.

12. 경찰 2차

O | **X**

Self Check

문항	○	×	틀린 이유
11	○	×	
12	○	×	
13	○	×	
14	○	×	

제 1 막

오답 확인하기

11 고구려에 대한 설명이다.
13 고구려에 대한 설명이다.

정답

11 X 12 O 13 X 14 O

노범석 한국사
기선제압 OX

제 2 막

고대 사회의 발전

CHAPTER **01**

고대의 정치

Self Check

문항	○	×	틀린 이유
01	○	×	
02	○	×	
03	○	×	
04	○	×	
05	○	×	
06	○	×	
07	○	×	
08	○	×	
09	○	×	
10	○	×	
11	○	×	
12	○	×	
13	○	×	

테마1 고구려의 정치적 발전

01 고국천왕은 낙랑군을 축출하였다.
23. 국가 9급
O | **X**

★**02** 고국천왕은 진대법을 시행하였다.
23. 국가 9급
O | **X**

03 고국천왕은 백제의 침입으로 전사하였다.
23. 국가 9급
O | **X**

04 고국천왕은 영락이라는 독자적인 연호를 사용하였다.
23. 국가 9급
O | **X**

05 호우명 그릇을 통해 5세기 초 고구려와 신라가 밀접한 관계를 맺고 있었음을 알 수 있다.
23. 지방 9급
O | **X**

★**06** 장수왕은 평양으로 도읍을 천도하였다.
22. 국가 9급
O | **X**

07 장수왕은 낙랑군을 점령하고 한 군현 세력을 몰아내었다.
22. 국가 9급
O | **X**

★**08** 장수왕 때 신라에 침입한 왜군을 낙동강 유역에서 물리쳤다.
22. 국가 9급
확 | **X**

★**09** 백제의 근초고왕과 대립하였던 고구려의 왕은 고국원왕이다.
22. 서울 9급
O | **X**

10 고구려의 한성 점령 ~ 관산성 전투 사이의 시기에 고구려가 국내성으로 수도를 옮겼다.
22. 소방직
O | **X**

11 유리왕은 졸본에서 국내성으로 천도하였다.
21. 국가 9급
O | **X**

12 유리왕은 율령을 반포하여 중앙집권 체제를 강화하였다.
21. 국가 9급
O | **X**

13 연개소문은 당나라와 동맹을 체결하였다.
21. 지방 9급
O | **X**

오답 확인하기

01 4세기 미천왕 때의 일이다.
03 4세기 고국원왕에 대한 설명이다.
04 5세기 광개토대왕의 업적이다.
07 미천왕 때의 일이다.
08 광개토대왕의 업적이다.
10 고구려의 한성 점령 이전인 유리왕 때의 일이다.
12 소수림왕의 업적이다.
13 신라의 김춘추다.

정답

01 **X** 02 **O** 03 **X** 04 **X** 05 **O**
06 **O** 07 **X** 08 **X** 09 **O** 10 **X**
11 **O** 12 **X** 13 **X**

14 연개소문은 천리장성의 축조를 맡아 수행하였다.

21. 지방 9급

O | X

15 연개소문은 수나라의 군대를 살수에서 격퇴하였다.

21. 지방 9급

O | X

16 연개소문은 남진 정책을 추진하여 한성을 점령하였다.

21. 지방 9급

O | X

17 광개토대왕은 태학을 설립하였다.

21. 소방직

O | X

18 광개토대왕은 대가야를 정복하였다.

21. 소방직

O | X

19 광개토대왕은 관산성에서 전사하였다.

21. 소방직

O | X

20 광개토대왕은 독자적인 연호를 사용하였다.

21. 소방직

O | X

21 광개토대왕릉비 건립 ~ 살수대첩 승리 사이의 시기에 고구려 영양왕이 요서 지방을 선제공격하였다.

20. 국가 9급

O | X

22 근초고왕의 평양성 전투부터 광개토대왕의 왜구 격퇴 사이에 평양으로 도읍을 옮기고 한성을 함락하였다.

19. 지방 9급

O | X

23 고구려는 수 양제의 침략에 대비하기 위해 천리장성을 축조하였다.

19. 상반기 서울시 9급

O | X

24 장수왕은 도읍지를 국내성에서 평양으로 옮겼다.

19. 경찰 2차

O | X

25 장수왕은 부여를 복속하여 고구려 최대 영토를 확보했다.

19. 경찰 2차

O | X

26 광개토대왕이 신라에 침입한 왜를 격퇴한 결과, 고구려가 신라 내정 간섭을 강화하였다.

18. 국가 9급

O | X

27 [순서나열] 관구검의 공격으로 환도성 함락 → 요동의 서안평 점령 및 낙랑군을 한반도에서 축출 → 전연 모용황의 공격을 받아 궁궐 불탐. → 후연을 공격하여 요동 진출, 동북쪽으로 숙신 복속

18. 지방 7급

O | X

Self Check

문항	○	×	틀린 이유
14	○	×	
15	○	×	
16	○	×	
17	○	×	
18	○	×	
19	○	×	
20	○	×	
21	○	×	
22	○	×	
23	○	×	
24	○	×	
25	○	×	
26	○	×	
27	○	×	

오답 확인하기

15 고구려의 을지문덕이다.
16 고구려 장수왕의 업적이다.
17 소수림왕의 업적이다.
18 신라 진흥왕의 업적이다.
19 백제 성왕에 대한 설명이다.
22 광개토대왕의 왜구 격퇴 이후인 5세기 장수왕 때의 일이다.
23 고구려는 당나라의 침략에 대비하고자 국경에 천리장성을 쌓았다.
25 문자왕 때의 일이다.

정답

14 O 15 X 16 X 17 X 18 X
19 X 20 O 21 O 22 X 23 X
24 O 25 X 26 O 27 O

Self Check

문항	○	×	틀린 이유
28	○	×	
29	○	×	
30	○	×	
31	○	×	
32	○	×	
33	○	×	
34	○	×	
35	○	×	
36	○	×	
37	○	×	
38	○	×	
39	○	×	
40	○	×	

28 장수왕 때 북연(北燕) 왕인 풍홍을 둘러싸고 북위 및 송과 갈등을 빚었다.
18. 상반기 서울시 7급
O | X

29 장수왕 때 거란족 비려의 3개 부락을 격파하고 소, 말, 양을 노획하였다.
18. 상반기 서울시 7급
O | X

30 장수왕 때 당나라에서 도사와 『도덕경』이 본격적으로 들어오고 도교의 일파인 오두미도(五斗米道)도 유입되었다.
18. 상반기 서울시 7급
O | X

★**31** 광개토대왕 때, 모용황의 공격을 받았다.
17. 하반기 국가 9급
O | X

32 광개토대왕 때, 북쪽으로 숙신을 정복하였다.
17. 하반기 국가 9급
O | X

33 광개토대왕 때, 신라를 도와 낙동강 유역에서 왜병을 대파하였다.
17. 하반기 국가 9급
O | X

★**34** 2세기 고구려 고국천왕 때에는 왕위 계승이 형제 상속에서 부자 상속으로 바뀌었으며, 부족적인 전통을 지녀온 5부에서 수도와 그 주변 지역의 행정 단위를 의미하는 5부로 개편되었다.
17. 경찰 1차
O | X

★**35** 고구려 태조왕은 계루부 고씨의 왕위 세습권을 확립하였으며, 옥저를 복속시켰다.
17. 경찰 1차
O | X

36 3세기 고구려 동천왕은 서안평을 공격하였다.
17. 경찰 1차
O | X

37 5세기 장수왕 때, 위(魏)의 장수 관구검에 의해 환도성이 함락당했다.
17. 경찰 2차
O | X

38 소수림왕 때 역사서인 『신집』을 편찬하였다.
16. 국가 9급
O | X

★**39** 소수림왕 때 유학 교육 기관인 태학을 설치하였다.
16. 국가 9급
O | X

40 소수림왕 때 왜에 종이와 먹의 제작 방법을 전해 주었다.
16. 국가 9급
O | X

오답 확인하기

29 광개토대왕에 대한 설명이다.
30 7세기 영류왕 때 당나라에서 도사와 도덕경이 들어왔다.
31 4세기 고국원왕 때의 일이다.
37 3세기 동천왕 때의 일이다.
38 7세기 영양왕 때의 일이다.
40 7세기 초의 일이다.

정답

28 O 29 X 30 X 31 X 32 O
33 O 34 O 35 O 36 O 37 X
38 X 39 O 40 X

⭐**41** 광개토대왕이 신라에 침입한 왜를 격퇴한 결과, 금관가야 중심의 전기 가야 연맹이 무너졌다.

16. 법원 9급

O | **X**

42 광개토대왕은 칠지도를 제작하여 왜왕에게 보내주었다.

15. 교육행정

O | **X**

⭐**43** 광개토대왕은 한강 유역을 점령하고 북한산에 순수비를 세웠다.

15. 교육행정

O | **X**

⭐**44** 광개토대왕은 후연과 거란을 격파하여 요동과 만주 지역을 차지하였다.

15. 교육행정

O | **X**

⭐**45** 장수왕이 재위할 때 백제가 국호를 남부여로 고쳤다.

15. 서울시 9급

O | **X**

⭐**46** 소수림왕은 전진과 수교하여 대외 관계를 안정시키고, 태학 설립, 불교 수용, 율령 반포 등을 통해 중앙 집권적 국가 체제를 강화하였다.

15. 서울시 9급

O | **X**

47 광개토대왕은 백제 수도 한성을 함락하고 개로왕을 죽였다.

12. 지방 7급

O | **X**

48 장수왕의 남진 정책으로 고구려의 영토는 남한강 유역까지 확대되었다. 이러한 사실은 중원고구려비를 통해 알 수 있다.

12. 서울시 9급

O | **X**

⭐**49** [순서나열] 광개토왕비의 건립 → 고구려의 평양 천도 → 백제의 웅진 천도 → 나·제 동맹 결성

12. 경찰 2차

O | **X**

50 광개토대왕은 지두우를 분할 점령하여 흥안령 일대의 초원 지대를 장악하였다.

10. 국가 9급

O | **X**

오답 확인하기

42 백제 근초고왕에 대한 설명이다.

43 신라 진흥왕에 대한 설명이다.

45 6세기 백제 성왕 때인 538년의 일로, 고구려는 안원왕의 재위 기간이었다.

47 장수왕에 대한 설명이다.

49 광개토왕비의 건립 → 고구려의 평양 천도→ 나·제 동맹 결성 → 백제의 웅진 천도

50 장수왕에 대한 설명이다.

정답

41 **O** 42 **X** 43 **X** 44 **O** 45 **X**
46 **O** 47 **X** 48 **O** 49 **X** 50 **X**

Self Check

문항	○	×	틀린 이유
01	○	×	
02	○	×	
03	○	×	
04	○	×	
05	○	×	
06	○	×	
07	○	×	
08	○	×	
09	○	×	
10	○	×	
11	○	×	
12	○	×	
13	○	×	

테마 2 　백제의 정치적 발전

01 매소성 전투 이후 웅진도독부가 설치되었다.

23. 국가 9급
O ㅣ X

02 매소성 전투 이후 복신과 도침이 부여풍과 함께 백제 부흥 운동을 일으켰다.

23. 국가 9급
O ㅣ X

03 근초고왕은 국호를 남부여로 바꾸었다.

23. 지방 9급
O ㅣ X

04 근초고왕은 동진으로부터 불교를 받아들여 공인하였다.

23. 지방 9급
O ㅣ X

05 고구려의 한성 점령 ~ 관산성 전투 사이의 시기에 백제가 22담로에 왕족을 파견하였다.

22. 소방직
O ㅣ X

⭐**06** 근초고왕 때 왕위의 부자 상속이 확립되었다.

21. 법원 9급
O ㅣ X

07 근초고왕은 중앙 관청을 22부로 확대하였다.

21. 법원 9급
O ㅣ X

08 근초고왕은 좌평 제도와 관등제를 마련하였다.

21. 법원 9급
O ㅣ X

09 낙랑군 축출 ~ 광개토대왕릉비 건립 사이의 시기에 백제 침류왕이 불교를 받아들였다.

20. 국가 9급
O ㅣ X

10 살수대첩 승리 ~ 안시성 전투 승리 사이의 시기에 백제가 신라 대야성을 공격하여 함락시켰다.

20. 국가 9급
O ㅣ X

11 신라의 율령 반포 ~ 고구려의 살수대첩 사이의 시기에 백제가 사비로 천도하였다.

20. 국가 7급
O ㅣ X

⭐**12** 무령왕 때 수도는 5부, 지방은 5방으로 나누어 정비하였다.

20. 지방 7급
O ㅣ X

13 무령왕은 남으로 마한을 통합하고, 북으로 고구려 평양성을 공격하였다.

20. 지방 7급
O ㅣ X

오답 확인하기

01 매소성 전투는 675년이고 웅진도독부 설치는 663년이다.
02 매소성 전투는 675년이고 660년 백제가 멸망한 직후 백제 승려 도침과 장수 복신이 왕자 부여풍을 왕으로 추대하고 백제 부흥 운동을 전개하였다.
03 성왕에 대한 설명이다.
04 침류왕에 대한 설명이다.
07 6세기 백제 성왕의 업적이다.
08 3세기 백제 고이왕 때의 일이다.
12 성왕 때의 일이다.
13 근초고왕 때의 일이다.

정답

01 X 　02 X 　03 X 　04 X 　05 O
06 O 　07 X 　08 X 　09 O 　10 O
11 O 　12 X 　13 X

14 백제 성왕 때 나·제 동맹을 체결하였다.
20. 법원 9급
O | X

⭐**15** 백제 성왕은 22담로에 왕족을 파견하였다.
20. 법원 9급
O | X

16 백제 성왕은 화랑도를 국가적 조직으로 개편하였다.
20. 법원 9급
O | X

⭐**17** 백제 성왕은 국호를 남부여로 바꾸었다.
20. 법원 9급
O | X

18 백제 무령왕은 신라와 결혼 동맹을 맺어 이벌찬 비지의 딸을 왕비로 맞이하였다.
19. 서울시 7급
O | X

19 백제 무령왕은 양나라에 사신을 보내 여러 차례 고구려를 격파했다는 서신을 전했다.
19. 서울시 7급
O | X

20 [순서나열] 고구려 고국원왕의 전사 → 백제 한성 함락 및 개로왕 처형 → 신라의 대야성, 백제의 공격을 받고 함락 → 관산성 전투에서 백제 성왕 전사
18. 경찰 2차
O | X

21 성왕은 관등제의 골격을 마련하고 낙랑군·대방군과 공방을 벌였다.
18. 경찰 3차
O | X

22 백제 성왕 때, 북위에 국서를 보내 고구려를 공격해줄 것을 요청했다.
17. 하반기 지방 9급
O | X

⭐**23** 백제 성왕 때, 평양성까지 진군하여 고국원왕을 전사시켰다.
17. 하반기 지방 9급
O | X

24 백제 성왕 때, 불교를 공인하였다.
17. 하반기 지방 9급
O | X

⭐**25** 평양성 공격 ~ 웅진 천도 사이의 시기에 신라의 눌지왕과 동맹을 맺었다.
17. 교육행정
O | X

26 5세기 백제 동성왕은 고구려를 피해 남쪽 금강 유역의 웅진으로 도읍을 옮겼다.
17. 경찰 1차
O | X

27 무령왕 때 중앙에는 22부 관청을 두고 지방에는 5방을 설치하였다.
16. 지방 9급
O | X

Self Check

문항	O	×	틀린 이유
14	O	×	
15	O	×	
16	O	×	
17	O	×	
18	O	×	
19	O	×	
20	O	×	
21	O	×	
22	O	×	
23	O	×	
24	O	×	
25	O	×	
26	O	×	
27	O	×	

오답 확인하기

14 백제 비유왕·동성왕에 대한 설명이다.
15 백제 무령왕에 대한 설명이다.
16 신라 진흥왕에 대한 설명이다.
18 백제 동성왕의 업적이다.
20 고구려 고국원왕의 전사 → 백제 한성 함락 및 개로왕 처형 → 관산성 전투에서 백제 성왕 전사 → 신라의 대야성, 백제의 공격을 받고 함락
21 백제 고이왕 때의 일이다.
22 개로왕 때의 일이다.
23 근초고왕 때의 일이다.
24 침류왕 때의 일이다.
26 문주왕에 대한 설명이다.
27 6세기 성왕에 대한 설명이다.

정답

14 X 15 X 16 X 17 O 18 X
19 O 20 X 21 X 22 X 23 X
24 X 25 O 26 X 27 X

문항	○	×	틀린 이유
28	○	×	
29	○	×	
30	○	×	
31	○	×	
32	○	×	
33	○	×	
34	○	×	
35	○	×	
36	○	×	
37	○	×	
38	○	×	
39	○	×	
40	○	×	

28 무령왕 때 고구려의 남진 정책에 맞서 나·제 동맹을 처음 결성하였다.

16. 지방 9급
O | X

29 무령왕 때 지방에 22개의 담로를 두고 왕족을 파견하여 지방에 대한 통제를 강화하였다.

16. 지방 9급
O | X

30 백제 무왕 때 박사 고흥이 『서기』를 편찬하였다.

16. 국가 7급
O | X

31 백제 무왕 때 노리사치계가 왜에 불상과 불경을 전하였다.

16. 국가 7급
O | X

32 근초고왕은 미륵사를 창건하였다.

16. 지방 7급
O | X

33 백제의 수도가 사비(부여)였을 때 칠지도를 제작하여 일본에 전해 주었다.

16. 법원 9급
O | X

34 백제의 수도가 사비(부여)였을 때 신라와 연합하여 한강 유역을 회복하였다.

16. 법원 9급
O | X

35 침류왕 때 동진에서 온 마라난타를 통해 불교가 전래되었다.

16. 경찰 2차
O | X

36 근초고왕 때 부자 상속에 의한 왕위 계승이 시작되었다.

16. 경찰 2차
O | X

37 무령왕은 남조의 양과 교류하고 가야 지역으로 진출하였다.

15. 교육행정
O | X

38 백제의 고이왕은 목지국을 병합하여 마한의 중심 세력이 되었다.

13. 서울시 7급
O | X

39 백제는 의자왕이 한때 신라의 대야성을 비롯한 40여 성을 빼앗는 업적을 세우기도 하였으나, 나·당 연합군의 공격을 막아내지 못했다.

13. 서울시 7급
O | X

40 [순서나열] 칠지도 제작 → 백제의 불교 수용 → 나·제 동맹의 성립 → 백제의 웅진 천도

11. 국가 7급
O | X

오답 확인하기

28 5세기 비유왕에 대한 설명이다.
30 무왕이 아니라 근초고왕이다.
31 무왕이 아니라 성왕이다.
32 무왕에 대한 설명이다.
33 한성 시대인 4세기 근초고왕 때 이다.

정답

28 X 29 O 30 X 31 X 32 X
33 X 34 O 35 O 36 O 37 O
38 O 39 O 40 O

테마 3 신라의 정치적 발전

01 [순서나열] 고구려의 서안평 점령 → 신라의 우산국 복속 → 신라의 금관가야 병합 → 백제의 대야성 점령
23. 국가 9급
O | X

⭐**02** 진흥왕은 화랑도를 국가적 조직으로 개편하였다.
23. 지방 9급
O | X

⭐**03** 진흥왕은 병부를 처음으로 설치하여 군권을 장악하였다.
23. 지방 9급
O | X

04 지증왕은 독서삼품과를 실시하였다.
22. 지방 9급
O | X

⭐**05** 지증왕은 국호를 '신라'로 확정하였다.
22. 지방 9급
O | X

06 지증왕은 관료전을 지급하고 녹읍을 폐지하였다.
22. 지방 9급
O | X

07 지증왕은 장문휴를 보내 당의 등주를 공격하였다.
22. 지방 9급
O | X

08 김유신은 살수에서 수의 군대를 물리쳤다.
22. 지방 9급
O | X

⭐**09** 김유신은 김춘추의 신라 왕위 계승을 지원하였다.
22. 지방 9급
O | X

⭐**10** 김유신은 청해진을 설치하고 해상 무역을 전개하였다.
22. 지방 9급
O | X

11 김유신은 대가야를 정벌하여 낙동강 유역을 확보하였다.
22. 지방 9급
O | X

12 [순서나열] 고구려의 평양 천도 → 백제의 웅진 천도 → 신라의 한강 유역 확보 → 관산성 전투
22. 지방 9급
O | X

⭐**13** 백제의 웅진 천도 ~ 백제의 사비 천도 사이의 시기에 신라는 대가야를 정복하였다.
21. 국가 9급
O | X

14 백제의 웅진 천도 ~ 백제의 사비 천도 사이의 시기에 신라는 황초령순수비를 세웠다.
21. 국가 9급
O | X

15 백제의 웅진 천도 ~ 백제의 사비 천도 사이의 시기에 신라는 거칠부가 『국사』를 편찬하였다.
21. 국가 9급
O | X

Self Check

문항	O	X	틀린 이유
01	O	X	
02	O	X	
03	O	X	
04	O	X	
05	O	X	
06	O	X	
07	O	X	
08	O	X	
09	O	X	
10	O	X	
11	O	X	
12	O	X	
13	O	X	
14	O	X	
15	O	X	

오답 확인하기

03 법흥왕에 대한 설명이다.
04 원성왕의 업적이다.
06 신문왕의 업적이다.
07 발해 무왕 때의 일이다.
08 을지문덕에 대한 설명이다.
10 장보고에 대한 설명이다.
11 진흥왕 때의 일이다.
13 진흥왕 때인 562년의 일로, 백제의 사비 천도 이후다.
14 백제의 사비 천도 이후인 568년 진흥왕은 함흥평야를 정복하고 황초령 순수비를 세웠다.
15 진흥왕 때인 545년의 일로, 백제의 사비 천도 이후다.

정답

01 O 02 O 03 X 04 X 05 O
06 X 07 X 08 X 09 O 10 X
11 X 12 O 13 X 14 X 15 X

Self Check

문항	○	×	틀린 이유
16	○	×	
17	○	×	
18	○	×	
19	○	×	
20	○	×	
21	○	×	
22	○	×	
23	○	×	
24	○	×	
25	○	×	
26	○	×	
27	○	×	
28	○	×	
29	○	×	
30	○	×	

오답 확인하기

16 매소성 전투는 고구려 멸망 이후인 675년의 일이다.
18 원광에 대한 설명이다.
19 태종 무열왕(김춘추)에 대한 설명이다.
20 김춘추의 둘째 아들이자, 문무왕의 동생인 김인문에 대한 설명이다.
22 진흥왕 때의 일이다.
24 신라 문무왕이다.
25 법흥왕 때의 일이다.
27 선덕여왕 때의 일이다.
29 신라의 이사부가 우산국(울릉도)을 복속함. → 대가야는 신라와 결혼 동맹을 체결함. → 신라에서는 이차돈의 순교를 계기로 불교가 공인됨. → 금관가야는 신라에 의해 결국 병합됨.

정답

16 X 17 O 18 X 19 X 20 X
21 O 22 X 23 O 24 X 25 X
26 O 27 X 28 O 29 X 30 O

16 안시성 전투 승리 ~ 고구려 멸망 사이의 시기에 신라가 매소성에서 당군을 격파하였다.
20. 국가 9급
O | X

17 김유신은 황산벌에서 백제군을 물리쳤다.
20. 국가 9급
O | X

18 김유신은 화랑이 지켜야 할 세속오계를 제시하였다.
20. 국가 9급
O | X

19 김유신은 진덕여왕의 뒤를 이어 신라왕으로 즉위하였다.
20. 국가 9급
O | X

20 김유신은 당에서 숙위 활동을 하다가 부대총관이 되어 신라로 돌아왔다.
20. 국가 9급
O | X

21 백제군이 대야성을 함락한 것이 나·당 동맹 결성의 배경이 되었다.
20. 지방 7급
O | X

22 선덕여왕 때 단양 적성비를 세웠다.
20. 법원 9급
O | X

⭐23 선덕여왕 때 황룡사 9층 목탑을 건립하였다.
20. 법원 9급
O | X

24 선덕여왕은 고구려 부흥 운동을 지원하였다.
20. 법원 9급
O | X

⭐25 선덕여왕은 이차돈의 순교를 계기로 불교를 공인하였다.
20. 법원 9급
O | X

26 법흥왕 때 '신라 육부'가 새겨진 울진 봉평 신라비가 세워졌다.
19. 상반기 서울시 9급
O | X

27 법흥왕은 연호를 '인평(仁平)'으로 고쳤으며 분황사와 영묘사를 창건하였다.
19. 상반기 서울시 9급
O | X

28 신라의 진흥왕은 두 아들의 이름을 동륜 등으로 짓고 자신은 전륜성왕으로 자처했다.
19. 서울시 9급
O | X

⭐29 [순서나열] 신라에서는 이차돈의 순교를 계기로 불교가 공인됨. → 신라의 이사부가 우산국(울릉도)을 복속함. → 금관가야는 신라에 의해 결국 병합됨. → 대가야는 신라와 결혼 동맹을 체결함.
19. 경찰 2차
O | X

30 지증왕 때 아시촌에 소경을 설치하였다.
18. 국가 7급
O | X

31 지증왕은 고구려 승려 혜량을 승통으로 삼았다. 18. 국가 7급
O I X

32 지증왕은 사방에 우역(郵驛)을 처음으로 두었다. 18. 국가 7급
O I X

⭐**33** 지증왕 때 이사부의 건의로 『국사』를 편찬하였다. 18. 경찰 2차
O I X

34 마립간 왕호를 사용하던 시기에 왕위의 부자 상속제가 확립되었다.
17. 하반기 국가 7급
O I X

⭐**35** 진흥왕은 개국(開國), 대창(大昌), 홍제(鴻濟)라는 연호를 사용하였다. 17. 경찰 2차
O I X

36 [순서나열] 신라는 율령을 반포하고 백관의 공복을 제정 → 백제는 사비로 도읍을 옮기고 국호를 남부여로 함 → 고령 지역의 대가야가 신라의 공격으로 멸망 → 고구려는 살수에서 수 양제의 군대를 격파 16. 지방 9급
O I X

⭐**37** 법흥왕은 율령을 공포하고, 백관의 공복을 제정하였다. 16. 사회복지
O I X

38 법흥왕은 원광에게 수나라에 군사를 청하는 걸사표를 짓게 하였다. 16. 사회복지
O I X

39 법흥왕이 재위하던 시기에 부여가 고구려에 복속하였다. 16. 교육행정
O I X

⭐**40** 법흥왕이 재위하던 시기에 금관가야가 신라에 항복하였다. 16. 교육행정
O I X

41 법흥왕이 재위하던 시기에 고구려가 낙랑군을 축출하였다. 16. 교육행정
O I X

42 법흥왕이 재위하던 시기에 백제가 신라의 대야성을 함락하였다. 16. 교육행정
O I X

⭐**43** 법흥왕이 재위하던 시기에 백제 동성왕과 혼인 동맹을 맺었다. 15. 지방 9급
O I X

44 법흥왕이 재위하던 시기에 김씨에 의한 왕위 세습권이 확립되었다. 15. 지방 9급
O I X

Self Check

문항	O	×	틀린 이유
31	O	×	
32	O	×	
33	O	×	
34	O	×	
35	O	×	
36	O	×	
37	O	×	
38	O	×	
39	O	×	
40	O	×	
41	O	×	
42	O	×	
43	O	×	
44	O	×	

오답 확인하기

31 진흥왕 때의 일이다.
32 소지 마립간 때의 일이다.
33 진흥왕 때의 일이다.
38 진평왕에 대한 설명이다.
39 5세기의 일이다.
41 4세기 초의 일이다.
42 7세기의 일이다.
43 소지왕에 대한 설명이다.
44 내물왕에 대한 설명이다.

정답

31 X 32 X 33 X 34 O 35 O
36 O 37 O 38 X 39 X 40 O
41 X 42 X 43 X 44 X

Self Check

문항	○	×	틀린 이유
45	○	×	
46	○	×	
47	○	×	
48	○	×	
49	○	×	
50	○	×	
01	○	×	
02	○	×	
03	○	×	
04	○	×	
05	○	×	
06	○	×	
07	○	×	
08	○	×	

45 법흥왕이 재위하던 시기에 진골 귀족 세력의 반발로 녹읍이 부활하였다.
15. 지방 9급　**O** | **X**

46 선덕여왕은 오언태평송(五言太平頌)을 지어 당에 보냈다.
15. 국가 7급　**O** | **X**

⭐**47** 신라 지증왕은 국호를 신라로 바꾸고, 왕의 칭호도 마립간에서 왕으로 고쳤다.
15. 경찰 1차　**O** | **X**

⭐**48** 법흥왕은 '건원'이란 연호를 사용하였다.
13. 국가 9급　**O** | **X**

49 법흥왕은 이사부를 시켜 우산국을 정복하였다.
13. 국가 9급　**O** | **X**

50 법흥왕은 유학 교육을 위해 국학을 설립하였다.
13. 국가 9급　**O** | **X**

테마 4　가야 연맹의 발전

⭐**01** 금관가야는 해상 교역을 통해 우수한 철을 수출하였다.
21. 지방 9급　**O** | **X**

02 금관가야에서는 박, 석, 김씨가 교대로 왕위를 계승하였다.
21. 지방 9급　**O** | **X**

03 금관가야는 경당을 설치하여 학문과 무예를 가르쳤다.
21. 지방 9급　**O** | **X**

04 금관가야는 정사암 회의를 통해 재상을 선발하였다.
21. 지방 9급　**O** | **X**

05 관산성 전투에서 대가야의 국왕이 전사하였다.
20. 지방 9급　**O** | **X**

06 대가야는 울릉도를 정복해서 영토로 편입하였다.
20. 지방 9급　**O** | **X**

07 대가야는 호남 동부 지역까지 세력을 확장하였다.
20. 지방 9급　**O** | **X**

⭐**08** 대가야는 신라를 도와 낙동강 유역에 진출한 왜를 격파하였다.
20. 지방 9급　**O** | **X**

오답 확인하기

45 경덕왕에 대한 설명이다.
46 진덕여왕에 대한 설명이다.
49 지증왕에 대한 설명이다.
50 신문왕에 대한 설명이다.

02 초기 신라에 대한 설명이다.
03 고구려에 대한 설명이다.
04 백제에 대한 설명이다.
05 관산성 전투에서 백제 성왕이 전사하였다.
06 신라 지증왕의 업적이다.
08 고구려 광개토대왕의 업적이다.

정답

45 X　46 X　47 O　48 O　49 X
50 X / 01 O　02 X　03 X　04 X
05 X　06 X　07 O　08 X

09 금관가야는 낙동강 동쪽의 진한 지역에서 독자적 세력으로 성장하였다.

19. 경찰 1차
O ｜ X

10 신라의 『국사』 편찬 ~ 고구려의 『신집』 편찬 시기에, 금관가야가 가야 연맹의 주도권을 상실하였다.

18. 국가 7급
O ｜ X

⭐**11** 대가야의 시조는 수로왕이며 구지봉 전설이 있다.

17. 지방 7급
O ｜ X

12 대가야가 망할 즈음 우륵이 가야금을 가지고 신라로 들어갔다.

17. 지방 7급
O ｜ X

⭐**13** 대가야는 낙동강 하류에 도읍하고 해상 교역을 중계하였다.

17. 지방 7급
O ｜ X

14 대가야의 국주(國主) 김구해가 항복하자 신라왕이 본국을 식읍으로 주었다.

17. 지방 7급
O ｜ X

15 6세기 초에 고령의 대가야는 백제, 신라와 대등하게 세력을 다투게 되었고, 신라와 결혼 동맹을 맺기도 하였다.

11. 지방 7급
O ｜ X

테마 5 삼국의 금석문

01 사택지적비를 통해 백제가 영산강 유역까지 영역을 확장했음을 알 수 있다.

23. 지방 9급
O ｜ X

02 임신서기석을 통해 신라에서 청년들이 유교 경전을 공부했음을 알 수 있다.

23. 지방 9급
O ｜ X

03 충주 고구려비를 통해 고구려가 5세기에 남한강 유역까지 진출했음을 알 수 있다.

23. 지방 9급
O ｜ X

04 고구려의 살수대첩과 백제의 주류성 함락 사이의 시기에 신라가 북한산에 순수비를 세웠다.

20. 국가 7급
O ｜ X

Self Check

문항	O	X	틀린 이유
09	O	X	
10	O	X	
11	O	X	
12	O	X	
13	O	X	
14	O	X	
15	O	X	
01	O	X	
02	O	X	
03	O	X	
04	O	X	

오답 확인하기

09 금관가야는 낙동강 하류의 변한 지역에서 독자적 세력으로 성장하였다. 낙동강 동쪽의 진한 지역에서 성장한 국가는 신라이다.

10 400년 고구려 광개토대왕의 침략으로 금관가야가 가야 연맹 내 주도권을 상실하였다. 이는 신라의 국사 편찬 이전의 일이다.

11 금관가야에 대한 설명이다.

13 금관가야에 대한 설명이다.

14 김구해는 금관가야의 마지막 국왕이다.

01 백제 사택지적비는 인생 무상함을 이야기한 것으로, 영산강 유역 진출과는 관련이 없다.

04 신라 진흥왕 때인 555년의 일로, 고구려의 살수대첩 이전이다.

정답

09 **X** 10 **X** 11 **X** 12 **O** 13 **X** 14 **X** 15 **O** / 01 **X** 02 **O** 03 **O** 04 **X**

05 신라 진흥왕의 재위 기간 중 축조된 비석으로는 울진 봉평비, 단양 적성비, 영일 냉수리비 등이 있다. 20. 경찰 1차
O | X

06 광개토대왕릉비를 통해 고구려의 독자적인 천하관을 알 수 있다. 19. 서울시 7급
O | X

07 울진 봉평리 신라비를 통해 신라가 동해안의 북쪽 방면으로 세력을 확장하였음을 알 수 있다. 14. 지방 9급
O | X

08 충주 고구려비(중원 고구려비)를 통해 신라가 고구려에게 자신을 '동이(東夷)'라고 낮추어 표현했음을 알 수 있다. 14. 지방 9급
O | X

09 영일 냉수리 신라비와 울진 봉평 신라비에 의하면 왕은 소속 부의 명칭을 띠고 있었다. 11. 국가 9급
O | X

10 중원고구려비는 광개토대왕의 정복 활동 성과를 기록한 비문이다. 11. 지방 7급
O | X

11 중원고구려비는 스스로를 천하의 중심으로 자부하는 고구려인의 천하관이 반영되어 있다. 11. 지방 7급
O | X

테마 6 통일신라의 발전

01 매소성 전투 이후 김흠돌이 반란을 일으켰다. 23. 국가 9급
O | X

02 매소성 전투 이후 교육 기관인 국학이 설립되었다. 23. 국가 9급
O | X

03 신문왕 때 독서삼품과를 실시하였다. 22. 서울 9급
O | X

04 신문왕 때 국학을 태학감으로 고치고 박사와 조교 등을 두었다. 22. 서울 9급
O | X

05 신문왕 때 국학에 공자와 10철 등의 화상을 안치하여 유교 교육을 강화하였다. 22. 서울 9급
O | X

06 신문왕은 건원이라는 독자적인 연호를 사용하였다. 21. 지방 9급
O | X

오답 확인하기

05 울진 봉평비는 신라 법흥왕 때, 영일 냉수리비는 지증왕 때 건립되었다.
08 고구려가 신라를 '동이'로 칭하였다.
10 광개토대왕릉비에 대한 설명이다.

03 원성왕 때의 일이다.
04 경덕왕 때의 일이다.
05 성덕왕 때의 일이다.
06 법흥왕이다.

정답

05 X 06 O 07 O 08 X 09 O
10 X 11 O / 01 O 02 O 03 X
04 X 05 X 06 X

07 신문왕은 국학을 설립하여 유학을 교육하였다.
21. 지방 9급
O | X

08 신문왕은 백성에게 처음으로 정전을 지급하였다.
21. 지방 9급
O | X

09 신문왕은 진골 출신으로서 처음 왕위에 올랐다.
21. 지방 9급
O | X

10 [순서나열] 김헌창의 난 → 대공의 난 → 장보고의 난 → 원종과 애노의 난
21. 경찰 1차
O | X

11 신문왕은 한강을 차지하고, 북한산에 순수비를 세웠다.
21. 소방직
O | X

12 신문왕은 국호를 신라로 확정하고, 왕의 호칭을 사용하였다.
21. 소방직
O | X

13 진성여왕 때 발해가 멸망하였다.
20. 국가 9급
O | X

14 진성여왕 때 최치원이 시무책 10여조를 건의하였다.
20. 국가 9급
O | X

15 진성여왕 때 장보고의 건의에 따라 청해진이 설치되었다.
20. 국가 9급
O | X

16 태종 무열왕 때 갈문왕 제도가 사실상 폐지되고 상대등의 권한이 약화되었다.
20. 경찰 1차
O | X

17 태종 무열왕 때 비담과 염종 등 귀족 세력의 반란이 일어났다.
20. 경찰 1차
O | X

18 태종 무열왕 때 독자적인 연호를 폐지하고 당 고종의 연호를 사용하였다.
20. 경찰 1차
O | X

19 경덕왕 때 녹읍이 부활되었다.
19. 지방 7급
O | X

20 신문왕 때 지방 제도를 개편하여 전국을 9개의 주(州)로 나누고 5개의 소경(小京)을 두는 체제로 정비하였다.
19. 서울시 7급
O | X

21 문무왕은 백제와의 마지막 전쟁 때 태자로서 참전하여 백제를 멸망시켰다.
18. 국가 9급
O | X

Self Check

문항	○	×	틀린 이유
07	○	×	
08	○	×	
09	○	×	
10	○	×	
11	○	×	
12	○	×	
13	○	×	
14	○	×	
15	○	×	
16	○	×	
17	○	×	
18	○	×	
19	○	×	
20	○	×	
21	○	×	

오답 확인하기

08 성덕왕이다.
09 태종 무열왕이다.
10 대공의 난 → 김헌창의 난 → 장보고의 난 → 원종과 애노의 난
11 진흥왕의 업적이다.
12 지증왕의 업적이다.
13 발해는 15대 애왕(대인선) 때인 926년에 발해는 멸망했는데, 이때 신라는 경애왕이 재위하고 있었다.
15 흥덕왕 때의 일이다.
17 선덕여왕 때의 일이다.
18 진덕여왕 때의 일이다.

정답

07 **O** 08 **X** 09 **X** 10 **X** 11 **X**
12 **X** 13 **X** 14 **O** 15 **X** 16 **O**
17 **X** 18 **X** 19 **O** 20 **O** 21 **O**

Self Check

문항	○	×	틀린 이유
22	○	×	
23	○	×	
24	○	×	
25	○	×	
26	○	×	
27	○	×	
28	○	×	
29	○	×	
30	○	×	
31	○	×	
32	○	×	
33	○	×	
34	○	×	
35	○	×	
36	○	×	

오답 확인하기

24 지수신은 마지막까지 임존성에서 저항하다 고구려로 망명한 인물이다.

25 적고적의 난(896) 이전인 888년(진성여왕 2) 각간 위홍이 승려 대구와 함께 향가 모음집인 '삼대목'을 편찬하였다.

30 김헌창에 대한 설명이다.

32 효공왕 때의 일이다.

36 헌덕왕 때의 일이다.

37 흥덕왕 때의 일이다.

정답

22 **O**　23 **O**　24 **X**　25 **X**　26 **O**
27 **O**　28 **O**　29 **O**　30 **X**　31 **O**
32 **X**　33 **O**　34 **O**　35 **O**　36 **X**
37 **X**

⭐**22** 문무왕은 당나라 군대와 함께 고구려를 멸망시켰다.
18. 국가 9급
O | **X**

23 문무왕은 백제 부흥 운동을 주도한 복신을 공격하였다.
18. 국가 9급
O | **X**

24 문무왕은 임존성에서 저항하던 지수신의 투항을 받아주었다.
18. 국가 9급
O | **X**

25 적고적의 난 이후 대구 화상이 『삼대목』을 편찬하였다.
18. 상반기 서울시 7급
O | **X**

⭐**26** 신문왕 때 중앙군을 9개의 서당으로 개편하였다.
17. 하반기 국가 9급
O | **X**

27 장보고는 법화원을 건립하고 이를 지원하였다.
17. 지방 9급
O | **X**

28 장보고는 당나라에 가서 서주 무령군 소장이 되었다.
17. 지방 9급
O | **X**

29 장보고는 회역사, 견당매물사 등의 교역 사절을 파견하였다.
17. 지방 9급
O | **X**

⭐**30** 장보고는 웅주를 근거지로 반란을 일으켜 장안(長安)이라는 나라를 세웠다.
17. 지방 9급
O | **X**

31 진성여왕 때, 견훤이 무진주에서 군사를 일으켰다.
17. 국가 7급
O | **X**

⭐**32** 진성여왕 때, 궁예가 국호 마진을 태봉으로 바꾸었다.
17. 국가 7급
O | **X**

33 진성여왕 때, 양길이 부하를 보내 명주 관할 군현을 공격하였다.
17. 국가 7급
O | **X**

⭐**34** 경덕왕 때, 9주의 명칭을 중국식으로 바꾸었다.
17. 하반기 국가 7급
O | **X**

⭐**35** 신문왕 때 관료전을 지급하고 녹읍을 폐지하였다.
17. 서울시 7급
O | **X**

36 신문왕 때 김헌창의 난이 발생하였다.
17. 법원 9급
O | **X**

37 신문왕 때 완도에 청해진이 설치되었다.
17. 법원 9급
O | **X**

38 흥덕왕 때, 대조영이 고구려 유민과 말갈족을 이끌고 동모산 근처로 이동하여 국가를 세웠다.

17. 경기북부여경

O I X

39 흥덕왕 때, 견훤이 지방의 군사력과 호족 세력을 토대로 완산주에 도읍을 정하고 후백제를 건국하였다.

17. 경기북부여경

O I X

40 신문왕 때 김흠돌의 반란을 진압하고 왕권을 강화하였다.

16. 법원 9급

O I X

41 신문왕 때 당의 세력을 몰아내고 삼국 통일을 완수하였다.

16. 법원 9급

O I X

42 신라 하대에는 중앙 정부의 지방에 대한 통제력이 약화되면서 지방에서는 군사력과 경제력을 갖춘 호족 세력이 성장하였다.

13. 경찰 1차

O I X

43 중대는 혜공왕까지이고, 하대는 선덕왕부터이다.

13. 경찰 2차

O I X

44 진성여왕이 재위하던 시기 원종·애노가 사벌주(지금의 상주)에서 반란을 일으켰다.

13. 경찰 2차

O I X

45 진성여왕이 재위하던 시기 김대문이 『계림잡전』을 비롯하여 화랑들의 전기를 모은 『화랑세기』, 음악에 관한 『악본』을 지어 왕에게 바쳤다.

13. 경찰 2차

O I X

46 진성여왕이 재위하던 시기 붉은 바지를 입은 도적인 적고적의 반란이 일어났다.

13. 경찰 2차

O I X

47 호족은 자기 근거지에 성을 쌓고 군대를 보유하며 스스로 성주, 장군이라 칭했다.

12. 경찰 2차

O I X

Self Check

문항	O	X	틀린 이유
38	O	X	
39	O	X	
40	O	X	
41	O	X	
42	O	X	
43	O	X	
44	O	X	
45	O	X	
46	O	X	
47	O	X	

오답 확인하기

38 대조영이 발해를 건국한 것은 698년, 효소왕 때의 일이다.

39 견훤이 후백제를 건국한 것은 900년, 효공왕 때의 일이다.

41 삼국 통일을 완수한 왕은 문무왕이다.

45 김대문은 신라 중대 사람이다.

정답

38 X 39 X 40 O 41 X 42 O
43 O 44 O 45 X 46 O 47 O

오답 확인하기

01 수도를 상경성으로 옮긴 것은 발해 문왕과 발해 성왕이다.
02 발해 선왕 때의 일이다.
04 대조영(발해 고왕)에 대한 설명이다.
05 백제에 대한 설명이다.
06 통일신라에 대한 설명이다.
08 고구려에 대한 설명이다.
09 신라 신문왕 때의 일로, 발해 문왕이 즉위하기 이전의 일이다.
10 9세기 흥덕왕 때의 일로, 발해 문왕 이후의 일이다.
11 9세기 후반 진성여왕 때의 일로, 발해 문왕 이후의 일이다.
13 건흥이라는 연호를 사용한 국왕은 문왕이 아니라 선왕이다.
14 발해 고왕(대조영) 때의 일이다.
15 9세기 발해 내분기 때의 일이다.

정답

01 X 02 X 03 O 04 X 05 X
06 X 07 O 08 X 09 X 10 X
11 X 12 O 13 X 14 X 15 X

테마 7 발해의 건국과 발전

⭐**01** 발해 무왕은 수도를 상경성으로 옮겼다.
22. 국가 9급
O | X

02 발해 무왕 때 '해동성국'이라고 불릴 만큼 전성기를 이루었다.
22. 국가 9급
O | X

⭐**03** 발해 무왕은 장문휴를 시켜 당의 등주(산둥성)를 공격하였다.
22. 국가 9급
O | X

04 발해 무왕은 고구려 유민과 말갈족을 이끌고 동모산에 도읍을 정하였다.
22. 국가 9급
O | X

05 발해는 중앙에 6좌평의 관제를 마련하였다.
22. 지방 9급
O | X

06 발해는 9서당 10정의 군사 조직을 갖추었다.
22. 지방 9급
O | X

⭐**07** 발해는 지방을 5경 15부 62주로 편성하였다.
22. 지방 9급
O | X

08 발해는 제가회의에서 국가의 중대사를 결정하였다.
22. 지방 9급
O | X

09 발해 문왕 재위 시기에 신라에서는 녹읍이 폐지되었다.
20. 지방 9급
O | X

10 발해 문왕 재위 시기에 신라에서는 청해진이 설치되었다.
20. 지방 9급
O | X

11 발해 문왕 재위 시기에 신라에서는 『삼대목』이 편찬되었다.
20. 지방 9급
O | X

⭐**12** 발해 문왕 재위 시기에 신라에서는 독서삼품과가 설치되었다.
20. 지방 9급
O | X

⭐**13** 발해 문왕은 당의 문물을 수용하여 체제 정비를 하였으며, 건흥이라는 독자 연호를 사용하였다.
20. 경찰 2차
O | X

14 발해 무왕 때 국호를 진국에서 발해로 바꾸었다.
19. 국가 9급
O | X

15 발해 무왕 때 신라는 급찬 숭정을 발해에 사신으로 보냈다.
19. 국가 9급
O | X

⭐**16** 발해 무왕 때 대흥이라는 독자적인 연호를 사용하였다.
19. 국가 9급
O | X

17 발해 무왕은 당으로부터 발해 군왕의 책봉호를 처음으로 받았다.
19. 국가 7급
O | X

⭐**18** 발해 무왕은 요동 지역까지 영토를 확장하고 5경 15부 62주의 행정 구역을 완비하였다.
19. 국가 7급
O | X

19 제3대 문왕은 확대된 영토를 효율적으로 다스리기 위해 수도를 '중경현덕부'에서 '상경용천부'로, 그리고 '동경용원부'로 옮겼다.
19. 상반기 서울시 7급
O | X

20 발해 무왕 때 당이 발해 왕을 발해 국왕으로 승격하여 책봉했다.
19. 서울시 7급
O | X

⭐**21** 발해 무왕은 전륜성왕을 자처하고 황상, 황후 등의 용어를 사용하였다.
19. 서울시 7급
O | X

22 특산물로는 책성부의 된장, 부여부의 사슴, 환도의 오얏 등이 있다.
19. 경찰간부
O | X

⭐**23** [순서나열] 장문휴가 당의 산동 지방 등주를 공격 → 당으로부터 '발해군왕'에서 '발해국왕'으로 봉해짐. → 수도를 중경 현덕부에서 북쪽의 상경용천부로 옮김. → '건흥'이라는 연호를 사용함.
17. 국가 9급
O | X

24 발해의 상경(上京)은 당나라 도성을 본떠 조방(條坊)을 나누었다.
17. 국가 7급
O | X

25 도서와 문서를 관장하는 문적원을 두었다.
17. 하반기 국가 7급
O | X

26 발해는 일본에 보낸 국서에서 천손임을 자부하였다.
17. 하반기 국가 7급
O | X

27 정효공주묘는 굴식 돌방과 모줄임 천장 구조로 축조되었다.
17. 하반기 국가 7급
O | X

28 인안, 대흥 등 독자적인 연호를 사용하였다.
17. 지방 7급
O | X

⭐**29** 무왕 때 일본에 보낸 외교 문서에서 고구려 계승 의식을 천명하였다.
16. 서울시 9급
O | X

30 발해의 영광탑은 고구려의 영향을 받은 석탑이다.
16. 서울시 7급
O | X

Self Check

문항	O	×	틀린 이유
16	○	×	
17	○	×	
18	○	×	
19	○	×	
20	○	×	
21	○	×	
22	○	×	
23	○	×	
24	○	×	
25	○	×	
26	○	×	
27	○	×	
28	○	×	
29	○	×	
30	○	×	

오답 확인하기

16 대흥은 발해 문왕 때 사용된 연호이다.
17 고왕 대조영에 대한 설명이다.
18 선왕에 대한 설명이다.
20 발해 문왕 때의 일이다.
21 발해 문왕 때의 일이다.
23 장문휴가 당의 산동 지방 등주를 공격 → 수도를 중경 현덕부에서 북쪽의 상경용천부로 옮김. → 당으로부터 '발해군왕'에서 '발해국왕'으로 봉해짐. → '건흥'이라는 연호를 사용함.
27 정효공주묘가 아니라 정혜공주묘에 대한 설명이다.
30 당의 영향을 받은 전탑(벽돌탑)이다.

정답

16 X 17 X 18 X 19 O 20 X
21 X 22 O 23 X 24 O 25 O
26 O 27 X 28 O 29 O 30 X

31 무왕 때 동북방의 여러 세력을 복속하고 북만주 일대를 장악하였다.
15. 사회복지
O | X

⭐**32** 선왕은 '건흥' 연호를 사용하고, 지방 행정 조직을 정비하였다.
14. 지방 9급
O | X

33 선왕 때 당시 국왕을 '대왕'이라 표현한 정혜공주의 묘비가 만들어졌다.
14. 지방 9급
O | X

34 무왕 때에 돌궐, 일본 등과 외교 관계를 맺어 당과 신라를 견제하였다.
13. 국가 7급
O | X

⭐**35** 문왕 때에 신라와의 상설 교통로를 설치하여 대립 관계를 해소하려 하였다.
13. 국가 7급
O | X

⭐**36** 선왕 때에 대부분의 거란족을 복속시키고 요서 지역으로 진출하였다.
13. 국가 7급
O | X

37 발해는 일본에 보낸 국서에 고려 또는 고려국왕이라는 명칭을 사용하였다.
13. 국가 7급
O | X

38 발해 선왕 때 왕의 계보가 대조영의 직계에서 그의 동생 대야발의 직계로 바뀌게 되었다.
13. 지방 7급
O | X

39 거란의 침략을 받아 멸망하였다.
13. 서울시 9급
O | X

40 선왕 때 수도를 동경 용원부에서 상경 용천부로 옮겼다.
12. 국가 7급
O | X

41 선왕 때 남쪽으로 신라와 국경을 접할 정도로 넓은 영토를 차지하였다.
12. 국가 7급
O | X

오답 확인하기

33 문왕 때의 일이다.
36 대부분의 '말갈'족을 복속시키고 '요동' 지역으로 진출하였다.
40 발해 성왕에 대한 설명이다.

정답

31 O   32 O   33 X   34 O   35 O
36 X   37 O   38 O   39 O   40 X
41 O

테마 8 고대의 통치 조직과 정비

01 신라는 태학을 창설하여 유교를 교육하였다.
21. 경찰 1차
O | X

⭐**02** 신라는 방군제를 실시하여 지방 제도를 재정비하였다.
21. 경찰 1차
O | X

03 신라는 담로에 왕족을 파견하여 지방에 대한 통제를 강화하였다.
21. 경찰 1차
O | X

⭐**04** 발해의 중앙 정치 조직은 3성 6부이며, 지방 행정 구역은 5경 15부 62주이다.
20. 경찰 2차
O | X

05 통일신라 시대, 촌의 행정은 촌주가 담당하였다.
18. 국가 9급
O | X

06 발해는 전국 330여 개의 모든 군현에 수령을 파견하였다.
18. 국가 9급
O | X

07 삼국의 관등제와 관직제도 운영은 신분제에 의하여 제약을 받았다.
18. 지방 9급
O | X

08 고구려는 대성(大城)에는 처려근지, 그 다음 규모의 성에는 욕살을 파견하였다.
18. 지방 9급
O | X

09 백제는 도성에 5부, 지방에 방(方)－군(郡) 행정 제도를 시행하였다.
18. 지방 9급
O | X

10 신라는 10정 군단을 바탕으로 영역을 확장하고 삼국통일을 이룩하였다.
18. 지방 9급
O | X

11 발해는 5도에 안찰사를, 양계에 병마사를 파견하였다.
18. 교육행정
O | X

12 백제의 중앙 정치는 대대로를 비롯하여 10여 등급의 관리들이 나누어 맡았다.
17. 지방 9급
O | X

⭐**13** 백제는 중앙 관청을 22개로 확대하고 수도는 5부, 지방은 5방으로 정비하였다.
17. 지방 9급
O | X

오답 확인하기

01 고구려에 대한 설명이다.
02 방군제는 백제의 지방 제도이다.
03 백제에 대한 설명이다.
06 전국 모든 군현에 지방관에 파견한 것은 조선 시대부터의 일이다.
08 고구려는 부(대성)에 지방 장관인 욕살을 파견하였고, 그 다음 규모의 성에는 처려근지 등을 파견하였다.
10 통일 이전의 신라에는 6정의 군단이 편성되어 있었다. 10정 군단이 설치된 것은 통일신라 때의 일이다.
11 고려 시대의 지방 제도에 대한 설명이다.
12 대대로는 고구려의 재상이다.

정답

01 X 02 X 03 X 04 O 05 O
06 X 07 O 08 X 09 O 10 X
11 X 12 X 13 O

Self Check

문항	○	×	틀린 이유
14	○	×	
15	○	×	
16	○	×	
17	○	×	
18	○	×	
19	○	×	
20	○	×	
21	○	×	
22	○	×	
23	○	×	
24	○	×	
25	○	×	
26	○	×	
27	○	×	
28	○	×	

오답 확인하기

15 신라의 통치 체제에 대한 설명이다.
17 사정부는 통일신라의 관부이다.
18 백제의 공복 색은 자·비·청색 순이다.
19 품주가 설치된 것은 신라 진흥왕 때의 일이다.
21 백제에 대한 설명이다.
23 고려에 대한 설명이다.
24 신라는 수상으로 상대등을 두어 국사를 총괄하고, 화백회의를 주관하게 하였다.
25 통일신라에 대한 설명이다.
27 9서당이 군사력의 핵심을 이루었다.

정답

14 **O** 15 **X** 16 **O** 17 **X** 18 **X**
19 **X** 20 **O** 21 **X** 22 **O** 23 **X**
24 **X** 25 **X** 26 **O** 27 **X** 28 **O**

14 백제는 16품의 관등제를 시행하고, 품계에 따라 옷의 색을 구별하여 입도록 하였다.
17. 지방 9급
O | X

★**15** 발해는 중앙과 지방에 각각 6부와 9주를 두어 다스렸다.
17. 하반기 지방 9급
O | X

16 발해는 정당성 아래에 있는 6부가 정책을 집행하였다.
17. 하반기 지방 9급
O | X

17 발해는 사정부를 두어 관리를 감찰하였다.
17. 하반기 지방 9급
O | X

★**18** 백제는 관품 구별에 따라 자·단·비·녹색의 공복을 입었다.
17. 서울시 사복
O | X

19 신라 진덕여왕 대 집사부와 창부를 통합해 정무 기관인 품주를 설치하였다.
17. 서울시 사복
O | X

★**20** 국상, 대대로, 막리지 등은 고구려에서 재상의 직위를 지칭한다.
17. 서울시 사복
O | X

21 발해는 좌평이 국정을 총괄하였다.
17. 법원 9급
O | X

★**22** 발해는 중앙군으로 10위를 두었다.
17. 법원 9급
O | X

23 발해는 12목에 지방관을 파견하였다.
17. 법원 9급
O | X

24 발해에서는 상대등이 귀족 회의를 주관하였다.
17. 법원 9급
O | X

25 발해는 위화부를 두고 관리 인사 업무를 담당케 하였다.
16. 교육행정
O | X

26 통일신라는 13개의 관부가 병렬적으로 독립되어 있었으며 각 부의 장관은 여러 명인 경우가 많았다.
16. 서울시 7급
O | X

27 통일신라는 중앙과 지방에 각각 9서당과 10정을 두었으며 10정에 편제된 보병이 군사력의 핵심을 이루었다.
16. 서울시 7급
O | X

★**28** 통일신라 신문왕 대에 9주 5소경 체제로 정비하였다.
15. 국가 9급
O | X

29 통일신라의 주(州)에는 지방 감찰관으로 보이는 외사정이 배치되었다.

O ￨ X

30 통일신라는 5소경을 전략적 요충지에 두고, 도독이 행정을 관할토록 하였다.

15. 국가 9급
O ￨ X

⭐**31** 통일신라는 촌주가 관할하는 촌 이외에, 향·부곡이라는 행정 구역도 있었다.

15. 국가 9급
O ￨ X

⭐**32** 발해의 중앙 정치 조직은 3성 6부를 근간으로 중대성의 장관인 대내상이 국정을 총괄하였다.

15. 경찰 3차
O ￨ X

33 신라의 군주는 주 단위로 설치한 부대인 정을 거느렸다.

14. 경찰 1차
O ￨ X

34 백제는 수상격인 상좌평 또는 내신좌평을 3년마다 정사암 회의에서 선출하였고, 내법좌평은 형옥 업무를 관장하였다.

11. 경찰
O ￨ X

35 신라의 관등은 크게 솔계 관등과 덕계 관등으로 나뉜다.

10. 국가 7급
O ￨ X

⭐**36** 고구려의 관등은 크게 형계 관등과 사자계 관등으로 나뉜다.

10. 국가 7급
O ￨ X

Self Check

문항	O	X	틀린 이유
29	O	X	
30	O	X	
31	O	X	
32	O	X	
33	O	X	
34	O	X	
35	O	X	
36	O	X	

오답 확인하기

30 도독이 아니라 사신이다.
32 중대성이 아니라 정당성이다.
34 내법좌평이 아니라 조정좌평이다.
35 신라가 아니라 백제다.

정답

29 O 30 X 31 O 32 X 33 O
34 X 35 X 36 O

CHAPTER **02**

고대의 경제 · 사회 · 문화

테마1 **고대의 경제 정책**

⭐**01** 신문왕은 관료전을 지급하고 녹읍을 폐지하였다. 20. 국가 7급
O I **X**

02 민정문서는 현존하는 세계 최고(最古)의 목판 인쇄물로 평가받고 있다.
19. 국가 7급
O I **X**

03 녹읍은 경기(京畿)에 한정하여 지급되었다. 18. 교육행정
O I **X**

⭐**04** 녹읍은 지역을 단위로 설정되어 수취가 허용되었다. 18. 교육행정
O I **X**

05 통일신라 때 지방에서 수취한 조세를 수도로 이송하는 조운 체계가 확립되었다.
18. 지방 7급
O I **X**

⭐**06** [순서나열] 중앙과 지방 관리들의 녹읍을 폐지 → 교서를 내려 문무 관료들에 게 토지를 차등있게 지급 → 처음으로 백성들에게 정전(丁田)을 지급 → 중앙 과 지방의 여러 관리에게 지급한 녹봉을 없애고 다시 녹읍을 지급 18. 서울시 9급
O I **X**

⭐**07** 민정문서는 인구를 중시하여 소아의 수까지 파악했다. 17. 하반기 지방 9급
O I **X**

08 민정문서에 따르면 내시령과 같은 관료에게 토지가 지급되었다. 17. 하반기 지방 9급
O I **X**

⭐**09** 민정문서에 따르면 촌락을 통제하기 위해서 지방관으로 촌주가 파견되었다.
17. 하반기 지방 9급
O I **X**

⭐**10** 성덕왕 때 일반 백성들에게 정전을 지급하였다. 17. 서울시 사복
O I **X**

11 민정문서가 작성되었던 시대에 관료에게는 관료전을, 백성에게는 정전을 지급하였다.

16. 지방 9급

O | X

12 민정문서가 작성되었던 시대에 인구는 남녀 모두 연령에 따라 6등급으로 나누어 파악하였다.

16. 지방 9급

O | X

13 민정문서가 작성되었던 시대에는 국가에 봉사하는 대가로 관료에게 토지를 나누어 주는 전시과 제도를 운영하였다.

16. 지방 9급

O | X

14 민정문서에서는 호구와는 달리 전답 면적의 증감은 기록되어 있지 않다.

15. 국가 7급

O | X

15 민정문서는 촌락을 단위로 소와 말의 수 및 뽕나무·잣나무·호두나무의 수까지 기록하였다.

15. 국가 7급

O | X

16 민정문서에서는 서원경 부근 4개 촌락의 주민 이름, 성별, 나이와 노비의 수를 구체적으로 기재하였다.

15. 국가 7급

O | X

17 민정문서는 비옥도와 풍흉의 정도에 따라 토지의 종류와 면적을 기록하였다.

15. 경찰 1차

O | X

18 민정문서는 토착 세력인 촌주가 변동 사항을 조사하여 3년마다 작성하였다.

15. 경찰 1차

O | X

19 녹읍이 폐지되자 전국의 모든 국토는 '왕토(王土)'라는 사상이 새롭게 나오게 되었다.

14. 국가 9급

O | X

20 녹읍은 수급자가 토지로부터 조(租)를 받을 뿐 아니라, 그 지역의 주민을 노역(勞役)에 동원할 수 있었다.

14. 국가 9급

O | X

21 녹읍은 삼국통일 이후 국가에 큰 공을 세운 육두품 신분의 사람들에게 특별히 지급하였다.

14. 국가 9급

O | X

22 민정문서에서는 인구, 가호, 노비 및 소와 말의 증감까지 매년 작성하였다.

14. 지방 9급

O | X

Self Check

문항	O	×	틀린 이유
11	O	×	
12	O	×	
13	O	×	
14	O	×	
15	O	×	
16	O	×	
17	O	×	
18	O	×	
19	O	×	
20	O	×	
21	O	×	
22	O	×	

오답 확인하기

13 전시과 제도는 고려 시대에 운영되었다.

16 주민의 이름과 구체적인 나이는 기록하지 않았다.

17 비옥도와 풍흉의 정도는 기록하지 않았다.

19 왕토 사상은 녹읍이 폐지되기 전부터 있었다.

21 녹읍은 6두품에 한정하여 지급하지는 않았다.

22 매년이 아니라 3년이다.

정답

11 O 12 O 13 X 14 O 15 O
16 X 17 X 18 O 19 X 20 O
21 X 22 X

23 민정문서의 토지에는 연수유전답, 촌주위답, 내시령답이 포함되어 있다.

14. 지방 9급

O | X

⭐**24** 민정문서에서 사람은 남녀로 나누고, 연령을 기준으로 하여 6등급으로 구분하였다.

14. 지방 9급

O | X

⭐**25** 민정문서에서 호(戶)는 상상호(上上戶)에서 하하호(下下戶)까지 9등급으로 구분하였다.

14. 지방 9급

O | X

26 식읍을 받은 관리에게 조세를 수취하고 노동력을 징발할 권리를 부여하였다.

12. 지방 9급

O | X

27 녹읍은 전쟁에서 큰 공을 세운 사람에게 공로의 대가로 지급하였다.

12. 지방 9급

O | X

28 통일신라는 토지 생산량의 10분의 1 정도를 조세로 수취하였다.

12. 지방 7급

O | X

29 통일신라에서 역(役)은 군역과 요역으로 이루어졌으며, 대체로 16 ~ 60세의 남자에게 부과되었다.

11. 국가 7급

O | X

테마 2 고대의 경제 생활

⭐**01** 통일신라의 장보고가 청해진을 설치하여 해상권을 장악하였다.

21. 국가 9급

O | X

02 삼국 시대에는 개인 소유의 토지가 사실상 존재했으며 일반 백성은 이를 경작하거나 남의 토지를 빌려 경작하기도 했다.

20. 경찰 1차

O | X

03 통일신라는 어아주, 조하주 등 고급 비단을 생산하여 당나라에 보냈다.

19. 지방직 9급

O | X

04 통일신라 때 촌락의 토지 결수, 인구 수, 소와 말의 수 등을 파악하였다.

19. 지방직 9급

O | X

오답 **확인하기**

27 녹읍이 아니라 식읍이다.

정답

23 **O** 24 **O** 25 **O** 26 **O** 27 **X**
28 **O** 29 **O** / 01 **O** 02 **O** 03 **O**
04 **O**

05 통일신라 때 시비법과 이앙법 등의 발달로 농민층에서 광작이 성행하였다.

19. 지방직 9급
O | **X**

⭐**06** 통일 신라 때, 울산항은 국제 무역항으로 크게 번성하여 아라비아 상인들도 왕래하였다.

19. 경찰간부
O | **X**

⭐**07** 9세기 통일신라 시기에는 산둥 반도와 양쯔 강 하류에 신라방과 신라소가 있었다.

16. 사회복지
O | **X**

⭐**08** 통일신라 때 수도에 서시(西市)와 남시(南市)가 새로이 설치되었다.

18. 지방 7급
O | **X**

09 삼국은 중국에서 인삼, 직물류를 수입하였다.

17. 지방 7급
O | **X**

10 9세기 통일신라 시기에는 삼한통보, 해동통보, 해동중보 등의 화폐가 주조되었다.

16. 사회복지
O | **X**

11 9세기 통일신라 시기에는 시전을 설치하고, 개경·서경 등 대도시에 주점, 다점 등 관영 상점을 두었다.

16. 사회복지
O | **X**

12 통일신라는 교통로인 신라도를 통하여 당과 직접 교역하였다.

16. 국가 7급
O | **X**

⭐**13** 발해는 목축이 발달하였고, 농업은 밭농사 중심이었지만 일부 지역에서는 벼농사도 지었다.

15. 경찰 3차
O | **X**

14 백제는 남중국 및 왜와 무역을 활발하게 전개하였다.

14. 지방 7급
O | **X**

⭐**15** 통일신라 시대에는 향이나 부곡에서 생활하는 농민들도 있었다.

13. 지방 7급
O | **X**

16 통일신라의 농민은 연수유전답이나 관모전답을 경작하기도 하였다.

13. 지방 7급
O | **X**

17 통일신라 지방의 농민들은 보통 촌(村)이라고 하는 말단 행정 구역에 편입되어 있었다.

13. 지방 7급
O | **X**

18 발해는 말(馬)이 주요한 수출품이었다.

13. 서울시 9급
O | **X**

Self Check

문항	O	X	틀린 이유
05	O	X	
06	O	X	
07	O	X	
08	O	X	
09	O	X	
10	O	X	
11	O	X	
12	O	X	
13	O	X	
14	O	X	
15	O	X	
16	O	X	
17	O	X	
18	O	X	

오답 확인하기

05 조선 후기의 일이다.
09 삼국은 중국에서 비단, 서적, 도자기 등을 수입하였다.
10 고려 시대에 대한 설명이다.
11 고려 시대에 대한 설명이다.
12 신라도는 통일신라와 발해의 교역로이다.

정답

05 **X** 06 **O** 07 **O** 08 **O** 09 **X**
10 **X** 11 **X** 12 **X** 13 **O** 14 **O**
15 **O** 16 **O** 17 **O** 18 **O**

Self Check

문항	○	×	틀린 이유
19	○	×	
20	○	×	
21	○	×	
22	○	×	
23	○	×	
01	○	×	
02	○	×	
03	○	×	
04	○	×	
05	○	×	
06	○	×	
07	○	×	

19 발해는 일본과는 서경 압록부를 통해 여러 차례 사신이 왕래하였다.   12. 국가 9급
O I X

20 통일신라 귀족은 녹읍과 식읍을 통해 그 지역 농민을 지배하면서 조세와 공물을 거두었으나, 노동력의 동원은 불가능하였다.   11. 국가 7급
O I X

21 통일신라 귀족들은 당이나 아라비아에서 수입한 비단, 양탄자, 유리 그릇, 귀금속 등 사치품을 이용하였다.   11. 지방 7급
O I X

22 통일신라 귀족들은 소, 말, 돼지를 바다 가운데 섬에서 길러 필요한 때 화살로 쏘아 잡아먹기도 하였다.   11. 지방 7급
O I X

23 장보고는 완도에 청해진, 제주도에 혈구진을 세워 해상 세력을 형성하였다.   10. 국가 9급
O I X

테마3   고대의 신분 제도

01 골품 제도는 통일신라기에 성립하였다.   19. 상반기 서울시 9급
O I X

02 6두품은 관등 승진에서 중위제(重位制)를 적용받았다.   17. 국가 9급
O I X

⭐**03** 6두품은 중앙 관부의 최고 책임자를 독점하였다.   17. 국가 9급
O I X

⭐**04** 6두품은 자색(紫色)의 공복을 착용하였다.   17. 국가 9급
O I X

05 6두품은 왕이 될 수 있는 신분이었다.   17. 국가 9급
O I X

06 '나말 3최'로 유명한 최치원, 최승우, 최언위는 당나라에 유학하여 빈공과(賓貢科)에 급제하였다.   17. 지방 9급
O I X

07 '나말 3최'로 유명한 최치원, 최승우, 최언위는 신라뿐만 아니라 고려 왕조에서도 벼슬하였다.   17. 지방 9급
O I X

오답 확인하기

19 서경 압록부가 아니라 동경 용원부다.
20 노동력의 동원이 가능하였다.
23 혈구진은 강화도에 세운 군진이다.

01 골품제는 신라가 삼국을 통일하기 이전부터 존재하였다.
03 진골 귀족에 대한 설명이다.
04 자색 공복은 착용할 수 없었다.
05 성골, 진골에 대한 설명이다.
07 최언위에 대한 설명이다.

정답

19 X   20 X   21 O   22 O   23 X /
01 X   02 O   03 X   04 X   05 X
06 O   07 X

08 '나말 3최'로 유명한 최치원, 최승우, 최언위는 국립 교육기관인 태학(太學)에서 공부하였다.
17. 지방 9급
O | X

09 '나말 3최'로 유명한 최치원, 최승우, 최언위는 골품제를 비판하고 호족 억압을 주장하였다.
17. 지방 9급
O | X

⭐**10** 진골 귀족들은 관등과 상관없이 특정 색깔의 관복을 입었다.
17. 하반기 지방 9급
O | X

11 진골 귀족들은 골품제의 모순을 비판하여 과거제 도입을 주장하였다.
17. 하반기 지방 9급
O | X

12 진골 귀족들은 죄를 지으면 본관지로 귀향시키는 형벌이 적용되었다.
17. 하반기 지방 9급
O | X

⭐**13** 진골 귀족들은 중앙 관부와 지방 행정 조직의 장관직에 오를 수 있었다.
17. 하반기 지방 9급
O | X

⭐**14** 골품제에 따라 관등 승진의 상한선이 정해져 있었다.
17. 지방 7급
O | X

⭐**15** 통일신라 진골 귀족의 관등 승진의 상한은 아찬까지였다.
16. 국가 9급
O | X

16 통일신라 진골 귀족은 식읍·전장 등을 경제적 기반으로 하였다.
16. 국가 9급
O | X

17 신라의 6두품은 어려서부터 경당에 들어가 유학과 활쏘기를 배웠다.
16. 교육행정
O | X

18 신라의 6두품은 신라 말 호족과 함께 사회 개혁을 추구하기도 하였다.
16. 교육행정
O | X

19 신라의 6두품은 상좌평에 임명되어 군사와 정사를 도맡아 처리하였다.
16. 교육행정
O | X

Self Check

문항	O	×	틀린 이유
08	O	×	
09	O	×	
10	O	×	
11	O	×	
12	O	×	
13	O	×	
14	O	×	
15	O	×	
16	O	×	
17	O	×	
18	O	×	
19	O	×	

오답 확인하기

08 태학은 고구려의 교육기관이다.
09 최치원, 최승우, 최언위 등은 골품제를 비판했지만, 호족 억압을 주장하지는 않았다. 오히려 최승우, 최언위는 호족 출신인 견훤, 왕건과 손을 잡았다.
10 진골 귀족들은 관등에 따라 자·비·청·황색의 공복을 입을 수 있었다.
11 골품제의 모순을 비판한 계층은 주로 6두품이다.
12 고려 시대의 귀족에 대한 설명이다.
15 진골 귀족이 아니라 6두품이다.
17 고구려에 대한 설명이다.
19 백제에 대한 설명이다.

정답

08 **X** 09 **X** 10 **X** 11 **X** 12 **X**
13 **O** 14 **O** 15 **X** 16 **O** 17 **X**
18 **O** 19 **X**

20 6두품은 주로 중앙 관청의 우두머리나 지방 장관직을 담당하였다. 15. 경찰 1차 O ㅣ X

21 6두품의 경우 신라 중대에는 왕의 정치적 조언자로 활동하였다. 15. 경찰 1차 O ㅣ X

⭐**22** 강수, 설총, 최치원은 6두품에 해당하는 자들이었다. 15. 경찰 1차 O ㅣ X

23 백제의 지배층은 왕족인 부여씨와 8성의 귀족으로 이루어졌다. 14. 경찰 1차 O ㅣ X

24 아찬과 일길찬은 경(卿)의 벼슬에 오를 수 있었다. 13. 지방 7급 O ㅣ X

⭐**25** 육두품은 득난(得難)이라고도 하였는데, 진골 다음 가는 신분이었다. 13. 지방 7급 O ㅣ X

26 신라에서 복색의 기준은 신분에 따라 자색-단색-비색-녹색의 순서로 정하였다. 13. 지방 7급 O ㅣ X

⭐**27** 신라의 골품 제도는 가옥의 규모와 장식물은 물론, 복색이나 수레 등 신라인의 일상 생활까지 규제하였다. 12. 지방 9급 O ㅣ X

테마 4 고대의 사회 모습

01 신라에는 갈문왕이라고 불리는 귀족이 있었다. 19. 상반기 서울시 7급 O ㅣ X

02 신라 하대, 평민의 생활이 크게 향상되어서 기와로 지붕을 이었고 밥 짓는 데도 숯을 사용하였다. 19. 경찰 1차 O ㅣ X

03 신라 하대, 춘궁기인 봄에 곡식을 빌려 주고 추수기인 가을에 돌려받는 진대법이 시행되었다. 19. 경찰 1차 O ㅣ X

04 신라 하대, 국제 무역을 독점하던 일부 해상 세력이 반란을 일으키기도 하였다. 19. 경찰 1차 O ㅣ X

⭐**05** 화랑도는 진흥왕 때 인재 양성을 위한 제도로 정착되었다. 17. 지방 7급 O ㅣ X

오답 확인하기
20 6두품이 아니라 진골 귀족이다.
26 자색 - 단색 - 비색 - 녹색이 아니라 자색 - 비색 - 청색 - 황색이다.

02 통일 신라 시대 귀족들의 생활 모습이다.
03 진대법은 고구려 고국천왕 때 시행되었다.

정답
20 **X** 21 **O** 22 **O** 23 **O** 24 **O**
25 **O** 26 **X** 27 **O** / 01 **O** 02 **X**
03 **X** 04 **O** 05 **O**

06 신라 하대, 지방에서는 호족 세력이 성장하였다. 16. 지방 9급
O ㅣ X

07 신라 하대에는 신진 사대부가 대두하여 권문세족을 비판하였다. 16. 지방 9급
O ㅣ X

08 고구려 고국천왕 사후, 왕비인 우씨와 왕의 동생인 산상왕과의 결합은 취수혼의 실례를 보여준다. 14. 국가 9급
O ㅣ X

09 고구려에서는 계루부 고씨의 왕위 계승권이 확립된 이후 연나부 명림씨 출신의 왕비를 맞이하는 관례가 있었다. 14. 국가 9급
O ㅣ X

10 고구려 관나부인(貫那夫人)이 왕비를 모함하여 죽이려다가 도리어 자기가 질투죄로 사형을 받았다. 14. 국가 9급
O ㅣ X

11 김흠운의 딸을 왕비로 맞이하는 과정은 고구려 국왕이 중국식 혼인 제도를 수용했다는 사실을 알려주고 있다. 14. 국가 9급
O ㅣ X

12 발해의 주민 중 다수는 말갈인이었는데 이들은 지배층에 편입되지 못하였다. 14. 사회복지
O ㅣ X

13 신라 하대 왕실이 차지하는 농장은 장·처라 불리었는데 그 수는 360개나 되었다. 14. 국가 7급
O ㅣ X

14 신라 하대에는 성주 또는 장군이라 칭한 이들이 지방 행정을 장악하고 조세를 징수하였다. 14. 국가 7급
O ㅣ X

15 통일신라의 화랑도는 진골 귀족에서 평민까지 포함하는 조직이었다. 13. 서울시 7급
O ㅣ X

16 백제의 관리는 뇌물을 받거나 국가의 재물을 횡령했을 때 3배를 배상하고, 죽을 때까지 금고형에 처하였다. 12. 지방 9급
O ㅣ X

17 백제의 지배층은 간음죄를 범할 경우 남녀 모두를 처벌하였다. 12. 국가 7급
O ㅣ X

18 백제의 지배층은 투호와 바둑 및 장기와 같은 오락을 즐겼다. 12. 국가 7급
O ㅣ X

19 백제의 지배층은 중국의 고전과 역사책을 읽고 한문을 구사하였다. 12. 국가 7급
O ㅣ X

Self Check

문항	○	×	틀린 이유
06	○	×	
07	○	×	
08	○	×	
09	○	×	
10	○	×	
11	○	×	
12	○	×	
13	○	×	
14	○	×	
15	○	×	
16	○	×	
17	○	×	
18	○	×	
19	○	×	

오답 확인하기

07 신라 하대가 아니라 고려 말이다.
11 고구려가 아니라 신라다.
12 말갈인 중 일부는 지배층이 되거나 촌장(수령)이 되기도 하였다.
13 신라 하대가 아니라 고려다.
17 남자는 처벌받지 않았다.

정답

06 **O** 07 **X** 08 **O** 09 **O** 10 **O**
11 **X** 12 **X** 13 **X** 14 **O** 15 **O**
16 **O** 17 **X** 18 **O** 19 **O**

오답 확인하기

01 원효에 대한 설명이다.
02 의천에 대한 설명이다.
03 원효에 대한 설명이다.
05 혜초에 대한 설명이다.
06 의천에 대한 설명이다.
07 의상에 대한 설명이다.
09 혜초에 대한 설명이다.
11 의상에 대한 설명이다. 자장은 통일 이전에 활동했으며, 계율 종을 강조하였다.
12 자장에 대한 설명이다.
14 원측에 대한 설명이다.
16 도의는 가지산파를 개창하고, 선 종을 널리 보급하였다.

정답

01 X 02 X 03 X 04 O 05 X
06 X 07 X 08 O 09 X 10 O
11 X 12 X 13 O 14 X 15 O
16 X

테마 5 고대의 불교

01 의상은 무애가를 지어 불교 대중화에 기여하였다.
23. 법원 9급
O | X

02 의상은 불교 교단을 통합하기 위해 천태종을 개창하였다.
23. 법원 9급
O | X

⭐**03** 의상은 모든 것이 한마음에서 나온다는 일심 사상을 제시하였다.
22. 국가 9급
O | X

⭐**04** 의상은 화엄일승법계도를 만들었다.
22. 국가 9급
O | X

05 자장은 『왕오천축국전』이라는 여행기를 남겼다.
22. 국가 9급
O | X

06 자장은 이론과 실천을 같이 강조하는 교관겸수를 제시하였다.
22. 국가 9급
O | X

07 원광은 화엄 사상을 연구하여 「화엄일승법계도」를 작성하였다.
21. 지방 9급
O | X

08 원광은 왕에게 수나라에 군사를 청하는 글을 지어 바쳤다.
21. 지방 9급
O | X

09 원광은 인도를 여행하여 『왕오천축국전』을 썼다.
21. 지방 9급
O | X

⭐**10** 자장은 대국통으로 있으면서 계율을 지키는 일에 힘을 보탰다.
19. 지방직 9급
O | X

11 자장은 통일 이후의 사회 갈등을 통합으로 이끄는 화엄 사상을 강조하였다.
19. 지방직 9급
O | X

12 원광은 왕에게 건의하여 황룡사 9층 탑을 세웠다.
19. 지방 7급
O | X

⭐**13** 원광은 화랑이 지켜야 할 세속오계를 만들었다.
19. 지방 7급
O | X

14 의상은 당에 유학하여 유식론을 독자적으로 발전시켰다.
19. 지방 7급
O | X

⭐**15** 의상은 당에서 유학하고 돌아와 부석사를 창건하였다.
18. 국가 7급
O | X

16 의상은 가지산파를 개창하면서 선종을 보급하기 시작하였다.
18. 국가 7급
O | X

17 고구려의 보덕은 도교에 밀려 불교가 쇠퇴함을 개탄하였고, 후에 열반종을 제창하였다.

17. 서울시 7급

O | X

18 백제에서는 계율종이 크게 성행하였는데, 겸익이 대표적인 승려이다.

17. 서울시 7급

O | X

19 원효는 십문화쟁론을 저술하였다.

17. 법원 9급

O | X

20 원효는 수선사 결사를 제창하였다.

17. 법원 9급

O | X

⭐**21** 의상은 『화엄일승법계도』를 저술하여 화엄 사상을 확립하고, '일즉다 다즉일 (一即多 多即一)'의 원융 사상으로 지배층과 피지배층의 대립이나 지배층 내부의 갈등을 지양하는 사회 통합 논리를 제시하였다.

17. 경찰 2차

O | X

22 신라 후기 민간 사회에서는 주문으로 질병 치료나 자식 출산 등을 기원하는 현실구복적 밀교가 유행하였다.

16. 서울시 9급

O | X

23 원효는 미륵 신앙을 전파하며, 불교 대중화의 길을 걸었다.

15. 국가 9급

O | X

⭐**24** 원효는 무애가라는 노래를 유포하며 일반 백성을 교화하였다.

15. 국가 9급

O | X

25 의상은 관음 신앙과 함께 아미타 신앙을 화엄 교단의 주요 신앙으로 삼았다.

15. 국가 9급

O | X

⭐**26** 의상은 국왕이 큰 공사를 일으켜 도성을 새로이 정비하려 할 때 백성을 위해 이를 만류하였다.

15. 국가 9급

O | X

⭐**27** 의상은 『화엄일승법계도』를 저술하여 화엄 사상을 정리하였다.

15. 지방 9급

O | X

28 의상은 중국에서 풍수지리설을 들여와 지세의 중요성을 일깨웠다.

15. 지방 9급

O | X

29 의상은 『십문화쟁론』을 지어 종파 간의 대립을 해소하고자 하였다.

15. 지방 9급

O | X

⭐**30** 의상은 인도와 중앙아시아 지역을 여행하고 돌아와 『왕오천축국전』을 저술하였다.

15. 지방 9급

O | X

Self Check

문항	O	X	틀린 이유
17	O	X	
18	O	X	
19	O	X	
20	O	X	
21	O	X	
22	O	X	
23	O	X	
24	O	X	
25	O	X	
26	O	X	
27	O	X	
28	O	X	
29	O	X	
30	O	X	

오답 확인하기

20 지눌에 대한 설명이다.

23 원효는 미륵 신앙이 아니라 아미타 신앙을 전파하였다.

28 의상이 아니라 도선 등 선종 승려에 대한 설명이다.

29 의상이 아니라 원효다.

30 의상이 아니라 혜초다.

정답

17 **O** 18 **O** 19 **O** 20 **X** 21 **O**
22 **O** 23 **X** 24 **O** 25 **O** 26 **O**
27 **O** 28 **X** 29 **X** 30 **X**

문항	○	×	틀린 이유
31	○	×	
32	○	×	
33	○	×	
34	○	×	
35	○	×	
36	○	×	
37	○	×	
38	○	×	
39	○	×	
40	○	×	
41	○	×	
42	○	×	
43	○	×	

31 원효는 중관 사상과 유식 사상의 대립을 해소하고자 화쟁 사상을 전개하였다.
15. 교육행정
O ┃ X

32 원효는 『대승기신론소』, 『금강삼매경론』을 저술하였다.
15. 경찰 3차
O ┃ X

33 선종은 지방에서 새로이 대두한 호족들의 사상으로 받아들여졌다.
14. 국가 9급
O ┃ X

34 의상은 현세에서 고난을 구제받고자 하는 관음 신앙을 이끌었다.
14. 지방 7급
O ┃ X

35 원효는 교종과 선종을 통합하고자 하였다.
14. 지방 7급
O ┃ X

36 진표는 법성종 승려로서 현세에서 고난을 구제받고자 하는 관음 신앙을 이끌었다.
14. 경찰 1차
O ┃ X

37 원효는 극락에 가고자 하는 아미타 신앙을 자신이 직접 전도하며 불교 대중화의 길을 열었다.
14. 경찰 1차
O ┃ X

38 원효는 화쟁의 논리에 따라 중관파의 부정론과 유식파의 긍정론을 같이 비판하였다.
13. 국가 7급
O ┃ X

39 원효는 자신의 행동을 진정으로 참회하는 법화 신앙에 중점을 둔 백련 결사를 제창하였다.
13. 국가 7급
O ┃ X

40 의상은 김제 금산사를 중심으로 미륵불이 지상에 와서 이상 사회를 건설한다는 믿음을 가르쳤다.
12. 지방 9급
O ┃ X

41 의상은 삼장법사 현장에게 유식학을 배워 서명학파를 이루었으며, 티벳 불교에 큰 영향을 주었다.
12. 지방 9급
O ┃ X

42 의상은 『화엄일승법계도』를 지었으며, 부석사 · 낙산사 등의 화엄종 사찰을 중심으로 불교의 가르침을 폈다.
12. 지방 9급
O ┃ X

43 의상은 진골 귀족 출신으로 원융 사상을 설파하였다.
10. 지방 9급
O ┃ X

오답 확인하기

35 교종과 선종이 아니라 중관파와 유식파다.
36 법성종 승려는 원효이며, 관음 신앙을 이끈 건 의상이다.
39 원효가 아니라 고려 요세다.
40 의상이 아니라 진표다.
41 의상이 아니라 원측이다.

정답

31 O 32 O 33 O 34 O 35 X
36 X 37 O 38 O 39 X 40 X
41 X 42 O 43 · O

테마6 고대의 유학과 교육, 역사서

01 고구려는 영양왕 때 이문진이 『유기』를 간추려 『신집』 5권을 편찬했다.

19. 서울시 9급

O ㅣ X

02 최치원은 역사서인 『제왕연대력』을 저술하였다.

16. 국가 7급

O ㅣ X

03 최치원은 난랑비 서문에서 삼교 회통의 사상을 보여주었다.

16. 국가 7급

O ㅣ X

04 최치원은 『법장화상전』에서 화엄종 승려의 전기를 적었다.

16. 국가 7급

O ㅣ X

05 최치원은 사산비명의 하나인 고선사 서당화상비문을 지었다.

16. 국가 7급

O ㅣ X

06 발해는 유학 교육을 목적으로 주자감을 설치하고 귀족 자제들에게 유학을 가르쳤다.

16. 서울시 7급

O ㅣ X

07 통일신라는 진골만을 위한 관리 등용 제도로 『춘추좌전』, 『논어』, 『효경』 등 유학적 견식을 파악하는 독서삼품과를 실시하였다.

16. 서울시 7급

O ㅣ X

08 백제에서는 근초고왕 때 고흥이 『서기』를 편찬하였다.

16. 경찰 1차

O ㅣ X

09 신라에서는 진흥왕 때 거칠부가 『국사』를 편찬하였다.

16. 경찰 1차

O ㅣ X

10 강수는 외교 문서를 잘 지은 문장가로 유명하며 불교를 세외교(世外敎)라고 비판하였다.

16. 경찰 2차

O ㅣ X

11 진골 출신의 설총은 이두를 정리하여 한문 교육에 공헌하였고 신문왕에게 『화왕계』라는 글을 바쳤다.

16. 경찰 2차

O ㅣ X

12 김대문은 신라의 대표적인 문장가로 『한산기』, 『계림잡전』, 『사륙집』, 『고승전』 등을 저술하였다.

16. 경찰 2차

O ㅣ X

13 최치원은 당의 빈공과에 급제하고 문장가로 이름을 떨친 뒤 귀국하여 성덕왕에게 개혁안 10여 조를 건의하였다.

16. 경찰 2차

O ㅣ X

Self Check

문항	○	×	틀린 이유
01	○	×	
02	○	×	
03	○	×	
04	○	×	
05	○	×	
06	○	×	
07	○	×	
08	○	×	
09	○	×	
10	○	×	
11	○	×	
12	○	×	
13	○	×	

오답 확인하기

05 고선사 서당화상비문은 작자 미상이다.
07 독서삼품과는 진골뿐만 아니라 6두품 등도 대상으로 하였다.
11 설총은 6두품 출신이다.
12 『사륙집』은 최치원의 저술이다.
13 성덕왕이 아니라 진성여왕이다.

정답

01 O 02 O 03 O 04 O 05 X
06 O 07 X 08 O 09 O 10 O
11 X 12 X 13 X

☆**14** 신문왕 대에는 국학을 태학으로 고치고, 박사와 조교를 두어 『논어』와 『효경』 등의 유교 경전을 가르쳤다.

14. 경찰 1차
O ǀ X

15 임신서기석을 보면 신라에서도 청소년이 유교 경전을 공부하였던 사실을 알 수 있다.

14. 경찰 1차
O ǀ X

☆**16** 신라에서는 경당에서 유교와 활쏘기 등 무예를 배웠다.

12. 지방 9급
O ǀ X

17 신라에서는 원광 법사가 제정한 세속 오계의 윤리를 배웠다.

12. 지방 9급
O ǀ X

18 신라의 젊은이들은 화랑도에 소속되어 산천을 돌아다니며 심신을 연마하기도 하였다.

12. 지방 9급
O ǀ X

19 백제에는 박사 제도가 있었으며, 일본에 유교 경전을 전해주었다.

12. 국가 7급
O ǀ X

20 신문왕 대에는 당나라로부터 공자와 그 제자들의 화상(畵像)을 들여와서 국학에 안치시켰다.

12. 국가 7급
O ǀ X

테마 7 고대의 고분과 과학 기술, 문화재

☆**01** 미륵사지에는 목탑 양식의 석탑이 있다.

22. 국가 9급
O ǀ X

02 정림사지에는 백제의 5층 석탑이 남아 있다.

22. 국가 9급
O ǀ X

03 능산리 고분군에는 계단식 돌무지무덤이 있다.

22. 국가 9급
O ǀ X

☆**04** 무령왕릉에는 무덤 주인공을 알려주는 지석이 있었다.

22. 국가 9급
O ǀ X

☆**05** 공주 송산리 고분군에는 전축분인 6호분과 무령왕릉이 있다.

21. 국가 9급
O ǀ X

06 양산 통도사는 금강계단 불사리탑이 있는 삼보 사찰이다.

21. 국가 9급
O ǀ X

07 발해의 옛 수도인 돈화 지역에서 정효공주 무덤을 찾아 벽화에 그려진 인물들의 복식을 탐구한다.

21. 국가 9급

O ┆ X

08 발해의 옛 수도인 화룡 지역에서 용두산 고분군을 찾아 벽돌무덤의 특징을 탐구한다.

21. 국가 9급

O ┆ X

09 발해의 옛 수도인 훈춘 지역에서 정혜공주 무덤을 찾아 고구려 무덤과의 계승성을 탐구한다.

21. 국가 9급

O ┆ X

10 고구려에는 초기에 돌무지무덤(積石塚)이 유행했는데, 이른 시기의 것들은 단순한 돌무지였지만 점차 기단을 만들고 피라미드 형태로 정교하게 돌을 쌓아올렸다.

20. 경찰 1차

O ┆ X

11 고구려의 고분 벽화는 초기에는 생활상을 표현한 그림이 많았지만 후기로 갈수록 추상화되었다.

20. 경찰 1차

O ┆ X

12 무령왕릉과 송산리 6호분은 중국 남조의 영향을 받은 벽돌무덤(塼築墳)이다.

20. 경찰 1차

O ┆ X

13 부여 정림사지 5층 석탑에서는 백제 무왕의 왕후가 넣은 사리기가 발견되었다.

19. 국가 9급

O ┆ X

14 선덕여왕 때에 첨성대를 세웠다.

19. 지방 9급

O ┆ X

15 삼국 시대에 목탑 양식의 미륵사지 석탑이 건립되었다.

19. 지방 9급

O ┆ X

16 삼국 시대에 가야 출신의 우륵에 의해 가야금이 신라에 전파되었다.

19. 지방 9급

O ┆ X

17 삼국 시대에 사신도가 그려진 강서대묘는 돌무지 무덤으로 축조되었다.

19. 지방 9급

O ┆ X

18 백제 무령왕릉과 발해 정효공주묘는 중국 문화의 영향을 받아 만들어진 벽돌무덤이다.

19. 국가 7급

O ┆ X

Self Check

문항	O	X	틀린 이유
07	O	X	
08	O	X	
09	O	X	
10	O	X	
11	O	X	
12	O	X	
13	O	X	
14	O	X	
15	O	X	
16	O	X	
17	O	X	
18	O	X	

오답 확인하기

07 정효공주 무덤은 길림성 화룡현 용두산 고분군에서 발견되었다.

09 정혜공주 무덤은 길림성 돈화현 육정산 고분군에서 발견되었다.

13 정림사지 5층 석탑이 아니라 미륵사지 석탑에 대한 설명이다.

17 고구려의 강서 대묘(강서 고분)는 돌무지 무덤이 아니라 굴식 돌방무덤으로, 사신도와 같은 벽화가 존재한다.

정답

07 X 08 O 09 X 10 O 11 O
12 O 13 X 14 O 15 O 16 O
17 X 18 O

Self Check

문항	O	×	틀린 이유
19	O	×	
20	O	×	
21	O	×	
22	O	×	
23	O	×	
24	O	×	
25	O	×	
26	O	×	
27	O	×	
28	O	×	
29	O	×	
30	O	×	
31	O	×	
32	O	×	
33	O	×	

오답 확인하기

19 정효공주묘에만 해당되는 내용이다.
20 벽화는 정효공주묘에서만 발견되었다. 무령왕릉에는 벽화가 존재하지 않는다.
22 중국 남조의 영향을 받아 만든 벽돌무덤으로는 무령왕릉 등이 있다.
23 고구려의 초기 무덤 형태는 돌무지무덤 양식이다.
24 천마도는 벽화가 아니라 말 배가리개에 그려진 그림이다.
26 졸본성의 방어용 산성으로 추정되는 성은 오골성이 아니라 오녀산성이다.
29 석재를 벽돌 모양으로 만들어 쌓은 탑은 신라의 분황사 모전석탑이다.
31 장군총에는 벽화가 없다.
33 신라 고분인 호우총에 대한 설명이다.

정답

19 X 20 X 21 O 22 X 23 X
24 X 25 O 26 X 27 O 28 O
29 X 30 O 31 X 32 O 33 X

---

19 백제 무령왕릉과 발해 정효공주묘의 천장은 각을 줄여 쌓는 평행 고임 구조로 되어 있다.
19. 국가 7급
O ｜ X

20 백제 무령왕릉과 발해 정효공주묘는 무덤방의 네 벽면에 회가 칠해지고 벽화가 그려져 있다.
19. 국가 7급
O ｜ X

21 백제 무령왕릉과 발해 정효공주묘는 무덤에 묻힌 인물에 대해 알려 주는 문자 자료가 발견되었다.
19. 국가 7급
O ｜ X

22 돌무지 덧널무덤은 중국 남조의 영향을 받았다.
19. 법원 9급
O ｜ X

23 돌무지 덧널무덤은 고구려의 초기 무덤 형태이다.
19. 법원 9급
O ｜ X

24 돌무지 덧널무덤에는 천마도가 벽화로 그려져 있다.
19. 법원 9급
O ｜ X

25 돌무지 덧널무덤은 도굴이 어려워 많은 양의 부장품이 출토되었다.
19. 법원 9급
O ｜ X

26 고구려의 오골성은 졸본성의 방어를 위하여 축조되었다.
19. 경찰간부
O ｜ X

27 돌무지 덧널 무덤은 구조상 널방이 없어 벽화를 그릴 수가 없었다.
19. 경찰간부
O ｜ X

28 백제의 가요 정읍사(井邑詞)는 『악학궤범』에 수록되어 현재 전한다.
19. 경찰간부
O ｜ X

29 미륵사지 석탑은 석재를 벽돌 모양으로 만들어 쌓은 신라 시대의 대표적인 탑이다.
19. 경찰간부
O ｜ X

30 미륵사지 석탑에서 2009년 보수·정비 작업 중에 금제사리봉안기를 발견하였다.
19. 경찰간부
O ｜ X

31 장군총의 널방 벽에서 사신도(四神圖)가 발견되었다.
18. 교육행정
O ｜ X

32 장군총은 화강암을 다듬어 쌓은 계단식 돌무지무덤이다.
18. 교육행정
O ｜ X

33 장군총에서 광개토 대왕 제사 때 쓰인 호우명 그릇이 출토되었다.
18. 교육행정
O ｜ X

34 유네스코 세계유산으로 지정된 백제 역사 유적지구 문화 유산 중 부여군에 속한 것은 정림사지, 공산성, 부소산성과 관북리유적, 송산리 고분군 등이 있다.

18. 국가 7급

O ᅵ X

35 통일신라는 천문박사와 누각박사를 두었다.

18. 지방 7급

O ᅵ X

36 무령왕릉은 충남 부여에 있다.

18. 경찰 2차

O ᅵ X

37 정효공주 묘에는 죽은 자의 가족 관계를 기록한 묘지(墓誌)가 있다.

18. 경찰 2차

O ᅵ X

38 정효공주 묘는 벽돌로 축조되어 있다.

18. 경찰 2차

O ᅵ X

39 황룡사 9층 목탑은 목조탑의 양식을 간직하고 있는 석탑이다.

17. 하반기 지방 9급

O ᅵ X

40 황룡사 9층 목탑은 돌을 벽돌 모양으로 다듬어 쌓았다.

17. 하반기 지방 9급

O ᅵ X

41 황룡사 9층 목탑은 자장 율사가 건의하여 세워졌다.

17. 하반기 지방 9급

O ᅵ X

42 무령왕릉의 무덤 안에는 왕과 왕비의 지석이 발견되었다.

17. 국가 7급

O ᅵ X

43 무령왕릉에서는 무덤 안의 네 벽면을 장식한 사신도 벽화가 발견되었다.

17. 국가 7급

O ᅵ X

44 발해의 도읍에서는 직사각형의 내·외성, 주작대로를 만들었다.

16. 국가 7급

O ᅵ X

45 고구려 수도인 평양에는 장안성이 축조되었다.

16. 지방 7급

O ᅵ X

46 백제 사비도성에는 중심 지역 외곽에 나성을 둘렀다.

16. 지방 7급

O ᅵ X

47 신라는 산성을 축조하여 도성을 방어하였다.

16. 지방 7급

O ᅵ X

48 고구려 오녀산성은 국내성 방어를 위하여 축조되었다.

16. 지방 7급

O ᅵ X

49 돌무지 덧널무덤은 도굴이 어려워 금관 등 많은 껴묻거리가 남아 있다.

15. 지방 7급

O ᅵ X

Self Check

문항	O	X	틀린 이유
34	O	X	
35	O	X	
36	O	X	
37	O	X	
38	O	X	
39	O	X	
40	O	X	
41	O	X	
42	O	X	
43	O	X	
44	O	X	
45	O	X	
46	O	X	
47	O	X	
48	O	X	
49	O	X	

오답 확인하기

34 공산성과 송산리 고분군은 공주시에 속하는 문화유산이다.
36 무령왕릉이 발견된 송산리 고분군은 부여가 아니라 공주에 있다.
39 미륵사지 석탑에 대한 설명이다.
40 분황사 모전 석탑에 대한 설명이다.
43 무령왕릉에는 벽화가 없다.
48 국내성이 아니라 졸본성이다.

정답

34 X 35 O 36 X 37 O 38 O
39 X 40 X 41 O 42 O 43 X
44 O 45 O 46 O 47 O 48 X
49 O

Self Check

문항	○	×	틀린 이유
50	○	×	
51	○	×	
52	○	×	
53	○	×	
54	○	×	
55	○	×	
56	○	×	
57	○	×	
58	○	×	
59	○	×	
60	○	×	
61	○	×	
62	○	×	

오답 확인하기

51 정효공주묘가 아니라 정혜공주 묘다.
52 장군총은 돌무지무덤이다.
53 신라 하대가 아니라 통일 이전 신라다.
55 발해는 당의 영향을 받은 전탑 (벽돌탑) 양식이 유행하였다.
57 통일신라 시대가 아니라 고려 시대다.
61 서운관은 고려 시대의 천문기관 이다.
62 쌍봉사 철감선사탑은 신라 하대 선종 불교의 성행을 보여준다.

정답

50 **O** 51 **X** 52 **X** 53 **X** 54 **O**
55 **X** 56 **O** 57 **X** 58 **O** 59 **O**
60 **O** 61 **X** 62 **X**

---

50 통일신라 시대에는 불교의 영향으로 화장이 유행하였고, 고분 양식도 돌무지 덧널무덤에서 점차 규모가 작은 굴식 돌방무덤으로 바뀌었다.   15. 경찰 2차
O ⏐ X

51 발해의 정효공주 묘는 굴식 돌방무덤으로 모줄임 천장 구조가 고구려 고분과 닮았으며, 이곳에서 나온 돌사자상은 매우 힘차고 생동감이 있다.   15. 경찰 2차
O ⏐ X

52 돌무지 덧널무덤에는 황남대총, 장군총, 천마총 등의 사례가 있다.   14. 사회복지
O ⏐ X

53 신라 하대에는 전탑 형식의 분황사탑이 세워졌다.   14. 지방 7급
O ⏐ X

⭐**54** 신라 하대에는 선종의 영향을 받은 승탑과 탑비가 유행하였다.   14. 지방 7급
O ⏐ X

55 발해는 이중 기단에 3층으로 쌓는 석탑 양식이 유행하였으며, 흙으로 구워 만든 이불병좌상이 많이 보인다.   14. 경찰 1차
O ⏐ X

⭐**56** 무령왕릉은 중국 남조의 영향을 크게 받아 화려한 무늬를 새긴 벽돌로 무덤 내부를 쌓았다.   14. 경찰 2차
O ⏐ X

⭐**57** 통일신라 시대 석탑은 다각 다층탑이 많았고 석탑의 몸체를 받치는 받침이 보편화되었다.   13. 국가 7급
O ⏐ X

58 통일신라 시대에는 굴식 돌방무덤이 발전하여 봉토를 호석으로 두르고 그 호석에는 12지 신상을 조각하였다.   13. 국가 7급
O ⏐ X

59 삼국 시대에는 정진과 사색하는 모습의 미륵반가사유상이 많이 만들어졌다.   12. 서울시 9급
O ⏐ X

60 백제는 초기에 고구려의 영향으로 계단식 돌무지무덤을 만들었다.   12. 경찰 1차
O ⏐ X

61 신라에서는 천문 관측이 제도화되어 서운관에서 천문학 관련 업무를 관장하였다.   10. 국가 7급
O ⏐ X

⭐**62** 쌍봉사 철감선사탑은 통일신라기 교종 불교가 성행하였음을 보여준다.   10. 지방 7급
O ⏐ X

테마 8 삼국 문화의 일본 전파

01 백제의 노리사치계가 일본에 불경과 불상을 전하였다.

21. 국가 9급
O ㅣ X

02 삼국의 문화는 일본 야마토 조정과 아스카 문화의 성립에 기여하였다.

19. 경찰간부
O ㅣ X

03 신라의 『국사』 편찬 ~ 고구려의 『신집』 편찬 시기에, 백제가 노리사치계를 보내 일본에 불상과 불경을 전하였다.

18. 국가 7급
O ㅣ X

04 신라인들은 배를 만드는 조선술과 제방을 만드는 축제술을 일본에 전해주었다.

18. 서울시 7급
O ㅣ X

⭐**05** 고구려의 승려 혜자는 쇼토쿠 태자의 스승이 되었다.

18. 서울시 7급
O ㅣ X

⭐**06** 백제의 아직기가 일본 태자에게 한자를 가르쳤다.

17. 하반기 국가 7급
O ㅣ X

07 백제의 혜관이 일본 삼론종의 시조가 되었다.

17. 하반기 국가 7급
O ㅣ X

08 백제의 고안무가 일본에 유학을 전해 주었다.

17. 하반기 국가 7급
O ㅣ X

09 왕인은 일본에 건너가 천자문과 논어를 전하고 가르쳤다.

15. 경찰 1차
O ㅣ X

10 일본 나라 시의 다카마쓰 고분에서 고구려 수산리 벽화 고분의 영향을 받은 벽화가 발견되었다.

12. 경찰 1차
O ㅣ X

제2막

오답 확인하기

07 혜관은 백제가 아니라 고구려의 승려이다.

정답

01 **O** 02 **O** 03 **O** 04 **O** 05 **O**
06 **O** 07 **X** 08 **O** 09 **O** 10 **O**

노범석 한국사
기선제압 OX

제 3 막

중세 사회의 발전

CHAPTER **01**

중세의 정치

문항	○	×	틀린 이유
01	○	×	
02	○	×	
03	○	×	
04	○	×	
05	○	×	
06	○	×	
07	○	×	
08	○	×	
09	○	×	
10	○	×	
11	○	×	
12	○	×	
13	○	×	
14	○	×	

오답 확인하기

01 강조에 대한 설명이다.
02 고려 태조 때의 일이다.
03 고려 인종 때의 일이다.
04 고려 문종 때의 일이다.
06 신라에 대한 설명이다.
08 19세기 세도정치 때의 일이다.
09 16세기 선조 이후의 일이다.
10 원종 때 처음 전민변정도감을 설치하였다.
11 경종 때 처음 전시과 제도를 실시하였다.
12 성종의 업적이다.
13 광종의 업적이다.

정답

01 X 02 X 03 X 04 X 05 O
06 X 07 O 08 X 09 X 10 X
11 X 12 X 13 X 14 O

테마1 **고려 초기 국왕 업적**

01 고려 성종 때 서희는 목종을 폐위하였다. 　　23. 국가 9급
　　　　　　　　　　　　　　　　　　　　　　　　　　　O ｜ X

02 고려 성종 재위 기간에 발해가 멸망하였다. 　　23. 법원 9급
　　　　　　　　　　　　　　　　　　　　　　　　　　　O ｜ X

03 고려 성종 재위 기간에 이자겸이 난을 일으켰다. 　　23. 법원 9급
　　　　　　　　　　　　　　　　　　　　　　　　　　　O ｜ X

04 고려 성종 재위 기간에 최충이 9재 학당을 설치하였다. 　　23. 법원 9급
　　　　　　　　　　　　　　　　　　　　　　　　　　　O ｜ X

⭐**05** 고려 성종 때 중앙 관제를 2성 6부로 정비하였다. 　　23. 법원 9급
　　　　　　　　　　　　　　　　　　　　　　　　　　　O ｜ X

06 고려 초기에는 성골 출신의 국왕이 재위하였다. 　　22. 지방 9급
　　　　　　　　　　　　　　　　　　　　　　　　　　　O ｜ X

07 고려 초기에는 지방 세력으로 호족이 존재하였다. 　　22. 지방 9급
　　　　　　　　　　　　　　　　　　　　　　　　　　　O ｜ X

08 고려 초기에는 풍양 조씨 등 특정 가문이 정권을 장악하였다. 　　22. 지방 9급
　　　　　　　　　　　　　　　　　　　　　　　　　　　O ｜ X

09 고려 초기에는 성리학에 투철한 사림 세력이 정국을 주도하였다. 　　22. 지방 9급
　　　　　　　　　　　　　　　　　　　　　　　　　　　O ｜ X

10 광종은 전민변정도감을 설치하였다. 　　22. 지방 9급
　　　　　　　　　　　　　　　　　　　　　　　　　　　O ｜ X

⭐**11** 광종은 토지 제도로서 전시과를 시행하였다. 　　22. 지방 9급
　　　　　　　　　　　　　　　　　　　　　　　　　　　O ｜ X

⭐**12** 광종은 12목을 설치하고 지방관을 파견하였다. 　　22. 지방 9급
　　　　　　　　　　　　　　　　　　　　　　　　　　　O ｜ X

13 태조는 중국에서 귀화한 쌍기의 건의에 따라 과거(科擧) 제도를 시행하였다.
　　　　　　　　　　　　　　　　　　　　　　　　　　　22. 서울 9급
　　　　　　　　　　　　　　　　　　　　　　　　　　　O ｜ X

14 태조는 귀순한 호족에게 성(姓)을 내려주어 포섭하였다. 　　22. 서울 9급
　　　　　　　　　　　　　　　　　　　　　　　　　　　O ｜ X

15 태조는 관료 제도를 안정시키기 위해 공복(公服)을 등급에 따라 제정하였다.

22. 서울 9급

O | X

16 견훤은 발해를 건국하였다.

22. 소방직

O | X

17 견훤은 고려에 귀순하였다.

22. 소방직

O | X

18 견훤은 철원에 수도를 정하였다.

22. 소방직

O | X

19 견훤은 '천수'라는 연호를 사용하였다.

22. 소방직

O | X

⭐**20** 성종 때 양경과 12목에 상평창을 설치하였다.

21. 국가 9급

O | X

21 성종 때 균여를 귀법사 주지로 삼아 불교를 정비하였다.

21. 국가 9급

O | X

22 성종 때 국자감에 7재를 두어 관학을 부흥하고자 하였다.

21. 국가 9급

O | X

⭐**23** 성종 때 전지(田地)와 시지(柴地)를 지급하는 경정 전시과를 실시하였다.

21. 국가 9급

O | X

24 태조 왕건 즉위 ~ 신검의 항복 사이의 시기에 고려군이 고창에서 견훤의 후백제군을 패퇴시켰다.

21. 법원 9급

O | X

⭐**25** 태조 왕건 즉위 ~ 신검의 항복 사이의 시기에 신라의 경순왕은 스스로 나라를 고려에 넘겨주었다.

21. 법원 9급

O | X

26 태조 왕건 즉위 ~ 신검의 항복 사이의 시기에 왕건이 이끄는 군대가 후백제의 금성을 함락하였다.

21. 법원 9급

O | X

27 태조 왕건 즉위 ~ 신검의 항복 사이의 시기에 발해국 세자 대광현과 수만 명이 고려에 귀화하였다.

21. 법원 9급

O | X

28 태조 때 왕규의 난이 일어났다.

21. 경찰 1차

O | X

29 고려에서 사용한 연호로는 천수, 인안, 대흥, 광덕, 준풍 등이 있다.

21. 경찰 1차

O | X

Self Check

문항	O	X	틀린 이유
15	O	X	
16	O	X	
17	O	X	
18	O	X	
19	O	X	
20	O	X	
21	O	X	
22	O	X	
23	O	X	
24	O	X	
25	O	X	
26	O	X	
27	O	X	
28	O	X	
29	O	X	

제 3 막

오답 확인하기

15 광종의 업적이다.
16 대조영에 대한 설명이다.
18 궁예에 대한 설명이다.
19 고려 태조(왕건)에 대한 설명이다.
21 고려 광종 때의 일이다.
22 고려 예종 때의 일이다.
23 고려 문종 때의 일이다.
26 후백제의 금성을 함락한 것은 903년의 일로, 왕건이 왕으로 즉위하기 이전이다.
28 고려 혜종 때의 일이다.
29 인안과 대흥은 발해에서 사용한 연호들이다.

정답

15 X 16 X 17 O 18 X 19 X
20 O 21 X 22 X 23 X 24 O
25 O 26 X 27 O 28 X 29 X

Self Check

문항	○	×	틀린 이유
30	○	×	
31	○	×	
32	○	×	
33	○	×	
34	○	×	
35	○	×	
36	○	×	
37	○	×	
38	○	×	
39	○	×	
40	○	×	
41	○	×	
42	○	×	
43	○	×	
44	○	×	
45	○	×	
46	○	×	

오답 확인하기

30 정방은 최우 집권기에 설치되어 원 간섭기에 설치·폐지를 반복하였다.
31 서경(평양)에 대한 설명이다.
33 성종은 개경에 국자감을 설치하였다.
37 최승로의 시무 28조에 따라 성종 때 국가적인 불교 행사를 억제하여 연등회와 팔관회가 폐지되었다.
40 고려 성종 때의 일이다.
41 고려 현종 때의 일이다.
43 성종 때의 일이다.
44 과거제가 실시된 것은 광종 때의 일이다.
46 정종 때의 일이다.

정답

30 X   31 X   32 O   33 X   34 O
35 O   36 O   37 X   38 O   39 O
40 X   41 X   42 O   43 X   44 X
45 O   46 X

---

30 광종은 정방을 폐지하였다.
21. 소방직
O ǀ X

31 태조는 남경을 북진 정책의 전진 기지로 삼았다.
20. 국가 9급
O ǀ X

⭐**32** 광종은 노비안검법을 시행하였다.
20. 지방 9급
O ǀ X

33 광종은 개경에 국자감을 설립하였다.
20. 지방 9급
O ǀ X

⭐**34** 광종은 제위보를 설치하였다.
20. 국가 7급
O ǀ X

35 광종은 귀법사를 창건하였다.
20. 국가 7급
O ǀ X

36 광종은 준풍 등 연호를 사용하였다.
20. 국가 7급
O ǀ X

37 최승로의 시무 28조는 불교 행사를 장려하는 구실이 되었다.
20. 지방 7급
O ǀ X

⭐**38** 광종은 과거제를 시행하였다.
20. 법원 9급
O ǀ X

39 광종은 개경을 황도로 칭하였다.
20. 법원 9급
O ǀ X

40 광종 때 의창과 상평창을 설립하였다.
20. 법원 9급
O ǀ X

41 광종 때 전국을 5도 양계로 나누었다.
20. 법원 9급
O ǀ X

42 [순서나열] 왕건이 국호를 고려라 정하고 송악으로 천도하였다. → 후백제의 견훤이 경주를 침공해 경애왕을 죽였다. → 고려가 공산 전투에서 후백제에게 패하였다. → 후백제의 신검이 견훤을 금산사에 유폐시켰다.
20. 경찰 1차
O ǀ X

43 태조는 물가 조절을 위해 상평창을 설치하였다.
19. 지방 9급
O ǀ X

44 태조는 기인·사심관제와 함께 과거제를 실시하였다.
19. 지방 9급
O ǀ X

⭐**45** 태조는 혼인 정책과 사성 정책을 통해 호족을 포섭하였다.
19. 지방 9급
O ǀ X

46 태조는 광군 30만을 조직하여 거란의 침략에 대비하였다.
19. 지방 9급
O ǀ X

47 태조 때 유학 교육 기관으로 국자감을 설치하였다.
19. 지방 7급
O | X

48 태조 때 개경을 황도로, 서경을 서도로 격상하였다.
19. 지방 7급
O | X

49 태조 때 역분전이라는 토지 제도를 처음으로 시행하였다.
19. 지방 7급
O | X

50 성종은 양현고를 설치하고 보문각과 청연각을 세워 유학을 진흥시켰다.
19. 서울시 9급
O | X

51 성종은 연등회를 축소하고 팔관회를 폐지하여 국가적인 불교 행사를 억제하였다.
19. 서울시 9급
O | X

52 최승로는 국가 재정을 낭비하는 불교 행사를 억제하고, 유교 사상을 정치의 근본 이념으로 삼아 통치 체제를 정비하도록 건의하였다.
19. 상반기 서울시 7급
O | X

53 광종은 관리의 등급에 따라 자색, 단색, 비색, 녹색으로 공복을 구분하였다.
19. 경찰 2차
O | X

54 광종은 구제도감을 설치하였다.
18. 지방 7급
O | X

55 광종은 문신월과법을 실시하였다.
18. 지방 7급
O | X

56 광종은 삼한통보, 해동중보 등을 주조하였다.
18. 지방 7급
O | X

57 성종 때 적극적인 북진 정책의 결과로 북쪽 국경선이 대동강을 넘어 청천강으로, 동북으로는 원산만에서 영흥(永興)까지 확대되었다.
18. 경찰 1차
O | X

58 성종 때 중앙 문관에게는 문산계를, 지방 호족인 향리와 노병 등에게는 무산계를 부여하는 등 관료와 호족들의 서열화를 더욱 확실하게 만들었다.
18. 경찰 1차
O | X

59 고려 태조는 훈요 10조를 남겼다.
17. 법원 9급
O | X

60 고려 태조는 향리 제도를 마련하였다.
17. 법원 9급
O | X

61 광종은 대상(大相) 준홍(俊弘), 좌승(佐丞) 왕동(王同)을 모역죄로 숙청하였다.
17. 경찰 2차
O | X

Self Check

문항	O	×	틀린 이유
47	O	×	
48	O	×	
49	O	×	
50	O	×	
51	O	×	
52	O	×	
53	O	×	
54	O	×	
55	O	×	
56	O	×	
57	O	×	
58	O	×	
59	O	×	
60	O	×	
61	O	×	

오답 확인하기

47 성종의 업적이다.
48 광종 때의 일이다.
50 예종의 국학 진흥책에 대한 설명이다.
54 예종 때의 사실이다.
55 성종 때의 사실이다.
56 숙종 때의 사실이다.
57 태조 때 북진 정책이 추진된 결과, 청천강에서 영흥만에 이르는 국경선을 확보할 수 있었다.
60 고려 성종의 업적이다.

정답

47 X 48 X 49 O 50 X 51 O
52 O 53 O 54 X 55 X 56 X
57 X 58 O 59 O 60 X 61 O

Self Check

문항	○	×	틀린 이유
62	○	×	
63	○	×	
64	○	×	
65	○	×	
66	○	×	
67	○	×	
68	○	×	
69	○	×	
70	○	×	
71	○	×	
72	○	×	
73	○	×	
74	○	×	

62 광종은 노비환천법을 실시하였다. 　　　17. 경찰 2차
O ｜ X

⭐**63** 광종은 노비안검법과 과거제를 시행하고, 이어 많은 건국 공신과 호족을 숙청하여 왕권을 강화하였다. 　　　17. 경기북부여경
O ｜ X

64 고려 성종 때 국자감을 설치하였다. 　　　16. 법원 9급
O ｜ X

65 고려 성종 때 9주 5소경을 정비하였다. 　　　16. 법원 9급
O ｜ X

66 고려 성종 때 각 지역에 지방관을 파견하였다. 　　　16. 법원 9급
O ｜ X

⭐**67** 태조는 지방 통제를 위하여 사심관 제도를 실시하였다. 　　　16. 교육행정
O ｜ X

68 성종은 서경 천도를 추진하였다. 　　　15. 국가 9급
O ｜ X

⭐**69** 성종은 5도 양계의 지방 제도를 확립하였다. 　　　15. 국가 9급
O ｜ X

70 최승로는 5조 정적평에서 태조는 후한 덕과 넓은 도량으로 후삼국을 통일하였고, 절약과 검소함을 숭상하여 궁궐이나 의복에 도를 넘지 않았다고 평하였다. 　　　15. 국가 7급
O ｜ X

71 최승로는 5조 정적평에서 정종은 왕규를 처단함으로써 왕실을 보전하였고, 서경 천도를 강행함으로써 백성들에게 원성을 샀다고 평하였다. 　　　15. 국가 7급
O ｜ X

72 최승로는 5조 정적평에서 광종은 아랫사람을 예로써 대접하였고, 쌍기를 등용한 후부터 현명한 인재를 얻어 중화의 좋은 법을 성취하였다고 평가하였다. 　　　15. 국가 7급
O ｜ X

오답 확인하기

62 성종 때의 일이다.
65 통일신라 신문왕 때의 일이다.
68 정종과 인종에 대한 설명이다.
69 현종에 대한 설명이다.
72 최승로는 광종의 신진 인사 등용 정책을 비판하였다.
74 천리장성은 덕종 ~ 정종 때 지어졌다.
75 성종에 대한 설명이다.

⭐**73** 성종은 전국의 주요 지역에 12목을 설치하고 목사를 파견하였다. 　　　15. 경찰 2차
O ｜ X

74 성종은 북쪽 국경 일대에 천리장성을 쌓아 외적의 침략에 대비하였다. 　　　15. 경찰 2차
O ｜ X

⭐**75** 광종은 국자감을 정비하고, 지방에 경학 박사와 의학 박사를 파견하여 유학 교육의 진흥에 노력하였다. 　　　15. 경찰 3차
O ｜ X

정답

62 X　63 O　64 O　65 X　66 O
67 O　68 X　69 X　70 O　71 O
72 X　73 O　74 X　75 X

76 광종은 『정계』와 『계백료서』를 지어 관리가 지켜야 할 규범을 제시하였다.

15. 경찰 3차

O I **X**

⭐**77** 훈요 10조의 내용으로는 연등회와 팔관회의 행사를 축소할 것이 있다.

14. 국가 7급

O I **X**

78 훈요 10조의 내용으로는 풍수 지리 사상을 존중하고 서경을 중시할 것이 있다.

14. 국가 7급

O I **X**

79 시무 28조에서는 삼한 공신 자손을 등용하여 우대하고자 했다.

13. 서울시 7급

O I **X**

80 시무 28조에서는 중국과는 다른 독자적인 관복 제도 확립을 요청하였다.

13. 서울시 7급

O I **X**

⭐**81** 광종은 황제라 칭하였고, 개경을 황도(皇都)라 불렀으며, 독자적 연호를 사용하였다.

12. 지방 9급

O I **X**

⭐**82** 성종은 호장, 부호장과 같은 향리 직제를 마련하였다.

12. 지방 9급

O I **X**

83 태조는 정주 유씨, 충주 유씨 등 유력한 지방 호족들과 정략적 혼인 관계를 맺었다.

12. 지방 7급

O I **X**

Self Check

문항	O	×	틀린 이유
76	O	×	
77	O	×	
78	O	×	
79	O	×	
80	O	×	
81	O	×	
82	O	×	
83	O	×	

오답 확인하기

76 태조에 대한 설명이다.
77 시무 28조에 대한 설명이다.
80 최승로는 중국 및 신라의 제도에 의하여 공복을 입을 것을 주장하였다.

정답

76 **X** 77 **X** 78 **O** 79 **O** 80 **X**
81 **O** 82 **O** 83 **O**

Self Check

문항	○	×	틀린 이유
01	○	×	
02	○	×	
03	○	×	
04	○	×	
05	○	×	
06	○	×	
07	○	×	
08	○	×	
09	○	×	
10	○	×	
11	○	×	
12	○	×	
13	○	×	
14	○	×	
15	○	×	
16	○	×	

오답 확인하기

01 고려의 경시서에 대한 설명이다.
02 고려의 삼사에 대한 설명이다.
04 녹과전은 고려 원종 때 관리들의 녹봉을 보충하기 위해 지급된 토지로, 전민변정도감과는 관련이 없다.
06 조선 시대에 대한 설명이다.
07 조선 시대에 대한 설명이다.
09 광군에 대한 설명이다.
10 귀주대첩은 고려 현종 때 일어난 전투로, 별무반 편성 이전의 일이다.
12 고려의 중앙군에 대한 설명이다.
13 음서는 목종 즉위년에 최초로 시행한 기록이 있는 것을 통해 적어도 성종 시기에 제도가 정비된 것으로 보인다.
14 음서로 등용된 사람들은 대부분 5품 이상의 고위직에 진출할 수 있었다.

정답

01 X 02 X 03 O 04 X 05 O
06 X 07 X 08 O 09 X 10 X
11 O 12 X 13 X 14 X 15 O
16 O

테마 2 고려의 정치 제도

01 전민변정도감은 시전의 물가를 감독하는 임무를 담당하는 기구이다. 23. 국가 9급 O | X

02 전민변정도감은 국가 재정의 출납과 회계 업무를 총괄하는 기구이다. 23. 국가 9급 O | X

03 전민변정도감은 불법적으로 점유된 토지와 노비를 조사하는 기구이다. 23. 국가 9급 O | X

04 전민변정도감은 부족한 녹봉을 보충하고자 관료에게 녹과전을 지급하는 기구이다. 23. 국가 9급 O | X

05 고려 시대에는 주현이 속현보다 적었다. 23. 법원 9급 O | X

06 고려 시대에는 모든 군현에 수령이 파견되었다. 23. 법원 9급 O | X

07 고려는 전국을 8도로 나누고 그 아래 부·목·군·현을 두었다. 23. 법원 9급 O | X

08 고려 시대, 중서문하성의 낭사는 어사대와 함께 대간으로 불렸다. 23. 법원 9급 O | X

09 별무반은 정종 2년에 설치되었다. 20. 지방 9급 O | X

⭐**10** 별무반은 귀주대첩에서 큰 활약을 하였다. 20. 지방 9급 O | X

⭐**11** 별무반은 여진족에 대처하기 위해 조직되었다. 20. 지방 9급 O | X

12 별무반은 응양군, 용호군, 신호위 등의 2군과 6위로 편성되었다. 20. 지방 9급 O | X

13 고려 시대 음서는 문종 때 처음 실시되었다. 19. 지방 7급 O | X

14 고려 시대, 음서로 등용된 사람들은 고위 관직에 오르지 못했다. 19. 지방 7급 O | X

15 고려 시대 음서는 사위나 외손자에게도 적용되었다. 19. 지방 7급 O | X

16 고려 시대 음서는 공신의 자손, 조종 묘예, 문무 5품 이상 관인의 자손 등이 대상이었다. 19. 지방 7급 O | X

17 고려 시대, 북방의 양계 지역에는 주현군을 따로 설치하였다.

19. 서울시 9급

O | X

18 고려는 중앙에서 지방을 견제하기 위해 외사정을 파견하였다.

19. 경찰 2차

O | X

⭐**19** 고려 시대, 촌락 지배 방식으로 면리제가 확립되었다.

18. 국가 9급

O | X

20 고려 전기, 중앙 문반에게 문산계를 부여하였다.

18. 지방 9급

O | X

21 고려 성종 때에 문산계를 정식으로 채택하였다.

18. 지방 9급

O | X

⭐**22** 고려 전기, 중앙 무반에게 무산계를 제수하였다.

18. 지방 9급

O | X

23 고려 전기, 탐라의 지배층과 여진 추장에게 무산계를 주었다.

18. 지방 9급

O | X

⭐**24** 고려의 지방은 지방관이 파견된 주현과 파견되지 않은 속현으로 구성되었다.

18. 서울시 9급

O | X

25 전국을 크게 5도와 양계, 경기로 나누고, 그 안에 3경, 4도호부, 8목을 비롯하여 군·현·진을 설치하였다.

18. 경찰 1차

O | X

26 고려 초기에는 광평성, 순군부 등 신라의 관제가 존속되었다.

18. 경찰 3차

O | X

27 상서성에 소속된 6부가 각각 국무를 분담했다.

18. 경찰 3차

O | X

28 고려 시대에는 제술업이 명경업보다 중시되어 그 합격자를 중용하였다.

17. 국가 7급

O | X

⭐**29** 도병마사는 법제·격식을 다루었으며, 식목도감은 고려 후기에 도당으로 불렸다.

17. 하반기 국가 7급

O | X

⭐**30** 도병마사와 식목도감은 고려의 독자적인 기구이며, 중서문하성의 재신과 중추원의 추신이 합좌하였다.

17. 하반기 국가 7급

O | X

31 중추원은 왕명 출납과 군기의 업무를 맡고, 삼사는 백관을 규찰하고 탄핵하였다.

17. 하반기 국가 7급

O | X

32 도병마사에서는 화폐와 곡식의 출납, 회계의 일을 맡았다.

16. 국가 7급

O | X

33 도병마사에서는 정치의 잘잘못을 논하고 관리의 비리를 감찰하였다.

16. 국가 7급

O | X

Self Check

문항	○	×	틀린 이유
17	○	×	
18	○	×	
19	○	×	
20	○	×	
21	○	×	
22	○	×	
23	○	×	
24	○	×	
25	○	×	
26	○	×	
27	○	×	
28	○	×	
29	○	×	
30	○	×	
31	○	×	
32	○	×	
33	○	×	

오답 확인하기

17 양계 지역에는 주현군이 아니라 주진군을 두었다.
18 통일신라 때의 일이다.
19 조선 시대의 일이다.
22 중앙 무반들에게는 무산계가 아니라 문산계를 제수하였다.
26 광평성, 순군부는 신라의 관제가 아니라 궁예가 국호를 태봉으로 고친 뒤에 설치한 관서들이다.
29 도병마사와 식목도감에 대한 설명이 바뀌었다.
31 삼사는 화폐와 곡식의 출납에 대한 회계 업무를 맡았다.
32 고려의 삼사에 대한 설명이다.
33 어사대에 대한 설명이다.

정답

17 X   18 X   19 X   20 O   21 O
22 X   23 O   24 O   25 O   26 X
27 O   28 O   29 X   30 O   31 X
32 X   33 X

제3막

오답 확인하기

38 중서문하성과 상서성이 합쳐져 첨의부로 격하되었다.

40 대간(어사대, 중서문하성의 낭사)에 대한 설명이다.

43 중앙에 상주하는 현직 관리가 사심관으로 임명되었다.

44 상수리가 아니라 기인이다. 고려는 지방 향리의 자제를 기인으로 삼아 지방의 자문 역할을 담당하게 하였다.

45 조선 시대의 지방 제도에 대한 설명이다.

정답

34 O 35 O 36 O 37 O 38 X
39 O 40 X 41 O 42 O 43 X
44 X 45 X 46 O 47 O 48 O

---

34 도병마사에서는 양계의 축성 및 군사 훈련 등 국방 문제를 논의하였다.　16. 국가 7급
O ｜ X

35 관리 등용 제도로는 과거와 음서 등이 있었으며 무과는 거의 실시되지 않았다.
16. 서울시 9급
O ｜ X

36 장군들로 구성된 장군방, 상장군·대장군들로 구성된 중방이라는 합좌 기관이 있었다.　16. 서울시 7급
O ｜ X

★**37** 중추원은 군사 기밀을 담당하는 추밀과 왕명의 출납을 담당하는 승선으로 구성되었다.　16. 경찰 1차
O ｜ X

38 원 간섭기에 중서문하성과 중추원을 합쳐 첨의부로 하고, 6부는 4사로 통폐합되었다.　16. 경찰 1차
O ｜ X

39 도평의사사는 도당으로 불렸으며 조선 건국 초에 폐지되었다.　13. 지방 9급
O ｜ X

40 도평의사사는 관리의 임명이나 법령의 개폐를 동의하는 서경권을 행사하였다.
13. 지방 9급
O ｜ X

★**41** 고려는 5도에 안찰사가 파견되었으며, 북방의 국경 지대에는 병마사를 파견하였다.　13. 경찰 2차
O ｜ X

★**42** 중앙군은 2군 6위, 지방군은 주현군·주진군으로 편성되었다.　12. 지방 9급
O ｜ X

★**43** 퇴직한 관료를 사심관으로 임명하여 출신 지역에 거주하게 하였다.　12. 지방 9급
O ｜ X

44 지방 향리의 자제를 상수리로 임명하여 궁중의 잡역을 담당하게 하였다.
12. 지방 9급
O ｜ X

45 특수 행정 구역이었던 향, 부곡, 소가 모두 일반 군현으로 승격되었다.
12. 경북교행
O ｜ X

46 조세나 공물의 징수와 노역 징발 등 실제적인 행정 사무는 향리가 담당하였다.
12. 경북교행
O ｜ X

★**47** 중서문하성의 관직은 2품 이상의 재신과 3품 이하의 낭사로 구분되었다.
11. 지방 9급
O ｜ X

★**48** 도병마사는 고려 후기에 이르러 국가의 모든 정무를 관장하는 최고 기구로 발전하였다.　11. 지방 9급
O ｜ X

테마 3 문벌 귀족 사회의 성립과 대외 관계(거란, 여진)

01 고려 성종 때 서희는 귀주에서 거란군을 물리쳤다.

23. 국가 9급
O | X

02 고려 성종 때 서희는 여진을 몰아내고 동북 9성을 쌓았다.

23. 국가 9급
O | X

03 고려 성종 때 서희는 소손녕과 담판하여 강동 6주를 획득하였다.

23. 국가 9급
O | X

04 강조는 묘청의 난을 진압하였다.

22. 지방 9급
O | X

05 강조는 별무반의 편성을 건의하였다.

22. 지방 9급
O | X

06 강조는 목종을 폐위하고 현종을 옹립하였다.

22. 지방 9급
O | X

07 강조는 거란과 협상하여 강동 6주 지역을 고려 영토로 확보하였다.

22. 지방 9급
O | X

08 고려 현종 때 부모의 명복을 빌기 위해 현화사(玄化寺)를 창건했다.

22. 서울 9급
O | X

09 고려 현종 때 거란의 침입에 대비하기 위하여 광군 30만을 조직했다.

22. 서울 9급
O | X

10 고려 현종 때 재조대장경의 각판 사업에 착수했다.

22. 서울 9급
O | X

11 거란은 강조의 정변을 구실로 고려를 침략하였다.

21. 지방 9급
O | X

12 거란은 고려에 동북 9성을 돌려달라고 요구하였다.

21. 지방 9급
O | X

13 거란은 다루가치를 배치하여 고려의 내정을 간섭하였다.

21. 지방 9급
O | X

14 거란은 쌍성총관부를 두어 철령 이북의 땅을 지배하였다.

21. 지방 9급
O | X

15 귀주대첩 ~ 별무반 설치 사이의 시기에 압록강에서 도련포에 이르는 천리장성을 축조하였다.

21. 소방직
O | X

문항	O	X	틀린 이유
01	O	X	
02	O	X	
03	O	X	
04	O	X	
05	O	X	
06	O	X	
07	O	X	
08	O	X	
09	O	X	
10	O	X	
11	O	X	
12	O	X	
13	O	X	
14	O	X	
15	O	X	

오답 확인하기

01 현종 재위 기간인 거란의 3차 침입 당시, 강감찬이 지휘하는 고려군은 귀주에서 퇴각하는 거란군을 크게 물리쳤다(귀주대첩, 1019).
02 윤관에 대한 설명이다.
04 김부식에 대한 설명이다.
05 윤관에 대한 설명이다.
07 서희에 대한 설명이다.
09 3대 국왕인 정종 때의 일이다.
10 고려 고종 재위 기간의 일로, 최우 집권기에 속한다.
12 여진에 대한 설명이다.
13 몽골에 대한 설명이다.
14 몽골에 대한 설명이다.

정답

01 X 02 X 03 O 04 X 05 X
06 O 07 X 08 O 09 X 10 X
11 O 12 X 13 X 14 X 15 O

Self Check

문항	○	×	틀린 이유
16	○	×	
17	○	×	
18	○	×	
19	○	×	
20	○	×	
21	○	×	
22	○	×	
23	○	×	
24	○	×	
25	○	×	
26	○	×	
27	○	×	
28	○	×	
29	○	×	
30	○	×	
31	○	×	

오답 확인하기

17 묘청의 서경 천도 운동 이후의 일이다(무신정변, 1170).
18 귀주대첩은 거란의 3차 침입 때인 1019년의 일(현종)로, 윤관의 동북 9성 점령(예종) 이전이다.
21 신돈에 대한 설명이다.
22 고려 후기인 충렬왕 때부터이다.
23 성리학은 고려 후기인 충렬왕 때부터 수용되기 시작하였다.
25 최우 집권기(고종) 때의 일이다.
26 윤관이 여진족을 북방으로 밀어내고 9성을 쌓은 지역은 현재의 함경도 일대로 추정하고 있다.
28 강조는 군사를 이끌고 개경으로 들어와 김치양 일파를 제거하였다.
29 거란의 2차 침입 때, 개경이 함락되고 현종이 나주까지 피난하였다.
30 금나래(여진)가 아니라 거란이다.

정답

16 **O** 17 **X** 18 **X** 19 **O** 20 **O**
21 **X** 22 **X** 23 **X** 24 **O** 25 **X**
26 **X** 27 **O** 28 **X** 29 **X** 30 **X**
31 **O**

---

16 묘청의 서경 천도 운동은 김부식이 이끄는 관군에게 진압당하였다.
21. 소방직
O | X

17 묘청의 서경 천도 운동 때 정중부, 이의방 등 무신들이 정권을 장악하였다.
21. 소방직
O | X

18 윤관의 동북 9성 점령 ~ 교정도감 설치 사이의 시기에 강감찬이 퇴각하는 거란군을 귀주에서 격파하였다.
20. 국가 7급
O | X

19 여진은 1115년 나라를 세운 뒤 고려에 군신 관계를 요구하였다.
20. 지방 7급
O | X

⭐**20** 묘청은 금을 정벌할 것을 주장하였다.
20. 법원 9급
O | X

21 묘청은 전민변정도감 설치를 건의하였다.
20. 법원 9급
O | X

22 인종 때 도평의사사를 중심으로 정치를 주도하였다.
19. 국가 9급
O | X

23 인종 때 성리학을 수용하면서 『주자가례』를 보급하였다.
19. 국가 9급
O | X

⭐**24** 인종 때 서경에 대화궁을 짓게 하고 칭제건원을 주장하였다.
19. 국가 9급
O | X

25 인종 재위 기간에 몽골의 침략에 대응하기 위해 강화도로 도읍을 옮겼다.
19. 국가 9급
O | X

26 윤관이 별무반을 이끌고 압록강 유역의 여진족을 몰아내었다.
19. 법원 9급
O | X

27 소손녕과 서희의 담판 이후에 서희는 강동 6주를 경략하였다.
18. 국가 9급
O | X

⭐**28** 강조가 군사를 이끌고 서경으로 들어와 김치양 일파를 제거하였다.
18. 지방 9급
O | X

⭐**29** 금나라(여진)의 침입으로 인해 국왕은 나주로 피난하였다.
18. 서울시 9급
O | X

30 금나라(여진)의 침략에 대비하여 광군을 설치하였다.
18. 서울시 9급
O | X

⭐**31** 12세기 초 윤관의 건의로 별무반을 편성하여 여진족을 북방으로 밀어 내고 동북 지방 일대에 9개의 성을 쌓았다.
18. 경찰 1차
O | X

32 의주는 강동 6주 가운데 하나인 흥화진이 있던 곳이다.

17. 국가 9급

O | X

33 예종은 국학 7재를 설치하여 관학을 진흥하였다.

17. 하반기 국가 9급

O | X

⭐**34** 예종은 김위제의 건의로 남경 건설을 추진하였다.

17. 하반기 국가 9급

O | X

⭐**35** 예종은 윤관을 원수로 하여 여진 정벌을 단행하였다.

17. 하반기 국가 9급

O | X

36 현종 때 지방관이 없는 속군에 감무를 파견하였다.

17. 하반기 지방 9급

O | X

37 현종 때 개성부를 경중(京中) 5부와 경기로 구획하였다.

17. 하반기 지방 9급

O | X

38 이자겸이 일으킨 난을 경계(庚癸)의 난이라고도 한다.

17. 국가 7급

O | X

39 이자겸은 아들을 출가시켜 현화사 불교 세력과 강력한 유대 관계를 맺고 있었다.

17. 국가 7급

O | X

40 이자겸은 금의 군신 관계 요구에 반대하며 금 정벌론을 주장하였다.

17. 국가 7급

O | X

41 이자겸은 문벌 귀족들의 세력을 억누르기 위해 지덕쇠왕설을 내세워 서경 천도를 주장하였다.

17. 국가 7급

O | X

42 묘청은 국호를 대위, 연호를 천개로 정하고 반란을 일으켰다.

17. 서울시 9급

O | X

⭐**43** 묘청은 칭제 건원과 요나라 정벌을 주장하였다.

17. 서울시 9급

O | X

44 고려는 송나라의 침략을 물리치는 과정에서 대장경을 제작하였다.

17. 법원 9급

O | X

45 묘청 세력은 중방을 중심으로 권력을 행사하였다.

17. 법원 9급

O | X

46 묘청 세력은 웅천주를 기반으로 반란을 일으켰다.

17. 법원 9급

O | X

47 묘청 세력은 왕의 측근 세력을 제거하고 인종을 감금하였다.

17. 법원 9급

O | X

Self Check

문항	O	×	틀린 이유
32	O	×	
33	O	×	
34	O	×	
35	O	×	
36	O	×	
37	O	×	
38	O	×	
39	O	×	
40	O	×	
41	O	×	
42	O	×	
43	O	×	
44	O	×	
45	O	×	
46	O	×	
47	O	×	

오답 확인하기

34 숙종 때의 일이다.

36 속군에 감무를 파견하기 시작한 것은 고려 예종 때부터이다.

38 경계의 난은 정중부 등의 무신 정변과 김보당의 난을 합쳐 부르는 말이다.

40 묘청 등 서경 세력에 대한 설명이다.

41 묘청 등 서경 세력에 대한 설명이다.

43 묘청은 금나라 정벌을 주장하였다.

44 고려는 거란과 몽골의 침입을 부처의 힘으로 막고자 대장경을 제작하였다.

45 무신 정권 초기의 상황이다.

46 신라 하대 김헌창의 난에 대한 설명이다.

47 이자겸의 난에 대한 설명이다.

정답

32 O 33 O 34 X 35 O 36 X
37 O 38 X 39 O 40 X 41 X
42 O 43 X 44 X 45 X 46 X
47 X

Self Check

문항	○	×	틀린 이유
48	○	×	
49	○	×	
50	○	×	
51	○	×	
52	○	×	
53	○	×	
54	○	×	
55	○	×	
56	○	×	

★48 [순서나열] 강동 6주 획득 → 강감찬의 귀주 대첩 → 강조의 정변 → 천리장성 축조 → 별무반 창설
17. 경찰 2차   O | X

49 숙종은 주요 지역에 12목을 설치하고 목사를 파견하였다.
16. 지방 9급   O | X

★50 숙종은 여진 정벌을 위해 윤관이 건의한 별무반을 설치하였다.
16. 지방 9급   O | X

51 숙종은 지방 호족을 견제하기 위해 사심관과 기인 제도를 도입하였다.
16. 지방 9급   O | X

52 숙종은 왕권을 강화하기 위해 과거 제도를 시행하고 독자적인 연호를 사용하였다.
16. 지방 9급   O | X

★53 거란의 1차 침입 때 서희의 담판으로 압록강 동쪽의 9성을 확보하였다.
16. 경찰 2차   O | X

★54 고려는 국경 지대에 나성과 천리장성을 쌓아 거란과 여진의 침략에 대비하였다.
16. 경찰 2차   O | X

55 김부식은 조위총 등 서경 세력과 함께 개경의 관리들과 대립하였다.
15. 지방 7급   O | X

56 [순서나열] 고려 조정은 금나라가 요구했던 군신 관계를 수용 → 인종이 이자겸을 숙청 → 인종이 서경에 대화궁을 건립 → 김부식이 『삼국사기』를 편찬
14. 서울시 7급   O | X

오답 확인하기

48 강동 6주 획득 → 강조의 정변 → 강감찬의 귀주대첩 → 천리장성 축조 → 별무반 창설
49 성종 때의 일이다.
51 태조 때의 일이다.
52 광종 때의 일이다.
53 고려는 서희의 담판을 통해 강동 6주를 확보하였다.
54 나성은 개경에 축조되었다.
55 김부식은 개경파의 중심 인물이었다.

정답

48 X 49 X 50 O 51 X 52 X
53 X 54 X 55 X 56 O

테마 4 무신정권

⭐**01** 평양에서 망이·망소이가 반란을 일으켰다.
23. 국가 9급
O | X

02 봉사10조가 올려진 이후에 이의방이 정변을 일으켰다.
22. 소방직
O | X

03 봉사10조가 올려진 이후에 정방과 삼별초가 설치되었다.
22. 소방직
O | X

⭐**04** [순서나열] 이자겸이 척준경과 반란을 일으킴. → 최충헌이 이의민을 제거하고 권력을 잡음. → 정중부와 이의방이 정변을 일으킴. → 충주성에서 천민들이 몽골군에 맞서 싸움.
21. 지방 9급
O | X

05 경대승은 사병 집단인 도방을 처음으로 조직하였다.
21. 경찰 1차
O | X

06 경대승은 교정도감을 설치하여 권력 기반을 강화하였다.
21. 경찰 1차
O | X

⭐**07** 최충헌은 정방을 설치하여 인사권을 장악하였다.
20. 국가 9급
O | X

⭐**08** 최충헌은 치안 유지를 위해 야별초를 설립하였다.
20. 국가 9급
O | X

09 최충헌은 이의방을 제거하고 권력을 장악하였다.
20. 국가 9급
O | X

⭐**10** 최충헌은 봉사 십조를 올려 사회 개혁안을 제시하였다.
20. 국가 9급
O | X

11 윤관의 동북 9성 점령 ~ 교정도감 설치 사이의 시기에 강화로 천도하였다.
20. 국가 7급
O | X

12 최충헌이 집권할 당시에 발생한 농민·천민의 저항 운동으로는 최광수의 난, 이비·패좌의 난 등이 있다.
20. 경찰 2차
O | X

13 최충헌이 집권할 당시에 발생한 농민·천민의 저항 운동으로는 이연년 형제의 난, 김사미·효심의 난, 전주 관노의 난 등이 있다.
20. 경찰 2차
O | X

Self Check

문항	○	×	틀린 이유
01	○	×	
02	○	×	
03	○	×	
04	○	×	
05	○	×	
06	○	×	
07	○	×	
08	○	×	
09	○	×	
10	○	×	
11	○	×	
12	○	×	
13	○	×	

오답 확인하기

01 공주 명학소이다.
02 봉사10조 이전의 일이다.
04 이자겸이 척준경과 반란을 일으킴. → 정중부와 이의방이 정변을 일으킴. → 최충헌이 이의민을 제거하고 권력을 잡음. → 충주성에서 천민들이 몽골군에 맞서 싸움.
06 최충헌에 대한 설명이다.
07 최우에 대한 설명이다.
08 최우에 대한 설명이다.
09 정중부에 대한 설명이다. 최충헌은 이의민을 제거하고 권력을 장악하였다.
11 최우 집권기 때의 일로, 교정도감 설치 이후에 전개된 사실이다.
13 이연년 형제의 난은 최우 집권기 때, 김사미·효심의 난은 이의민 집권기 때, 전주 관노의 난은 경대승 집권기 때 일어났다.

정답

01 **X** 02 **X** 03 **O** 04 **X** 05 **O**
06 **X** 07 **X** 08 **X** 09 **X** 10 **O**
11 **X** 12 **O** 13 **X**

Self Check

문항	○	×	틀린 이유
14	○	×	
15	○	×	
16	○	×	
17	○	×	
18	○	×	
19	○	×	
20	○	×	
21	○	×	
22	○	×	
23	○	×	
24	○	×	
25	○	×	

14 무신집권기 초반 정권을 잡은 무신들은 상장군·대장군의 회의 기관이었던 기존의 회의체 중방을 권력 기구로 삼았다. 　19. 상반기 서울시 9급
O ｜ X

⭐**15** 최충헌은 군국의 정사를 관장하는 교정도감을 설치했고, 최우는 정방과 서방을 사저에 설치했다. 　19. 상반기 서울시 9급
O ｜ X

16 김보당과 조위총은 최충헌의 집권에 항거하여 군사를 일으켰다. 　19. 상반기 서울시 9급
O ｜ X

17 무신 집권기, 정혜쌍수와 돈오점수를 주장하는 수선 결사 운동이 전개되었다.
19. 서울시 9급
O ｜ X

⭐**18** 조위총이 정중부 등의 타도를 위해 서경에서 반란을 일으켰다. 　18. 지방 9급
O ｜ X

19 무신 집권기에 만적은 노비 해방을 내세우며 반란을 모의하였다. 　18. 서울시 9급
O ｜ X

20 최충헌은 명종을 폐하고 신종, 희종, 강종, 고종을 차례로 세웠다.
18. 상반기 서울시 7급
O ｜ X

21 최우는 거란(요나라)에 대항하여 강화도로 천도하여 항전하였다. 　17. 법원 9급
O ｜ X

⭐**22** [순서나열] 김보당의 난 발생 → 이의민의 권력 장악 → 김사미와 효심의 난 발생 → 교정도감의 설치 　16. 서울시 9급
O ｜ X

23 최충헌은 진강후라는 벼슬을 받고, 흥녕부라는 기구를 설치하였다. 　15. 경찰 2차
O ｜ X

⭐**24** 최충헌은 문인 이규보를 발탁하여 그의 행정 능력을 활용하였다. 　14. 국가 7급
O ｜ X

25 최충헌은 최고 집정부 구실을 하는 교정도감을 설치하였고, 도방을 확대하여 군사적 기반을 확립하였다. 　14. 경찰 1차
O ｜ X

오답 확인하기

16 김보당의 난(1173)과 조위총의 난(1174)은 둘 다 최충헌 집권 이전인 정중부 집권기에 일어났다.
21 최우는 몽골과 항전할 것을 결의하고 강화도로 도읍을 옮겼다.

정답

14 **O**　15 **O**　16 **X**　17 **O**　18 **O**
19 **O**　20 **O**　21 **X**　22 **O**　23 **O**
24 **O**　25 **O**

문항	O	X	틀린 이유
01	O	X	
02	O	X	
03	O	X	
04	O	X	
05	O	X	
06	O	X	
07	O	X	
08	O	X	
09	O	X	
10	O	X	
11	O	X	
12	O	X	
13	O	X	

테마 5 고려의 대외 관계(몽골)

01 삼별초는 포수, 사수, 살수의 삼수병으로 편제되었다.
23. 지방 9급
O | X

02 삼별초는 윤관의 건의로 편성된 기병 중심의 부대였다.
23. 지방 9급
O | X

⭐**03** 삼별초는 도적을 잡기 위해 설치한 야별초에서 시작되었다.
23. 지방 9급
O | X

04 삼별초는 양계 지방에서 국경 지역 방어를 맡았던 상비적인 전투 부대였다.
23. 지방 9급
O | X

⭐**05** [순서나열] 박서의 귀주성 전투 → 강화 천도 → 살리타 사살 → 대장도감 설치
21. 경찰 1차
O | X

06 [순서나열] 고려가 몽골과 연합하여 강동성에서 거란족을 몰아냄. → 처인성에서 김윤후가 쏜 화살을 맞고 살리타가 전사함. → 무신정권이 무너지고 개경으로 환도 → 중서문하성과 상서성이 합쳐져 첨의부가 됨.
18. 경찰 1차
O | X

07 몽골 침입 시기에 망이·망소이, 만적 등이 봉기하였다.
17. 지방 7급
O | X

08 몽골 침입 시기에 강화도 천도에 대해 삼별초가 반대하였다.
17. 지방 7급
O | X

⭐**09** 몽골 침입 시기에 황룡사 구층 목탑과 초조대장경이 불에 탔다.
17. 지방 7급
O | X

10 몽골 침입 시기에 김윤후와 처인 부곡민들이 몽골 장수 살리타 군대를 물리쳤다.
17. 지방 7급
O | X

⭐**11** 몽골 침입 시기에 부처의 힘으로 몽골군을 물리치기 위해 팔만대장경을 조판하였다.
17. 지방 7급
O | X

⭐**12** 몽골과의 항쟁 과정에서 고려는 귀주에서 승리를 거두었다.
15. 서울시 7급
O | X

⭐**13** 삼별초는 최충헌이 신변 보호와 집권 체제 강화를 위해 조직하였다.
14. 국가 9급
O | X

오답 확인하기

01 훈련도감에 대한 설명이다.
02 별무반에 대한 설명이다.
04 주진군에 대한 설명이다.
07 몽골 침입 이전의 일이다.
08 삼별초는 강화도 천도가 아니라 개경 환도를 반대하였다.
13 삼별초는 최우가 조직하였다.

정답

01 X 02 X 03 O 04 X 05 O
06 O 07 X 08 X 09 O 10 O
11 O 12 O 13 X

14 몽골이 침입하자 서경을 북진 정책의 거점으로 삼고 광군이라는 부대를 조직하였다.

14. 지방 7급

O | X

★15 몽골의 침략을 막기 위해 압록강 입구에서 도련포에 이르는 천여 리의 장성을 쌓았다.

14. 지방 7급

O | X

★16 삼별초는 좌별초와 우별초 및 몽골에 포로로 잡혀갔다가 돌아온 병사들로 조직된 신의군으로 구성되었다.

14. 경찰 1차

O | X

17 삼별초는 강화도에서 진도로 이동하면서 김통정의 지휘를 받았으나, 여·몽 연합군의 공격으로 김통정이 전사하자 배중손이 그 지휘를 이어받아 제주도에서 항전을 계속하였다.

13. 경찰 1차

O | X

18 삼별초는 무신 정권의 사병적인 기능뿐만 아니라 국왕의 시위와 도적의 체포도 담당했다.

13. 경찰 1차

O | X

테마6 공민왕과 원 간섭기

01 평양에 쌍성총관부가 설치되었다.

23. 국가 9급

O | X

02 무신정권 몰락 ~ 공민왕 즉위 사이의 시기에 만권당이 만들어졌다.

22. 국가 9급

O | X

03 무신정권 몰락 ~ 공민왕 즉위 사이의 시기에 정동행성이 설치되었다.

22. 국가 9급

O | X

04 무신정권 몰락 ~ 공민왕 즉위 사이의 시기에 『제왕운기』가 저술되었다.

22. 국가 9급

O | X

05 우왕 때 이종무가 왜구의 소굴인 대마도를 정벌하였다.

22. 지방 9급

O | X

06 우왕 때 삼별초가 반란을 일으켜 대몽 항쟁을 계속하였다.

22. 지방 9급

O | X

★07 우왕 때 쌍성총관부를 공격해 철령 이북 지역을 수복하였다.

22. 지방 9급

O | X

08 우왕 때 요동 정벌을 위해 출병한 이성계가 위화도에서 회군하였다.

22. 지방 9급

O | X

09 몽골은 서경에 동녕부를 두었다.
21. 지방 9급
O | X

10 홍건적의 2차 침입 사건 이후, 화약 무기를 사용해 진포해전에서 승리하였다.
20. 지방 9급
O | X

11 홍건적의 2차 침입 사건 이후에 처인성 전투에서 적의 장수 살리타를 사살하였다.
20. 지방 9급
O | X

12 홍건적의 2차 침입 사건 이후, 기철 일파를 제거하고 쌍성총관부의 관할 지역을 수복하였다.
20. 지방 9급
O | X

13 홍건적의 2차 침입 사건 이후에 적의 침략을 물리치기 위한 염원으로 팔만대장경이 조판되었다.
20. 지방 9급
O | X

14 우왕 때 원 황실은 북쪽으로 도망가고 명이 건국되었다.
20. 지방 7급
O | X

⭐**15** 우왕 때 기존의 토지 문서를 불태워 버리고 과전법을 시행하였다.
20. 지방 7급
O | X

⭐**16** 우왕 때 명은 철령위를 설치한다고 고려에 통보하였다.
20. 지방 7급
O | X

⭐**17** 공민왕 때 홍건적이 침략하였다.
20. 경찰 2차
O | X

18 원 간섭기에 고려 전체가 몽골의 직할지로 편입되었다.
19. 상반기 서울시 9급
O | X

19 원 간섭기에 정동행성의 승상은 몽골의 다루가치가 전담하였다.
19. 상반기 서울시 9급
O | X

20 원 간섭기에 관제 격하의 일환으로 중서문하성과 상서성은 첨의부로 통합되었다.
19. 상반기 서울시 9급
O | X

21 공민왕은 자제위를 설치하였다.
19. 상반기 서울시 7급
O | X

⭐**22** 공민왕은 박위를 보내 왜구의 소굴인 쓰시마를 공격하였다.
19. 상반기 서울시 7급
O | X

23 공민왕 때 두 차례의 홍건적 침입을 당하며 왕이 복주(안동)까지 피신하기도 하였다.
19. 경찰 1차
O | X

⭐**24** 공민왕 때 각염제를 처음으로 시행하였다.
18. 국가 7급
O | X

Self Check

문항	O	×	틀린 이유
09	O	×	
10	O	×	
11	O	×	
12	O	×	
13	O	×	
14	O	×	
15	O	×	
16	O	×	
17	O	×	
18	O	×	
19	O	×	
20	O	×	
21	O	×	
22	O	×	
23	O	×	
24	O	×	

오답 확인하기

11 고려 고종 때인 몽골의 2차 침입(1232)에 대한 설명으로, 홍건적의 2차 침입 이전이다.

12 홍건적의 침입 이전에 공민왕이 추진한 개혁 정책에 대한 설명들이다.

13 팔만대장경의 조판(고려 고종, 1236 ~ 1251)은 홍건적의 2차 침입 이전에 전개된 사실이다.

14 공민왕 때의 일이다.

15 공양왕 때의 일이다.

18 원의 직할지로 편입된 지역은 고려 전체가 아니라 철령 이북 지역(쌍성총관부 설치), 자비령 이북 지역(동녕부 설치), 제주도(탐라총관부 설치)이다.

19 정동행성의 승상(장관)은 고려 국왕이 겸직하였다.

22 창왕 때의 일이다.

24 각염제는 충선왕 때 처음으로 실시되었다.

정답

09 O 10 O 11 X 12 X 13 X
14 X 15 X 16 O 17 O 18 X
19 X 20 O 21 O 22 X 23 O
24 X

제 3 막

Self Check

문항	○	×	틀린 이유
25	○	×	
26	○	×	
27	○	×	
28	○	×	
29	○	×	
30	○	×	
31	○	×	
32	○	×	
33	○	×	
34	○	×	
35	○	×	
36	○	×	
37	○	×	
38	○	×	
39	○	×	

25 충선왕의 관제 개혁으로 사림원은 시정(施政)에 대한 국왕의 고문 기능 겸 전주(銓注)와 왕명 출납을 관장하는 권력 기구로 부상하여 개혁의 중심 기관이 되었다.
18. 지방 7급
O | X

26 충목왕은 정치도감이라는 임시 기구를 설치하여 부원 세력을 척결하면서 권세가들이 불법으로 차지한 토지와 노비를 조사하여 본 주인에게 돌려주었다.
18. 지방 7급
O | X

27 최영은 침입하는 왜구를 홍산에서 격퇴하였다.
18. 경찰 1차
O | X

28 최영은 화통도감에서 각종 화기를 제조하여 왜구 격퇴에 사용하였다.
18. 경찰 1차
O | X

⭐**29** 최영은 황산에서 적장 아지발도를 사살하는 등 왜구를 섬멸하였다.
18. 경찰 1차
O | X

30 최영은 관음포 앞바다에서 왜선 120여 척을 격침시켰다.
18. 경찰 1차
O | X

⭐**31** 공민왕은 기철을 제거하고 정동행성 이문소를 혁파했다.
18. 경찰 3차
O | X

⭐**32** 공민왕은 신돈을 등용하고 전민변정도감을 설치하여 권신들을 억압했다.
18. 경찰 3차
O | X

33 우왕 때 복원궁을 건립하여 도교를 부흥시켰다.
17. 국가 9급
O | X

⭐**34** 우왕 때 흥덕사에서 『직지심체요절』을 간행하였다.
17. 국가 9급
O | X

35 우왕 때 교장도감을 설치하여 속장경을 간행하였다.
17. 국가 9급
O | X

36 세조 구제 이후, 2차 여·몽 연합군은 일본 원정에 실패하였다.
17. 하반기 국가 9급
O | X

37 세조 구제 이후, 쌍성총관부를 설치하였다.
17. 하반기 국가 9급
O | X

38 충렬왕 때 경사교수도감을 설치하여 경학과 사학을 장려하였고, 유교 교육 기관에 공자 사당인 문묘를 새로 건립하여 유교 교육의 진흥에 나섰다.
17. 경찰 1차
O | X

39 충선왕 때에는 원의 선명력을 채용하고 그 이론과 계산법을 충분히 소화하였다.
17. 경찰 1차
O | X

오답 확인하기

28 최무선에 대한 설명이다.
29 이성계에 대한 설명이다.
30 정지에 대한 설명이다.
33 예종 때의 일이다.
35 선종 ~ 숙종 때의 일이다.
37 쌍성총관부를 설치한 것은 1258년의 일로, 세조 구제 이전이다.
39 선명력이 아니라 수시력이다.

정답

25 O 26 O 27 O 28 X 29 X
30 X 31 O 32 O 33 X 34 O
35 X 36 O 37 X 38 O 39 X

Self Check

문항	○	×	틀린 이유
40	○	×	
41	○	×	
42	○	×	
43	○	×	
44	○	×	
45	○	×	
46	○	×	
47	○	×	
48	○	×	
49	○	×	
50	○	×	
51	○	×	
52	○	×	

40 충선왕은 서경에 대화궁을 짓고 그 안에 팔성당을 설치하였다. 　17. 경찰 2차
　　　O ｜ X

41 충선왕은 중앙 교육 기관인 국자감을 '국학'으로 개칭하고, 양현고를 설치하였다. 　17. 경찰 2차
　　　O ｜ X

⭐**42** 명의 철령위 설치 통보 ~ 위화도 회군 사이의 시기, 김용이 왕을 시해할 목적으로 흥왕사에 침범했다가 최영에 의해 격퇴되었다. 　17. 경찰 2차
　　　O ｜ X

43 위화도 회군 ~ 조선 건국 사이의 시기, 이성계 일파는 폐가입진을 명목으로 우왕과 창왕을 연이어 폐위시켰다. 　17. 경찰 2차
　　　O ｜ X

44 공민왕은 박위로 하여금 쓰시마 섬을 정벌케 하였다. 　17. 경기북부여경
　　　O ｜ X

45 공민왕 때, 왕을 시해하려는 흥왕사의 변이 발생하였다. 　17. 경기북부여경
　　　O ｜ X

⭐**46** 충선왕은 만권당을 통해 고려와 원나라 학자들의 문화 교류에 힘썼다. 　16. 국가 9급
　　　O ｜ X

⭐**47** 충선왕은 도병마사를 도평의사사로 개편하여 국정을 총괄하게 하였다. 　16. 국가 9급
　　　O ｜ X

48 충선왕은 철령 이북의 영토 귀속 문제를 계기로 요동 정벌을 단행하였다. 　16. 국가 9급
　　　O ｜ X

⭐**49** 충선왕은 왕권을 강화하고 개혁을 주도하기 위한 기구로 사림원을 두었다. 　16. 서울시 9급
　　　O ｜ X

50 공민왕은 노비와 관련된 문제를 처리하는 장례원을 설치하였다. 　14. 국가 9급
　　　O ｜ X

⭐**51** 공민왕은 정동행성 이문소를 폐지하고 요동 지방을 공략하였다. 　14. 국가 9급
　　　O ｜ X

52 공민왕은 『동국병감』과 같은 병서를 간행하여 원나라의 침략에 대비하였다. 　14. 국가 9급
　　　O ｜ X

오답 확인하기

40 인종 때의 일이다.
41 예종 때의 일이다(국자감의 명칭을 국학으로 개칭한 것은 충렬왕 때로 보기도 함).
42 공민왕 때의 흥왕사의 변에 대한 설명으로, 명의 철령위 설치 통보 이전의 일이다.
44 창왕 때의 일이다.
47 충선왕이 아니라 충렬왕이다.
48 충선왕이 아니라 우왕이다.
50 장례원은 조선 시대에 설치되었다.
52 『동국병감』은 조선 시대에 간행되었다.

정답

40 X　41 X　42 X　43 O　44 X
45 O　46 O　47 X　48 X　49 O
50 X　51 O　52 X

Self Check

문항	○	×	틀린 이유
53	○	×	
54	○	×	
55	○	×	
56	○	×	
57	○	×	
58	○	×	
59	○	×	
60	○	×	
61	○	×	
62	○	×	
63	○	×	
64	○	×	
65	○	×	
66	○	×	

53 공민왕은 권문세족의 경제 기반을 무너뜨리기 위해서 과전법을 시행하였다.
14. 국가 9급 O ┃ X

54 혁명파 사대부는 이색, 정몽주, 윤소종 등을 숙청하였다.
14. 사회복지 O ┃ X

55 혁명파 사대부는 전제 개혁을 추진하여 과전법을 시행하였다.
14. 사회복지 O ┃ X

56 공민왕은 삼군도총제부를 설치하였다.
14. 서울시 9급 O ┃ X

57 공민왕이 반원 자주 정책을 추진하는 과정에서 신진 사대부들의 등장을 억제하고 있던 정방을 폐지하였다.
14. 경찰 1차 O ┃ X

58 충렬왕 때 인사를 관장했던 정방을 폐지하고 사림원을 설치하여 개혁 정치를 수행하였다.
13. 지방 7급 O ┃ X

59 충렬왕 때 기철 등의 부원 세력을 제거하고 쌍성 총관부를 공격하여 무력으로 복속하였다.
13. 지방 7급 O ┃ X

60 충렬왕 때 도병마사를 도평의사사로 개편하여 국가 중대사를 회의하고 결정하는 합좌 기관으로 만들었다.
13. 지방 7급 O ┃ X

61 공민왕은 성균관을 순수 유교 교육 기관으로 개편하였다.
13. 서울시 9급 O ┃ X

62 충선왕은 원나라 연호 사용을 중지하고 명과 통교하기 시작하였다.
13. 서울시 7급 O ┃ X

63 공민왕은 명의 철령위 설치 요구로 인해 요동 정벌을 단행하였다.
12. 국가 9급 O ┃ X

64 충선왕은 국가가 소금을 전매하는 각염법을 시행하였다.
12. 지방 9급 O ┃ X

65 정동행성의 부속 기관으로 이문소(理問所)가 있었는데, 불법적으로 사법권을 행사하였다.
11. 지방 7급 O ┃ X

66 정동행성은 원이 일본 정벌을 위해 설치한 기구이다.
11. 지방 7급 O ┃ X

오답 확인하기
53 공민왕이 아니라 공양왕이다.
54 윤소종은 혁명파 사대부이다.
56 공민왕이 아니라 공양왕이다.
58 충선왕 때의 일이다.
59 공민왕 때의 일이다.
62 충선왕이 아니라 공민왕이다.
63 공민왕이 아니라 우왕이다.

정답
53 X 54 X 55 O 56 X 57 O
58 X 59 X 60 O 61 O 62 X
63 X 64 O 65 O 66 O

CHAPTER **02**

중세의 경제 · 사회 · 문화

테마1 고려의 경제 정책

01 고려는 재정을 운영하는 관청으로 삼사를 두었다.
22. 국가 9급
O | X

02 고려 시대에는 공물 부과 기준이 가호에서 토지로 바뀌었다.
22. 국가 9급
O | X

03 고려 시대에는 생산량의 10분의 1에 해당하는 조세를 거두었다.
22. 국가 9급
O | X

04 고려 시대에는 '소'라는 행정 구역의 주민이 국가에서 필요로 하는 물품을 생산하였다.
22. 국가 9급
O | X

05 목종은 인품과 공복을 기준으로 토지를 지급하는 시정전시과를 시행하였다.
20. 국가 7급
O | X

06 공양왕 때 과전법이 실시되었다.
20. 법원 9급
O | X

07 경종 때 시정 전시과를 실시하였다.
20. 법원 9급
O | X

08 [순서나열] 공신의 공로에 따라 차등 지급하였다. → 관등과 인품을 기준으로 지급하였다. → 관등에 따라 18등급으로 구분하여 지급하였다. → 현직 관리만을 대상으로 지급하였다.
20. 법원 9급
O | X

09 목종 때 개정전시과가 실시되어 인품이 배제되고 관품만을 기준으로 토지를 지급하였다.
20. 경찰 1차
O | X

10 성종 때 시정전시과가 실시되어 관품과 인품을 고려하여 전지와 시지를 지급하였다.
20. 경찰 1차
O | X

Self Check

문항	O	X	틀린 이유
01	O	X	
02	O	X	
03	O	X	
04	O	X	
05	O	X	
06	O	X	
07	O	X	
08	O	X	
09	O	X	
10	O	X	

오답 확인하기

02 조선 후기에 실시된 대동법에 따라 공물 부과 기준이 가호에서 토지 결수로 바뀌었다.

05 목종이 아니라 경종이다.

10 시정전시과는 성종 때가 아니라 경종 때 실시되었다.

정답

01 O 02 X 03 O 04 O 05 X
06 O 07 O 08 O 09 O 10 X

Self Check

문항	○	×	틀린 이유
11	○	×	
12	○	×	
13	○	×	
14	○	×	
15	○	×	
16	○	×	
17	○	×	
18	○	×	
19	○	×	
20	○	×	
21	○	×	
22	○	×	
23	○	×	
24	○	×	

오답 확인하기

14 문종 때 제정된 경정 전시과에 대한 설명이다.

15 전시과는 전국의 토지를 대상으로 지급하였다.

16 역분전에 대한 설명이다.

17 우창이 아니라 좌창의 곡식을 관리의 녹봉으로 지출하였다.

18 양반전(= 양반전시)은 문무 관리에게 지급된 토지로, 원칙적으로 세습을 허용하지 않았다.

19 목종 때 오직 관품만 고려하여 토지를 지급하였다(개정전시과).

21 녹읍은 지급받은 자가 해당 지역으로부터 조세를 징수할 수 있었을 뿐만 아니라 해당 지역 주민의 노동력을 동원할 수 있었다.

22 녹읍은 지역 단위로 지급된 토지이다.

23 녹읍은 고려 초기 무렵에 폐지된 것으로 보고 있다.

정답

11 O 12 O 13 O 14 X 15 X
16 X 17 X 18 X 19 X 20 O
21 X 22 X 23 X 24 O

---

11 태조 때 역분전이 설치되어 개국 공신들에게 충성도, 공훈, 인품 등을 반영하여 토지를 지급하였다.
20. 경찰 1차
O | X

12 문종 때 경정전시과가 설치되어 현직 관리들에게만 과전을 지급하고 퇴직할 때 반납하도록 하였다.
20. 경찰 1차
O | X

13 시정전시과는 4색 공복을 기준으로 문반, 무반, 잡업으로 나누어 지급 결수를 정하였다.
19. 국가 9급
O | X

14 시정전시과에서는 산관이 지급 대상에서 제외되었으며 무반의 차별 대우가 개선되었다.
19. 국가 9급
O | X

15 시정전시과는 전임 관료와 현임 관료를 대상으로 경기 지방에 한하여 지급하였다.
19. 국가 9급
O | X

16 시정전시과는 고려의 건국 과정에서 충성도와 공로에 따라 차등 지급되었다.
19. 국가 9급
O | X

17 고려 시대에 개경의 우창(右倉) 곡식은 관리의 녹봉으로 지출되었다. 19. 서울시 7급
O | X

18 고려 전시과 체제에서 양반전은 원칙적으로 세습이 허용되었다.
19. 법원 9급
O | X

19 고려 목종 때에는 인품을 기준으로 토지를 지급하였다.
19. 법원 9급
O | X

20 녹읍은 신라의 토지 제도에서 비롯된 것이다.
18. 국가 7급
O | X

21 녹읍은 직역에 대한 대가로 수조권만을 지급한 것이다.
18. 국가 7급
O | X

22 녹읍은 대상 토지에 거주하는 가호의 수를 단위로 지급되었다.
18. 국가 7급
O | X

23 녹읍은 지방 호족들의 경제 기반으로 고려 무신 정권기까지 존속했다.
18. 국가 7급
O | X

24 서리, 향리, 군인, 악공은 수조지를 받았다.
18. 상반기 서울시 7급
O | X

25 정부는 국초부터 군현 단위로 20년마다 양전을 실시하여 1/10의 조세를 거두었다.

17. 하반기 국가 9급

O | X

26 전시과에서는 문무 관리, 군인, 향리 등을 9등급으로 나누어 토지를 주었다.

17. 서울시 9급

O | X

27 숙종 때에는 우리나라 최초의 화폐인 '건원중보'를 만들어 유통시켰으나 널리 이용되지는 못하였다.

17. 경기북부여경

O | X

⭐**28** 목종 때 시행된 '개정 전시과'에서는 인품 요소를 배제하고 오로지 관품만을 기준으로 18과로 나누어 차등 지급하였으며, '시정 전시과'에 비해 전체적으로 지급 액수가 줄어들었다.

17. 경기북부여경

O | X

⭐**29** 고려 시대 군인의 유가족에게는 '구분전'을 지급하여 생활을 유지하게 하였다.

17. 경기북부여경

O | X

30 경정 전시과는 4색 공복을 기준으로 등급을 나누었다.

16. 국가 9급

O | X

⭐**31** 경정 전시과에서는 산직(散職)이 전시의 지급 대상에서 배제되었다.

16. 국가 9급

O | X

32 경정 전시과에서는 등급별 전시의 지급 액수가 전보다 감소하였다.

16. 국가 9급

O | X

33 경정 전시과에서는 무반과 일반 군인에 대한 대우가 전반적으로 향상되었다.

16. 국가 9급

O | X

34 양계에서는 조세를 현지 경비로 사용하였다.

16. 국가 7급

O | X

35 조창에서 개경까지의 운반은 조창민이 담당하였다.

16. 국가 7급

O | X

⭐**36** 경종 때 처음 전시과 제도를 만들었으며, 문종 때에는 지급 대상을 현직 관료로 제한하였다.

16. 경찰 1차

O | X

⭐**37** 중앙과 지방의 각 관청에는 내장전(內莊田)을 지급하여 경비를 충당하게 하였다.

16. 경찰 1차

O | X

Self Check

문항	O	X	틀린 이유
25	O	X	
26	O	X	
27	O	X	
28	O	X	
29	O	X	
30	O	X	
31	O	X	
32	O	X	
33	O	X	
34	O	X	
35	O	X	
36	O	X	
37	O	X	

오답 확인하기

25 조선 시대의 일이다.
26 전시과에서는 문무 관리, 군인, 향리에 이르기까지 토지를 지급하였으나 9등급이 아니라 18등급으로 나누었다.
27 최초의 화폐인 건원중보는 성종 때 만들어졌다.
30 시정전시과에 대한 설명이다.
37 공해전에 대한 설명이다.

정답

25 X 26 X 27 X 28 O 29 O
30 X 31 O 32 O 33 O 34 O
35 O 36 O 37 X

Self Check

문항	○	×	틀린 이유
38	○	×	
39	○	×	
40	○	×	
41	○	×	
42	○	×	
43	○	×	
44	○	×	
45	○	×	
46	○	×	
47	○	×	
48	○	×	
49	○	×	

38 개정 전시과에서는 한외과가 소멸되었다.

15. 지방 9급

O | X

39 경정 전시과에서는 승인과 지리업에게 별사전이 지급되었다.

15. 지방 9급

O | X

40 전시과는 경기 8현에 한하여 지급되었다.

15. 지방 9급

O | X

41 한인전은 6품 이하 하급 관료의 자제로서 관직에 오르지 못한 사람에게 지급되었다.

15. 경찰 3차

O | X

⭐**42** 왕실의 경비를 충당하기 위해 외역전과 내장전을, 관청의 경비를 위해 공해전을 두었다.

13. 지방 7급

O | X

43 전시과의 군인전은 군역이 세습됨에 따라 자손에게 세습되었다.

13. 지방 7급

O | X

⭐**44** 관료가 사망한 후에 토지를 국가에 반납하는 것이 전시과의 원칙이었다.

13. 지방 7급

O | X

45 농민은 민전을 경작하여 수확의 10분의 1을 세금으로 냈고, 역과 공부를 부담하였다.

13. 지방 7급

O | X

46 고려 말 과전법에서 과전은 경기 지방의 토지로 지급하였다.

11. 지방 9급

O | X

⭐**47** 조(租)는 토지를 논과 밭으로 나누어 비옥한 정도에 따라 3등급으로 나누어 부과하였다.

11. 지방 7급

O | X

48 남자가 16세가 되면 정(丁)으로 삼아 국역에 복무하게 하였고, 60세가 되면 역을 면해주었다.

11. 지방 7급

O | X

49 고려에서는 편성된 호를 인구와 장정의 많고 적음에 따라 6등급으로 나누었다.

10. 국가 7급

O | X

오답 확인하기

38 경정 전시과에 대한 설명이다.
40 전시과는 전국의 토지를 대상으로 지급되었다.
42 외역전은 향리의 직역 대가로 지급된 토지다.
49 고려에서는 편성된 호를 인구의 많고 적음에 따라 9등급으로 나누었다.

정답

38 X 39 O 40 X 41 O 42 X
43 O 44 O 45 O 46 O 47 O
48 O 49 X

테마 2 고려의 대외 무역

⭐**01** 고려 시대, 예성강 하구의 벽란도가 국제항으로 번성하였다. 21. 국가 9급

O ┃ X

02 청해진이 설치되어 무역권을 장악하였다. 17. 국가 9급

O ┃ X

03 의주는 요(遼)와 물품을 거래하던 각장이 설치된 곳이다. 17. 국가 9급

O ┃ X

⭐**04** 고려는 송에 종이와 인삼을 수출하고 서적과 약재를 수입하였다. 16. 국가 7급

O ┃ X

05 거란과 여진의 압력으로 송과의 교류가 끊어져 상호 무역이 이루어지지 않았다.

15. 지방 7급

O ┃ X

06 일본은 11세기 후반부터 주로 모피를 가지고 와 식량, 인삼, 서적 등과 바꾸어 갔다.

15. 지방 7급

O ┃ X

07 대식국인이라 불리던 아라비아 상인들이 비단, 약재 등을 가지고 고려와 무역하였다.

15. 지방 7급

O ┃ X

08 북방의 거란과 여진에게는 은·모피·말을 수출하고, 고려는 농기구·곡식을 수입하였다.

14. 경찰 1차

O ┃ X

09 대외 무역에서 가장 큰 비중을 차지한 것은 송과의 무역이었다. 10. 국가 9급

O ┃ X

문항	O	X	틀린 이유
01	O	X	
02	O	X	
03	O	X	
04	O	X	
05	O	X	
06	O	X	
07	O	X	
08	O	X	
09	O	X	

오답 확인하기

02 신라 하대에 대한 설명이다.

05 송과의 무역은 문종 때 다시 재개되었다.

06 일본의 수출품은 수은, 황, 감귤 등이었다.

07 주로 수은, 향료, 산호 등을 가지고 와서 교역하였다.

08 은, 모피, 말을 '수입'하고 농기구, 곡식을 '수출'하였다.

정답

01 **O** 02 **X** 03 **O** 04 **O** 05 **X**
06 **X** 07 **X** 08 **X** 09 **O**

Self Check

문항	O	×	틀린 이유
01	O	×	
02	O	×	
03	O	×	
04	O	×	
05	O	×	
06	O	×	
07	O	×	
08	O	×	
09	O	×	
10	O	×	
11	O	×	
12	O	×	
13	O	×	
14	O	×	

오답 확인하기

05 건원중보는 고려 성종 때 처음 만들어진 화폐이고, 상평통보와 조선통보는 조선 시대에 발행된 화폐이다.
08 조선 후기의 일이다.
09 조선 후기의 일이다.
11 광학보는 불교를 장려할 목적으로 설치되었다.
14 조선 후기의 일이다.

정답

01 **O** 02 **O** 03 **O** 04 **O** 05 **X**
06 **O** 07 **O** 08 **X** 09 **X** 10 **O**
11 **X** 12 **O** 13 **O** 14 **X**

테마3 고려의 경제 상황

★01 고려 말에는 남부 일부 지방에 모내기법이 보급되었다.   19. 서울시 7급
    O | **X**

★02 고려 후기 관청 수공업이 쇠퇴하면서 민간 수공업이 발달하였다.   18. 서울시 9급
    O | **X**

03 원 간섭기에는 원의 지폐인 보초가 들어와 유통되기도 하였다.   18. 서울시 9급
    O | **X**

04 고려 종이는 질기고 반질거려 등피지라는 별명을 얻었다.   18. 상반기 서울시 7급
    O | **X**

05 고려 숙종이 발행한 화폐로는 건원중보, 상평통보, 조선통보, 해동통보 등이 있다.   18. 서울시 7급
    O | **X**

★06 책, 차 등을 파는 관영 상점을 두었다.   17. 국가 9급
    O | **X**

07 정부는 경작지를 확대하기 위해 농민이 황무지를 개간하면 일정 기간 소작료나 조세를 감면해 주었고, 여러 수리 시설도 개축하였다.   17. 하반기 국가 9급
    O | **X**

08 개성의 송상은 전국에 송방(松房)이라는 지점을 개설해서 활동하였다.   17. 지방 9급
    O | **X**

09 지방 장시의 객주와 여각은 상품의 매매뿐 아니라 숙박, 창고, 운송 업무까지 운영하였다.   17. 지방 9급
    O | **X**

10 주전도감을 설치하여 해동통보를 주조하였다.   17. 하반기 국가 7급
    O | **X**

11 농민 자제의 과거를 위한 기금으로 광학보를 설치하였다.   15. 국가 9급
    O | **X**

12 재해를 당했을 때에는 세금을 감면해 농민 생활의 안정을 꾀하였다.   15. 국가 9급
    O | **X**

13 농번기에는 잡역 동원을 금지하여 농사에 지장을 주지 않으려 하였다.   15. 국가 9급

14 공인이 상업 활동을 주도하였다.   13. 국가 9급
    O | **X**

15 시전 상인의 금난전권을 제한하였다.
13. 국가 9급
O ｜ X

⭐**16** 시장을 감독하는 관청으로 동시전을 설치하였다.
13. 국가 9급
O ｜ X

⭐**17** 권세가들은 대규모 개간에 참여하였고 사패를 받아 토지를 확대하기도 하였다.
13. 지방 7급
O ｜ X

18 토지만이 아니라 인정에 대한 지배가 허용된 식읍이 왕실이나 공신들에게 수여되었다.
13. 지방 7급
O ｜ X

⭐**19** 고려 시대의 수공업은 관청 수공업, 소(所) 수공업, 사원 수공업, 민간 수공업으로 구분할 수 있다.
11. 지방 9급
O ｜ X

20 중앙과 지방의 관청에서는 그곳에서 일할 기술자들을 공장안(工匠案)에 등록해 두었다.
11. 지방 9급
O ｜ X

21 소(所)에서는 금, 은, 철 등 광산물과 실, 종이, 먹 등 수공업 제품 외에 생강을 생산하기도 하였다.
11. 지방 9급
O ｜ X

22 사원에서는 베, 모시, 기와, 술, 소금 등의 품질 좋은 제품을 생산하였다.
10. 국가 9급
O ｜ X

23 고려 전기부터 밭농사에서는 2년 3작의 윤작법이 일반화되었다.
10. 지방 7급
O ｜ X

Self Check

문항	○	×	틀린 이유
15	○	×	
16	○	×	
17	○	×	
18	○	×	
19	○	×	
20	○	×	
21	○	×	
22	○	×	
23	○	×	

오답 확인하기

15 조선 후기의 일이다.
16 동시전이 아니라 경시서이다.
23 조선 전기의 일이다.

정답

15 X 16 X 17 O 18 O 19 O
20 O 21 O 22 O 23 X

Self Check

문항	○	×	틀린 이유
01	○	×	
02	○	×	
03	○	×	
04	○	×	
05	○	×	
06	○	×	
07	○	×	
08	○	×	
09	○	×	
10	○	×	
11	○	×	
12	○	×	
13	○	×	
14	○	×	

오답 확인하기

04 향·소·부곡의 주민은 과거에 응시할 수 없었다.

10 신진 사대부는 주로 과거를 통하여 관직에 진출하였다. 음서의 혜택은 주로 문벌귀족·권문세족 등이 받았다.

11 권문세족에 대한 설명이다.

12 고려 후기 권문세족은 토지 소유지에 직접 거주하면서 농사를 짓는 재지 지주가 아니라 대리인을 따로 보내 토지를 관리하는 부재 지주들이었다.

정답

01 **O** 02 **O** 03 **O** 04 **X** 05 **O**
06 **O** 07 **O** 08 **O** 09 **O** 10 **X**
11 **X** 12 **X** 13 **O** 14 **O**

테마 4 **고려의 신분 제도**

01 정호(서리·향리·하급장교 등)는 국가로부터 토지를 지급받았다. 22. 소방직 **O** | **X**

⭐**02** 속현과 향·소·부곡에는 수령이 파견되지 않았다. 22. 소방직 **O** | **X**

03 백정은 정호(서리·향리·하급장교 등)와는 달리 직역을 수행하지 않았다. 22. 소방직 **O** | **X**

04 향·소·부곡의 주민은 과거를 통해 하급 관료가 될 수 있었다. 22. 소방직 **O** | **X**

05 고려 시대, 부호장 이하의 향리는 사심관의 감독을 받았다. 21. 국가 9급 **O** | **X**

⭐**06** 고려 시대의 상층 향리는 과거로 중앙 관직에 진출할 수 있었다. 21. 국가 9급 **O** | **X**

07 고려 시대, 일부 향리의 자제들은 기인으로 선발되어 개경으로 보내졌다. 21. 국가 9급 **O** | **X**

⭐**08** 고려 시대, 속현의 행정 실무는 향리가 담당하였다. 21. 국가 9급 **O** | **X**

09 신진 사대부는 성리학을 통해 불교의 폐단을 지적하였다. 21. 법원 9급 **O** | **X**

10 신진 사대부는 주로 음서를 통하여 관직에 진출하였다. 21. 법원 9급 **O** | **X**

11 신진 사대부는 권력을 앞세워 대규모 농장을 소유하였다. 21. 법원 9급 **O** | **X**

12 고려 후기의 권문세족은 재지 지주로서 녹과전과 녹봉을 유력한 경제적 기반으로 삼았다. 19. 국가 7급 **O** | **X**

13 고려 후기의 권문세족은 첨의부 등의 고위 관직을 독점하면서 도당의 구성원으로서 권력을 장악하였다. 19. 국가 7급 **O** | **X**

14 고려 후기의 권문세족은 왕실 또는 자기들 상호 간에 중첩되는 혼인을 맺어 긴밀한 유대 관계를 가지고 있었다. 19. 국가 7급 **O** | **X**

15 향 · 부곡의 거주민은 향리층의 지배를 받았다. 19. 지방 7급
O | X

16 향 · 부곡의 거주민은 백정이라고 불렸으며 조 · 용 · 조를 면제받았다. 19. 지방 7급
O | X

17 상층 향리인 호장층은 지방 세력 가운데 과거 합격률이 가장 높아 관료를 배출하는 모체가 되었다. 18. 서울시 7급
O | X

18 광산에서 일하는 광부를 철간, 어부를 생선간, 소금 굽는 염부를 염간, 목축하는 사람을 목자간, 뱃사공을 진척이라 불렀다. 18. 서울시 7급
O | X

⭐**19** 소의 주민은 증여, 상속의 대상이었다. 17. 교육행정
O | X

20 소의 주민은 대부분 관청에 소속되어 수공업 제품을 생산하였다. 17. 교육행정
O | X

⭐**21** 소의 주민은 죄를 지으면 형벌로 귀향을 시키는 처벌을 받았다. 16. 지방 9급
O | X

22 외거 노비가 재산을 늘려, 그 처지가 양인과 유사해질 수 있었다. 15. 국가 9급
O | X

⭐**23** 향 · 부곡 · 소의 백성도 일반 군현민과 동일한 수준의 조세 · 공납 · 역을 부담하였다. 15. 국가 9급
O | X

24 권문세족은 친원 세력으로 정계의 요직을 장악하였다. 15. 교육행정
O | X

⭐**25** 권문세족은 가문의 권위보다는 현실적인 관직을 통하여 정치 권력을 행사하였다. 15. 서울시 9급
O | X

26 권문세족은 강과 하천을 경계로 할 만큼 대농장을 소유하고도 국가에 세금을 내지 않았다. 15. 경찰 3차
O | X

⭐**27** 남반은 궁중의 잡일을 맡는 내료직(內僚職)이다. 14. 국가 9급
O | X

28 서리는 중앙의 각 사(司)에서 기록이나 문부(文簿)의 관장 등 실무에 종사하였다. 14. 국가 9급
O | X

Self Check

문항	○	×	틀린 이유
15	○	×	
16	○	×	
17	○	×	
18	○	×	
19	○	×	
20	○	×	
21	○	×	
22	○	×	
23	○	×	
24	○	×	
25	○	×	
26	○	×	
27	○	×	
28	○	×	

오답 확인하기

16 고려 시대의 백정은 일반 농민들을 가리키는 표현이며, 향 · 부곡민들은 조 · 용 · 조를 면제받지 않았다.
19 노비에 대한 설명이다.
20 소의 주민들은 관청에 소속된 것은 아니었다.
21 고려의 귀족들에 대한 설명이다.
23 일반 군현민보다 더 많은 조세를 부담하였다.

정답

15 **O** 16 **X** 17 **O** 18 **O** 19 **X**
20 **X** 21 **X** 22 **O** 23 **X** 24 **O**
25 **O** 26 **O** 27 **O** 28 **O**

★**29** 향리에게는 양반으로 신분을 상승시킬 수 있는 길을 열어 놓지 않았다.

14. 국가 9급
O ㅣ X

30 특정한 직역을 갖지 않은 농민은 조세와 공납, 국역의 부담을 졌다.

13. 국가 7급
O ㅣ X

31 백정 농민 중에도 천역을 담당하는 계층이 있었는데 이들을 신량역천이라 하였다.

13. 국가 7급
O ㅣ X

32 농민은 특정한 죄를 지었을 때 자신의 본관지로 되돌아가게 하는 귀향형(歸鄕刑)에 처해졌다.

13. 국가 7급
O ㅣ X

33 군현별로 일정액을 할당하는 비총법(比總法)이 실시되자 농민은 공동납으로 대응하였다.

13. 국가 7급
O ㅣ X

★**34** 화척, 재인, 양수척을 호적에 올려 그들에게 역을 부담시켰다.

12. 국가 7급
O ㅣ X

35 군반, 남반 등과 같이 일정한 정치적 기능을 나타내는 몇 개의 반(班)이 설정되었다.

12. 국가 7급
O ㅣ X

★**36** 향리의 세력을 억제하기 위해 그 지방 출신의 중앙 관리를 사심관으로 임명하였다.

12. 국가 7급
O ㅣ X

★**37** 중류층인 남반은 중앙 관청의 말단에서 행정 실무를 관장하였다.

12. 지방 7급
O ㅣ X

38 관청의 잡역에 종사한 공역 노비는 60세가 되면 역이 면제되었다.

12. 지방 7급
O ㅣ X

39 고려 문벌귀족은 여러 세대에 걸쳐 고위 관직자를 배출한 가문으로 중서문하성과 중추원의 재상이 되어 정국을 주도하였다.

12. 경찰 2차
O ㅣ X

40 향리는 지방관이 파견되지 않은 속현이나 부곡의 실질적인 지배층이었다.

11. 국가 9급
O ㅣ X

★**41** 향리는 읍사(邑司)를 구성하여 지방 행정의 실무를 담당하였다.

11. 국가 9급
O ㅣ X

오답 확인하기

29 고려 시대의 향리는 능력에 따라 신분 상승이 가능하였다.
31 신량역천은 조선 시대의 신분 개념이다.
32 고려의 귀족에 대한 설명이다.
33 조선 후기의 일이다.
34 화척, 재인, 양수척은 관적이 없었고, 부역도 부담하지 않았다.
37 서리에 대한 설명이다.

정답

29 **X** 30 **O** 31 **X** 32 **X** 33 **X**
34 **X** 35 **O** 36 **O** 37 **X** 38 **O**
39 **O** 40 **O** 41 **O**

42 향리는 고려 초 토성(土姓)을 분정받아 그 근거지를 본관으로 인정받기도 하였다.

11. 국가 9급

O ㅣ X

43 노비는 자신의 재산을 소유할 수도 있었다.

10. 지방 9급

O ㅣ X

44 노비는 매매·증여·상속의 대상이 되었고, 승려가 될 수 없었다.

10. 지방 9급

O ㅣ X

45 소유주가 각기 다른 노와 비가 혼인하더라도 가정을 이루는 것이 가능하였다.

10. 지방 9급

O ㅣ X

46 모든 노비는 독립된 경제 생활을 영위하였다.

10. 지방 9급

O ㅣ X

제 3 막

테마 5 ┃ 고려의 사회 정책과 백성들의 생활

01 고려는 흉년 등 어려운 때에 백성을 구제하기 위해 의창을 만들어 봄에 곡식을 빌려 주고 가을에 갚게 하였다.

18. 경찰 2차

O ㅣ X

02 혜민서는 유랑자를 수용하고 구휼하였다.

18. 경찰 2차

O ㅣ X

03 삼별초의 항몽정권 수립 ~ 쌍성 총관부의 탈환 사이의 시기, 예안 향약이 실시되어 유교 윤리 확산에 기여하였다.

18. 교육행정

O ㅣ X

04 무신 집권기 이후, 향·소·부곡 등 특수 행정 구역이 주현으로 승격되기도 하였다.

17. 하반기 국가 9급

O ㅣ X

05 무신 집권기 이후, 여성의 재혼을 규제하려는 움직임이 나타났다.

17. 하반기 국가 9급

O ㅣ X

06 충선왕 대 이후에도 왕실 족내혼이 널리 행해졌다.

17. 하반기 국가 9급

O ㅣ X

☆**07** 향도는 고려 후기에 이르러 자신들의 이익을 위하여 조직되는 향도에서 점차 신앙적인 향도로 변모되었다.

17. 경찰 1차

O ㅣ X

오답 확인하기

46 외거노비만 독립된 경제 생활이 가능하였다.

02 혜민서는 고려가 아니라 조선 시대에 존재했던 의료 기관이다.

03 예안향약은 16세기 조선 명종 때, 성리학자인 이황이 만들어 경상도 지방을 중심으로 실시 및 보급하였다.

06 충선왕 이후 왕실에서 족내혼의 비중이 감소하였다.

07 신앙적인 향도에서 점차 자신들의 이익을 위하여 조직되는 향도로 변모되었다.

정답

42 O 43 O 44 O 45 O 46 X /
01 O 02 X 03 X 04 O 05 O
06 X 07 X

Self Check

문항	○	×	틀린 이유
08	○	×	
09	○	×	
10	○	×	
11	○	×	
12	○	×	
13	○	×	
14	○	×	
15	○	×	
16	○	×	
17	○	×	
18	○	×	
19	○	×	
20	○	×	

08 귀양형을 받은 사람이 부모상을 당하였을 때에는 유형지에 도착하기 전에 7일간의 휴가를 주어 부모상을 치를 수 있도록 하였다.

17. 경찰 1차
O | X

⭐**09** 형률 제도는 주로 당나라의 것을 끌어다 썼으며, 때에 따라 고려의 실정에 맞는 율문도 만들었다.

14. 국가 9급
O | X

10 형률 제도는 행정과 사법이 명확하게 분리·독립되어 있었다.

14. 국가 9급
O | X

11 형률 제도는 실형주의(實刑主義)보다는 배상제(賠償制)를 우위에 두고 있었다.

14. 국가 9급
O | X

12 형률 제도는 기본적으로 태형(笞刑), 장형(杖刑), 도형(徒刑), 유형(流刑)의 4형 체계를 가지고 있었다.

14. 국가 9급
O | X

⭐**13** 동·서 활인서는 유랑자의 수용과 구휼을 담당하였다.

14. 지방 7급
O | X

14 혜민국은 백성들의 의료를 맡아 시약(施藥)을 행하던 곳으로 고려 예종 대에 설치되었다.

14. 지방 7급
O | X

15 고려 시대에는 귀족이 죄를 지으면 형벌로 귀향을 시키기도 하였다.

12. 지방 9급
O | X

⭐**16** 의창은 흉년에 빈민을 구제하는 기관이었다.

12. 경찰 1차
O | X

⭐**17** 상평창은 물가 조절 기관으로 개경과 서경, 12목에 설치되었다.

12. 경찰 1차
O | X

18 농민은 향도와 같은 공동체 조직을 결성하고 있었다.

11. 지방 9급
O | X

19 향도는 지방의 향소를 중심으로 활동하였다.

10. 국가 7급
O | X

20 향도는 매향 활동 등을 하는 불교의 신앙 조직이었다.

10. 국가 7급
O | X

오답 확인하기

10 행정권과 사법권이 분리되어 있지 않았다.
11 배상제보다 실형주의가 우위에 있었다.
12 태, 장, 도, 유, 사 다섯 종류가 있었다.
13 동·서 활인서는 조선 시대의 진휼 기구이다.
19 향소는 조선 시대의 유향소를 말한다.

정답

08 **O**　09 **O**　10 **X**　11 **X**　12 **X**
13 **X**　14 **O**　15 **O**　16 **O**　17 **O**
18 **O**　19 **X**　20 **O**

테마 6 고려의 불교

01 의천은 이론적인 교리 공부와 실천적인 수행을 아우를 것을 주장하였다.

23. 지방 9급
O | X

02 의천은 참선과 독경은 물론 노동에도 힘을 쓰자고 하면서 결사를 제창하였다.

23. 지방 9급
O | X

03 의천은 삼국시대 이래 고승들의 전기를 정리하여 해동고승전을 편찬하였다.

23. 지방 9급
O | X

04 의천은 백련사를 결성하여 극락왕생을 기원하는 참회와 염불 수행을 강조하였다.

23. 지방 9급
O | X

05 지눌이 서경에서 수선사 결사 운동을 펼쳤다.

21. 지방 9급
O | X

06 지눌은 불교의 세속화에 반대하고 불교 본연의 자세를 찾으려 하였다.

20. 지방 7급
O | X

07 혜심은 성리학 수용의 사상적 토대를 마련하였다.

20. 지방 7급
O | X

08 의천은 『신편제종교장총록』을 편찬하였다.

19. 지방 9급
O | X

09 보우는 원의 불교인 임제종을 들여와서 전파시켰다.

19. 지방 9급
O | X

10 요세는 강진에 백련사를 결사하여 법화 신앙을 내세웠다.

19. 지방 9급
O | X

11 지눌은 『목우자수심결』을 지어 마음을 닦고자 하였다.

19. 지방 9급
O | X

12 고려 고종 때 왕실의 원찰인 묘련사가 창건되었다.

19. 국가 7급
O | X

13 삼별초의 항몽 정권 수립 ~ 쌍성 총관부의 탈환 사이의 시기, 요세가 법화 신앙에 기반하여 백련결사 운동을 전개하였다.

18. 교육행정
O | X

14 요세는 중국 화엄종의 방계(傍系)인 이통현의 화엄 사상에서 많은 영향을 받았다.

18. 국가 7급
O | X

15 지눌은 선을 체(體)로 삼고 교를 용(用)으로 삼아 선과 교의 합일점을 구하였다.

18. 국가 7급
O | X

Self Check

문항	O	X	틀린 이유
01	O	X	
02	O	X	
03	O	X	
04	O	X	
05	O	X	
06	O	X	
07	O	X	
08	O	X	
09	O	X	
10	O	X	
11	O	X	
12	O	X	
13	O	X	
14	O	X	
15	O	X	

오답 확인하기

02 지눌에 대한 설명이다.
03 '해동고승전'은 고종 때 승려 각훈이 왕명에 따라 편찬한 역사서이다.
04 요세에 대한 설명이다.
05 지눌은 전라도 순천을 중심으로 수선사 결사 운동을 전개하였다.
12 묘련사는 원 간섭기인 충렬왕 때 창건한 고려 왕실의 원찰(願刹, 소원을 빌거나 죽은 사람의 명복을 빌기 위해 세운 절)이다.
13 삼별초의 항몽 정권 수립 이전인 최우 집권기 때의 일이다.
14 지눌에 대한 설명이다.

정답

01 O 02 X 03 X 04 X 05 X
06 O 07 O 08 O 09 O 10 O
11 O 12 X 13 X 14 X 15 O

16 균여는 화엄 사상의 입장에서 법상종 세력을 흡수하여 성상융회 사상을 표방하였다.

18. 국가 7급

O | X

17 의천은 균여의 화엄학이 실천의 문제를 떠나 지나치게 관념화되어 있음을 비판하였다.

18. 국가 7급

O | X

18 성종 때 교종과 선종의 불교계를 정리하기 위해 교종의 여러 종파를 화엄종을 중심으로 통합하고, 선종의 여러 종파를 법안종을 중심으로 정리하고자 했다.

18. 경찰 1차

O | X

⭐**19** 의천과 지눌은 서로 다른 방법으로 교종과 선종의 통합을 시도하였다.

17. 지방 9급

O | X

⭐**20** 의천은 불교와 유교 모두 도를 추구한다는 점에서 같다는 유·불 일치설을 주장하였다.

17. 지방 9급

O | X

21 의천은 거조암, 길상사 등에서 정혜결사를 주도하였다.

17. 하반기 지방 9급

O | X

22 의천은 우리나라 천태교학의 전통을 원효에게서 찾았다.

17. 하반기 지방 9급

O | X

23 의천은 성속무애 사상을 주장하면서 종단을 통합하려 하였다.

17. 하반기 지방 9급

O | X

⭐**24** 의천은 단번에 깨닫고 꾸준히 실천하는 돈오점수를 주장하였다.

17. 교육행정

O | X

25 의천은 참회 수행과 법화 신앙을 강조하며 백련사를 결성하였다.

17. 교육행정

O | X

26 균여는 『천태사교의』를 저술하였다.

17. 서울시 7급

O | X

⭐**27** 지눌은 국청사를 창건하고 천태종을 창시하였다.

16. 지방 9급

O | X

28 지눌은 부석사를 창건하고 화엄 사상을 선양하였다.

16. 지방 9급

O | X

29 지눌은 『십문화쟁론』을 저술하여 종파 간의 사상적 대립을 조화시키고자 하였다.

16. 지방 9급

O | X

30 저고여 암살 사건 ~ 진포 대첩 사이의 시기에 의천이 교종과 선종의 통합을 위해 노력하였다.
16. 법원 9급
O | X

31 광종 때부터 승과 제도를 실시하여 합격한 자에게는 승계(僧階)를 주고 승려의 지위를 보장하였다.
16. 경찰 1차
O | X

32 광종은 요세가 세운 백련사를 후원하였다.
15. 지방 9급
O | X

⭐**33** 광종은 의천이 국청사를 창건하는 것을 후원하였다.
15. 지방 9급
O | X

34 광종은 거란과의 전쟁을 물리치기 위해 초조대장경을 조성하였다.
15. 지방 9급
O | X

35 국통 아래 주통과 군통 등의 승관을 두어 사찰과 승려를 관리하였다.
15. 국가 7급
O | X

⭐**36** 균여는 북악의 법손(法孫)으로서 북악을 중심으로 남악의 사상을 융합하였다.
15. 국가 7급
O | X

37 사찰에서는 토지와 노비를 소유하고 재산을 지키기 위해 승병을 양성하기도 하였다.
15. 국가 7급
O | X

38 의천은 해동 천태종을 창시하였다.
14. 지방 9급
O | X

⭐**39** 의천은 교종의 입장에서 선종을 통합하였다.
14. 지방 9급
O | X

⭐**40** 요세는 참회 수행과 염불을 통한 극락 왕생을 주장하며 백련사를 결성했다.
14. 서울시 9급
O | X

⭐**41** 지눌은 순천 송광사에서 수선 결사 운동을 전개하였다.
13. 지방 9급
O | X

42 대각국사 의천은 현화사를 중심으로 해동 천태종을 창시하였다.
13. 지방 7급
O | X

43 공민왕 때 개혁 정치를 추진한 신돈은 9산 선문의 통합을 주장하였다.
13. 지방 7급
O | X

44 의천은 흥왕사를 근거지로 삼아 화엄종 중심의 교종 통합 운동을 벌였다.
10. 지방 7급
O | X

Self Check

문항	O	X	틀린 이유
30	O	X	
31	O	X	
32	O	X	
33	O	X	
34	O	X	
35	O	X	
36	O	X	
37	O	X	
38	O	X	
39	O	X	
40	O	X	
41	O	X	
42	O	X	
43	O	X	
44	O	X	

오답 확인하기

30 의천은 저고여 암살 사건 이전인 문종 ~ 숙종 때 활동한 승려이다.
32 최씨 무신 정권 때의 일이다.
33 숙종 때의 일이다.
34 현종 때의 일이다.
35 신라의 불교 교단에 대한 설명이다.
42 현화사가 아니라 국청사다.
43 보우에 대한 설명이다.

정답

30 X 31 O 32 X 33 X 34 X
35 X 36 O 37 O 38 O 39 O
40 O 41 O 42 X 43 X 44 O

Self Check

문항	○	×	틀린 이유
01	○	×	
02	○	×	
03	○	×	
04	○	×	
05	○	×	
06	○	×	
07	○	×	
08	○	×	
09	○	×	
10	○	×	
11	○	×	
12	○	×	
13	○	×	
14	○	×	
15	○	×	
16	○	×	

테마 7 도교와 풍수지리설

01 훈요 10조에서 팔관회를 시행할 것을 강조하였다.
18. 국가 9급
O | X

02 팔관회는 토속 신에게 제사를 지냈다.
18. 국가 9급
O | X

⭐**03** 팔관회는 국제 교류의 장이었다.
18. 국가 9급
O | X

04 태조 때에 환구단(圜丘壇)에서 풍년을 기원하는 제사를 올렸다.
18. 지방 9급
O | X

05 성종 때에 사직(社稷)을 세워 지신과 오곡 신에게 제사를 지냈다.
18. 지방 9급
O | X

06 숙종 때에 기자(箕子) 사당을 세워 국가에서 제사하였다.
18. 지방 9급
O | X

⭐**07** 예종 때에 도관(道觀)인 복원궁을 세워 초제를 올렸다.
18. 지방 9급
O | X

08 고려 시대에는 평양에 기자 사당을 세우고 제사를 지냈다.
18. 지방 7급
O | X

⭐**09** 풍수지리설은 서경 천도 운동의 배경이 되었다.
17. 국가 9급
O | X

⭐**10** 풍수지리설은 문종 때 남경 설치의 배경이 되었다.
17. 국가 9급
O | X

11 풍수지리설은 하늘에 제사 지내는 초제의 사상적 근거가 되었다.
17. 국가 9급
O | X

12 풍수지리설은 공민왕과 우왕 때 한양 천도 주장의 근거가 되었다.
17. 국가 9급
O | X

13 소격서에서 팔관회 행사를 주관하였다.
17. 법원 9급
O | X

14 팔관회 때 향음주례와 향사례의 절차가 진행되었다.
17. 법원 9급
O | X

15 팔관회 때 향나무를 땅에 묻는 매향 활동이 이루어졌다.
17. 법원 9급
O | X

16 풍수지리 사상은 신라 말기에 호족이 자기 지역의 중요성을 자부하는 근거로 이용하였다.
16. 국가 9급
O | X

오답 확인하기

04 환구단에서 제사를 지내는 것은 성종 때 처음으로 시작되었다.
11 도교에 대한 설명이다.
13 소격서는 조선 시대의 관청이다.
14 향음주례와 향사례 등이 실시된 것은 조선 시대의 일이다.
15 향도에 대한 설명이다.

정답

01 O 02 O 03 O 04 X 05 O
06 O 07 O 08 O 09 O 10 O
11 X 12 O 13 X 14 X 15 X
16 O

★17 신라 후기 민간 사회에서는 주문으로 질병 치료나 자식 출산 등을 기원하는 현실구복적 밀교가 유행하였다. 16. 서울시 9급 **O** I **X**

18 고구려에서는 연개소문이 도교 진흥 정책을 써서 불교 사찰을 도관(道觀)으로 쓰기도 했다. 13. 국가 7급 **O** I **X**

테마 8 고려의 유학과 교육 제도

★01 이제현은 만권당에서 원의 학자들과 교류하였다. 22. 서울 9급 **O** I **X**

02 안향은 공민왕이 중용한 성균관의 대사성이 되었다. 22. 서울 9급 **O** I **X**

★03 이색은 충렬왕 때 고려에 성리학을 본격적으로 소개하였다. 22. 서울 9급 **O** I **X**

04 정몽주는 역사서 『사략』을 저술하였다. 22. 서울 9급 **O** I **X**

05 김부식은 묘청의 서경 천도 운동 당시 대표적인 성리학자였다. 20. 법원 9급 **O** I **X**

06 고려 중기에 사학이 융성하자, 정부는 원으로부터 성리학을 수용하였다. 20. 법원 9급 **O** I **X**

07 고려 중기에 사학이 융성하자, 정부는 주자가례와 소학을 널리 보급하였다. 20. 법원 9급 **O** I **X**

08 안향은 최초의 성리학 입문서인 『학자지남도』를 편찬하였다. 19. 국가 7급 **O** I **X**

★09 안향을 배향하기 위해 설립된 서원은 뒤에 조선 최초의 사액 서원이 되었다. 19. 국가 7급 **O** I **X**

★10 안향은 정몽주, 권근, 정도전 등을 가르쳐 성리학을 더욱 확산시켰다. 18. 지방 7급 **O** I **X**

오답 확인하기
02 이색에 대한 설명이다.
03 안향에 대한 설명이다.
04 '사략'은 이제현이 저술한 역사서이다.
05 김부식은 유교학자이지, 성리학자는 아니다. 김부식이 활동하던 고려 중기는 아직 성리학이 고려에 들어오기 전이다.
06 성리학 수용은 원 간섭기 때의 일로, 시기적으로 맞지 않다.
07 조선 시대의 일이다.
08 정도전에 대한 설명이다.
10 이색에 대한 설명이다.

정답
17 **O** 18 **O** / 01 **O** 02 **X** 03 **X** 04 **X** 05 **X** 06 **X** 07 **X** 08 **X** 09 **O** 10 **X**

⭐**11** 이제현은 만권당에서 원의 학자들과 교류하면서 성리학에 대한 이해를 심화하였다.
18. 지방 7급
O | X

12 저고여 암살 사건 ~ 진포 대첩 사이의 시기에 관학의 재정 기반을 마련하고자 양현고를 설치하였다.
16. 법원 9급
O | X

13 최충은 9경과 3사를 중심으로 교육하였다.
15. 지방 9급
O | X

14 최충은 유교적 합리주의 사관에 기초하여 『삼국사기』를 편찬하였다.
15. 지방 9급
O | X

⭐**15** 최충은 유교 사상을 치국의 근본으로 삼아 시무 28조의 개혁안을 올렸다.
15. 지방 9급
O | X

16 최충은 『소학』과 『주자가례』를 중시하고 권문세족과 불교의 폐단을 비판하였다.
15. 지방 9급
O | X

⭐**17** 문헌공도는 9재로 나누어 전문 강좌를 개설하였다.
15. 교육행정
O | X

18 문헌공도는 지공거를 역임한 고위 관료 출신이 세웠다.
15. 교육행정
O | X

19 국자감에는 율학, 산학, 서학과 같은 유학부와 국자학, 태학, 사문학 등의 기술학부가 있었다.
15. 경찰 2차
O | X

20 예종 때 도서관 겸 학문 연구소인 청연각, 보문각을 설치하였다.
15. 경찰 2차
O | X

오답 확인하기

12 양현고는 저고여 암살 사건 이전인 예종 때 설치되었다.
14 김부식에 대한 설명이다.
15 최승로에 대한 설명이다.
16 고려 말의 신진사대부에 대한 설명이다.
19 율학, 산학, 서학은 기술학부이고 국자학, 태학, 사문학은 유학부이다.

정답

11 O 12 X 13 O 14 X 15 X
16 X 17 O 18 O 19 X 20 O

테마 9 고려의 역사서

01 이규보는 사실의 기록보다 평가를 강조한 강목체 사서를 편찬하였다. 23. 지방 9급
O | X

02 이규보는 단군부터 고려 충렬왕 때까지의 역사를 서사시로 기록하였다. 23. 지방 9급
O | X

03 이규보는 단군신화와 전설 등 민간에서 전승되는 자료를 광범위하게 수록하였다.
23. 지방 9급
O | X

⭐**04** 이규보는 김부식의 삼국사기에 동명왕의 신이한 사적이 생략되어 있다고 평하였다.
23. 지방 9급
O | X

05 삼국사기는 동명왕의 업적을 칭송한 영웅 서사시이다. 22. 국가 9급
O | X

⭐**06** 김부식의 『삼국사기』에는 단군 신화가 수록되어 있다. 22. 지방 9급
O | X

⭐**07** 이규보의 『동명왕편』은 고구려 계승 의식을 강조하였다. 22. 지방 9급
O | X

08 『삼국사기』는 불교를 중심으로 신화와 설화를 정리하였다. 21. 지방 9급
O | X

09 『삼국사기』는 유교적인 합리주의 사관에 따라 기전체로 서술되었다. 21. 지방 9급
O | X

⭐**10** 『삼국사기』는 단군조선을 우리 역사의 시작으로 본 통사이다. 21. 지방 9급
O | X

11 『삼국사기』는 진흥왕의 명을 받아 거칠부가 편찬하였다. 21. 지방 9급
O | X

12 『제왕운기』는 성리학적 유교 사관이 반영되어 대의명분을 강조하였다.
20. 국가 9급
O | X

13 『제왕운기』는 국왕, 훈신, 사림이 서로 합의하여 통사 체계를 구성하였다.
20. 국가 9급
O | X

⭐**14** 원 간섭기에 『제왕운기』는 중국과 구별되는 우리 역사의 독자성을 강조하였다.
20. 국가 9급
O | X

Self Check

문항	O	×	틀린 이유
01	O	×	
02	O	×	
03	O	×	
04	O	×	
05	O	×	
06	O	×	
07	O	×	
08	O	×	
09	O	×	
10	O	×	
11	O	×	
12	O	×	
13	O	×	
14	O	×	

오답 확인하기

01 이규보는 강목체 역사서를 편찬하지 않았다.
02 '제왕운기'를 저술한 이승휴에 대한 설명이다.
03 '삼국유사'를 편찬한 일연에 대한 설명이다.
05 이규보의 '동명왕편'에 대한 설명이다.
06 삼국사기에는 단군신화가 수록되어 있지 않다.
08 『삼국유사』에 대한 설명이다.
10 조선 시대에 편찬된 『동국통감』 등에 대한 설명이다.
11 신라의 역사서인 국사에 대한 설명이다.
12 이제현의 『사략』 등에 대한 설명이다.
13 조선 전기에 편찬된 『동국통감』 등에 대한 설명이다.

정답

01 X 02 X 03 X 04 O 05 X
06 X 07 O 08 X 09 O 10 X
11 X 12 X 13 X 14 O

Self Check

문항	○	×	틀린 이유
15	○	×	
16	○	×	
17	○	×	
18	○	×	
19	○	×	
20	○	×	
21	○	×	
22	○	×	
23	○	×	
24	○	×	
25	○	×	
26	○	×	
27	○	×	
28	○	×	
29	○	×	

오답 확인하기

15 『제왕운기』는 우리 역사를 단군 조선부터 서술하여 고려 충렬왕 까지 기록하였다. 따라서 고려 말까지의 역사를 정리했다는 표현은 틀렸다.

16 일연이다. 김부식은 '삼국사기'를 편찬하였다.

18 충렬왕 때 이승휴가 저술한 『제왕운기』에 반영된 역사 의식에 대한 설명이다.

21 충숙왕 때의 일이다.

24 삼국사기에 대한 설명이다.

25 안정복의 『동사강목』 등이 대표적이다.

26 『동명왕편』은 고구려의 건국 신화를 서사시로 노래했기 때문에 편년체 서술 방식과는 관련성이 없다.

28 상고사를 평가 절하하였다.

29 신라 계승 의식이 더 많이 반영되었다.

정답

15 **X** 16 **X** 17 **O** 18 **X** 19 **O**
20 **O** 21 **X** 22 **O** 23 **O** 24 **X**
25 **X** 26 **X** 27 **O** 28 **X** 29 **X**

---

15 『제왕운기』는 왕명으로 단군조선에서 고려 말까지의 역사를 노래 형식으로 정리하였다.
20. 국가 9급
O ｜ **X**

16 김부식은 『삼국유사』를 편찬하였다.
20. 법원 9급
O ｜ **X**

17 고려 고종 때 각훈이 왕명에 따라 『해동고승전』을 편찬하였다.
19. 국가 7급
O ｜ **X**

⭐**18** 이규보는 우리 역사를 중국과 대등하게 파악하며 단군을 민족 시조로 인식하였다.
19. 국가 7급
O ｜ **X**

19 공민왕 때 이제현에 의해 『사략』이 편찬되었다.
19. 지방 7급
O ｜ **X**

⭐**20** 이규보는 『동명왕편』을 지어 고려가 천손의 후예인 고구려의 전통을 계승하고 있다는 자부심을 표현했다.
19. 상반기 서울시 9급
O ｜ **X**

21 고려 충렬왕 때 민지는 『본조편년강목』을 편찬하였다.
19. 경찰간부
O ｜ **X**

22 고려시대 진화와 교류를 통해 자부심을 공유한 이규보는 『동명왕편』을 저술하였다.
18. 국가 9급
O ｜ **X**

⭐**23** 『삼국유사』는 신라의 역사를 상고, 중고, 하고로 구분하였다.
18. 교육행정
O ｜ **X**

24 『삼국유사』는 기전체 서술 방식에 따라 본기, 연표, 지, 열전으로 구성하였다.
18. 교육행정
O ｜ **X**

25 『삼국유사』는 기자 조선－마한－신라 정통론의 입장에서 강목법에 따라 서술하였다.
18. 교육행정
O ｜ **X**

26 『동명왕편』은 연대순으로 기록하는 편년체로 서술되었다.
18. 서울시 7급
O ｜ **X**

⭐**27** 김부식이 편찬한 『삼국사기』는 유교적 합리주의 사관에 기초하여 신이 사관을 배격하였다.
17. 경찰 2차
O ｜ **X**

28 『삼국사기』는 고조선의 역사를 중시하였다.
16. 국가 9급
O ｜ **X**

29 『삼국사기』는 고구려 계승 의식을 강조하였다.
16. 국가 9급
O ｜ **X**

30 『삼국유사』는 민족적 자주 의식을 고양하였다.

16. 국가 9급

O | X

31 『삼국유사』는 도덕적 합리주의를 표방하였다.

16. 국가 9급

O | X

⭐**32** 김부식은 현존하는 우리나라 최고(最古) 역사서를 편찬하였다.

16. 지방 9급

O | X

⭐**33** 김부식은 우리나라 역사를 단군에서부터 서술한 역사서를 저술하였다.

16. 지방 9급

O | X

34 김부식은 동명왕의 업적을 칭송한 영웅 서사시인 『동명왕편』을 저술하였다.

16. 지방 9급

O | X

35 저고여 암살 사건 ~ 진포 대첩 사이의 시기에 유교 사관에 입각한 삼국사기가 편찬되었다.

16. 법원 9급

O | X

⭐**36** 충선왕 때에 일연이 쓴 『삼국유사』는 불교사를 중심으로 고대의 민간 설화나 전래 기록을 수록하는 등 우리의 고유 문화와 전통을 중시하였다.

16. 경찰 2차

O | X

⭐**37** 『제왕운기』는 우리 역사를 중국과 대등하게 파악하였다.

15. 사회복지

O | X

⭐**38** 『삼국유사』는 왕력, 기이, 흥법, 탑상, 의해 등으로 구성되어 있다.

15. 서울시 9급

O | X

⭐**39** 고려 초부터 역대 왕의 치적을 기록한 실록을 편찬했는데, 조선 초기에 『고려사』를 편찬할 때 참고 자료로 사용되었다.

15. 서울시 7급

O | X

40 의종 때 김관의가 『편년통록』을 편찬하여 태조 왕건의 가계를 서술하였으나 현재는 남아 있지 않다.

15. 서울시 7급

O | X

41 이승휴는 태조에서 숙종 때까지 역대 임금의 치적을 정리한 『사략』을 편찬하였는데, 현재는 사찬만이 남아 있다.

15. 서울시 7급

O | X

⭐**42** 『제왕운기』는 우리 역사의 서술을 단군부터 시작하여 중국의 역사만큼 유구하다고 보았다.

14. 사회복지

O | X

43 『삼국사기』는 민간 설화와 신라의 향가 11수를 수록하였다.

14. 국가 7급

O | X

44 『삼국사기』의 열전에는 김유신을 비롯한 신라인이 편중되었다.

14. 국가 7급

O | X

Self Check

문항	O	X	틀린 이유
30	O	X	
31	O	X	
32	O	X	
33	O	X	
34	O	X	
35	O	X	
36	O	X	
37	O	X	
38	O	X	
39	O	X	
40	O	X	
41	O	X	
42	O	X	
43	O	X	
44	O	X	

오답 확인하기

31 『삼국사기』에 대한 설명이다.

33 일연의 『삼국유사』, 이승휴의 『제왕운기』에 대한 설명이다.

34 이규보에 대한 설명이다.

35 저고여 암살 사건 이전인 인종 때 편찬되었다.

36 일연의 『삼국유사』는 충렬왕 때 편찬된 역사서이다.

41 『사략』은 이제현이 저술하였다.

43 『삼국유사』에는 민간 설화와 신라의 향가 14수가 실려 있다.

정답

30 **O** 31 **X** 32 **O** 33 **X** 34 **X**
35 **X** 36 **X** 37 **O** 38 **O** 39 **O**
40 **O** 41 **X** 42 **O** 43 **X** 44 **O**

45 『삼국사기』는 동명왕의 건국 설화를 5언시체로 재구성하여 서술하였다. 　14. 국가 7급

○ ｜ X

⭐ **46** 『삼국유사』는 우리의 고유 문화와 전통을 중시하였으며 단군신화를 수록하였다.

13. 국가 7급

○ ｜ X

⭐ **47** 『삼국사기』는 기전체로 서술되어 본기, 지, 열전 등으로 나누어 구성되었다.

12. 국가 9급

○ ｜ X

48 『삼국사기』는 고구려 계승 의식보다는 신라 계승 의식이 좀 더 많이 반영되었다고 평가된다. 　12. 국가 9급

○ ｜ X

⭐ **49** 『삼국사기』는 고려 초기에 쓰여진 『구삼국사』를 기본으로 유교적 합리주의 사관에 기초하여 기전체로 서술되었다. 　11. 국가 7급

○ ｜ X

50 이규보는 최씨 무인 정권 하에서 관직 생활을 하였다. 　10. 국가 7급

○ ｜ X

51 이규보는 유교 · 불교 · 도교 · 민간 신앙 등을 포용하였다. 　10. 국가 7급

○ ｜ X

테마 10 　고려의 과학기술과 인쇄술의 발달

⭐ **01** 『직지심체요절』은 세계기록유산으로 등재된 현존하는 가장 오래된 금속활자본이다. 　23. 국가 9급

○ ｜ X

⭐ **02** 서경에 대장도감을 설치하여 재조대장경을 만들었다. 　21. 지방 9급

○ ｜ X

03 고려 시대에 편찬된 의학 서적으로는 『의방유취』, 『향약구급방』, 『향약집성방』, 『동의수세보원』 등이 있다. 　20. 지방 7급

○ ｜ X

04 고려 고종 때 수기의 주도 아래 대장경의 편집 · 교정이 이루어졌다. 　19. 국가 7급

○ ｜ X

05 공민왕 때 『향약구급방』이 편찬되었다. 　19. 지방 7급

○ ｜ X

06 공민왕 때『직지심체요절』이 금속 활자로 인쇄되었다.
19. 지방 7급
O ｜ X

07 『상정고금예문』은 교서관에서 갑인자로 인쇄되었다.
17. 하반기 국가 7급
O ｜ X

08 『상정고금예문』은 금속활자로 인쇄한 판본이 남아있다.
17. 하반기 국가 7급
O ｜ X

09 『상정고금예문』은 최씨 집권기에 활자본 28부를 간행하였다.
17. 하반기 국가 7급
O ｜ X

10 『상정고금예문』은 현재 프랑스 국립도서관에서 소장하고 있다.
17. 하반기 국가 7급
O ｜ X

11 초조 대장경은 교장도감에서 제작한 경판이다.
16. 교육행정
O ｜ X

⭐12 재조 대장경은 유네스코 세계 기록 유산으로 등재되었다.
16. 교육행정
O ｜ X

13 초조대장경과 속장경은 몽골의 침입으로 소실되었다.
16. 서울시 9급
O ｜ X

14 저고여 암살 사건 ~ 진포 대첩 사이의 시기에 종교적 염원이 담긴 팔만대장경이 조판되었다.
16. 법원 9급
O ｜ X

⭐15 고종 때 다시 만들어진 대장경판은 현재 합천 해인사에 보관되어 있다.
16. 경찰 1차
O ｜ X

16 최무선은 중국인 이원에게서 염초 만드는 기술을 배워 화약 제조법을 터득하였다.
12. 경찰 3차
O ｜ X

17 태의감에 의학 박사를 두어 의학을 가르치고, 의원을 뽑는 의과를 시행하였다.
12. 경찰 3차
O ｜ X

⭐18 초조대장경은 거란의 침입 때 부처의 힘을 빌려 적을 물리치고자 만들었다.
11. 지방 9급
O ｜ X

⭐19 속장경(교장)은 의천이 경(經), 율(律), 논(論) 삼장의 불교 경전을 모아 간행한 것이다.
11. 지방 9급
O ｜ X

20 고려에서는 천문 관측을 담당한 관리들이 첨성대에서 관측 업무를 수행하였다.
10. 국가 7급
O ｜ X

Self Check

문항	O	X	틀린 이유
06	O	X	
07	O	X	
08	O	X	
09	O	X	
10	O	X	
11	O	X	
12	O	X	
13	O	X	
14	O	X	
15	O	X	
16	O	X	
17	O	X	
18	O	X	
19	O	X	
20	O	X	

오답 확인하기

06 『직지심체요절』은 고려 우왕 때인 1377년 청주 흥덕사에서 금속 활자로 간행되었다.

07 교서관은 조선 시대의 관청이고, 갑인자는 조선 세종 때 주조된 활자이다.

08 상정고금예문의 인쇄본은 현재 전하지 않는다.

10 직지심체요절에 대한 설명이다.

11 의천의 교장에 대한 설명이다.

19 대장경에 대한 주석서인 논, 소, 초를 모아 간행한 것이다.

정답

06 X　07 X　08 X　09 O　10 X
11 X　12 O　13 O　14 O　15 O
16 O　17 O　18 O　19 X　20 O

테마11 고려 귀족 문화의 발달

⭐**01** 황해도 사리원 성불사 응진전은 다포 양식의 건물이다. 23. 국가 9급
  O | X

⭐**02** 월정사 팔각 9층 석탑은 원의 석탑을 모방하여 제작하였다. 23. 국가 9급
  O | X

03 여주 고달사지 승탑은 통일 신라의 팔각원당형 양식을 계승하였다. 23. 국가 9급
  O | X

⭐**04** 안동 봉정사 극락전은 주심포 양식에 맞배지붕 건물로 기둥은 배흘림 양식이다. 1972년 보수 공사 중에 공민왕 때 중창하였다는 상량문이 나와 우리나라에서 가장 오래된 목조 건물로 보고 있다. 22. 국가 9급
  O | X

05 충목왕 재위 기간에 볼 수 있었던 조형물로는 불국사 다보탑, 원각사 10층 석탑, 법천사 지광국사탑, 관촉사 석조미륵보살입상 등이 있다. 20. 국가 7급
  O | X

06 고려 시대에는 단아하고 균형 잡힌 석등이 꾸준히 만들어졌으며 법주사 쌍사자 석등이 대표적인 작품이다. 20. 경찰 1차
  O | X

07 고려 시대에는 다포 양식 건물이 등장하여 지붕을 웅장하게 얹거나 건물을 화려하게 꾸밀 때 쓰였다. 20. 경찰 1차
  O | X

08 고려 시대, 자기 제작에 상감기법이 개발되어 무늬를 내는 데 활용되었으나 원 간섭기 이후에는 퇴조하였다. 20. 경찰 1차
  O | X

09 고려 시대에는 불화가 많이 그려졌는데 혜허의 관음보살도가 유명하다. 20. 경찰 1차
  O | X

⭐**10** 개성 경천사지 10층 석탑은 원의 석탑을 본떠 만들어졌다. 19. 국가 9급
  O | X

⭐**11** 영주 부석사 무량수전은 주심포식 목조 건물이다. 19. 국가 9급
  O | X

12 고려 숙종 때 서긍은 『고려도경』을 저술하였다. 19. 경찰간부
  O | X

오답 확인하기

02 고려의 월정사 8각 9층 석탑은 송 나라의 영향을 받아 제작되었다.

05 원각사 10층 석탑은 조선 전기 인 세조 때 건립된 것으로, 고려 후기인 충목왕 때에는 존재하지 않았다.

06 법주사 쌍사자 석등은 통일 신라 시기에 만들어진 석등이다.

12 '고려도경'은 인종 때 송나라 사신인 서긍이 저술한 책이다.

정답

01 O 02 X 03 O 04 O 05 X
06 X 07 O 08 O 09 O 10 O
11 O 12 X

13 고려 시대에 주심포 양식과 다포 양식이 유행하였는데, 영주 부석사 무량수전과 예산 수덕사 대웅전은 주심포, 안동 봉정사 극락전은 다포 양식이다.

19. 경찰간부

O | **X**

14 고려 시대에 사치스러운 귀족 문화와 불교 의식의 수요가 결합하면서 다양한 공예 기법이 발달하였는데, 대표적으로 은입사, 나전 칠기 및 상감청자 등을 들 수 있다.

19. 경찰간부

O | **X**

15 무신 집권기에는 패관 문학과 가전체 문학이 유행하였는데, 이후 신진 사대부 사이에서는 경기체가, 일반 대중 사이에서는 속요가 각각 유행하기 시작하였다.

19. 경찰간부

O | **X**

16 고려 시대에 통일신라 불상의 양식이 계승되기도 하였지만 논산 관촉사 석조 미륵보살 입상, 안동 이천동 석불, 파주 용미리 석불 입상과 같은 거대 석불도 조성되었다.

19. 경찰간부

O | **X**

17 다포 양식은 공포가 기둥 위뿐만 아니라 기둥 사이에도 짜여져 있는 양식으로, 황해도 사리원의 성불사 응진전은 대표적인 고려 시대 다포 양식의 건물이다.

18. 경찰 1차

O | **X**

18 서예는 고려 전기 구양순체가 주류를 이루었고, 후기에는 송설체가 유행했다.

18. 경찰 1차

O | **X**

19 고려 후기 왕실과 권문세족의 구복적 요구에 따라 극락왕생을 기원하는 아미타불도와 지장보살도 같은 불화가 많이 그려졌다.

18. 경찰 1차

O | **X**

20 임춘은 술을 의인화한 『국순전』을 저술하여 현실을 풍자했다.

17. 경찰 1차

O | **X**

21 이제현은 삼국 시대부터 고려 시대까지의 유명한 시화를 모은 『백운소설』을 저술하였다.

17. 경찰 1차

O | **X**

22 이규보는 흥미 있는 사실, 불교, 부녀자들의 이야기를 수록한 『보한집』을 저술하였다.

17. 경찰 1차

O | **X**

Self Check

문항	O	X	틀린 이유
13	O	X	
14	O	X	
15	O	X	
16	O	X	
17	O	X	
18	O	X	
19	O	X	
20	O	X	
21	O	X	
22	O	X	

오답 확인하기

13 안동 봉정사 극락전, 영주 부석사 무량수전, 예산 수덕사 대웅전은 모두 주심포식 건물이다.
21 이제현이 아니라 이규보다.
22 이규보가 아니라 최자다.

정답

13 **X** 14 **O** 15 **O** 16 **O** 17 **O**
18 **O** 19 **O** 20 **O** 21 **X** 22 **X**

Self Check

문항	○	×	틀린 이유
23	○	×	
24	○	×	
25	○	×	
26	○	×	
27	○	×	
28	○	×	
29	○	×	
30	○	×	
31	○	×	
32	○	×	
33	○	×	
34	○	×	
35	○	×	
36	○	×	

23 이인로는 『파한집』에서 개경, 평양, 경주 등 역사적 유적지의 풍속과 풍경 등을 묘사하였다. 　　17. 경찰 1차　O ｜ X

24 박인량의 『역옹패설』은 고려 시대의 대표적 설화 문학에 해당한다. 　　17. 경찰 1차　O ｜ X

25 월정사 팔각 구층 석탑은 강원도 평창에 위치해 있으며 송나라의 영향을 받았다. 　　17. 경찰 2차　O ｜ X

26 금산사 미륵전은 다포양식과 팔작지붕으로 지어졌으며, 고려 후기에 권문세족의 지원을 받아 세워진 건물이다. 　　17. 경찰 2차　O ｜ X

★27 주심포 양식의 부석사 무량수전은 간결한 맞배지붕 형태이다. 　　16. 국가 7급　O ｜ X

28 다포 양식의 수덕사 대웅전은 백제계 사찰의 전통을 이었다. 　　16. 국가 7급　O ｜ X

★29 12세기 중엽에는 고려의 독창적인 상감법이 개발되어 도자기에 활용되었다. 　　15. 경찰 1차　O ｜ X

30 관촉사의 석조 미륵보살 입상은 부석사 소조 아미타여래 좌상과는 달리, 신라 시대 양식을 계승한 것이다. 　　15. 경찰 1차　O ｜ X

★31 상감 청자는 강화도에 도읍한 13세기 중엽까지 주류를 이루었으나 원 간섭기 이후에는 제작 기법이 퇴조하였다. 　　15. 경찰 1차　**O** ｜ X

★32 고려 청자는 강진과 부안이 생산지로 유명하였다. 　　14. 국가 7급　O ｜ X

33 고려 청자는 왕실과 관청 및 귀족들이 주로 사용하였다. 　　14. 국가 7급　O ｜ X

34 송나라 사신 서긍이 고려 청자의 아름다움을 극찬하였다. 　　14. 국가 7급　O ｜ X

35 부석사에는 거대한 미륵보살 입상이 있다. 　　13. 서울시 9급　O ｜ X

36 부석사에는 김부식이 지은 대각국사비가 세워져 있다. 　　13. 서울시 9급　O ｜ X

오답 확인하기

24 박인량이 아니라 이제현이다.
26 금산사 미륵전은 17세기의 건축물이다.
27 부석사 무량수전은 팔작지붕이다.
28 수덕사 대웅전은 주심포 양식의 건축물이다.
30 신라 시대 양식을 계승한 것은 부석사 소조 아미타여래 좌상이다.
35 관촉사에 대한 설명이다.
36 대각국사비는 개성 영통사에 있다.

정답

23 **O**　24 **X**　25 **O**　26 **X**　27 **X**
28 **X**　29 **O**　30 **X**　31 **O**　32 **O**
33 **O**　34 **O**　35 **X**　36 **X**

37 초기에는 광주 춘궁리 철불 같은 대형 철불이 많이 조성되었다.
12. 지방 9급
O | X

38 지역에 따라서 고대 삼국의 전통을 계승한 석탑이 조성되기도 하였다.
12. 지방 9급
O | X

39 팔각원당형의 승탑이 많이 만들어졌는데, 그 대표적인 예로 법천사 지광국사 현묘탑을 들 수 있다.
12. 지방 9급
O | X

40 후기에는 사리원의 성불사 응진전과 같은 다포식 건물이 출현하여 조선 시대 건축에 큰 영향을 끼쳤다.
12. 지방 9급
O | X

41 부석사 무량수전과 수덕사 대웅전은 다포식 건물로 조선 시대 건축에 영향을 주었다.
12. 경북교행
O | X

42 부석사 무량수전과 수덕사 대웅전은 고려 전기의 뛰어난 조경술을 보여주고 있는 건축물이다.
12. 경북교행
O | X

43 고려 시대 향악은 주로 제례 때 연주되었다.
11. 지방 9급
O | X

44 고려 시대에는 동동, 대동강, 오관산 등이 창작 유행되었다.
11. 지방 9급
O | X

Self Check

문항	O	X	틀린 이유
37	O	X	
38	O	X	
39	O	X	
40	O	X	
41	O	X	
42	O	X	
43	O	X	
44	O	X	

오답 확인하기

39 법천사 지광국사 현묘탑은 특수 형태의 승탑이다.
41 주심포 양식의 건축물이다.
42 13세기 이후에 건축되었다.
43 아악에 대한 설명이다.

정답

37 O 38 O 39 X 40 O 41 X
42 X 43 X 44 O

노범석 한국사
기선제압 OX

제 4 막

근세 사회의 발전

CHAPTER **01**

근세의 정치

오답 확인하기

02 고려 우왕 때의 일이다.
07 태조 · 태종 때의 일이다.
08 성종의 업적이다.
09 중종 때의 일이다.
10 조선 문종 때의 일이다.
11 조선 성종 때의 일이다.
13 조선 태종의 업적이다.
14 태종 때의 일이다.

정답

01 O 02 X 03 O 04 O 05 O
06 O 07 X 08 X 09 X 10 X
11 X 12 O 13 X 14 X

테마1 조선 초기 국왕 업적(+문화)

01 조선 세종 때 갑인자를 주조하였다.
23. 지방 9급
O | X

02 조선 세종 때 화통도감을 설치하였다.
23. 지방 9급
O | X

03 조선 세종 때 역법서인 칠정산을 편찬하였다.
23. 지방 9급
O | X

04 조선 세종 때 간의를 만들어 천체를 관측하였다.
23. 지방 9급
O | X

⭐**05** 성종 때 홍문관을 두어 집현전을 계승하였다.
22. 국가 9급
O | X

⭐**06** 세종은 공법을 제정하였다.
22. 지방 9급
O | X

07 세종은 한양으로 도읍을 옮겼다.
22. 지방 9급
O | X

⭐**08** 세종은 『경국대전』을 완성하였다.
22. 지방 9급
O | X

09 세종은 조광조를 등용하여 개혁 정치를 실시하였다.
22. 지방 9급
O | X

10 세조 때 우리나라 전쟁사를 정리한 『동국병감』을 편찬하였다.
21. 국가 9급
O | X

⭐**11** 세조 때 우리나라 역대 문장의 정수를 모은 『동문선』을 편찬하였다.
21. 국가 9급
O | X

⭐**12** 세조는 6조 직계제를 실시하여 국왕 중심의 정치 체제를 구축하였다.
21. 국가 9급
O | X

13 세조는 한양으로 다시 천도하면서 이궁인 창덕궁을 창건하였다.
21. 국가 9급
O | X

14 세종 때 서얼차대법이 제정되어 서얼의 문과 응시가 제한되었다.
21. 경찰 1차
O | X

15 문종 때 『고려사절요』를 편찬하였다.
21. 경찰 1차
O | X

16 세종 때 계미자를 주조하였다.
21. 경찰 1차
O | X

17 이종무의 대마도 정벌 ~ 전분6등법과 연분9등법 시행 사이에 과전법이 공포되었다.
20. 지방 9급
O | X

18 이종무의 대마도 정벌 ~ 전분6등법과 연분9등법 시행 사이에 이시애의 반란이 일어났다.
20. 지방 9급
O | X

☆**19** 이종무의 대마도 정벌 ~ 전분6등법과 연분9등법 시행 사이에 『농사직설』이 편찬되었다.
20. 지방 9급
O | X

20 이종무의 대마도 정벌 ~ 전분6등법과 연분9등법 시행 사이에 정도전의 요동 정벌이 추진되었다.
20. 지방 9급
O | X

21 세종은 대보단을 설치하였다.
20. 국가 7급
O | X

22 세종은 구리로 만든 계미자를 주조하였다.
20. 국가 7급
O | X

23 세종은 여민락 등을 짓고 정간보를 창안하였다.
20. 국가 7급
O | X

☆**24** 세종 재위 기간에 『농사직설』과 같은 농업 서적을 간행하였다.
20. 경찰 2차
O | X

25 세종 재위 기간에 별자리를 그린 '천상열차분야지도'를 제작하였다.
20. 경찰 2차
O | X

26 정도전은 만권당에서 원의 학자들과 교류하였다.
19. 지방 9급
O | X

27 정도전은 맹자의 역성혁명론을 조선 건국에 적용하였다.
19. 지방 9급
O | X

☆**28** 정도전은 한양 도성의 성문과 궁궐 등의 이름을 지었다.
19. 지방 9급
O | X

29 정도전은 『경제문감』을 저술하여 재상 중심의 정치를 주장하였다.
19. 지방 9급
O | X

30 세종 때 사형의 판결에는 삼복법을 적용하였다.
19. 지방 9급
O | X

Self Check

문항	○	×	틀린 이유
15	○	×	
16	○	×	
17	○	×	
18	○	×	
19	○	×	
20	○	×	
21	○	×	
22	○	×	
23	○	×	
24	○	×	
25	○	×	
26	○	×	
27	○	×	
28	○	×	
29	○	×	
30	○	×	

오답 확인하기

16 태종 때의 일이다.
17 고려 공양왕 때인 1391년의 일로, 이종무의 대마도 정벌 이전이다.
18 조선 세조 때의 일로, 전분6등법·연분9등법 시행 이후다.
20 조선 태조 때의 일로, 이종무의 대마도 정벌 이전이다.
21 숙종 때 창덕궁 안에 대보단을 설치하여 명나라 신종을 제사지냈다.
22 태종 때 구리로 계미자를 주조하였다.
25 조선 태조 때의 일이다.
26 이제현 등에 대한 설명이다.

정답

15 O 16 X 17 X 18 X 19 O
20 X 21 X 22 X 23 O 24 O
25 X 26 X 27 O 28 O 29 O
30 O

Self Check

문항	○	×	틀린 이유
31	○	×	
32	○	×	
33	○	×	
34	○	×	
35	○	×	
36	○	×	
37	○	×	
38	○	×	
39	○	×	
40	○	×	
41	○	×	
42	○	×	
43	○	×	
44	○	×	
45	○	×	
46	○	×	

오답 확인하기

31 태종 때의 일이다.
32 조선 세조 때부터 진관 체제를 실시하였다.
33 1400년 조선 정종 때, 왕세제 정안대군 이방원의 주도로 도평의사사를 의정부로 개편하였다.
35 세종 때 시행된 공법에 대한 설명이다.
36 제1차 왕자의 난은 조선 태조 재위 기간인 1398년에 일어났다.
38 이시애의 난은 세조 때 일어났다.
39 태종의 업적이다.
41 성종에 대한 설명이다.
42 성종에 대한 설명이다.
43 이조전랑의 통청권(이조전랑이 삼사 등 청요직 당하관을 추천할 수 있는 권리)은 영조 때 폐지되었다.
45 창경궁은 성종 때 처음으로 설립되었다.

정답

31 X 32 X 33 X 34 O 35 X
36 X 37 O 38 X 39 X 40 O
41 X 42 X 43 X 44 O 45 X
46 O

---

31 세종 때 주자소를 설치하여 계미자를 주조하였다.
19. 지방 9급
O | X

32 세종 때 국방력 강화를 위해 진관 체제를 실시하였다.
19. 지방 9급
O | X

33 세종 때 도평의사사를 개편하여 의정부를 설치하였다.
19. 지방 9급
O | X

34 태종 때 사섬서를 두어 지폐인 저화를 발행하였다.
19. 서울시 9급
O | X

35 태종 때 연분 9등법과 전분 6등법을 시행하여 조세 제도를 개편하였다.
19. 서울시 9급
O | X

36 위화도 회군 ~ 이성계 즉위 사이의 시기에 제1차 왕자의 난이 발생하였다.
19. 법원 9급
O | X

37 세종 때 평안도 도절제사 최윤덕이 파저강의 건주위를 정벌하였다.
19. 경찰 1차
O | X

38 세종 때 함흥부 유향소 별감 이시애가 난을 일으켰다가 진압되었다.
19. 경찰 1차
O | X

39 세종 때 사병을 모두 혁파하고 양인 개병제를 처음 실시하였다.
19. 경찰 1차
O | X

40 태종은 사간원을 독립시켜 대신을 견제하였다.
18. 교육행정
O | X

41 태종은 사림을 등용하여 훈구의 독주를 막았다.
18. 교육행정
O | X

42 태종은 『경국대전』을 편찬하여 통치 체제를 정비하였다.
18. 교육행정
O | X

43 태종은 이조 전랑의 3사 관리 추천 관행을 폐지하였다.
18. 교육행정
O | X

44 태조는 한양으로 천도하고 한성부로 이름을 바꾸었다.
18. 국가 7급
O | X

45 태종은 창덕궁과 창경궁을 새로 건설하였다.
18. 국가 7급
O | X

46 세종은 사가독서제를 실시하여 학문 활동을 장려하였다.
18. 국가 7급
O | X

47 세조는 간경도감을 설치하여 불경을 번역하고 간행하였다.
18. 국가 7급
O | X

48 정도전은 왜구의 소굴인 쓰시마 섬을 정벌하였다.
17. 국가 9급
O | X

⭐**49** 정도전은 백성들의 윤리서인 『삼강행실도』를 편찬하였다.
17. 국가 9급
O | X

50 정도전은 여진족을 두만강 밖으로 몰아내고 6진을 개척하였다.
17. 국가 9급
O | X

⭐**51** 정도전은 『조선경국전』을 편찬하여 왕조의 통치 규범을 마련하였다.
17. 국가 9급
O | X

52 세종 재위 기간에 『향약채취월령』이 편찬되었다.
17. 하반기 국가 9급
O | X

53 세종 재위 기간에 『향약제생집성방』이 편찬되었다.
17. 하반기 국가 9급
O | X

⭐**54** 세종 때, 압록강과 두만강 지역에 4군 6진을 설치하였다.
17. 하반기 지방 9급
O | X

⭐**55** 세종 때, 『국조오례의』를 편찬하여 국가의 예법과 절차를 정하였다.
17. 하반기 지방 9급
O | X

56 세종 때, 토지 등급을 대부분 하등으로 정하여 전세를 경감해 주었다.
17. 하반기 지방 9급
O | X

57 세조 때, 정책 연구 기관인 집현전과 경연이 폐지되었다.
17. 교육행정
O | X

58 세조 때, 이종무가 왜구의 근거지인 쓰시마 섬을 토벌하였다.
17. 교육행정
O | X

59 세조 때, 학문 연구 및 언론 기능을 지닌 홍문관이 설치되었다.
17. 교육행정
O | X

⭐**60** 세조 때 대마도주와 계해약조를 맺어 무역선을 1년에 50척으로 제한하였다.
17. 서울시 9급
O | X

61 세조는 『국조보감』과 『동국통감』 편찬을 지시하였다.
17. 서울시 7급
O | X

⭐**62** 조선 태종 때 집현전을 설치하였다.
17. 법원 9급
O | X

오답 확인하기

48 고려 창왕 때 박위, 조선 세종 때 이종무에 대한 설명이다.
49 세종 때 설순에 대한 설명이다.
50 세종 때 김종서에 대한 설명이다.
53 태조 때 편찬되었다.
55 성종 때의 일이다.
56 인조 때 실시된 영정법에 대한 설명이다.
58 세종 때의 일이다.
59 성종에 대한 설명이다.
60 세종 때의 일이다.
62 세종의 업적이다.

정답

47 **O** 48 **X** 49 **X** 50 **X** 51 **O**
52 **O** 53 **X** 54 **O** 55 **X** 56 **X**
57 **O** 58 **X** 59 **X** 60 **X** 61 **O**
62 **X**

Self Check

문항	○	×	틀린 이유
63	○	×	
64	○	×	
65	○	×	
66	○	×	
67	○	×	
68	○	×	
69	○	×	
70	○	×	
74	○	×	
75	○	×	
76	○	×	
77	○	×	

오답 확인하기

64 성종의 업적이다.
69 성종 때의 일이다.
72 선조 때의 일이다.
73 정조의 업적이다.
74 주자소 설치와 계미자 주조는 태종 때의 일이다.
76 성종에 대한 설명이다.
77 사병제를 폐지한 것은 이방원(태종)이다.

정답

63 O 64 X 65 O 66 O 67 O
68 O 69 X 70 O 71 O 72 X
73 X 74 X 75 O 76 X 77 X

63 조선 태종 때 호패법을 실시하였다. 17. 법원 9급 O ㅣ X

64 조선 태종 때 경국대전을 편찬하였다. 17. 법원 9급 O ㅣ X

65 조선 건국 ~ 1차 왕자의 난 사이의 시기, 명은 표문의 글귀가 불손하다는 구실로 정도전을 명으로 압송할 것을 요구했다. 17. 경찰 2차 O ㅣ X

66 1차 왕자의 난 ~ 태종 즉위 사이의 시기, 박포가 논공행상에 불만을 품고 난을 일으켰다. 17. 경찰 2차 O ㅣ X

67 성종 때에는 관수관급제가 실시되어 국가의 토지에 대한 지배력이 강화되었다. 17. 경기북부여경 O ㅣ X

68 세종 때 천체 관측 기구인 혼의, 간의 등을 제작하였다. 16. 지방 9급 O ㅣ X

69 세종 때 경기 지역의 농사 경험을 토대로 『금양잡록』을 편찬하였다. 16. 지방 9급 O ㅣ X

70 세종 때 경자자(庚子字), 갑인자(甲寅字) 등 금속 활자를 주조하였다. 16. 지방 9급 O ㅣ X

71 세종 때 우리 풍토에 맞는 약재와 치료법을 정리한 『향약집성방』을 편찬하였다. 16. 지방 9급 O ㅣ X

72 성종은 훈련도감을 창설하였다. 16. 교육행정 O ㅣ X

73 성종은 초계문신제를 실시하였다. 16. 교육행정 O ㅣ X

74 세종 때 주자소를 설치하고 구리로 계미자를 주조하여 종전보다 두 배 정도의 인쇄 능률을 올렸다. 16. 경찰 2차 O ㅣ X

75 세종 때 화약 무기의 제작과 그 사용법을 정리한 『총통등록』을 편찬하였다. 16. 경찰 2차 O ㅣ X

76 세종은 홍문관을 설치하고 경연을 활성화하였다. 15. 교육행정 O ㅣ X

77 세종은 사병제를 폐지하여 군사권을 일원화하였다. 15. 교육행정 O ㅣ X

78 세종은 한양을 기준으로 한 역법서인 칠정산을 편찬하였다.
15. 교육행정
O | X

79 정도전은 불교 비판서인 『불씨잡변』을 남겼다.
15. 사회복지
O | X

80 정도전은 유교적 통치 규범을 담은 『속육전』을 편찬하였다.
15. 사회복지
O | X

81 정도전은 초학자를 위한 성리학 입문서인 『입학도설』을 저술하였다.
15. 사회복지
O | X

82 성종은 법전 편찬에 심혈을 기울여 『조선경국전』, 『경제육전』 등도 간행하였다.
14. 사회복지
O | X

83 성종은 성균관에 존경각을 짓고 서적을 소장하게 하였다.
14. 사회복지
O | X

84 태조 때 고구려의 천문도를 바탕으로 천상열차분야지도(天象列次分野之圖)를 돌에 새겼다.
14. 지방 7급
O | X

85 세종 때 장영실 등이 물시계인 자격루(自擊漏)와 해시계인 앙부일구(仰釜日晷) 등을 제작하였다.
14. 지방 7급
O | X

86 태종 때 토지 측량 기구인 인지의(印地儀)와 규형(窺衡)을 제작하였다.
14. 지방 7급
O | X

87 세종 때 해와 달 그리고 별을 관측하기 위해 간의대(簡儀臺)라는 천문대를 운영하였다.
14. 서울시 9급
O | X

88 세종 때 동양 의학에 관한 서적과 이론을 집대성한 의학 백과사전인 『의방유취』가 편찬되었다.
14. 서울시 9급
O | X

89 세종 때 집현전을 설치하여 제도, 문물, 역사에 대한 연구와 편찬 사업을 전개하였다.
13. 지방 9급
O | X

90 세종 때 공법 제정 시 조정의 신하와 지방의 촌민에 이르기까지 18만 명의 의견을 물었다.
13. 지방 9급
O | X

Self Check

문항	O	×	틀린 이유
78	O	×	
79	O	×	
80	O	×	
81	O	×	
82	O	×	
83	O	×	
84	O	×	
85	O	×	
86	O	×	
87	O	×	
88	O	×	
89	O	×	
90	O	×	

오답 확인하기

80 속육전의 편찬은 정도전과는 관련이 없다.
81 권근에 대한 설명이다.
82 태조 때의 일이다.
86 세조 때의 일이다.

정답

78 O 79 O 80 X 81 X 82 X
83 O 84 O 85 O 86 X 87 O
88 O 89 O 90 O

Self Check

문항	○	×	틀린 이유
91	○	×	
92	○	×	
93	○	×	
94	○	×	
95	○	×	
96	○	×	
97	○	×	
98	○	×	
99	○	×	
100	○	×	
101	○	×	
102	○	×	
103	○	×	

91 세종 때 불교 종파를 선교 양종으로 병합하고 사원이 가지고 있던 토지와 노비를 정비하였다.
13. 지방 9급
O ∣ X

92 세종 때 육전상정소를 설치하고 조선 왕조의 체계적인 법전인 『경국대전』을 편찬하기 시작하였다.
13. 지방 9급
O ∣ X

93 세종 때 백성과 더불어 즐거움을 함께 나눈다는 뜻을 가진 '여민락'이란 음악이 만들어졌다.
13. 경찰 2차
O ∣ X

94 세종 때 기전체 역사서인 『고려사』와 편년체 역사서인 『고려사절요』가 완성되어 편찬되었다.
13. 경찰 2차
O ∣ X

⭐**95** 성종 때, 서울의 원각사 안에 대리석 10층 탑을 건립하였다.
12. 지방 9급
O ∣ X

96 성종 때, 재가녀 자손의 관리 등용을 제한하는 법을 공포하였다.
12. 지방 9급
O ∣ X

97 성종 때, 정읍사, 처용가 등이 한글로 수록된 『악학궤범』이 편찬되었다.
12. 지방 9급
O ∣ X

⭐**98** 세종 때 궁궐에 신문고를 설치하여 반란 음모를 알리게 하였다.
12. 국가 7급
O ∣ X

⭐**99** 세종 때 역대 시와 산문의 정수를 모은 『동문선』을 편찬하였다.
12. 국가 7급
O ∣ X

100 세종 때 군사 제도를 익군 체제에서 진관 체제로 바꿈으로써 지방 군제의 기본 체제가 완성되었다.
12. 국가 7급
O ∣ X

⭐**101** 태종은 호적 사업을 강화하고 보법을 실시하여 군정수를 늘렸다.
11. 국가 7급
O ∣ X

⭐**102** 태종 때 유교적 질서를 확립하기 위하여 윤리서인 『삼강행실도』를 편찬하였다.
10. 국가 9급
O ∣ X

103 태종 때 서거정 등이 중심이 되어 편년체 통사인 『동국통감』을 편찬하였다.
10. 국가 9급
O ∣ X

오답 확인하기

92 세조 때의 일이다.
94 문종 때의 일이다.
95 세조 때의 일이다.
98 태종 때의 일이다.
99 성종 때의 일이다.
100 세조 때의 일이다.
101 세조에 대한 설명이다.
102 세종 때의 일이다.
103 성종 때의 일이다.

정답

91 O 92 X 93 O 94 X 95 X
96 O 97 O 98 X 99 X 100 X
101 X 102 X 103 X

문항	O	×	틀린 이유
01	O	×	
02	O	×	
03	O	×	
04	O	×	
05	O	×	
06	O	×	
07	O	×	
08	O	×	
09	O	×	
10	O	×	
11	O	×	
12	O	×	
13	O	×	
14	O	×	
15	O	×	
16	O	×	

테마 2 조선의 중앙 · 지방 제도

01 사간원에서는 교지를 작성하였다. 22. 국가 9급
O | X

02 한성부는 시정기를 편찬하였다. 22. 국가 9급
O | X

03 춘추관은 외교 문서를 작성하였다. 22. 국가 9급
O | X

⭐**04** 승정원은 국왕의 명령을 출납하였다. 22. 국가 9급
O | X

⭐**05** 조선 시대에는 전국 모든 군현에 수령이 파견되었다. 22. 서울 9급
O | X

06 조선 시대의 향리는 6방으로 나누어 실무를 맡았다. 22. 서울 9급
O | X

⭐**07** 조선 시대, 중앙에서 유향소를 통해 경재소를 통제하였다. 22. 서울 9급
O | X

⭐**08** 조선 시대에는 인구를 늘리는 것이 수령의 중요한 임무 중 하나였다. 22. 서울 9급
O | X

09 수령 칠사의 내용으로는 학교 교육을 장려하는 것이 있다. 21. 소방직
O | X

10 수령 칠사의 내용으로는 공정하게 세금을 징수하는 것이 있다. 21. 소방직
O | X

⭐**11** 사간원은 왕명을 출납하면서 왕의 비서 기관의 업무를 하였다. 19. 국가 9급
O | X

12 이조좌랑은 삼사의 관리를 추천하는 권한이 있었다. 19. 국가 9급
O | X

⭐**13** 승정원은 왕의 정책을 간쟁하고 관원의 비행을 감찰하였다. 19. 국가 9급
O | X

⭐**14** 홍문관은 서적 출판 및 간행의 업무를 전담하였다. 19. 국가 9급
O | X

15 조선 시대, 국왕과 대신이 국정을 논의할 때 예문관 한림이 사관으로 참가하여 시정기를 작성하였다. 19. 지방 7급
O | X

16 승정원은 국왕의 명령을 신하들에게 전달하는 비서 기관이다. 19. 상반기 서울시 9급
O | X

오답 확인하기

01 예문관에 대한 설명이다.
02 춘추관에 대한 설명이다.
03 승문원에 대한 설명이다.
07 유향소와 경재소가 뒤바뀌었다. 중앙에서는 경재소를 통해 유향소를 통제하도록 하였다.
11 승정원에 대한 설명이다.
13 사헌부와 사간원(양사)에 대한 설명이다.
14 교서관에 대한 설명이다.
15 시정기가 아니라 사초에 대한 설명이다.

정답

01 X 02 X 03 X 04 O 05 O
06 O 07 X 08 O 09 O 10 O
11 X 12 O 13 X 14 X 15 X
16 O

Self Check

문항	○	×	틀린 이유
17	○	×	
18	○	×	
19	○	×	
20	○	×	
21	○	×	
22	○	×	
23	○	×	
24	○	×	
25	○	×	
26	○	×	
27	○	×	
28	○	×	
29	○	×	
30	○	×	
31	○	×	

오답 확인하기

19 서경권은 새 법을 만들 때와 신규 인사(5품 이하의 관리 대상)가 있을 때 이를 심의하는 제도로, 사헌부·사간원이 가진 권한이었다. 홍문관과는 관련이 없다.

23 사심관이 파견된 것은 고려 시대의 일이다.

25 의정부에 대한 설명이다.

26 고려의 삼사에 대한 설명이다.

정답

17 **O** 18 **O** 19 **X** 20 **O** 21 **O**
22 **O** 23 **X** 24 **O** 25 **X** 26 **X**
27 **O** 28 **O** 29 **O** 30 **O** 31 **O**

☆17 의금부는 국왕의 명령을 받아 중대한 죄인을 다스리는 사법 기관이다.

19. 상반기 서울시 9급
O ㅣ X

☆18 홍문관은 사간원·사헌부와 함께 삼사를 구성하였다.

19. 서울시 7급
O ㅣ X

19 사헌부와 사간원, 홍문관은 서경권을 가지고 있었다.

19. 경찰 1차
O ㅣ X

20 한성부는 서울의 행정과 치안, 사법을 담당하였다.

19. 경찰 1차
O ㅣ X

21 의금부와 승정원은 왕권을 강화하는 데 기여하였다.

19. 경찰 1차
O ㅣ X

☆22 예문관은 국왕의 교지 작성을 담당하였다.

19. 경찰 1차
O ㅣ X

23 조선은 향리 통제를 위하여 사심관을 파견하였다.

18. 국가 9급
O ㅣ X

☆24 수령은 자기 출신 지역에 부임하지 못하며, 각 도에는 관찰사를 파견하여 수령의 업무 성적을 평가하였다.

18. 서울시 7급
O ㅣ X

25 승정원은 의정의 합좌 기관으로 백관과 서무를 총괄하였다.

17. 하반기 국가 7급
O ㅣ X

26 조선의 삼사는 화폐와 곡식의 출납에 대한 회계를 담당하였다.

17. 법원 9급
O ㅣ X

27 조선 전기에 오위도총부가 군무를 통괄하였다.

16. 국가 7급
O ㅣ X

☆28 조선 전기, 지방의 주요 거점을 중심으로 진관을 편제하였다.

16. 국가 7급
O ㅣ X

29 조선 전기에 잡색군은 생업에 종사하다가 일정 기간 군사 훈련을 받았다.

16. 국가 7급
O ㅣ X

30 홍문관은 학술 연구, 정책 자문 등의 역할을 하였으며 장(長)은 정2품의 대제학이었다.

16. 경찰 2차
O ㅣ X

☆31 조선의 사헌부는 발해의 중정대, 고려의 어사대와 같은 역할을 하였다.

16. 경찰 2차
O ㅣ X

32 세종은 안정된 왕권과 경제력을 바탕으로 의정부서사제를 시행하여 왕권과 신권의 조화를 추구하였다.

15. 서울시 9급

O | X

33 관료의 품계는 정1품에서 종9품까지 18등급으로 하였다.

14. 국가 7급

O | X

34 행수 제도를 마련하여 가능한 관직과 관계가 일치되도록 하였다.

14. 국가 7급

O | X

35 정7품 이하는 참하관이라 하며, 목민관인 수령에 임용하였다.

14. 국가 7급

O | X

36 정3품 통정대부 이상은 당상관이라 하며, 국가의 중요한 정책을 논의하였다.

14. 국가 7급

O | X

37 예문관과 춘추관은 대간이라 불렸는데, 임명된 관리의 신분·경력 등을 심의·승인하는 역할을 담당하였다.

14. 서울시 9급

O | X

38 지방 양반들로 조직된 향청은 수령을 보좌하고 풍속을 바로 잡고 향리를 규찰하는 등의 임무를 맡았다.

14. 서울시 9급

O | X

39 승정원의 주서(注書)는 왕과 신하 간에 오고 간 문서와 국왕의 일과를 매일 기록하였다.

13. 지방 7급

O | X

40 정책 회의에는 국왕이 매일 의정부와 삼사의 고급 관원들을 만나 정책 건의를 듣는 차대(次對)가 있었다.

13. 지방 7급

O | X

41 군현의 수령 아래에 면장, 이정, 통주 등을 두어 수령을 보좌하고 인구 파악과 부역 징발을 담당하게 하였다.

13. 지방 7급

O | X

42 조선에서 국왕 다음의 최고 권력 기관은 의정부로서 중국에는 없었던 조선 독자의 관청이다.

13. 서울시 7급

O | X

43 6조 가운데 이조·병조의 정랑·좌랑은 각각 문관과 무관의 인사권을 행사하였다.

13. 서울시 7급

O | X

Self Check

문항	O	×	틀린 이유
32	O	×	
33	O	×	
34	O	×	
35	O	×	
36	O	×	
37	O	×	
38	O	×	
39	O	×	
40	O	×	
41	O	×	
42	O	×	
43	O	×	

오답 확인하기

35 목민관인 수령은 6품 이상 참상관 이상이라야 될 수 있었다.
37 조선 시대의 대간은 사헌부, 사간원을 일컫는다.
40 상참에 대한 설명이다.

정답

32 **O** 33 **O** 34 **O** 35 **X** 36 **O**
37 **X** 38 **O** 39 **O** 40 **X** 41 **O**
42 **O** 43 **O**

44 춘추관은 각 관청에서 작성한 업무 일지인 등록을 모아 해마다 시정기를 편찬하고, 실록이 편찬되면 이를 보관하였다.
13. 서울시 7급
O | **X**

45 조선은 모든 군현에 수령을 파견하고 전국 8도에 관찰사를 파견하였다.
13. 경찰 2차
O | **X**

46 사헌부는 관원의 비행을 감찰하는 사법 기관이고, 사간원은 정책을 비판하는 간쟁 기관이었다.
12. 경찰 3차
O | **X**

테마 3 조선의 교육 기관과 관리 등용 제도

01 경국대전에 따르면 문과 시험 업무는 예조에서 주관하고, 정기 시험인 식년시는 3년마다 실시하는 것이 원칙이었다.
23. 지방 9급
O | **X**

02 서원은 지방의 군현에 있던 유일한 관학이다.
19. 국가 9급
O | **X**

03 서원에서는 선비와 평민의 자제에게 천자문 등을 가르쳤다.
19. 국가 9급
O | **X**

04 서원의 성적 우수자는 문과의 초시를 면제해 주었다.
19. 국가 9급
O | **X**

05 서원은 학문 연구와 선현의 제사를 위해 설립된 사설 교육기관이다.
19. 국가 9급
O | **X**

06 조선의 향교는 원칙적으로 모든 양인 남자에게 입학이 허용되었고 학비는 없었다.
19. 국가 7급
O | **X**

07 조선은 모든 군현에 향교를 두기로 하고 군현의 규모에 따라 정원을 정하였다.
19. 국가 7급
O | **X**

08 조선의 향교는 매년 자체적으로 정기 시험을 치러 성적 우수자에게는 성균관 입학 자격이 주어졌다.
19. 국가 7급
O | **X**

09 조선의 향교에서는 학업 중 군역이 면제되었으나 성적 미달로 자격이 박탈될 경우 군역을 지도록 하였다.
19. 국가 7급
O | **X**

오답 확인하기

02 향교에 대한 설명이다.
03 서당 등에 대한 설명이다.
04 성균관에 대한 설명이다.
08 향교는 매년 두 번씩 시험을 치러 성적 우수자에게는 성균관 입학 자격이 아니라 생원·진사 시험의 초시를 면제해 주었다. 성균관의 입학 자격은 생원·진사 시험을 통해 입학하는 것(상재생)을 원칙으로 하였다.

정답

44 **O** 45 **O** 46 **O** / 01 **O** 02 **X**
03 **X** 04 **X** 05 **O** 06 **O** 07 **O**
08 **X** 09 **O**

10 조선 시대, 무과의 경우 조선 후기에 이르러서는 재정상의 이유 등으로 합격자가 양산되어 '만과(萬科)'로 지칭되기도 하였다.

19. 서울시 7급

O | **X**

⭐**11** 조선 시대의 잡과는 기술관을 뽑는 시험으로, 문·무과와 마찬가지로 초시·복시·전시로 구성되어 있었다.

19. 서울시 7급

O | **X**

⭐**12** 중종 때 주세붕이 백운동 서원을 세웠다.

18. 국가 9급

O | **X**

13 성균관은 흥선 대원군에 의해 철폐되었다.

18. 교육행정

O | **X**

14 성균관은 유학부와 기술학부로 구성되었다.

18. 교육행정

O | **X**

15 성균관은 사학 12도의 융성으로 위축되었다.

18. 교육행정

O | **X**

16 성균관에는 공자의 위패를 모신 대성전을 두었다.

18. 교육행정

O | **X**

⭐**17** 『경국대전』에서는 탐관오리의 자식, 재가한 여자의 아들과 손자, 서얼의 문과 응시를 제한하고 있다.

18. 상반기 서울시 7급

O | **X**

18 문과 합격자에게는 합격 증서에 해당하는 백패를 수여했다.

18. 상반기 서울시 7급

O | **X**

19 문과(대과)의 최종 합격자는 지역과 상관없이 성적에 따라 갑·을·병으로 나뉘었다.

18. 경찰 1차

O | **X**

20 무과는 문과처럼 대과와 소과의 구별은 없었으나 초시·복시·전시를 치르는 것은 문과와 마찬가지였다.

18. 경찰 1차

O | **X**

21 소과 복시의 합격자 수는 각 도의 인구 비율로 배분되었다.

18. 경찰 1차

O | **X**

22 조선 시대에 잡과에 합격한 기술관은 해당 관청에서 최고 정3품까지 승진할 수 있었다.

17. 국가 7급

O | **X**

23 왕세자는 궁 안의 시강원에서 교육을 받았다.

17. 서울시 사복

O | **X**

⭐**24** 성균관에는 생원이나 진사만 입학할 수 있었다.

17. 서울시 사복

O | **X**

Self Check

문항	O	X	틀린 이유
10	○	×	
11	○	×	
12	○	×	
13	○	×	
14	○	×	
15	○	×	
16	○	×	
17	○	×	
18	○	×	
19	○	×	
20	○	×	
21	○	×	
22	○	×	
23	○	×	
24	○	×	

오답 확인하기

11 잡과는 전시를 치르지 않고 초시와 복시의 2단계만을 거쳐서 선발하였다.

13 성균관이 교육 기능을 완전히 상실한 것은 1910년 한일 합방 이후의 일이다.

14 고려 시대의 국자감에 대한 설명이다.

15 고려 시대인 12세기 중엽, 사학 12도의 융성으로 국자감을 비롯한 관학 교육이 위축되었다.

18 문과 합격자에게는 홍패가 수여되었다. 백패는 소과 합격자에게 주어진 합격 증서이다.

21 소과 복시의 합격자는 성적순으로 선발되었다.

24 성균관에는 특별 시험인 승보시 등을 거쳐 입학하는 사람들(기재생)도 있었다.

정답

10 **O** 11 **X** 12 **O** 13 **X** 14 **X**
15 **X** 16 **O** 17 **O** 18 **X** 19 **O**
20 **O** 21 **X** 22 **O** 23 **O** 24 **X**

25 조선 시대에는 국립 대학인 주자감이 수도에 설치되었다. _{17. 법원 9급} O | X

26 조선 시대에는 5품 이상 고위 관리의 자손에게는 음서의 특혜가 주어졌다. _{17. 법원 9급} O | X

⭐**27** 문과의 소과에는 경학에 뛰어난 인재를 선발하는 생원과와 문학적 재능이 뛰어난 인재를 선발하는 진사과가 있었다. _{16. 서울시 7급} O | X

⭐**28** 소과의 1차 시험인 초시는 각 도의 인구 비율에 따라 선발 인원을 배분하였다. _{16. 서울시 7급} O | X

⭐**29** 문과는 3년마다 시행하는 정기 시험인 식년시 외에도 증광시, 알성시 등의 부정기 시험이 있었다. _{16. 경찰 2차} O | X

30 생원과는 한문학에 뛰어난 인재를, 진사과는 유교 경전에 뛰어난 인재를 선발하였다. _{16. 경찰 2차} O | X

31 조선 초부터 현직 관리들이 과거에 응시하는 것이 금지되었다. _{15. 서울시 7급} O | X

32 소과 합격자는 성균관에 입학하거나 문과에 응시할 수 있었으며, 하급 관리가 되기도 하였다. _{15. 경찰 3차} O | X

테마 4 사림의 정치적 성장

01 삼포왜란 ~ 임진왜란 시기 사이에 을사사화가 일어났다. _{23. 국가 9급} O | X

⭐**02** 조광조는 기묘사화로 탄압받았다. _{21. 국가 9급} O | X

⭐**03** 조광조는 조의제문을 사초에 실었다. _{21. 국가 9급} O | X

04 조광조는 문정왕후의 수렴청정을 지지하였다. _{21. 국가 9급} O | X

05 조광조는 연산군의 생모 윤씨를 폐비하는 데 동조하였다. 　21. 국가 9급
　O ｜ X

⭐**06** 명종 때 동인과 서인의 붕당이 형성되었다. 　20. 지방 9급
　O ｜ X

07 명종 때 문정왕후가 수렴청정하며 불교를 옹호하였다. 　20. 지방 9급
　O ｜ X

08 명종 때 조광조가 내수사 장리의 폐지, 소격서 폐지 등을 주장하였다.
　20. 지방직 9급
　O ｜ X

09 명종 때 불교의 선교 양종을 부활하고 선과를 다시 설치하였다. 　19. 국가 7급
　O ｜ X

10 명종 때 현직 관료에게만 과전을 지급하는 직전제를 도입하였다. 　19. 국가 7급
　O ｜ X

11 명종 때 현량과 시행을 통해서 유교의 이상 정치를 실현하려고 하였다.
　19. 국가 7급
　O ｜ X

12 조광조는 『소학』과 향약(鄕約)의 보급을 위해 노력하였다. 　19. 서울시 7급
　O ｜ X

⭐**13** 조광조는 방납의 폐단을 시정할 것을 주장하였다. 　19. 서울시 7급
　O ｜ X

14 명종 때 위훈 삭제를 감행한 사림 세력들이 제거되었다. 　19. 법원 9급
　O ｜ X

15 명종 때 대비의 복상 문제로 두 차례 예송이 전개되었다. 　19. 법원 9급
　O ｜ X

16 명종 때 외척 간의 세력 다툼으로 을사사화가 발생하였다. 　19. 법원 9급
　O ｜ X

⭐**17** 명종 때 정여립 모반 사건을 계기로 동인은 남인과 북인으로 나뉘었다.
　19. 법원 9급
　O ｜ X

18 중종 때 문화와 제도를 유교식으로 갖추기 위해 집현전을 창설하였다. 　18. 국가 9급
　O ｜ X

19 무오사화 때 폐비 윤씨 사건에 관련된 자들과 사림 세력이 제거되었다.
　18. 지방 7급
　O ｜ X

Self Check

문항	○	×	틀린 이유
05	○	×	
06	○	×	
07	○	×	
08	○	×	
09	○	×	
10	○	×	
11	○	×	
12	○	×	
13	○	×	
14	○	×	
15	○	×	
16	○	×	
17	○	×	
18	○	×	
19	○	×	

오답 확인하기

05 일부 척신·훈구 세력들에 대한 설명으로, 조광조와는 관련 없다.
06 선조 때의 일이다.
08 중종 때의 일이다.
10 세조 때의 역사적 사실이다.
11 중종 때의 역사적 사실이다.
14 중종 때의 기묘사화에 대한 설명이다.
15 현종 때의 일이다.
17 선조 때의 일이다.
18 조선 세종 때의 일이다.
19 갑자사화에 대한 설명이다.

정답

05 X　06 X　07 O　08 X　09 O
10 X　11 X　12 O　13 O　14 X
15 X　16 O　17 X　18 X　19 X

20 무오사화 때 훈구 세력은 조광조 일파를 모함하여 죽이거나 유배보냈다.

18. 지방 7급
O | X

21 무오사화 때 훈구 세력이 사관 김일손의 사초 내용을 문제 삼아 사림을 축출하였다.

18. 지방 7급
O | X

22 무오사화 때 훈구 세력이 폭정을 일삼던 연산군을 몰아내고, 중종을 왕으로 세웠다.

18. 지방 7급
O | X

23 [순서나열] 훈구 세력은 김일손 등의 사림 학자를 죽이거나 귀양 보냄. → 연산군은 생모인 윤씨의 폐출 사사 사건에 관여한 사림을 몰아냄. → 훈구 세력의 모략으로 조광조 일파가 제거됨. → 소윤이 대윤에 대한 보복으로 옥사를 일으킴.

18. 경찰 2차
O | X

24 김종직은 『여씨향약』을 도입하여 언문으로 간행하였다.

17. 하반기 국가 7급
O | X

25 김굉필, 조광조가 김종직의 도학을 계승하였다.

17. 하반기 국가 7급
O | X

26 중종 때 『조의제문』을 빌미로 사화가 발생하였다.

16. 교육행정
O | X

27 무오사화는 명종 대에 일어났다.

16. 법원 9급
O | X

28 무오사화에 따라 김종직의 제자들이 피해를 입었다.

16. 법원 9급
O | X

29 명종 때 척신과 권신들은 많은 노동력을 투입하여 해택지(海澤地)를 개간하였다.

15. 국가 7급
O | X

30 김종직은 『조의제문』을 지어 무오사화의 원인이 되었다.

14. 국가 7급
O | X

31 김종직은 길재의 학통을 잇고 세조 대에 정계에 나아갔다.

14. 국가 7급
O | X

32 김종직은 국가의 여러 행사 규범을 담은 『국조오례의』 편찬에 관여하였다.

14. 국가 7급
O | X

33 조선 전기, 재야에서 공론을 주도하는 지도자로서 산림(山林)이 존중되었다.

13. 국가 9급

O ┃ X

⭐**34** 사림은 향촌 자치를 내세우며, 도덕과 의리를 바탕으로 한 왕도 정치를 강조하였다.

13. 국가 9급

O ┃ X

35 사림은 3사의 언관직을 차지하고, 자신들의 의견을 공론으로 표방하였다.

13. 국가 9급

O ┃ X

36 사림은 중소 지주적인 배경을 가지고, 지방 사족이 영남과 기호 지방을 중심으로 성장하였다.

13. 국가 9급

O ┃ X

⭐**37** 조광조는 경연을 강화하고 언론 활동을 활성화하였다.

11. 국가 9급

O ┃ X

38 조광조는 소수서원을 설립하여 유교 윤리를 보급하였다.

11. 국가 9급

O ┃ X

39 조광조는 관리들에게 '신언패(愼言牌)'를 차고 다니게 하였다.

11. 국가 9급

O ┃ X

40 사림은 대체로 서울에 거주하며 고위 관직을 독차지하였다.

11. 지방 9급

O ┃ X

41 사림은 공신으로서 정치적 실권을 장악한 사람들이 많았다.

11. 지방 9급

O ┃ X

42 사림은 향사례·향음주례의 보급, 사창제의 실시를 주장하였다.

11. 지방 9급

O ┃ X

43 조광조는 도교 및 민간 신앙을 배척하였다.

10. 국가 9급

O ┃ X

문항	O	×	틀린 이유
33	O	×	
34	O	×	
35	O	×	
36	O	×	
37	O	×	
38	O	×	
39	O	×	
40	O	×	
41	O	×	
42	O	×	
43	O	×	

오답 확인하기

33 산림이 등장한 것은 조선 후기의 일이다.
38 조광조는 소수서원과 관련이 없다.
39 연산군에 대한 설명이다.
40 훈구파에 대한 설명이다.
41 훈구파에 대한 설명이다.

정답

33 X 34 O 35 O 36 O 37 O
38 X 39 X 40 X 41 X 42 O
43 O

Self Check

문항	O	×	틀린 이유
01	O	×	
02	O	×	
03	O	×	
04	O	×	
05	O	×	
06	O	×	
07	O	×	
08	O	×	
09	O	×	
10	O	×	
11	O	×	
12	O	×	
13	O	×	
14	O	×	
15	O	×	
16	O	×	
17	O	×	

오답 확인하기

01 서인에 대한 설명이다.
02 서인에는 이이와 성혼의 문인들이 가담하였다.
05 인조 때 인조반정을 주도한 서인이 권력을 장악하였다. 서인은 남인과 연합하여 정국을 운영했다.
06 서인에 대한 설명이다.
08 북인에 대한 설명이다.
09 서인에 대한 설명이다.
12 숙종 때의 일이다.
15 인조반정 이후인 숙종 때의 일이다.
16 인조반정 이후인 현종 때의 일이다.

정답

01 X 02 X 03 O 04 O 05 X
06 X 07 O 08 X 09 X 10 O
11 O 12 X 13 O 14 O 15 X
16 X 17 O

테마 5 붕당 정치의 전개(+예송논쟁)

01 남인은 인조반정을 주도하여 집권 세력이 되었다.   23. 국가 9급
O | X

02 남인은 이이와 성혼의 문인을 중심으로 형성되었다.   23. 국가 9급
O | X

03 선조 대 사림이 동인과 서인으로 분열하였다.   23. 지방 9급
O | X

04 광해군 대 북인이 집권하였다.   23. 지방 9급
O | X

05 인조 대 남인이 정권을 독점하였다.   23. 지방 9급
O | X

06 남인은 노론과 소론으로 분열되었다.   23. 법원 9급
O | X

07 남인은 기사환국을 통해 재집권하였다.   23. 법원 9급
O | X

08 남인은 인목대비의 폐위를 주장하였다.   23. 법원 9급
O | X

09 남인은 성혼의 학파를 중심으로 형성되었다.   23. 법원 9급
O | X

10 광해군 때 허준이 동의보감을 완성하였다.   22. 소방직
O | X

11 광해군 때 경기도에 한하여 대동법을 실시하였다.   22. 소방직
O | X

12 광해군 때 국방력 강화를 위해 5군영 체제를 완비하였다.   22. 소방직
O | X

13 광해군 때 기유약조를 체결하여 제한된 범위의 교섭을 허용하였다.   22. 소방직
O | X

14 기묘사화 ~ 인조반정 사이의 시기에 동인이 남인과 북인으로 분화하였다.   21. 법원 9급
O | X

15 기묘사화 ~ 인조반정 사이의 시기에 환국을 거치며 노론과 소론이 갈라섰다.   21. 법원 9급
O | X

16 기묘사화 ~ 인조반정 사이의 시기에 1차 예송에서 승리한 서인이 집권하였다.   21. 법원 9급
O | X

17 남인은 예송에서 왕의 예는 일반 사대부와 다르다고 주장하였다.   20. 경찰 1차
O | X

18 남인은 효종의 비가 죽었을 때 시어머니인 자의대비가 대공복을 입어야 한다고 주장하였다.
20. 경찰 1차
O | X

19 남인은 자신들의 학문적 정통성을 확립하기 위하여 조식을 높이고 이언적과 이황을 폄하하였다.
20. 경찰 1차
O | X

20 남인은 경종이 즉위하자 그가 병약하다는 이유를 들어 이복동생 연잉군을 세제로 책봉할 것을 요구하였다.
20. 경찰 1차
O | X

21 임진왜란 때 서인은 의병 활동을 주도하였다.
19. 경찰 1차
O | X

⭐ **22** 동인은 정철의 처벌 문제를 둘러싸고 강경파와 온건파로 분열하였다.
19. 경찰 1차
O | X

23 남인은 희빈 장씨 소생의 왕자를 세자로 책봉하는 것에 반대하였다.
18. 교육행정
O | X

24 자의왕대비는 인조의 계비 조대비를 가리킨다.
18. 국가 7급
O | X

⭐ **25** 남인인 윤휴는 왕통을 이었으면 적장자로 보아야 하므로 3년복을 입어야 한다고 주장하였다.
18. 국가 7급
O | X

26 서인인 송시열은 '체이부정(體而不正)'을 내세워 기년복을 입어야 한다고 주장하였다.
18. 국가 7급
O | X

27 기해예송의 결과 『국조오례의』의 상복 규정에 따라 기년복으로 결정되었다.
18. 국가 7급
O | X

28 광해군 때 진관 체제에서 제승방략 체제로 변경하였다.
17. 서울시 9급
O | X

⭐ **29** 남인의 주장은 1차, 2차 예송에서 모두 채택되었다.
17. 법원 9급
O | X

30 예송 논쟁 직후 남인에 의해 사화가 발생하여 정국이 혼란해졌다.
17. 법원 9급
O | X

⭐ **31** 현종 때 두 차례의 예송이 발생하면서 서인과 남인 사이에 대립이 격화되었고, 이때 서인은 상대적으로 신권을 강조하였다.
17. 경찰 1차
O | X

Self Check

문항	O	X	틀린 이유
18	O	×	
19	O	×	
20	O	×	
21	O	×	
22	O	×	
23	O	×	
24	O	×	
25	O	×	
26	O	×	
27	O	×	
28	O	×	
29	O	×	
30	O	×	
31	O	×	

오답 확인하기

18 대공복을 입어야 한다고 주장한 세력은 서인이다.
19 북인에 대한 설명이다.
20 노론에 대한 설명이다.
21 임진왜란 때 의병 활동은 주로 북인 출신이 주도하였다.
23 서인에 대한 설명이다
27 기해예송의 결과 서인의 주장에 따라 '주자가례'나 '가례집람' 등을 예시로 들면서 기년복(1년복)이 채택되었다.
28 명종 때의 일이다.
29 1차 예송에서는 서인의 주장이, 2차 예송에서는 남인의 주장이 채택되었다.
30 사화는 예송 논쟁 이전인 연산군·중종·명종 때 발생하였다.

정답

18 X 19 X 20 X 21 X 22 O
23 X 24 O 25 O 26 O 27 X
28 X 29 X 30 X 31 O

오답 확인하기

33 북인에 대한 설명이다.
35 서인에 대한 설명이다.
36 정제두는 소론에 속한다.
37 남인들은 효종이 둘째 아들이지만 임금이기 때문에 장자의 예를 따라야 한다고 주장하였다.
38 환국 정치가 시작된 것은 조선 후기의 일이다.
39 심의겸이 아니라 김효원이다.
40 기해예송에서 서인의 주장이 채택되었다.
42 기성 사림을 중심으로 '서인'이 형성되었다.
43 동인은 '급진파'인 북인과 '온건파'인 남인으로 나누어졌다.
44 갑인예송에서 남인은 1년설을 주장하였다.

정답

32 **O** 33 **X** 34 **O** 35 **X** 36 **X**
37 **X** 38 **X** 39 **X** 40 **X** 41 **O**
42 **X** 43 **X** 44 **X** 45 **O**

★ **32** 임진왜란이 끝난 뒤 북인이 집권하여 광해군 때까지 정국을 주도하였다.

17. 경찰 1차
O ⏐ X

33 남인은 인조반정으로 몰락하였다.

16. 지방 9급
O ⏐ X

34 남인은 기사환국으로 다시 집권하였다.

16. 지방 9급
O ⏐ X

★ **35** 남인은 경신환국을 통해 정국을 주도하였다.

16. 지방 9급
O ⏐ X

36 남인의 정제두 등이 양명학을 본격적으로 수용하였다.

16. 지방 9급
O ⏐ X

37 기해예송 때 남인들은 자의대비가 둘째 아들의 복상을 입어야 한다고 주장했다.

16. 법원 9급
O ⏐ X

38 조선 전기에 사화로 갈등이 격화되면서, 정국이 급격하게 전환되는 환국 정치가 시작되었다.

15. 국가 9급
O ⏐ X

★ **39** 심의겸 쪽에는 정치의 도덕성을 강조한 서경덕, 이황, 조식의 문인들이 가세하였다.

15. 서울시 9급
O ⏐ X

40 기해예송에서 남인의 주장이 채택되었다.

15. 경찰 2차
O ⏐ X

★ **41** 서인은 경신환국 이후 노론과 소론으로 분열하였다.

15. 경찰 2차
O ⏐ X

42 붕당의 출현 당시 척신 정치의 잔재를 어떻게 청산할 것인가를 두고 기성 사림과 신진 사림 사이의 갈등이 심해졌으며, 기성 사림을 중심으로 동인이 형성되었다.

15. 경찰 3차
O ⏐ X

43 이황과 조식의 학통을 계승한 동인은 정여립 모반 사건 등을 계기로 온건파인 북인과 급진파인 남인으로 나뉘었다.

15. 경찰 3차
O ⏐ X

★ **44** 갑인예송에서 남인은 조대비가 9개월복의 상복을 입어야 한다고 주장하였다.

14. 지방 9급
O ⏐ X

★ **45** 기해예송은 효종이 사망하자 조대비가 상복을 3년복으로 입을 것인가, 1년복으로 입을 것인가를 둘러싸고 일어났다.

14. 지방 9급
O ⏐ X

46 갑인예송은 효종비가 사망하자 조대비가 상복을 1년복으로 입을 것인가, 9개월복으로 입을 것인가를 둘러싸고 일어났다. 14. 지방 9급 **O** | **X**

⭐ **47** 노론은 실리를 중시하고 북방 개척을 주장하는 경향을 보이며, 소론은 대의명분을 중시하고 민생 안정을 강조하는 경향을 보였다. 14. 경찰 1차 **O** | **X**

48 서인은 광해군 집권 당시에는 중립 외교를 적극적으로 주장하였다. 13. 경찰 1차 **O** | **X**

49 [순서나열] 기해예송 → 갑술환국 → 경신환국 → 무고의 옥 → 신임사화 12. 경찰 2차 **O** | **X**

50 인조반정 이후 반정을 주도한 서인은 북인과 연합하여 정국을 운영해 갔다. 11. 지방 7급 **O** | **X**

테마6 **조선 전기의 대외 관계와 양난의 극복**

01 임진왜란과 병자호란 사이의 시기에 인조반정이 발생하였다. 23. 지방 9급 **O** | **X**

02 임진왜란과 병자호란 사이의 시기에 영창 대군이 사망하였다. 23. 지방 9급 **O** | **X**

03 임진왜란과 병자호란 사이의 시기에 강홍립이 후금에 항복하였다. 23. 지방 9급 **O** | **X**

04 임진왜란과 병자호란 사이의 시기에 청에 인질로 끌려갔던 봉림 대군이 귀국하였다. 23. 지방 9급 **O** | **X**

05 곽재우는 홍의장군이라 칭하였다. 23. 지방 9급 **O** | **X**

06 곽재우는 의령을 거점으로 봉기하였다. 23. 지방 9급 **O** | **X**

07 곽재우는 행주산성에서 일본군을 크게 무찔렀다. 23. 지방 9급 **O** | **X**

08 곽재우는 익숙한 지리를 활용한 기습 작전으로 일본군에 타격을 주었다. 23. 지방 9급 **O** | **X**

Self Check

문항	O	X	틀린 이유
46	O	X	
47	O	X	
48	O	X	
49	O	X	
50	O	X	
01	O	X	
02	O	X	
03	O	X	
04	O	X	
05	O	X	
06	O	X	
07	O	X	
08	O	X	

오답 확인하기

47 노론과 소론에 대한 설명이 뒤바뀌었다.
48 북인에 대한 설명이다.
49 기해예송 → 경신환국 → 갑술환국 → 무고의 옥 → 신임사화
50 인조반정을 주도한 서인은 남인과 연합 정권을 구성하였다.

04 병자호란 이후 청나라로 끌려간 봉림대군(효종)은 1644년에 청나라 심양에서 조선으로 돌아왔다.
07 권율에 대한 설명이다.

정답

46 **O** 47 **X** 48 **X** 49 **X** 50 **X** /
01 **O** 02 **O** 03 **O** 04 **X** 05 **O**
06 **O** 07 **X** 08 **O**

Self Check

문항	○	×	틀린 이유
09	○	×	
10	○	×	
11	○	×	
12	○	×	
13	○	×	
14	○	×	
15	○	×	
16	○	×	
17	○	×	
18	○	×	
19	○	×	
20	○	×	

★**09** 남한산성은 병자호란 때 인조가 피난했던 산성이다.
21. 국가 9급
O ㅣ X

10 [순서나열] 이순신은 한산도에서 왜군을 크게 무찔렀다. → 김시민은 진주성에서 왜군에 맞서 싸워 대승을 거두었다. → 조·명 연합군은 평양성을 탈환하였다. → 권율은 행주산성에서 왜군을 대파하였다.
21. 경찰 1차
O ㅣ X

★**11** 명종 때 삼포에서 4 ~ 5천 명의 일본인이 난을 일으켰다.
20. 지방 9급
O ㅣ X

★**12** 세종은 기유약조를 맺고 일본과의 무역을 허용하였다.
20. 국가 7급
O ㅣ X

13 병자호란 때 정봉수, 이립 등이 의병을 일으켜 후금군에게 타격을 주었다.
20. 국가 7급
O ㅣ X

14 [순서나열] 이순신이 옥포 해전에서 승리하였다. → 김시민이 진주성에서 일본군을 저지하였다. → 조·명 연합군이 평양성을 탈환하였다. → 조선 수군이 명량 해전에서 크게 승리하였다. → 조·명 연합 수군이 노량 해전에서 승리하였다.
20. 지방 7급
O ㅣ X

15 [순서나열] 김윤후가 용인에서 살리타를 사살하였다. → 김헌창이 공주를 근거로 반란을 일으켰다. → 이시애가 길주에서 군사를 일으켰다. → 이종무가 대마도를 토벌하였다.
19. 지방 7급
O ㅣ X

16 조선 전기에는 유구와 교류하여 불경·유교 경전·범종 등을 전해 주었다.
19. 지방 7급
O ㅣ X

★**17** 조선 전기, 대마도주와 계해약조를 맺어 제한된 범위 내에서 교역을 허락하였다.
19. 지방 7급
O ㅣ X

18 조선 태조 때 명으로부터 1년에 세 차례 이상의 정례적 사신 파견을 요청받았다.
19. 지방 7급
O ㅣ X

19 조선 전기에는 여진이나 일본과는 교린 관계를 유지하였고, 토벌과 회유의 양면 정책을 추진하였다.
19. 지방 7급
O ㅣ X

★**20** 조선 초기에는 화이관(華夷觀)이라는 세계관에 바탕을 두고 사대교린(事大交隣)을 기본 정책으로 삼았다.
19. 상반기 서울시 9급
O ㅣ X

오답 확인하기

11 중종 때의 일이다.
12 광해군 때의 일이다.
13 정묘호란 때의 일이다.
15 김헌창이 공주를 근거로 반란을 일으켰다. → 김윤후가 용인에서 살리타를 사살하였다. → 이종무가 대마도를 토벌하였다. → 이시애가 길주에서 군사를 일으켰다.
18 1년에 3차례가 아니라 3년에 1차례이다.

정답

09 O 10 O 11 X 12 X 13 X
14 O 15 X 16 O 17 O 18 X
19 O 20 O

21 을묘왜변과 임진왜란 사이의 시기, 정여립 모반 사건이 일어나 많은 동인이 처형당했다.

19. 상반기 서울시 7급

O | **X**

22 을묘왜변과 임진왜란 사이의 시기, 4 ~ 5천 명의 왜인들이 삼포왜란을 일으켰다.

19. 상반기 서울시 7급

O | **X**

23 을묘왜변과 임진왜란 사이의 시기, 도원수 강홍립이 거느리는 원군을 명에 파견하였다.

19. 상반기 서울시 7급

O | **X**

24 을묘왜변과 임진왜란 사이의 시기, 최세진이 『훈몽자회』를 편찬하였다.

19. 상반기 서울시 7급

O | **X**

25 김종서가 압록강 유역에 6진을 설치하였다.

19. 법원 9급

O | **X**

26 [순서나열] 권율이 행주산성에서 일본군의 공격을 격파 → 의주로 피난했던 국왕 일행이 한성으로 돌아옴. → 원균이 이끄는 조선 수군이 칠천량에서 크게 패배 → 이순신이 명량에서 일본 수군을 격파

18. 지방 9급

O | **X**

27 신숙주는 일본에 다녀온 뒤, 일본의 사정을 자세하게 소개한 견문록『해동제국기』를 성종 2년(1471)에 편찬하였다.

18. 서울시 7급

O | **X**

28 [순서나열] 이괄이 평안북도에서 반란을 일으켜 서울까지 점령함. → 후금의 태종은 광해군을 위하여 보복한다는 명분을 내걸고 '정묘호란'을 일으킴. → 후금이 국호를 청(淸)이라 고치고 조선에 대하여 군신(君臣)의 관계를 맺을 것을 요구 → 삼학사(三學士)가 심양에 끌려가 죽임을 당함.

18. 경찰 1차

O | **X**

29 병자호란 이후, 소현세자는 청에서 서양의 문물에 관심을 가지고, 천문 관련 서적 등을 가져왔다.

17. 하반기 국가 9급

O | **X**

30 병자호란 이후, 조선은 청과 굴욕적인 형제의 맹약을 맺었다.

17. 하반기 국가 9급

O | **X**

31 병자호란 이후, 조선은 복수설치(復讐雪恥)를 과제로 삼았다.

17. 하반기 국가 9급

O | **X**

32 병자호란 이후, 숭정처사(崇禎處士)·대명거사(大明居士)로 자처하며 출사를 거부하는 인물이 있었다.

17. 하반기 국가 9급

O | **X**

Self Check

문항	O	×	틀린 이유
21	○	×	
22	○	×	
23	○	×	
24	○	×	
25	○	×	
26	○	×	
27	○	×	
28	○	×	
29	○	×	
30	○	×	
31	○	×	
32	○	×	

오답 확인하기

22 삼포왜란은 을묘왜변 이전인 1510년 중종 때 일어났다.

23 임진왜란 이후인 광해군 때의 사실이다.

24 '훈몽자회'는 을묘왜변 이전인 중종 때 최세진이 지은 한자 학습서이다.

25 김종서가 6진을 설치한 지역은 두만강 유역이다.

30 병자호란 이전인 정묘호란 때의 일이다.

정답

21 **O** 22 **X** 23 **X** 24 **X** 25 **X**
26 **O** 27 **O** 28 **O** 29 **O** 30 **X**
31 **O** 32 **O**

⭐**33** 임진왜란 당시, 휴전 협상이 진행되는 동안 조선은 훈련도감을 설치해 군대의 편제를 바꾸었다. 17. 지방 9급
O | X

34 임진왜란 당시, 조선군은 명나라 지원군과 연합하여 일본군에게 **뺏긴** 평양성을 탈환하였다. 17. 지방 9급
O | X

35 임진왜란 당시 첨사 정발은 부산포에서, 도순변사 신립은 상주에서 일본군과 맞서 싸웠지만 패배하였다. 17. 지방 9급
O | X

⭐**36** 세종 때 왜구의 소굴인 쓰시마 섬을 정벌하였다. 17. 지방 7급
O | X

37 세종 때 삼포에 대한 조선 정부의 통제가 강화되자, 삼포왜란이 일어났다. 17. 지방 7급
O | X

⭐**38** 세종은 김종서를 함경도 관찰사로 임명하여 두만강 유역에 6진을 개척하였다. 17. 지방 7급
O | X

39 세종 때 압록강 방면에 여진족의 침입이 잦아지자, 최윤덕을 파견하여 그들을 토벌하였다. 17. 지방 7급
O | X

⭐**40** [순서나열] 이순신 장군이 한산도에서 왜의 수군을 격퇴 → 진주목사 김시민이 왜의 대군을 맞아 격전 끝에 진주성을 지켜냈다. → 조·명 연합군이 평양성을 탈환하였다. → 권율 장군이 행주산성에서 왜군 격퇴 16. 국가 9급
O | X

41 병자호란은 4군 6진이 설치되는 결과를 가져왔다. 16. 교육행정
O | X

⭐**42** 병자호란의 결과 군신 관계를 맺는 조건으로 강화가 이루어졌다. 16. 교육행정
O | X

⭐**43** 최명길은 청나라의 군신 관계 요구에 대해 무력 항쟁을 주장하였다. 16. 사회복지
O | X

44 임경업은 효종을 도와 북벌을 계획하고 국방력 강화에 주력하였다. 16. 사회복지
O | X

⭐**45** 태조 이성계는 요동 정벌을 추진하였고 정도전과 남은은 군사 훈련을 강화하였다. 16. 서울시 9급
O | X

46 명은 정도전을 '조선의 화근'이라며 명으로 압송할 것을 요구하였다. 16. 서울시 9급
O | X

47 명량대첩이 벌어졌던 시기에 조선 수군이 쓰시마를 정벌하였다. 16. 법원 9급

O | X

48 명량대첩이 벌어졌던 시기에 외적의 침입으로 국왕이 남한산성에 피신하였다. 16. 법원 9급

O | X

49 임진왜란 때 선조가 의주로 피난하였다. 16. 법원 9급

O | X

50 [순서나열] 명나라의 요청으로 강홍립을 도원수로 삼아 원병을 파견 → 이괄이 난을 일으킴. → 안용복이 일본에 가서 울릉도와 우산도가 우리 영토임을 확인 → 백두산에 정계비를 세움. 16. 경찰 2차

O | X

51 강홍립은 후금의 감정을 자극하지 않기 위해 후금과 휴전을 맺었다. 15. 사회복지

O | X

52 병자년에 청군이 서울을 점령하자 인조는 강화도로 피난하여 항전하였다. 15. 사회복지

O | X

53 이순신이 이끄는 수군이 적군을 맞아 첫 승리를 한 것은 옥포해전이다. 15. 사회복지

O | X

54 명종 때 회령에서 니탕개(尼蕩介)가 반란을 일으켰다. 15. 국가 7급

O | X

55 명종 때 세견선의 감소로 곤란을 겪던 왜인들이 전라도를 침범해왔다. 15. 국가 7급

O | X

56 16세기 을묘왜변이 일어나자 비변사로 하여금 군사 문제를 처리하도록 하였다. 12. 지방 9급

O | X

57 17세기 정묘호란과 병자호란의 패배로 인해 청에 대한 문화적 열등감이 팽배해졌다. 12. 지방 9급

O | X

58 조선 명종 때 백정 출신이 몰락한 사림, 아전, 평민 등을 규합하여 구월산을 본거지로 의협 활동을 전개하였다. 12. 지방 7급

O | X

59 [순서나열] 인조반정 → 정묘호란 → 병자호란 → 이괄의 난 → 나선정벌 12. 경찰 3차

O | X

60 주화파와 척화파의 대립은 광해군 대 후금과의 전쟁을 앞둔 정부의 대책 논의이다. 10. 지방 7급

O | X

Self Check

문항	○	×	틀린 이유
47	○	×	
48	○	×	
49	○	×	
50	○	×	
51	○	×	
52	○	×	
53	○	×	
54	○	×	
55	○	×	
56	○	×	
57	○	×	
58	○	×	
59	○	×	
60	○	×	

오답 확인하기

47 조선이 쓰시마를 정벌한 시기는 세종 때이다.
48 병자호란에 대한 설명으로 인조 때이다.
52 인조는 '남한산성'으로 피난하여 항전하였다.
54 니탕개의 난은 선조 때의 일이다.
57 호란 이후에도 조선은 문화적으로는 청나라보다 우월하다고 여겼다.
59 인조반정 → 이괄의 난 → 정묘호란 → 병자호란 → 나선정벌
60 병자호란 당시 벌어진 정치적 대립이다.

정답

47 X 48 X 49 O 50 O 51 O
52 X 53 O 54 X 55 O 56 O
57 X 58 O 59 X 60 X

근세의 경제 · 사회 · 문화

테마1 조선 전기의 경제 정책

01 세조는 현직 관리에게만 과전을 지급하는 직전제를 시행하였다.　20. 국가 7급
　　　　○ ㅣ X

02 과전은 성종 대까지 경기도에 한정되었다.　19. 상반기 서울시 9급
　　　　○ ㅣ X

03 태종 ~ 세조 사이의 시기에 대립의 만연으로 군포 징수제가 점차 확산되었다.
　　　　19. 법원 9급
　　　　○ ㅣ X

04 태종 ~ 세조 사이의 시기에 직전법을 폐지하고 관리들에게 녹봉만 지급하였다.
　　　　19. 법원 9급
　　　　○ ㅣ X

05 직전법의 실시로 공신전을 몰수하고 신진 관료에게 수조권 지급을 중지하였다.
　　　　18. 지방 7급
　　　　○ ㅣ X

06 관수관급제의 실시로 관료의 직접적인 수조권 행사를 금지하고 관청에서 수조권 행사를 대행하였다.　18. 지방 7급
　　　　○ ㅣ X

07 과전법에 따라 전국의 토지가 재분배되었으며, 관료들은 경기도 땅에서 최고 150결, 최하 10결의 토지를 수조지로 받았다.　18. 서울시 7급
　　　　○ ㅣ X

08 공법은 토지 결수에 따라 지방의 토산물을 거두는 수취 제도였다.　18. 경찰 2차
　　　　○ ㅣ X

09 국가는 재정의 토대가 되는 수취 체제를 운영하기 위해 토지 대장인 양안과 인구 대장인 호적을 작성하였다. 이는 전세, 역 등을 백성에게 부과하는 근거가 되었다.　18. 경찰 2차
　　　　○ ㅣ X

10 역에는 교대로 번상해야 하는 군역과 1년에 일정한 기간 노동에 종사해야 하는 요역이 있었다.
18. 경찰 2차
O | X

★**11** 공법은 토지 소유자에게 1결당 미곡 12두를 조세로 징수하였다.
17. 지방 9급
O | X

★**12** 공법은 풍흉에 상관없이 1결당 4 ~ 6두를 조세로 징수하였다.
17. 지방 9급
O | X

13 공법에 따라 토지의 비옥도에 따라 조세를 차등 징수하였다.
17. 지방 9급
O | X

★**14** 과전법에 따라 과전 지급 지역은 경기에 한정되었고, 지급 대상은 전직·현직 관리였다.
17. 지방 7급
O | X

★**15** 과전법에서 수신전, 휼양전은 죽은 관료의 가족에게 지급하였다.
15. 국가 9급
O | X

16 과전법에서 5품 이상의 관료에게 공음전을 주어 세습을 허용하였다.
15. 국가 9급
O | X

17 과전법은 세조 대에 직전법으로 바꾸어 현직 관리에게만 수조권을 지급하였다.
15. 국가 9급
O | X

★**18** 공법 제도하에서는 토지의 비옥도와 풍흉의 정도에 따라 전분6등법, 연분9등법으로 나누고, 조세 액수를 1결당 최고 20두에서 최하 4두를 내도록 하였다.
15. 경찰 3차
O | X

19 과전법에서는 문무 관료들에게 경기 지방의 토지에 한해서 과전의 수조권을 지급하였고, 군인들에게는 군전을 지급하였다.
14. 사회복지
O | X

★**20** 과전법에서는 토지 수확량의 1/10을 기준으로 1결마다 30말을 거두었으나, 답험손실법을 적용하여 손실에 비례하여 공제해 주도록 하였다.
14. 사회복지
O | X

21 과전법에서는 공로가 많은 사람들에게 인품을 기준으로 역분전을 차등 지급하였다.
13. 지방 9급
O | X

★**22** 관수관급제가 실시되어 국가의 토지 지배권이 한층 강화되었다.
12. 지방 9급
O | X

23 직전법이 폐지됨에 따라 지주 전호제 관행이 줄어들었다.
12. 지방 9급
O | X

Self Check

문항	O	X	틀린 이유
10	O	X	
11	O	X	
12	O	X	
13	O	X	
14	O	X	
15	O	X	
16	O	X	
17	O	X	
18	O	X	
19	O	X	
20	O	X	
21	O	X	
22	O	X	
23	O	X	

오답 확인하기

11 대동법에 대한 설명이다.
12 영정법에 대한 설명이다.
16 고려 시대의 토지 제도에 대한 설명이다.
19 군전은 군인들이 아닌 지방의 한량관들에게 지급되었다.
21 고려 시대의 토지 제도에 대한 설명이다.
23 직전법의 폐지로 지주전호제가 확산되었다.

정답

10 O 11 X 12 X 13 O 14 O
15 O 16 X 17 O 18 O 19 X
20 O 21 X 22 O 23 X

Self Check

문항	○	×	틀린 이유
24	○	×	
25	○	×	
26	○	×	
27	○	×	
28	○	×	
29	○	×	
30	○	×	
01	○	×	
02	○	×	
03	○	×	
04	○	×	
05	○	×	
06	○	×	
07	○	×	

24 직전법 시행으로 인해 수조권 지급 제도가 사라졌다.

12. 지방 7급

O | X

⭐**25** 조선 전기에 관리들에게 지급된 과전은 수조권만을 가졌으며, 관리가 죽거나 반역을 하면 반납하는 것이 원칙이었다.

12. 서울시 9급

O | X

26 공법에서 전세는 풍흉에 따라 6등급으로 나누어 부과하였다.

11. 지방 7급

O | X

27 공법에서는 1등전의 1결과 6등전의 1결은 그 생산량이 같았다.

11. 지방 7급

O | X

28 공법은 토지를 측량할 때 등급에 따라서 사용하는 척이 달랐다.

11. 지방 7급

O | X

29 조선 성종 때에는 경작하는 토지 8결을 기준으로 한 사람씩 요역에 동원하도록 하였다.

10. 국가 7급

O | X

30 과전법 체제에서 수조권자는 그 해 수확량의 2분의 1을 농민에게 세금으로 거두었다.

10. 지방 7급

O | X

테마 2   조선 전기의 상업

01 칠패 시장에서 어물을 판매하였다.

16. 국가 7급

O | X

02 시전에서 남초를 거래하였다.

16. 국가 7급

O | X

⭐**03** 15세기 후반 이후 장시는 점차 확대되었다.

13. 국가 9급

O | X

04 조선 전기 보부상은 장시에서 수산물, 수공업 제품 등을 판매하였다.

13. 국가 9급

O | X

⭐**05** 조선 전기 정부가 조선통보를 유통시킴으로써 동전 화폐 유통이 활발해졌다.

13. 국가 9급

O | X

⭐**06** 조선 전기 신해통공으로 육의전의 금난전권이 폐지되었다.

12. 지방 9급

O | X

07 조선 정부는 경시서를 두어 시전과 지방의 장시를 통제하였다.

12. 지방 9급

O | X

08 조선 시대의 시전은 보부상을 관장하여 독점 판매의 혜택을 오래 누렸다.

12. 지방 9급

O | **X**

⭐**09** 조선 시대의 시전은 국역의 형태로 궁중과 관청에 필요한 물품을 조달할 의무가 있었다.

12. 지방 9급

O | **X**

10 관청 수공업자들은 부역으로 동원되어 물품을 만들었다.

11. 지방 9급

O | **X**

11 시전 상인, 관청 수공업자의 활동은 정부의 통제를 받고 있었다.

11. 지방 9급

O | **X**

12 15세기에 한양의 운종가에 시전이 세워지면서 시전 상인들에게 사상을 단속하는 금난전권이 부여되었다.

10. 국가 7급

O | **X**

Self Check

문항	O	X	틀린 이유
08	O	X	
09	O	X	
10	O	X	
11	O	X	
12	O	X	
01	O	X	
02	O	X	
03	O	X	
04	O	X	
05	O	X	
06	O	X	
07	O	X	

제4막

테마 3 **전근대 농업 기술의 발달**

⭐**01** 고려 시대에 이앙법이 전국적으로 보급되었다.

17. 국가 9급

O | **X**

02 조선 후기, 밭농사에서는 견종법이 보급되었다.

17. 국가 9급

O | **X**

03 조선 전기, 밭농사는 조·보리·콩의 2년 3작이 널리 행해졌으며, 일부 남부 지방에서는 모내기가 보급되어 벼와 보리의 이모작이 가능해 생산량을 증가시킬 수 있었다.

17. 경찰 1차

O | **X**

04 조선 전기 녹비법을 활용하여 지력을 회복하였다.

16. 국가 7급

O | **X**

05 조선 전기에 고구마·감자를 구황 작물로 활용하였다.

16. 국가 7급

O | **X**

⭐**06** 조선 후기, 감자·고구마 등의 구황 작물과 담배·고추 등의 상업 작물이 도입되어 상품 경제가 활성화되었다.

15. 국가 7급

O | **X**

⭐**07** 조선 후기에 광작이 성행하면서 부농과 빈농의 계급 분화가 촉진되었다.

15. 지방 7급

O | **X**

오답 확인하기

08 시전은 보부상을 관장할 권한이 없었다.

12 금난전권은 조선 후기에 조선 정부가 육의전과 시전 상인에게 부여한 권리이다.

01 조선 후기의 일이다.

05 조선 후기의 경제 상황이다.

정답

08 **X** 09 **O** 10 **O** 11 **O** 12 **X** /
01 **X** 02 **O** 03 **O** 04 **O** 05 **X**
06 **O** 07 **O**

문항	○	×	틀린 이유
08	○	×	
09	○	×	
10	○	×	
11	○	×	
12	○	×	
13	○	×	
14	○	×	
15	○	×	
16	○	×	
17	○	×	
18	○	×	

⭐**08** 조선 전기, 밭농사에 2년 3작의 윤작법이 시작되었다.
14. 사회복지
O ┃ X

09 조선 전기, 철제 농기구가 점차 보급되고 우경이 시작되었다.
14. 사회복지
O ┃ X

10 조선 전기, 농업 기술을 발달시키기 위해 『농사직설』이 간행되었다.
14. 사회복지
O ┃ X

11 조선 전기에 쌀의 수요가 늘면서 밭을 논으로 바꾸는 현상이 활발하였다.
11. 국가 9급
O ┃ X

12 조선 후기에 지주에 대한 지대 납부 방식이 타조법에서 도조법으로 바뀌어 갔다.
13. 서울시 9급
O ┃ X

13 조선 전기에 신속은 『농가집성』을 펴내 벼농사 중심의 농법을 소개하였다.
11. 국가 9급
O ┃ X

⭐**14** 조선 전기에 남부 지방에서 모내기가 보급되어 일부 지역은 벼와 보리의 이모작이 가능해졌다.
11. 국가 9급
O ┃ X

⭐**15** 조선 전기, 시비법의 발달로 경작지를 묵히지 않고 계속 농사지을 수 있게 되었다.
11. 국가 9급
O ┃ X

16 조선 후기, 농민의 경제력 향상으로 지주 전호제가 유명무실해졌다.
11. 지방 7급
O ┃ X

17 조선 후기에 인삼 재배농과 홍삼 제조업이 성장하였다.
10. 국가 7급
O ┃ X

18 조선 전기에 목화 재배가 확대되어 의생활이 개선되었다.
10. 서울시 9급
O ┃ X

테마 4 한글 창제와 역사서

★01 승정원일기는 역대 왕의 훌륭한 언행을 실록에서 뽑아 만든 사서이다. 21. 국가 9급

O X

02 『신찬팔도지리지』의 편찬과 『동국지도』의 완성 사이의 시기에 고조선부터 고려 말까지 역사를 정리한 『동국통감』을 간행하였다. 20. 경찰 1차

O | X

03 『신찬팔도지리지』의 편찬과 『동국지도』의 완성 사이의 시기에 고려의 역사를 자주적 입장에서 정리한 『고려사절요』를 편찬하였다. 20. 경찰 1차

O | X

★04 조선 시대, 실록청에서 사초 · 시정기 · 승정원일기 등을 바탕으로 실록을 편찬하였다. 19. 지방 7급

O | X

05 임진왜란 이전에 실록은 4부를 만들어 한양의 춘추관과 전주 · 성주 · 충주의 사고에 보관하였다. 19. 지방 7급

O | X

★06 승정원일기는 실록 편찬의 기본 자료였으며, 세계기록유산이다. 17. 하반기 국가 7급

O | X

07 역대 국왕의 언행을 본보기로 삼기 위해 태종 때부터 『국조보감』을 편찬하였다. 16. 지방 7급

O | X

★08 춘추관은 관청별 업무일지인 여러 관청의 등록(謄錄)을 모아 시정기를 정기적으로 편찬하였다. 16. 지방 7급

O | X

★09 조선 초기부터 왕실 관련 행사나 국가적인 행사에 관한 기록이나 장면을 모은 의궤를 만들었다. 16. 지방 7급

O | X

10 승정원의 주서(注書)는 왕과 신하 간에 오고간 문서와 국왕의 일과를 매일 기록하여 『승정원일기』를 작성하였다. 16. 지방 7급

O | X

11 『동국통감』은 성리학적 가치관으로 고려 역사를 정리한 기전체 사서이다. 15. 국가 7급

O | X

12 『동국통감』은 단군조선에서 삼한까지의 역사를 외기(外紀)로 구분하여 서술하였다. 15. 국가 7급

O | X

문항	O	×	틀린 이유
01	O	×	
02	O	×	
03	O	×	
04	O	×	
05	O	×	
06	O	×	
07	O	×	
08	O	×	
09	O	×	
10	O	×	
11	O	×	
12	O	×	

오답 확인하기

01 국조보감에 대한 설명이다.
02 '신찬팔도지리지'는 세종 때 편찬되었고, '동국지도'는 세조 때 완성되었다. 그러나 '동국통감'은 성종 때 간행된 역사서이다.
07 『국조보감』은 세조 때부터 편찬되었다.
11 『고려사』에 대한 설명이다.

정답

01 X   02 X   03 O   04 O   05 O
06 O   07 X   08 O   09 O   10 O
11 X   12 O

☆ **13** 조선왕조실록은 사관이 국왕 앞에서 기록한 시정기, 각 관청의 문서를 모아 만든 사초 등을 종합, 정리하여 편년체로 편찬되었다.
15. 경찰 2차
O | X

☆ **14** 『동국통감』은 고조선부터 고려 말까지의 역사를 편년체로 서술하였다.
14. 사회복지
O | X

15 『동국통감』은 세가, 지, 열전 등으로 구성되었다.
14. 경찰 1차
O | X

16 한글을 보급하기 위해서 왕실 조상의 덕을 찬양하는 『용비어천가』를 편찬하였다.
14. 경찰 1차
O | X

☆ **17** 조선왕조실록은 태조에서 철종 때까지의 역사를 편년체로 기록하였다.
13. 국가 9급
O | X

18 실록 편찬의 공정성을 확보하기 위하여 왕이 죽은 후에 실록을 편찬하는 것이 관례였다.
13. 지방 7급
O | X

☆ **19** 국왕과 신하가 정사를 논의한 발언과 행동을 사관(史官)이 기록하였는데 이를 사초(史草)라고 불렀다.
13. 지방 7급
O | X

20 『고려사』는 『고려국사』를 계승하여 고려 시대의 역사를 재정리한 기전체의 역사서이다.
11. 국가 7급
O | X

테마 5 지도와 각종 서적

01 삼포왜란 ~ 임진왜란 시기 사이에 『경국대전』이 반포되었다.
23. 국가 9급
O | X

02 삼포왜란 ~ 임진왜란 시기 사이에 『향약집성방』이 편찬되었다.
23. 국가 9급
O | X

03 혼일강리역대국도지도는 중국에서 들여온 곤여만국전도를 참고하였다.
23. 국가 9급
O | X

04 천상열차분야지도는 하늘을 여러 구역으로 나누고 별자리를 표시한 그림이다.

23. 국가 9급

O ㅣ X

⭐ **05** 대동여지도는 거리를 알 수 있도록 10리마다 눈금을 표시하였다.　23. 국가 9급

O ㅣ X

⭐ **06** 동국지도는 정상기가 실제 거리 100리를 1척으로 줄인 백리척을 적용하여 제작하였다.

23. 국가 9급

O ㅣ X

07 정상기는 최초로 백 리를 한 자로 축소한 '동국여지도'를 만들어 우리나라의 지도 제작 수준을 한 단계 높였다.

22. 서울 9급

O ㅣ X

08 이중환의 '택리지'는 각 지역의 경제 생활까지 포함하여 집필되었다.　22. 서울 9급

O ㅣ X

⭐ **09** 허준의 '동의보감'은 우리나라뿐 아니라 중국 및 일본의 의학 발전에 큰 영향을 끼쳤는데, 예방 의학에 중점을 둔 것이다.

22. 서울 9급

O ㅣ X

10 조선 전기에 『어우야담』을 비롯한 야담·잡기류가 성행하였다.　20. 국가 9급

O ㅣ X

11 조선 전기에 유서(類書)로 불리는 백과사전이 널리 편찬되었다.　20. 국가 9급

O ㅣ X

⭐ **12** 조선 전기에 『동문선』이 편찬되어 우리 문학의 독자성을 강조하였다.

20. 국가 9급

O ㅣ X

⭐ **13** [순서나열] 『향약집성방』 → 『의방유취』 → 『동의보감』 → 『향약구급방』

19. 지방 9급

O ㅣ X

⭐ **14** 경국대전은 이·호·예·병·형·공전으로 나뉘어 정리되었다.　19. 상반기 서울시 9급

O ㅣ X

15 경국대전은 세조 때 만세불변의 법전을 만들기 위해 편찬을 시작하였다.

19. 상반기 서울시 9급

O ㅣ X

16 조선 후기에는 모눈종이를 이용한 정밀한 지도도 제작되었다.　19. 서울시 9급

O ㅣ X

17 조선 후기에 『대동여지도』가 완성되자 나라의 기밀을 누설시킬 우려가 있다고 하여 판목은 압수 소각되었다.

19. 서울시 9급

O ㅣ X

Self Check

문항	O	X	틀린 이유
04	O	X	
05	O	X	
06	O	X	
07	O	X	
08	O	X	
09	O	X	
10	O	X	
11	O	X	
12	O	X	
13	O	X	
14	O	X	
15	O	X	
16	O	X	
17	O	X	

제4무

오답 확인하기

07 정상기의 '동국지도'에 대한 설명이다.

10 조선 후기의 일이다.

11 조선 후기의 일이다.

13 『향약구급방』 → 『향약집성방』 → 『의방유취』 → 『동의보감』

17 김정호의 『대동여지도』는 목판으로 판각해서 대량 인쇄되어 널리 보급되었다.

정답

04 O　05 O　06 O　07 X　08 O
09 O　10 X　11 X　12 O　13 X
14 O　15 O　16 O　17 X

오답 확인하기

18 『신찬팔도지리지』→『동국여지
   승람』→『동국지리지』→『아
   방강역고』
22 백리척이 최초로 사용된 지도는
   조선 후기에 편찬된 정상기의
   '동국지도'이다.
23 '국조오례의'와 '동국여지승람'은
   성종 때 편찬되었다.
26 '동국지도'는 세조 때 양성지가
   만든 지도와 조선 후기에 정상
   기가 만든 지도가 있다. 이회가
   만든 지도는 '팔도도'이다.
28 조선왕조실록에 따르면 가례도
   감 의궤는 조선 전기부터 편찬
   되었다고 한다.

정답

18 X   19 O   20 O   21 O   22 X
23 X   24 O   25 O   26 X   27 O
28 X   29 O   30 O

---

18 [순서나열]『동국여지승람』→『동국지리지』→『신찬팔도지리지』→『아방강역고』
19. 서울시 7급
O ｜ X

19 '혼일강리역대국도지도'에는 유럽과 아프리카 대륙까지 묘사하였다.
18. 국가 9급
O ｜ X

20 '혼일강리역대국도지도'에는 중국이 세계의 중심이라는 중화 사상이 반영되었다.
18. 국가 9급
O ｜ X

21 '혼일강리역대국도지도'의 작성에는 이슬람 지도학의 영향이 있었다.
18. 국가 9급
O ｜ X

22 '혼일강리역대국도지도'에서 우리나라에 해당하는 부분은 백리척을 사용하여 과학화에 기여하였다.
18. 국가 9급
O ｜ X

23 중종 때 국조오례의가 편찬되고 동국여지승람이 만들어졌다.
18. 국가 9급
O ｜ X

24 '혼일강리역대국도지도'는 원나라 세계 지도를 참고하고, 여기에 한반도와 일본 지도를 첨가하여 만들었다.
18. 상반기 서울시 7급
O ｜ X

25 '혼일강리역대국도지도'의 중심에 중국이 위치하였고, 중국과 한국을 실제보다 크게 그렸다.
18. 상반기 서울시 7급
O ｜ X

26 '혼일강리역대국도지도'의 제작에 참여한 이회는 이보다 앞서『동국지도』도 만든 바 있다.
18. 상반기 서울시 7급
O ｜ X

27 [순서나열]『신찬팔도지리지』편찬 → 고려의 역사를 자주적 입장에서 정리한『고려사절요』편찬 → 고조선부터 고려 말까지의 역사를 정리한『동국통감』간행 → 각 군현의 위치와 역사, 면적, 인구, 특산물 등 상세한 정보를 담은『신증동국여지승람』완성
18. 경찰 3차
O ｜ X

28 가례도감 의궤는 임진왜란 이후부터 편찬되기 시작하였다.
17. 하반기 지방 9급
O ｜ X

29 조선 왕조 의궤는 유네스코 세계기록유산으로 등재되었다.
17. 하반기 지방 9급
O ｜ X

30 정조 때 화성 행차 일정, 참가자 명단, 행차 그림 등을 수록한 의궤가 편찬되었다.
17. 하반기 지방 9급
O ｜ X

31 가례도감 의궤의 말미에 그려진 반차도에는 당시 왕실 혼례의 행렬 모습이 담겨 있다.

17. 하반기 지방 9급

O l X

32 강희맹은 성종 때 『양화소록』을 저술하여 화초 재배법을 소개하였다.

17. 경찰 1차

O l X

33 문종 때에는 김종서의 주도하에 중국과 우리나라의 역대 전쟁사를 정리한 『병장도설』이 편찬되었다.

17. 경찰 1차

O l X

34 『대전회통』은 법규교정소에서 만국공법에 기초하여 제정하였다.

16. 국가 7급

O l X

35 『대전통편』은 18세기까지의 법령을 모아 원·속·증 표식으로 체계화하였다.

16. 국가 7급

O l X

36 『속대전』은 영조가 직접 서문을 지어 간행하였다.

16. 국가 7급

O l X

★37 『농가집성』은 고려 말 이암이 원에서 들여온 것이다.

15. 국가 9급

O l X

38 『농사직설』은 정초 등이 왕명을 받아 편찬한 것이다.

15. 국가 9급

O l X

39 『산림경제』는 박세당이 과수, 축산 등을 소개한 것이다.

15. 국가 9급

O l X

★40 『과농소초』는 홍만선이 화초 재배법에 대해 저술한 것이다.

15. 국가 9급

O l X

41 화약 무기의 제작과 그 사용법을 정리한 『총통등록』이 편찬되었다.

15. 지방 7급

O l X

★42 우리의 풍토에 맞는 독자적인 농법을 정리한 『농사직설』이 편찬되었다.

15. 지방 7급

O l X

43 『동국병감』, 『병장도설』을 간행하여 군사 훈련 지침서로 사용하였다.

15. 경찰 1차

O l X

★44 김정호의 『대동여지도』는 최초로 100리척을 사용하여 산맥, 하천, 포구, 도로망을 정밀하게 표시하였다.

15. 경찰 1차

O l X

45 의궤는 왕의 행적과 국정 전반을 기록한 것으로 천재지변에 관한 기록까지 소상히 담고 있어 자료적 가치가 매우 높다.

14. 경찰 1차

O l X

Self Check

문항	○	×	틀린 이유
31	○	×	
32	○	×	
33	○	×	
34	○	×	
35	○	×	
36	○	×	
37	○	×	
38	○	×	
39	○	×	
40	○	×	
41	○	×	
42	○	×	
43	○	×	
44	○	×	
45	○	×	

오답 확인하기

32 『양화소록』은 강희안이 저술하였다.
33 『동국병감』에 대한 설명이다.
34 법규교정소는 대한제국 때 설치된 기구로, 여기서 대한국국제를 제정하였다.
37 『농상집요』에 대한 설명이다.
39 『산림경제』의 저자는 홍만선이다.
40 『과농소초』의 저자는 박지원이다.
43 『동국병감』은 군사 훈련 지침서가 아니다.
44 최초로 100리척을 사용한 지도는 정상기의 『동국지도』이다.
45 『조선왕조실록』에 대한 설명이다.

정답

31 O 32 X 33 X 34 X 35 O
36 O 37 X 38 O 39 X 40 X
41 O 42 O 43 X 44 X 45 X

★ **46** 의궤는 조선 초기부터 제작되었으나, 임진왜란 이전의 것은 현재 남아 전해지는 것이 없다.
14. 경찰 1차
O ∣ X

47 『혼일강리역대국도지도』는 세종 대(代) 지리학 발전을 기반으로 작성된 지도이다.
13. 서울시 7급
O ∣ X

48 정약용은 전국을 답사하여 『동국여지지』를 편찬하였다.
13. 서울시 7급
O ∣ X

49 『조선 방역 지도』는 만주와 대마도를 포함하고 있어 당시 영토 의식을 엿볼 수 있다.
10. 국가 7급
O ∣ X

50 조선 초기에는 고구려의 천문도를 바탕으로 천상열차분야지도를 제작하였다.
10. 국가 7급
O ∣ X

테마 6　과학 기술의 발달

01 삼포왜란 ~ 임진왜란 시기 사이에 금속활자인 갑인자가 주조되었다.
23. 국가 9급
O ∣ X

02 경복궁에는 세종 때 만든 보루각과 간의대가 있었다.
15. 국가 7급
O ∣ X

★ **03** 서울을 기준으로 작성한 역법인 『칠정산』 내편을 만들었다.
15. 지방 7급
O ∣ X

04 측우기는 서운관에만 설치하여 강우량 측정의 통일성을 기하였다.
15. 지방 7급
O ∣ X

05 계미자, 갑인자 등 정교하고 아름다운 활자가 만들어졌고, 세조 때에는 식자판을 조립하는 방법을 창안하여 인쇄 속도도 빨라졌다.
15. 경찰 1차
O ∣ X

06 토지 측량 기구로 인지의와 규형을 제작하였다.
15. 경찰 1차
O ∣ X

07 문종 대 개발된 화차(火車)는 신기전이라는 화살 100개를 설치하고 심지에 불을 붙이는 일종의 로켓포였다.
14. 서울시 9급
O ∣ X

08 조선 초기 140여 명의 인쇄공이 소속된 최대 인쇄소는 교서관이었다.
14. 서울시 9급
O ∣ X

오답 확인하기

47 『혼일강리역대국도지도』는 태종 때 만들어졌다.
48 『동국여지지』는 유형원이 편찬한 전국 지리지이다.

01 삼포왜란 이전인 세종 때의 일이다.
04 세종 때 측우기를 만들어 서울과 각도의 군현에 설치하였다.
05 식자판을 조립하는 방법은 세종 때 창안되었다.

정답

46 O 47 X 48 X 49 O 50 O /
01 X 02 O 03 O 04 X 05 X
06 O 07 O 08 O

테마 7 건축과 예술

01 조선 전기에 중인층을 중심으로 시사가 결성되어 문학 활동을 벌였다.

20. 국가 9급
O | X

02 2019년 12월 31일 기준으로 세계유산으로 등재된 문화재로는 종묘, 화성, 한양 도성, 남한산성 등이 있다.

20. 지방 9급
O | X

03 정도전은 한양의 궁궐 전각(殿閣)과 도성 성문 등의 이름을 지었다.

20. 지방 7급
O | X

04 한양의 성곽은 거중기 등을 이용하여 약 2년 만에 완성되었다.

20. 지방 7급
O | X

05 [순서나열] 미륵사지 석탑 → 불국사 3층 석탑 → 쌍봉사 철감선사 승탑 → 월정사 8각 9층 석탑 → 경천사 10층 석탑

19. 법원 9급
O | X

06 중종 때 김시습이 『금오신화』를 저술하였다.

18. 국가 9급
O | X

07 화엄사 각황전은 다층식 외형을 지녔다.

18. 지방 9급
O | X

08 경복궁의 동쪽에 사직이, 서쪽에 종묘가 각각 배치되었다.

17. 지방 9급
O | X

09 유교 사상인 인·의·예·지 덕목을 담아 도성 4대문의 이름을 지었다.

17. 지방 9급
O | X

10 조선은 도성 밖 10리 안에는 개인의 무덤을 쓰거나 벌채를 하지 못하도록 규제하였다.

17. 지방 9급
O | X

11 사림의 문화를 반영한 16 ~ 17세기 그림으로는 이정의 「풍죽도」, 심사정의 「초충도」, 어몽룡의 「월매도」, 황집중의 「묵포도도」등이 있다.

17. 국가 7급
O | X

12 조선 시대 각 궁궐이 처음 지어진 순서는 경복궁 - 창덕궁 - 경희궁이다.

17. 서울시 7급
O | X

Self Check

문항	O	×	틀린 이유
01	O	×	
02	O	×	
03	O	×	
04	O	×	
05	O	×	
06	O	×	
07	O	×	
08	O	×	
09	O	×	
10	O	×	
11	O	×	
12	O	×	

제4막

오답 확인하기

01 조선 후기의 일이다.
02 문화재청은 한양 도성을 유네스코 세계문화 유산으로 등재하려고 노력했으나 보류되어, 등재에 실패하였다.
04 수원 화성에 대한 설명이다.
06 '금오신화'는 세조 때 김시습에 의해 저술된 소설이다.
08 경복궁 서쪽에 사직이, 동쪽에 종묘가 각각 배치되었다.
11 심사정은 조선 후기인 18세기 후반에 활동한 화가이다.

정답

01 X 02 X 03 O 04 X 05 O
06 X 07 O 08 X 09 O 10 O
11 X 12 O

Self Check

문항	○	×	틀린 이유
13	○	×	
14	○	×	
15	○	×	
16	○	×	
17	○	×	
18	○	×	
19	○	×	
20	○	×	
21	○	×	
22	○	×	
23	○	×	
24	○	×	

13 경복궁의 후원(後園)은 궁궐의 북쪽에 있어서 북원(北園) 혹은 아무나 못 들어간다고 해서 금원(禁園)으로 불렸다.

17. 서울시 7급

O | X

14 조정(朝廷)이란 말은 궁궐의 외전(外殿) 앞의, 품계석이 놓인 마당을 의미한다.

17. 서울시 7급

O | X

⭐**15** 양궐 체제(兩闕體制)란 국왕의 중심 공간인 법궁(法宮)과 중전이나 세자 등 왕실 가족의 공간인 이궁(離宮)을 의미한다.

17. 서울시 7급

O | X

16 15세기에는 성현에 의해 평양, 개성, 경주 등 옛 도읍지를 배경으로 남녀 간의 사랑과 불의에 대한 비판 등 민중의 생활 감정과 역사 의식을 담은 『필원잡기』가 간행되었다.

17. 경찰 1차

O | X

17 법주사 팔상전은 다층 목탑으로, 내부는 하나로 통하는 구조로 되어 있다.

17. 경찰 2차

O | X

18 장충단은 숙종 때 명나라 신종을 제사하려고 지은 사당이었다.

15. 국가 7급

O | X

⭐**19** 조선 전기에 현실 세계와 이상 세계를 표현한 『몽유도원도』가 그려졌다.

14. 국가 9급

O | X

⭐**20** 조선 전기에 진경산수화와 풍속화가 유행하였다.

14. 국가 9급

O | X

21 종묘는 조선 시대 왕과 왕비의 신주를 모셨다.

13. 국가 9급

O | X

⭐**22** 분청사기는 청자에 백토의 분을 칠한 것으로, 서민 문화가 발달하는 조선 후기에 성행하였다.

11. 지방 9급

O | X

23 조선 시대에는 『정간보』를 만들어 음악의 원리와 역사를 체계화하였다.

11. 지방 9급

O | X

24 조선 시대 안견은 몽유도원도를 통해 우리나라 산천의 아름다움을 사실적으로 그렸다.

11. 경찰

O | X

오답 확인하기

15 이궁은 유사시 옮겨가서 활동할 수 있는 궁궐을 의미한다.
16 『필원잡기』는 서거정이 저술하였다.
18 대보단에 대한 설명이다.
20 조선 후기의 일이다.
22 분청사기는 조선 전기에 널리 사용되었다.
23 『악학궤범』에 대한 설명이다.
24 우리나라 산천을 사실적으로 그린 것은 조선 후기의 진경산수화이다. 대표적으로 정선의 인왕제색도·금강전도 등이 있다.

정답

13 O 14 O 15 X 16 X 17 O
18 X 19 O 20 X 21 O 22 X
23 X 24 X

25 15세기에 고려 자기의 비법을 계승한 분청사기가 유행하였으나, 16세기에는 백자가 유행하였다.
11. 경찰
O | X

26 조선 시대 공예는 생활 용품이나 문방구 등에서 특색 있는 발달을 보였다.
10. 지방 7급
O | X

27 조선 시대에는 궁궐, 관아, 성문, 학교 건축이 발달했던 고려 시대와 대조적으로 사원 건축이 발달하였다.
10. 지방 7급
O | X

28 조선 시대 양반들은 장인들이 하는 일이라 하여 서예를 기피하였으나 그림은 필수적 교양으로 여겼다.
10. 지방 7급
O | X

29 『금오신화』는 평양, 개성, 경주 등에서 펼쳐지는 남녀 간의 애정을 주제로 하였다.
10. 서울시 7급
O | X

테마 8 성리학의 발달(+불교)

01 이이는 예안향약을 만들었다.
22. 지방 9급
O | X

02 이이는 「동호문답」을 저술하였다.
22. 지방 9급
O | X

03 이이는 백운동서원을 건립하였다.
22. 지방 9급
O | X

04 이이는 왕자의 난 때 죽임을 당했다.
22. 지방 9급
O | X

05 성종 때 도첩제를 폐지하였다.
21. 경찰 1차
O | X

06 이황은 여전론을 주장하였다.
21. 소방직
O | X

07 이황은 일본의 성리학 발달에 영향을 주었다.
21. 소방직
O | X

08 이황은 '이'와 '기'를 통일적으로 이해하면서 '기'를 중시하였다.
21. 소방직
O | X

Self Check

문항	O	×	틀린 이유
25	O	×	
26	O	×	
27	O	×	
28	O	×	
29	O	×	
01	O	×	
02	O	×	
03	O	×	
04	O	×	
05	O	×	
06	O	×	
07	O	×	
08	O	×	

오답 확인하기

27 사원 건축이 발달한 것은 고려 시대의 일이다.
28 조선의 양반들은 서예를 필수 교양으로 여겼다.

01 이황에 대한 설명이다.
03 주세붕에 대한 설명이다.
04 정도전에 대한 설명이다.
06 정약용에 대한 설명이다.
08 이이에 대한 설명이다.

정답

25 O 26 O 27 X 28 X 29 O /
01 X 02 O 03 X 04 X 05 O
06 X 07 O 08 X

09 이황은 기호학파를 형성하였다. 20. 법원 9급 **O | X**

10 이황은 강화학파를 형성하였다. 20. 법원 9급 **O | X**

11 이황은 성학집요를 저술하였다. 20. 법원 9급 **O | X**

12 이황은 성학십도를 저술하였다. 20. 법원 9급 **O | X**

★**13** 이이는 백운동 서원에 소수 서원이라는 편액을 하사받도록 하였다.
19. 상반기 서울시 7급 **O | X**

14 이이는 『성학집요』와 『격몽요결』 등을 집필하였다. 19. 상반기 서울시 7급 **O | X**

★**15** 이이는 일평생 처사로 지내며 독창적인 유기철학을 수립하였다. 19. 상반기 서울시 7급 **O | X**

16 이이는 경과 의를 근본으로 하는 실천적 성리학풍을 창도하였다. 18. 국가 7급 **O | X**

★**17** 이이는 왕이 지켜야 할 왕도 정치 규범을 체계화한 『성학십도』를 지었다.
18. 국가 7급 **O | X**

18 이이는 삼강오륜의 윤리를 설명하고 중국과 우리나라의 역사를 적은 『동몽선습』을 지었다.
18. 국가 7급 **O | X**

★**19** 이이는 우리 역사에서 기자의 행적을 주목하고 그 전통을 계승하기 위해 『기자실기』를 지었다.
18. 국가 7급 **O | X**

20 이황은 『주자대전』의 중요 부분을 발췌하여 『주자문록』을 편찬하였다.
18. 서울시 9급 **O | X**

21 이황은 선배 학자 이언적의 철학을 발전시켜 주리설(主理說)을 수립하였다.
18. 서울시 9급 **O | X**

22 유성룡, 김성일, 정구, 장현광 등 영남 학자들에게 이황의 학설이 계승되었다.
18. 서울시 9급 **O | X**

오답 확인하기

09 기호학파의 형성에 영향을 미친 것은 이이다.
10 정제두에 대한 설명이다.
11 이이에 대한 설명이다.
13 이황에 대한 설명이다.
15 서경덕에 대한 설명이다.
16 조식에 대한 설명이다.
17 이황에 대한 설명이다.
18 박세무에 대한 설명이다.
20 '주자문록'은 기대승이 편찬하였다.

정답

09 X 10 X 11 X 12 O 13 X
14 O 15 X 16 X 17 X 18 X
19 O 20 X 21 O 22 O

23 이이는 주자의 중요한 서찰을 뽑아 『주자서절요』를 편찬하였다.
17. 교육행정
O | X

24 이이는 수취 제도의 개혁안을 비롯한 개혁 방안을 담은 『동호문답』을 저술하였다.
17. 교육행정
O | X

25 이이는 기대승과 8차례 편지를 통해 4단과 7정에 대한 논쟁을 벌였다.
17. 서울시 9급
O | X

26 조식의 문인들이 주로 북인이 되었다.
17. 서울시 7급
O | X

27 이이는 이기이원론적 이기론을 통하여 이(理)의 자발성이나 독자성을 강조하였다.
17. 서울시 사복
O | X

28 이황은 서리망국론을 부르짖으며 당시 서리의 폐단을 강력하게 비판하였다.
16. 국가 9급
O | X

29 이황은 아홉 차례의 과거 시험에 모두 장원하여 '구도장원공'이라는 별칭을 얻었다.
16. 국가 9급
O | X

30 이황은 주희의 성리설을 받아들였으며, 이기 철학에서 이(理)의 절대성을 주장하였다.
16. 국가 9급
O | X

31 이황은 우주 자연은 기(氣)로 구성되어 있으며, 기는 영원불멸하면서 생명을 낳는다고 보았다.
16. 국가 9급
O | X

32 서경덕은 이(理)보다는 기(氣)를 중심으로 세계를 이해하고 불교와 노장사상에 대해서 개방적인 태도를 지녔다.
16. 경찰 1차
O | X

33 이언적은 이(理)보다는 기(氣)를 중심으로 자신의 이론을 전개하여 후대에 큰 영향을 끼쳤다.
16. 경찰 1차
O | X

34 이황은 이는 무형(無形)하지만 기는 유형하므로 이통기국(理通氣局)이라 주장하였다.
15. 국가 7급
O | X

Self Check

문항	O	X	틀린 이유
23	○	×	
24	○	×	
25	○	×	
26	○	×	
27	○	×	
28	○	×	
29	○	×	
30	○	×	
31	○	×	
32	○	×	
33	○	×	
34	○	×	

오답 확인하기

23 이황에 대한 설명이다.
25 이황에 대한 설명이다.
27 이황에 대한 설명이다.
28 조식에 대한 설명이다.
29 구도장원공은 이이의 별칭이다.
31 서경덕 등이 주장한 내용으로, 이황과는 관련이 없다.
33 이언적은 '기'보다는 '이'를 중심으로 자신의 이론을 전개하였다.
34 이이가 주장한 내용이다.

정답

23 X 24 O 25 X 26 O 27 X
28 X 29 X 30 O 31 X 32 O
33 X 34 X

35 이황은 간략한 해석을 곁들인 10개의 도형으로 성리학의 핵심 내용을 집성하여 왕에게 바쳤다.
15. 국가 7급
○ ｜ X

36 이황은 형이하의 현실 세계를 기의 능동성으로 파악하여 경세적으로는 경장(更張)을 강조하였다.
15. 국가 7급
○ ｜ X

37 이황은 도덕적 행위의 근거로서 인간의 심성을 중시하고 근본적이며 이상주의적인 성격이 강하였다.
15. 국가 7급
○ ｜ X

38 명종 때 문정왕후의 불교 숭신으로 선교 양종이 다시 설치되었다.
15. 국가 7급
○ ｜ X

39 정도전은 성리학에만 국한하지 않고 다양한 사상을 포용하였으며, 특히 『춘추』를 국가의 통치 이념으로 중요하게 여겼다.
14. 국가 9급
○ ｜ X

40 이황은 16세기 조선 사회의 모순을 극복하는 방안으로 통치 체제의 정비와 수취 제도의 개혁 등을 주장하였다.
14. 국가 9급
○ ｜ X

41 이황은 방납의 폐단을 개선하기 위해 수미법을 주장하였다.
14. 지방 9급
○ ｜ X

42 이황은 노장 사상을 포용하고 학문의 실천성을 강조하였다.
14. 지방 9급
○ ｜ X

43 이황은 성리학을 중심에 두면서도 양명학의 심성론을 인정하였다.
14. 지방 9급
○ ｜ X

44 조선 초기에는 소격서라는 관청을 두고 일월성신에 대한 제사로서 초제를 주관하게 했다.
13. 국가 7급
○ ｜ X

45 이이는 군주 스스로 성학을 따를 것을 주장하였다.
13. 서울시 9급
○ ｜ X

46 정도전, 권근 등 관학파는 『주례』를 국가의 통치 이념으로 중요하게 여겼다.
12. 경찰 1차
○ ｜ X

47 불교는 국가적으로는 통제되었으나 왕실 신앙으로 명맥을 유지하였다.
11. 경북교행
○ ｜ X

오답 확인하기

36 이이에 대한 설명이다.
39 정도전 등 관학파는 국가의 통치 이념으로 주례를 중시하였다.
40 이이에 대한 설명이다.
41 이이에 대한 설명이다.
42 조식에 대한 설명이다.
43 이황은 전습록변에서 양명학을 비판하였다.
45 이황에 대한 설명이다.

정답

35 **O** 36 **X** 37 **O** 38 **O** 39 **X**
40 **X** 41 **X** 42 **X** 43 **X** 44 **O**
45 **X** 46 **O** 47 **O**

제 **5** 막

근대 태동기의 변화

근대 태동기의 정치

오답 확인하기

01 비변사는 임진왜란 이후 군사 문제뿐만 아니라 외교·재정·사회·인사 문제 등 거의 모든 행정 업무에 관여하였다.
02 비변사는 중종 때 설치되었다.
03 비변사는 임진왜란이 끝난 후 그 기능과 위상이 더욱 강화되었다.
04 비변사는 16세기 초 중종 때 일어난 삼포왜란을 계기로 설치되었다.
06 삼사에 대한 설명이다.
07 비변사는 비상시의 군사 행정을 담당하기 위해 설치된 기구로, 붕당 정치의 형성과는 관련이 없다.
08 비변사는 을묘왜변을 계기로 상설 기구로 운영되기 시작하였다.
11 세도 정치 시기에 비변사의 기능은 한층 더 강화되었다.

정답

01 X 02 X 03 X 04 X 05 O
06 X 07 X 08 X 09 O 10 O
11 X 12 O

테마1 조선의 군사 제도와 통치 체제의 개편

01 비변사는 오직 군사 문제만을 다루었다.
<small>22. 서울 9급</small>
O | X

02 비변사는 세종 대에 설치되었다.
<small>22. 서울 9급</small>
O | X

03 비변사는 임진왜란이 끝난 후 위상이 추락하였다.
<small>22. 서울 9급</small>
O | X

04 비변사는 임진왜란 중에 설치되었다.
<small>21. 소방직</small>
O | X

⭐**05** 비변사는 흥선 대원군 때 축소·폐지되었다.
<small>21. 소방직</small>
O | X

06 비변사는 여론을 이끄는 언론 활동을 하였다.
<small>21. 소방직</small>
O | X

07 비변사는 붕당 정치가 형성되는 배경이 되었다.
<small>21. 소방직</small>
O | X

⭐**08** 비변사는 삼포왜란 중에 상설화되었다.
<small>20. 국가 7급</small>
O | X

09 비변사는 본래 외적의 침입에 대비한 임시 기구였다.
<small>20. 국가 7급</small>
O | X

10 [순서나열] 9주 가운데 8주에 1정씩 배치하고, 국경 지대인 한주(漢州)에는 2개의 정을 두었다. → 국왕의 친위 부대인 2군, 수도 및 국경 방어를 담당하는 6위로 구성되었다. → 중앙군인 5위를 두어 궁궐과 수도를 방어하게 하였다. → 금위영이 설치되면서 5군영 체제가 갖추어졌다.
<small>20. 지방 7급</small>
O | X

11 비변사는 안동 김씨와 풍양 조씨 등에 의한 세도 정치 시기에 기능이 크게 약화되었다.
<small>19. 경찰 1차</small>
O | X

12 효종 때 남한산성을 복구하고 어영청을 확대하였다.
<small>18. 지방 9급</small>
O | X

13 효종 때 훈련별대를 정초군과 통합하여 금위영을 발족시켰다.

18. 지방 9급
O | X

14 효종 때 명과 후금 사이에서 실리를 추구하는 중립 외교 정책을 펼쳤다.

18. 지방 9급
O | X

15 효종 때 호위청, 총융청, 수어청 등의 부대를 창설하여 국방력을 강화하였다.

18. 지방 9급
O | X

16 1652년 남한산성에 금위영을 두고 광주 및 그 부근의 제진을 경비케 하였다.

18. 경찰 3차
O | X

17 1682년 서울에 총포병과 기병을 위주로 한 정예 부대인 수어청을 두었다.

18. 경찰 3차
O | X

18 [순서나열] 9서당 − 10정 → 2군 6위 − 주현군과 주진군 → 5군영 − 속오군 → 5위 − 진관 체제

17. 지방 9급
O | X

19 인조 때 수도 외곽의 방어를 위하여 총융청을 설치하였다.

17. 하반기 국가 7급
O | X

20 인조 때 훈련도감을 신설하고 포수, 사수, 살수 등 삼수병을 두었다.

17. 하반기 국가 7급
O | X

21 인조 때 북벌 계획에 따라 어영청을 정비하여 화포병과 기병을 늘렸다.

17. 하반기 국가 7급
O | X

22 비변사는 을묘왜변 이후 상설 기구로 발전하였다.

16. 법원 9급
O | X

23 비변사는 의정부와 6조의 정무 기능을 분담하였다.

16. 법원 9급
O | X

24 지방군 방어 체제는 16세기 후반 진관 체제였다가, 임진왜란 이후 제승방략 체제로 복구되고 속오법에 따라 군대가 편제되었다.

15. 경찰 3차
O | X

25 조선 후기에 3사의 언론 기능이 변질되었으며 3사는 각 붕당의 이해 관계를 대변하기도 하였다.

15. 경찰 3차
O | X

Self Check

문항	O	×	틀린 이유
13	O	×	
14	O	×	
15	O	×	
16	O	×	
17	O	×	
18	O	×	
19	O	×	
20	O	×	
21	O	×	
22	O	×	
23	O	×	
24	O	×	
25	O	×	

제5막

오답 확인하기

13 숙종 때의 일이다.
14 광해군 때의 일이다.
15 인조 때의 일이다.
16 금위영은 숙종 때인 1682년 설치된 군영이다. 남한산성에 설치되어, 이 일대의 방어를 담당한 군영은 수어청이다.
17 수어청은 17세기 전반인 인조 때 설치되었다.
18 9서당 − 10정 → 2군 6위 − 주현군과 주진군 → 5위 − 진관 체제 → 5군영 − 속오군
20 선조 때의 일이다.
21 효종 때의 일이다.
23 비변사는 의정부와 6조의 국정을 분담하는 것이 아니라 독점하였다. 이에 따라 의정부와 6조 중심의 행정체계는 유명무실해졌다.
24 제승방략 체제는 임진왜란 중에 폐지되고, 다시 진관 체제로 복구하였다.

정답

13 X 14 X 15 X 16 X 17 X
18 X 19 O 20 X 21 X 22 O
23 X 24 X 25 O

★**26** 비변사는 의정부의 의정과, 공조 판서를 제외한 판서 등 주요 관직자가 참여하는 합좌 기관이다.
14. 경찰 1차
O | **X**

★**27** 비변사는 삼포왜란을 계기로 설치된 임시 관청이며, 1555년 을묘왜변을 계기로 정식 관청이 되었다.
13. 경찰 1차
O | **X**

★**28** 훈련도감은 양반에서부터 노비에 이르기까지 편제 대상이 되었다.
12. 국가 7급
O | **X**

★**29** 훈련도감은 서리, 잡학인, 신량역천인 등이 소속되어 유사시에 동원되었다.
12. 국가 7급
O | **X**

30 훈련도감의 군인들은 면포와 수공업 제품의 판매를 통해 난전에 가담하였다.
12. 국가 7급
O | **X**

31 훈련도감은 장기간 근무를 하고 일정한 급료를 받는 상비군이었다.
10. 서울시 9급
O | **X**

테마 2 숙종

★**01** 남인은 기사환국으로 정권을 장악하였다.
23. 국가 9급
O | **X**

02 숙종 대 서인이 노론과 소론으로 갈라졌다.
23. 지방 9급
O | **X**

03 경신환국과 기사환국 사이의 시기에 서인이 정국을 주도하였다.
22. 소방직
O | **X**

04 경신환국과 기사환국 사이의 시기에 정여립 모반 사건이 발생하였다.
22. 소방직
O | **X**

05 경신환국과 기사환국 사이의 시기에 노론이 연잉군의 세제 책봉을 주장하였다.
22. 소방직
O | **X**

★**06** 경신환국 ~ 갑술환국 사이의 시기에 송시열과 김수항 등이 처형당하였다.
20. 지방 9급
O | **X**

오답 확인하기

28 훈련도감이 아니라 속오군이다.
29 훈련도감이 아니라 잡색군이다.

04 경신환국 이전인 선조 때의 일이다.
05 기사환국 이후인 경종 때의 일이다.

정답

26 **O** 27 **O** 28 **X** 29 **X** 30 **O**
31 **O** / 01 **O** 02 **O** 03 **O** 04 **X**
05 **X** 06 **O**

07 경신환국 ~ 갑술환국 사이의 시기에 서인과 남인이 두 차례에 걸쳐 예송을 전개하였다.

20. 지방 9급

O | X

08 제2차 예송논쟁으로 집권한 서인은 숙종 6년(1680) '경신환국'으로 남인에게 정권을 빼앗기게 되었다.

19. 상반기 서울시 7급

O | X

09 '경신환국'의 결과 서인은 송시열을 영수로 하는 노론과 윤증을 중심으로 하는 소론으로 분당되었다.

19. 상반기 서울시 7급

O | X

10 숙종 15년(1689) 후궁 희빈 장씨가 낳은 왕자가 세자로 책봉되는 과정에서 서인이 몰락하고 남인이 다시 집권하였는데 이를 '갑술환국'이라 칭한다.

19. 상반기 서울시 7급

O | X

11 숙종 때 청과 러시아 사이에 국경 충돌이 일어나자, 청의 요구에 따라 수백 명의 조총 부대를 영고탑(지금의 지린성)에 파견하였다.

18. 상반기 서울시 7급

O | X

12 숙종 때 병조 판서 김석주의 건의에 따라 국왕 호위와 수도 방위의 핵심군영 중 하나인 금위영이 설치되었다.

18. 상반기 서울시 7급

O | X

13 숙종 때 안용복이 울릉도와 우산도(독도)에 출몰하는 왜인을 쫓아내고 일본 당국과 담판하여 그곳이 우리의 영토임을 승인받았다.

18. 상반기 서울시 7급

O | X

14 숙종 때 삼남 지방에 대한 양전 사업이 완료되었고, 세종 때 설치했다가 폐지한 폐사군의 일부를 복설하였다.

18. 상반기 서울시 7급

O | X

15 숙종은 왕권 강화를 위해 수시로 환국을 단행하였다.

18. 서울시 7급

O | X

16 서인은 숙종 때 노론과 소론으로 분화되었다.

17. 법원 9급

O | X

17 기사환국은 서인의 몰락과 남인의 집권으로 이어졌다.

16. 법원 9급

O | X

18 기사환국은 서인이 노론과 소론으로 분화되는 결과를 초래하였다.

16. 법원 9급

O | X

Self Check

문항	O	X	틀린 이유
07	O	X	
08	O	X	
09	O	X	
10	O	X	
11	O	X	
12	O	X	
13	O	X	
14	O	X	
15	O	X	
16	O	X	
17	O	X	
18	O	X	

오답 확인하기

07 현종 때의 일로, 경신환국 이전이다.

08 경신환국은 남인이 서인에게 정권을 빼앗긴 사건이다.

10 갑술환국이 아니라 기사환국에 대한 설명이다.

11 효종 때의 나선 정벌에 대한 설명이다.

18 경신환국에 대한 설명이다.

정답

07 X 08 X 09 O 10 X 11 X
12 O 13 O 14 O 15 O 16 O
17 O 18 X

Self Check

문항	○	×	틀린 이유
01	○	×	
02	○	×	
03	○	×	
04	○	×	
05	○	×	
06	○	×	
07	○	×	
08	○	×	
09	○	×	
10	○	×	
11	○	×	
12	○	×	
13	○	×	
14	○	×	

오답 확인하기

02 정조 때의 일이다.
03 효종 때의 일이다.
04 순조 때의 일이다.
05 정조 때 '탁지지'를 편찬하였다.
06 정조 때 실시한 정책이다.
07 정조의 업적이다.
09 정조의 업적이다.
10 흥선대원군 때 실시된 호포법에 대한 설명이다.
13 정조 때의 일이다.
14 광해군 때 처음 실시된 대동법에 대한 설명이다.

정답

01 **O** 02 **X** 03 **X** 04 **X** 05 **X**
06 **X** 07 **X** 08 **O** 09 **X** 10 **X**
11 **O** 12 **O** 13 **X** 14 **X**

테마 3 영조

⭐ **01** 영조는 서원을 붕당의 근거지로 인식하여 대폭 정리하였다.
22. 국가 9급
O │ **X**

⭐ **02** 영조 때에 장용영이 창설되었다.
22. 지방 9급
O │ **X**

03 영조 때에 나선정벌이 단행되었다.
22. 지방 9급
O │ **X**

04 영조 때에 홍경래의 난이 발생하였다.
22. 지방 9급
O │ **X**

05 영조 때 탁지지를 편찬하였다.
20. 법원 9급
O │ **X**

06 영조 때 초계문신제가 시행되었다.
20. 법원 9급
O │ **X**

07 영조는 통공 정책을 실시하여 자유로운 상업 활동의 범위를 확대하였다.
20. 경찰 1차
O │ **X**

⭐ **08** 영조는 신문고 제도를 부활시키고 『동국문헌비고』 등을 편찬하여 문물과 제도를 정비하였다.
20. 경찰 1차
O │ **X**

09 영조는 수원 화성을 건설하였다.
20. 경찰 2차
O │ **X**

⭐ **10** 균역법을 시행하여 양반과 상민이 똑같이 군포를 부담하게 하였다.
19. 상반기 서울시 9급
O │ **X**

11 청계천 준설 사업으로 일자리를 만들어주고 홍수에 대비하게 하였다.
19. 상반기 서울시 9급
O │ **X**

12 호포제를 시행하기 위하여 창경궁 홍화문에 나아가 백성들에게 의견을 물었다.
18. 서울시 7급
O │ **X**

13 흉년을 당해 걸식하거나 버려진 아이들을 구휼하기 위하여 『자휼전칙』을 반포하였다.
18. 서울시 7급
O │ **X**

14 영조는 토산물로 징수하던 공물을 쌀이나 무명, 동전 등으로 통일하였다.
17. 지방 9급
O │ **X**

15 영조 때 황폐해진 농지를 개간하도록 권장하고 전국적인 양전 사업을 시행하였다.

<small>17. 지방 9급</small>
O | X

16 일부 양반층에게 선무군관이라는 칭호를 주고 군포 1필을 납부하게 하였다.

<small>17. 지방 9급</small>
O | X

17 신해통공을 단행해 상업 활동의 자유를 확대하였다.

<small>16. 지방 9급</small>
O | X

18 삼정이정청을 설치해 농민의 불만을 해결하려 하였다.

<small>16. 지방 9급</small>
O | X

⭐**19** 김육, 김상범의 노력으로 청나라를 통해 시헌력을 도입하였다.

<small>16. 경찰 1차</small>
O | X

20 왕위 계승에 대한 정통성과 관련하여 두 차례의 예송이 발생하였다.

<small>15. 국가 9급</small>
O | X

⭐**21** 붕당을 없애자는 논리에 동의하는 관료들을 중심으로 탕평 정국을 운영하였다.

<small>15. 국가 9급</small>
O | X

⭐**22** 가혹한 형벌을 폐지하였으며 『속대전』을 편찬하여 법전 체제도 정비하였다.

<small>14. 서울시 7급</small>
O | X

23 전국적인 지리지와 지도의 편찬을 활발하게 추진하여 『여지도서』, 『동국여지도』 등이 간행되었다.

<small>13. 경찰 1차</small>
O | X

⭐**24** 당파의 옳고 그름을 명백히 가리는 적극적인 준론탕평(峻論蕩平) 정책을 추진하였다.

<small>13. 경찰 1차</small>
O | X

25 양역의 군포를 1필로 통일하는 균역법을 시행하였고, 『수성윤음』을 반포하여 수도 방어 체제를 개편하였다.

<small>13. 경찰 1차</small>
O | X

⭐**26** 국가의 문물 제도를 시의에 맞게 재정비하려는 목적으로 『속대전』, 『속오례의』, 『속병장도설』 등 많은 편찬 사업을 이룩하였다.

<small>13. 경찰 1차</small>
O | X

27 가혹한 형벌을 폐지하고 사형수에 대한 삼심제를 엄격하게 시행하였다.

<small>12. 경찰 3차</small>
O | X

28 산림의 존재를 인정하지 않고 서원을 정리하였다.

<small>11. 경북교행</small>
O | X

문항	O	×	틀린 이유
15	O	×	
16	O	×	
17	O	×	
18	O	×	
19	O	×	
20	O	×	
21	O	×	
22	O	×	
23	O	×	
24	O	×	
25	O	×	
26	O	×	
27	O	×	
28	O	×	

오답 확인하기

15 전국적인 양전 사업은 숙종 때 이후로는 실시되지 않았다.
16 일부 양반이 아니라 일부 양인 상류층이다.
17 영조가 아니라 정조다.
18 영조가 아니라 철종이다.
19 영조가 아니라 효종이다.
20 영조가 아니라 현종이다.
24 영조가 아니라 정조다.

정답

15 X 16 X 17 X 18 X 19 X
20 X 21 O 22 O 23 O 24 X
25 O 26 O 27 O 28 O

Self Check

문항	○	×	틀린 이유
01	○	×	
02	○	×	
03	○	×	
04	○	×	
05	○	×	
06	○	×	
07	○	×	
08	○	×	
09	○	×	
10	○	×	
11	○	×	
12	○	×	
13	○	×	
14	○	×	

테마 4 정조

01 남인은 정조 시기에 탕평 정치의 한 축을 이루었다.

23. 국가 9급
O | X

⭐**02** 정조는 사도세자의 무덤을 옮기고 화성을 축조하였다.

22. 국가 9급
O | X

03 정조 때 동학이 창시되었다.

21. 지방 9급
O | X

⭐**04** 정조 때 『대전회통』이 편찬되었다.

21. 지방 9급
O | X

⭐**05** 정조 때 신해통공이 시행되었다.

21. 지방 9급
O | X

06 정조 때 홍경래의 난이 발생하였다.

21. 지방 9급
O | X

07 정조는 신경준에게 명하여 『동국여지도』를 편찬하도록 하였다.

19. 국가 7급
O | X

08 정조는 내수사와 궁방 및 각급 관청에 속한 관노비의 장적을 소각하도록 하였다.

19. 국가 7급
O | X

09 규장각은 백성의 억울함을 왕에게 알릴 수 있는 창구 역할을 하였다.

19. 국가 7급
O | X

10 조정 관료 중에서 재능 있는 문신들을 선발하여 규장각에서 재교육하였다.

19. 국가 7급
O | X

11 정조 때 북벌 운동이 전개되었다.

19. 법원 9급
O | X

12 정조 때 산림의 존재를 부정했다.

19. 법원 9급
O | X

13 정조 때 수령이 향약을 주관하여 권한이 강화되었다.

19. 법원 9급
O | X

14 정조 때 전세(田稅)를 토지 1결당 미곡 4두로 고정하는 영정법을 처음 실시하였다.

19. 경찰 1차
O | X

오답 확인하기

03 동학은 철종 때인 1860년에 경주 출신인 최제우가 창시하였다.
04 흥선대원군 때의 일이다.
06 순조 때의 일이다.
07 동국여지도는 영조 때 편찬된 지도이다.
08 순조 때의 공노비 해방에 대한 설명이다.
09 신문고 등에 대한 설명이다.
11 북벌 운동은 효종 때와 숙종 때 추진되었다.
12 영조에 대한 설명이다.
14 인조 때의 일이다.

정답

01 **O** 02 **O** 03 **X** 04 **X** 05 **O**
06 **X** 07 **X** 08 **X** 09 **X** 10 **O**
11 **X** 12 **X** 13 **O** 14 **X**

15 정조 때 친위 부대인 장용영을 설치하여 왕권을 뒷받침하는 군사적 기반을 갖추었다.
19. 경찰 1차
O | X

16 정조는 스스로 초월적 군주로 군림하면서 스승의 입장에서 신하들을 양성하고 재교육시키기 위한 방편으로 초계문신 제도를 시행하였다.
19. 경찰 2차
O | X

17 정조는 죄인의 가족을 잡아 가두는 법을 폐지하고, 노비에 대한 상전의 사적인 형벌을 철저하게 금했으며, 신문고를 다시 설치하여 백성들의 억울한 일을 풀어주려 하였다.
19. 경찰 2차
O | X

18 정조는 육의전을 제외한 시전 상인의 금난전권을 폐지하여 사상(私商)의 자유로운 시장 활동을 어느 정도 가능케 했다.
19. 경찰 2차
O | X

⭐**19** 『해동농서』를 편찬하도록 하였다.
18. 국가 9급
O | X

20 갑인예송에서 왕권을 강조하며 기년복을 주장하였다.
18. 국가 9급
O | X

⭐**21** 이순신에게 현충이라는 시호를 내리고 강감찬 사당을 건립하였다.
18. 국가 9급
O | X

22 민간의 광산 개발 참여를 허용하는 설점수세제를 처음 실시하였다.
18. 국가 9급
O | X

23 무위영을 설치하였다.
18. 지방 7급
O | X

24 『동문휘고』를 편찬하였다.
18. 지방 7급
O | X

25 수성윤음(守城綸音)을 반포하였다.
18. 지방 7급
O | X

26 한구자(韓構字)와 정리자(整理字)를 주조하였다.
18. 지방 7급
O | X

⭐**27** 기존의 문체에 얽매이지 않는 신문체를 장려하였다.
17. 하반기 지방 9급
O | X

⭐**28** 『속대전』을 편찬하여 법률을 정비하였다.
17. 교육행정
O | X

29 삼정의 문란을 시정하고자 삼정이정청을 설치하였다.
17. 교육행정
O | X

Self Check

문항	O	X	틀린 이유
15	O	X	
16	O	X	
17	O	X	
18	O	X	
19	O	X	
20	O	X	
21	O	X	
22	O	X	
23	O	X	
24	O	X	
25	O	X	
26	O	X	
27	O	X	
28	O	X	
29	O	X	

오답 확인하기

17 영조에 대한 설명이다.
20 갑인예송은 현종 때의 일로, 기년복을 주장한 세력은 남인이다.
21 숙종 때의 일이다.
22 효종 때의 일이다.
23 무위영은 1880년대 초에 기존의 5군영을 2영으로 축소하면서 형성된 군영이다.
25 영조 때의 일이다.
27 정조는 신문체를 배척하는 문체반정을 실시하였다.
28 영조에 대한 설명이다.
29 철종에 대한 설명이다.

정답

15 O 16 O 17 X 18 O 19 O
20 X 21 X 22 X 23 X 24 O
25 X 26 O 27 X 28 X 29 X

30 삼군부의 기능을 부활시켰다.
15. 교육행정
O | X

31 병법서인 『무예도보통지』를 편찬하였다.
15. 서울시 7급
O | X

⭐**32** 각 붕당의 주장이 옳은지 그른지를 명백히 가리는 적극적인 탕평책을 실시하였다.
15. 경찰 3차
O | X

33 병권 장악을 위해 금위영을 설치하였다.
14. 국가 9급
O | X

⭐**34** 육의전을 제외한 시전 상인의 특권을 폐지하였다.
14. 국가 9급
O | X

35 백성의 여론을 정치에 반영하기 위해 신문고 제도를 부활하였다.
14. 국가 9급
O | X

36 기사환국, 갑술환국 등 환국 정치가 이어지고 장길산 농민군이 봉기하였다.
13. 국가 7급
O | X

⭐**37** 민(民)의 상언과 격쟁의 기회를 늘려주었다.
12. 지방 9급
O | X

38 군역의 부담을 줄이기 위해 균역법을 시행하였다.
12. 지방 9급
O | X

39 통치 규범을 재정리하기 위하여 『대전통편』을 편찬하였다.
12. 국가 9급
O | X

40 당파와 관계없이 인물을 등용하는 완론탕평을 실시하였다.
12. 국가 9급
O | X

⭐**41** 당하관 관료의 재교육을 위해 초계문신 제도를 시행하였다.
12. 국가 9급
O | X

⭐**42** 서얼 출신인 이덕무, 박제가 등이 규장각 검서관으로 기용되어 활동하였다.
12. 지방 9급
O | X

⭐**43** 규장각을 설치하고 이를 자신의 권력을 뒷받침할 수 있는 정치 기구로 육성하였다.
12. 서울시 9급
O | X

테마 5 세도 정치와 조선 후기 대외 관계

01 '기축봉사'는 송시열이 제출하였다.
22. 서울 9급
O | X

02 '기축봉사'는 효종에게 올린 글이다.
22. 서울 9급
O | X

03 '기축봉사'는 북벌 정책에 대해 논하였다.
22. 서울 9급
O | X

04 '기축봉사'에서 청의 문물 수용을 건의하였다.
22. 서울 9급
O | X

05 왜란이 끝난 후 조선은 일본에 통신사를 파견하고 국교 재개를 요청하였다.
18. 서울시 9급
O | X

06 조선과 청의 대표는 현지 답사를 생략한 채 백두산 정계비를 세웠다.
17. 서울시 사복
O | X

07 순조 때 최제우가 동학을 창도하였다.
14. 국가 9급
O | X

08 순조는 공노비 6만 6천여 명을 양인으로 해방시켰다.
14. 국가 9급
O | X

09 순조 때 미국 상선 제너럴 셔먼호가 격침되었다.
14. 국가 9급
O | X

10 순조 때 삼정 문제를 해결하기 위해 삼정이정청을 설치하였다.
14. 국가 9급
O | X

11 병자호란 이후 조선은 청에 대하여 표면상으로 사대 관계를 맺었으나 청에 대한 적개심이 오랫동안 남아 있어서 북벌 정책을 추진하기도 하였다.
12. 경찰 2차
O | X

12 세도 정치기 비변사가 핵심적인 정치 기구로 자리를 잡았다.
10. 서울시 9급
O | X

Self Check

문항	O	X	틀린 이유
01	O	X	
02	O	X	
03	O	X	
04	O	X	
05	O	X	
06	O	X	
07	O	X	
08	O	X	
09	O	X	
10	O	X	
11	O	X	
12	O	X	

오답 확인하기

04 18세기에 이르러 전개된 북학 운동에 대한 설명이다.

05 왜란이 끝난 후 국교 재개를 먼저 요청한 것은 조선이 아니라 일본이다.

06 백두산정계비는 조선과 청나라 대표가 백두산 일대를 현지 답사하여 세운 비석이다.

07 순조가 아니라 철종이다.

09 순조가 아니라 고종이다.

10 순조가 아니라 철종이다.

정답

01 **O** 02 **O** 03 **O** 04 **X** 05 **X**
06 **X** 07 **X** 08 **O** 09 **X** 10 **X**
11 **O** 12 **O**

근대 태동기의 경제 · 사회 · 문화

CHAPTER **02**

Self Check

문항	○	×	틀린 이유
01	○	×	
02	○	×	
03	○	×	
04	○	×	
05	○	×	
06	○	×	
07	○	×	
08	○	×	
09	○	×	
10	○	×	

테마1 수취 체제의 개편

01 대동법은 장시의 확대에 기여하였다.   23. 국가 9급
O ｜ X

02 대동법의 실시에 따라 지주에게 결작을 부과하였다.   23. 국가 9급
O ｜ X

⭐**03** 대동법은 공납의 폐단을 막기 위해 실시하였다.   23. 국가 9급
O ｜ X

⭐**04** 대동법이 실시되면서 관청은 공인에게 비용을 지급하고 필요 물품을 조달하였다.
23. 국가 9급
O ｜ X

05 [순서나열] 경기도에 처음으로 대동법을 시행하였다. → 풍년과 흉년에 관계없이 전세를 고정시키는 영정법을 시행하였다. → 신해통공으로 육의전을 제외한 시전의 금난전권을 폐지하였다. → 종래 상민에게만 거두었던 군포를 양반에게도 징수하였다.
20. 국가 7급
O ｜ X

⭐**06** 대동법은 광해군 시기에 실시하였다.   19. 서울시 9급
O ｜ X

07 대동법 하에서는 토지 결수를 기준으로 1결당 쌀 12두를 납부하게 하였다.
19. 서울시 9급
O ｜ X

08 대동법에 따라 공납의 호세화가 촉진되었다.   19. 법원 9급
O ｜ X

09 대동법은 상품 화폐 경제의 발달에 영향을 주었다.   19. 법원 9급
O ｜ X

10 대동법의 결과 농민들의 군포 부담이 2필에서 1필로 줄어들었다.   19. 법원 9급
O ｜ X

오답 확인하기

02 균역법과 관련된 내용이다.
08 대동법에 따라 가호 단위의 공납이 전세화되는 결과를 가져왔다.
10 영조 때 실시한 균역법에 대한 설명이다.

정답

01 O   02 X   03 O   04 O   05 O
06 O   07 O   08 X   09 O   10 X

11 19세기 부세 제도인 도결(都結)은 군역, 환곡, 잡역 중 일부 또는 전부를 토지에 부과하여 화폐로 징수하였다.

17. 하반기 국가 9급

O | X

12 19세기 부세 제도인 도결(都結)에서 노비 신공과 결세는 그해의 작황을 참작하여 중앙에서 일방적으로 도별 총액을 할당하였다.

17. 하반기 국가 9급

O | X

13 19세기 부세 제도인 도결(都結)에서 양전하는 자[尺]를 통일하였고, 전세율을 1결당 4말 ~ 6말로 고정시켰다.

17. 하반기 국가 9급

O | X

14 19세기 부세 제도인 도결(都結)의 실시는 제도적으로는 신분에 따른 부세의 차별이 거의 남지 않게 되었음을 의미한다.

17. 하반기 국가 9급

O | X

15 19세기 부세 제도인 도결(都結)은 수령과 아전이 횡령한 관곡을 민의 토지에 부세로 부과하는 수단이 되었다.

17. 하반기 국가 9급

O | X

★16 대동법은 풍흉에 관계없이 1결당 4두 ~ 6두를 부과한 제도이다.

17. 교육행정

O | X

17 대동법의 운영 과정에서 유치미(留置米)는 증가하고 상납미(上納米)는 감소하였다.

17. 경찰 2차

O | X

★18 대동법의 시행에도 불구하고 별공(別貢)과 진상(進上)은 그대로 남아 있었다.

17. 경찰 2차

O | X

19 대동법은 토지 결수를 과세 기준으로 삼았다.

16. 국가 9급

O | X

★20 대동법을 시행하면서 관할 관청으로 선혜청을 설치하였다.

16. 국가 9급

O | X

★21 대동법은 광해군 때 경기도에서 처음으로 실시되었다.

16. 지방 9급

O | X

22 대동법은 농민의 군포 부담을 1년에 1필로 줄여 주었다.

16. 지방 9급

O | X

★23 대동법의 실시로 지주에게 토지 1결당 2두의 결작미를 징수하였다.

16. 지방 9급

O | X

24 대동법은 농민 부담을 낮추기 위해 전세를 토지 1결당 미곡 4두로 고정하였다.

16. 지방 9급

O | X

Self Check

문항	O	×	틀린 이유
11	O	×	
12	O	×	
13	O	×	
14	O	×	
15	O	×	
16	O	×	
17	O	×	
18	O	×	
19	O	×	
20	O	×	
21	O	×	
22	O	×	
23	O	×	
24	O	×	

오답 확인하기

12 비총제에 대한 설명이다.
13 효종 때 시행된 양척동일법과 인조 때 시행된 영정법에 대한 설명이다.
16 영정법에 대한 설명이다.
17 대동법의 운영 과정에서 '유치미'는 감소하고, '상납미'는 증가하였다.
22 대동법이 아니라 균역법이다.
23 대동법이 아니라 균역법이다.
24 대동법이 아니라 영정법이다.

정답

11 O   12 X   13 X   14 O   15 O
16 X   17 X   18 O   19 O   20 O
21 O   22 X   23 X   24 X

Self Check

문항	○	×	틀린 이유
25	○	×	
26	○	×	
27	○	×	
28	○	×	
29	○	×	
30	○	×	
31	○	×	
32	○	×	
33	○	×	
34	○	×	
35	○	×	
36	○	×	
37	○	×	
38	○	×	

25 균역법은 공인이 등장하는 계기가 되었다. 16. 교육행정
O ┃ X

26 균역법은 호를 단위로 군포를 부과하였다. 16. 교육행정
O ┃ X

27 균역법은 군역의 폐단을 시정하기 위해 시행되었다. 16. 교육행정
O ┃ X

28 대동법에 따라 담당 기관으로 사창을 설치하였다. 16. 법원 9급
O ┃ X

29 대동법은 가구에 부과하던 공납을 전세화했다. 16. 법원 9급
O ┃ X

30 임술 농민 봉기 ~ 고종 즉위 사이의 시기에 삼정이정청을 설치하고 수취 제도 개혁을 강구하였다. 16. 법원 9급
O ┃ X

31 임술 농민 봉기 ~ 고종 즉위 사이의 시기에 군정의 문란을 해결하기 위하여 호포제가 실시되었다. 16. 법원 9급
O ┃ X

⭐**32** 대동법은 부과 기준이 가호에서 토지로 바뀌는 결과를 가져왔다. 15. 서울시 9급
O ┃ X

⭐**33** 영정법 제도하에서는 전세의 비율이 이전보다 다소 낮아졌으나, 대다수의 농민에게는 크게 도움이 되지 못했고, 오히려 부담이 더 늘어났다. 15. 경찰 3차
O ┃ X

⭐**34** 균역법의 시행으로 감소된 재정은 지주에게 결작이라고 하여 토지 1결당 미곡 2두를 부담시켜 충당하였다. 15. 경찰 3차
O ┃ X

35 영정법에서는 연분 9등법을 따르지 않고 풍흉에 관계없이 전세를 토지 1결당 미곡 4두로 고정시켰다. 14. 경찰 1차
O ┃ X

36 대동법의 시행으로 공납이 전세화되어 농민은 대체로 토지 1결당 미곡 12두만 납부하면 되었다. 14. 경찰 1차
O ┃ X

37 대동법 시행 결과 공인이 활약하여 수공업이 활기를 띠고 상품 수요가 증가하였다. 13. 지방 9급
O ┃ X

38 균역법은 균역청에서 관리하다가 선혜청이 통합하여 관리하였다. 12. 지방 9급
O ┃ X

오답 확인하기

25 균역법이 아니라 대동법이다.
26 균역법이 아니라 호포법이다.
28 사창제는 환곡제의 폐단을 해결하기 위해 나온 제도이다.
31 호포제 실시는 고종 즉위 후 흥선 대원군이 실시한 개혁 정책이다.

정답

25 X 26 X 27 O 28 X 29 O
30 O 31 X 32 O 33 O 34 O
35 O 36 O 37 O 38 O

39 대동법의 시행으로 공물은 각종 현물 대신 쌀, 베, 동전으로 징수하였다.

11. 국가 9급
O | X

40 대동법의 시행으로 각 고을에서 가호(家戶)를 기준으로 공물을 부과하였다.

11. 국가 9급
O | X

41 대동법의 시행으로 토지가 없거나 적은 농민은 공물 부담이 경감되었다.

11. 국가 9급
O | X

⭐**42** 19세기 환곡은 본래 진휼책의 하나였지만, 각 아문에서 환곡의 모곡을 재정 수입의 주요 항목으로 이용하면서 부세와 다름없이 운영되었다.

11. 국가 9급
O | X

43 [순서나열] 사람은 연령에 따라 6등급으로 구분하고, 가구는 사람의 다과에 따라 9등급으로 나누었다. → 조세는 토지의 비옥도에 따라 6등급, 풍흉에 따라 9등급으로 나누어 거두었다. → 전세를 토지 1결당 4두로 고정하였다.

10. 지방 7급
O | X

테마2 조선 후기 상품 화폐 경제의 발달

01 명과의 교류에서 중강 개시와 책문 후시가 전개되었다.

21. 국가 9급
O | X

02 이앙법(모내기법)은 세종 때 편찬된 『농사직설』에도 등장한다.

21. 국가 9급
O | X

03 이앙법(모내기법)은 고랑에 작물을 심도록 하였다.

21. 국가 9급
O | X

04 이앙법(모내기법)은 경국대전의 수령칠사 항목에서도 강조되었다.

21. 국가 9급
O | X

⭐**05** 이앙법(모내기법)은 직파법보다 풀 뽑는 노동력을 절약할 수 있었다.

21. 국가 9급
O | X

⭐**06** 조선 후기에는 상품 작물 재배가 늘면서 쌀에 대한 수요가 줄었다.

21. 법원 9급
O | X

Self Check

문항	○	×	틀린 이유
39	○	×	
40	○	×	
41	○	×	
42	○	×	
43	○	×	
01	○	×	
02	○	×	
03	○	×	
04	○	×	
05	○	×	
06	○	×	

제5막

오답 확인하기

40 가호(家戶)가 아니라 토지다.

01 명나라가 아니라 청나라와의 대외 교류에 대한 설명이다.
03 견종법에 대한 설명이다.
04 이앙법은 수령칠사의 항목에 없는 내용이다.
06 조선 후기, 쌀의 상품화가 활발하여 시장에서 쌀에 대한 수요가 늘어났다.

정답

39 **O** 40 **X** 41 **O** 42 **O** 43 **O** /
01 **X** 02 **O** 03 **X** 04 **X** 05 **O**
06 **X**

문항	○	×	틀린 이유
07	○	×	
08	○	×	
09	○	×	
10	○	×	
11	○	×	
12	○	×	
13	○	×	
14	○	×	
15	○	×	
16	○	×	
17	○	×	
18	○	×	
19	○	×	
20	○	×	

오답 확인하기

08 경영 전문가인 덕대는 정부가 고용한 인물이 아니라, 상인 물 주에게 고용된 인물이다.

12 고구마 종자는 영조 때인 1763년 에 통신사로 일본에 갔던 조엄 이 가지고 왔다.

13 객주·여각 등에 대한 설명이다.

15 유황·구리 등은 일본으로부터 수입한 물품들이다.

17 삼한통보는 고려 숙종 때 제작 된 동전이다.

18 관영 수공업이 발달한 시기는 조선 전기인 15세기의 일이다. 관영 수공업은 16세기에 들어와 점차 쇠퇴하였다.

20 고려 후기에 대한 설명이다.

정답

07 **O** 08 **X** 09 **O** 10 **O** 11 **O**
12 **X** 13 **X** 14 **O** 15 **X** 16 **O**
17 **X** 18 **X** 19 **O** 20 **X**

---

07 조선 후기에는 상인 자본이 장인에게 돈을 대는 선대제가 성행하였다.

21. 법원 9급
O ｜ X

08 조선 후기에는 정부에서 덕대를 직접 고용해 광산 개발을 주도하였다.

21. 법원 9급
O ｜ X

09 한양의 종루(鐘樓), 이현, 칠패 등에서 상업 활동이 이루어졌다.

20. 지방 7급
O ｜ X

10 벼농사에서 이앙법이 널리 보급되면서 노동력이 절감되고 수확량이 늘어났다.

20. 지방 7급
O ｜ X

11 담배, 인삼, 채소 등 상품 작물을 재배하는 상업적 농업이 발달하였다.

20. 지방 7급
O ｜ X

12 고구마 종자는 청(淸)에 파견된 연행사가 가져왔다.

20. 지방 7급
O ｜ X

13 보부상은 포구나 지방의 큰 장시에서 금융, 운송업, 숙박 등을 담당하였던 상인이다.

20. 경찰 2차
O ｜ X

14 박지원의 『과농소초』와 서호수의 『해동농서』등을 비롯한 여러 농서가 편찬되었다.

19. 지방 7급
O ｜ X

15 청으로부터 유황·구리 등을 수입하여 일본에 수출하였다.

19. 지방 7급
O ｜ X

16 조선 후기에 견종법이 확산되었다.

19. 법원 9급
O ｜ X

17 조선 후기에 삼한통보가 유통되었다.

19. 법원 9급
O ｜ X

18 조선 후기에 관영 수공업이 발달하였다.

19. 법원 9급
O ｜ X

19 중국과의 외교와 무역에 은이 대거 소비되면서 은광이 활발하게 개발되었다.

18. 서울시 9급
O ｜ X

20 개간을 장려하기 위해 사패전을 부농층에 분급하였다.

17. 국가 9급
O ｜ X

21 일부 지방에서 도조법으로 지대를 납부하였다.   17. 국가 9급

O | X

22 중국과 무역량이 증가하면서 의주, 평양, 정주 등지의 상인들이 많은 부를 축적하였다.   17. 하반기 지방 9급

O | X

⭐**23** 광작을 통해 부농이 될 수 있었다.   17. 지방 7급

O | X

⭐**24** 광산 경영 방식에서 덕대제가 유행하기 시작하였다.   17. 지방 7급

O | X

25 금양잡록, 농서집요 등의 농서가 간행되었다.   17. 지방 7급

O | X

26 조선 후기에는 상품 화폐 경제가 발달하여 독립 수공업자들이 나타났다.   17. 지방 7급

O | X

⭐**27** 도고라 불리는 독점적 도매 상인이 활동하였다.   17. 서울시 9급

O | X

⭐**28** 금광·은광을 몰래 개발하는 잠채가 번창하였다.   17. 서울시 9급

O | X

29 신해통공 이후로도 금난전권을 가진 시전 상인이 존재했다.   17. 서울시 7급

O | X

⭐**30** 송상은 개성을 근거지로 하여 상행위를 하였으며, 전국에 송방이라는 지점을 설치하였는데 주로 인삼을 재배·판매하였다.   17. 경기 북부 여경

O | X

⭐**31** 경강상인은 선상(선박을 이용한 상행위)을 하였으며, 주로 서남 연해안을 오가며 미곡·소금·어물 등의 운송과 판매를 장악하여 부를 축적하였다.   17. 경기 북부 여경

O | X

32 만상은 의주를 근거지로 활동하였으며, 주로 대청 무역을 담당하였다.   17. 경기 북부 여경

O | X

33 유상은 동래를 근거지로 하여 활동하였다. 주로 대일 무역을 담당하였으며, 인삼·무명·쌀 등을 수출하고, 은·구리·황·후추 등을 수입하였다.   17. 경기 북부 여경

O | X

Self Check

문항	O	×	틀린 이유
21	O	×	
22	O	×	
23	O	×	
24	O	×	
25	O	×	
26	O	×	
27	O	×	
28	O	×	
29	O	×	
30	O	×	
31	O	×	
32	O	×	
33	O	×	

오답 확인하기

25 금양잡록은 조선 전기인 15세기, 농서집요는 15세기와 16세기에 간행되었다.

33 내상에 대한 설명이다.

정답

21 O 22 O 23 O 24 O 25 X
26 O 27 O 28 O 29 O 30 O
31 O 32 O 33 X

34 공인은 시전뿐 아니라 전국의 장시를 중심으로 활동하였는데, 점차 특정 물품을 대량으로 취급하는 도고로 성장하였다.

17. 경기 북부 여경

O | X

35 조선 전기 명에 파견된 사신은 조천사, 조선 후기 청에 파견된 사신은 연행사로 불렸다.

16. 지방 7급

O | X

36 임진왜란 이후 일본으로 통신사를 매년 파견하여 교류하였다.

16. 지방 7급

O | X

37 사행에서 역관들은 팔포무역 등을 통해 국제 무역의 활성화에 기여하였다.

16. 지방 7급

O | X

38 1678년 주조된 상평통보가 점차 전국적으로 유통되었으며, 환이나 어음 같은 신용 화폐도 사용되었다.

16. 경찰 2차

O | X

★39 강경, 원산 등이 상업 중심지로 성장하였다.

15. 국가 9급

O | X

40 선상은 선박을 이용해서 각 지방의 물품을 거래하였다.

15. 국가 9급

O | X

41 상업 활동이 활발해지면서 삼한통보 등의 동전을 만들어 유통하였다.

15. 국가 9급

O | X

★42 객주, 여각 등이 포구를 중심으로 활발한 상업 활동을 하였다.

15. 지방 7급

O | X

43 대일 무역이 활발하게 전개되어 은, 구리, 유황 등을 일본에 수출하였다.

15. 지방 7급

O | X

44 객주나 여각은 주로 포구에서 상품의 매매를 중개하고, 부수적으로 운송, 보관, 숙박, 금융 등의 영업도 하였다.

15. 경찰 2차

O | X

45 청(淸)과의 무역이 활발해지면서, 국경 지대를 중심으로 공적으로 허용된 무역인 개시와 사적인 무역인 후시가 이루어졌다.

15. 경찰 2차

O | X

46 청에서 수입하는 물품은 비단, 약재, 문방구 등이었고, 청으로 수출하는 물품은 은, 종이, 무명, 인삼 등이었다.

15. 사회복지

O | X

오답 확인하기

36 통신사는 부정기적으로 파견된 사신으로, 1607 ~ 1811년까지 12회에 걸쳐 파견되었다.

41 삼한통보는 고려 숙종 때 만들어진 화폐이다.

43 은, 구리, 황, 후추 등을 '수입'하였다.

정답

34 O 35 O 36 X 37 O 38 O
39 O 40 O 41 X 42 O 43 X
44 O 45 O 46 O

47 16세기 후반까지 대체로 쌀과 면포 등 현물이 화폐로 사용되었다. 14. 지방 7급
O | **X**

48 효종 때 동전을 처음 주조하여 개성을 중심으로 유통시켰다. 14. 지방 7급
O | **X**

⭐**49** 숙종 때 동전이 전국적으로 유통되었다. 13. 지방 9급
O | **X**

50 18세기 전반, 동전 공급 부족으로 전황이 발생하였다. 13. 지방 9급
O | **X**

⭐**51** 18세기 후반, 동전으로 세금이나 소작료를 납부하는 비중이 증가하였다. 13. 지방 9급
O | **X**

52 사상과 난전의 발호로 시전 상인의 특권이 위협받았다. 13. 국가 7급
O | **X**

53 중개 무역을 하던 송상이 운송업, 조선업을 지배하면서 거상으로 성장하였다. 13. 국가 7급
O | **X**

54 조선 후기인 정조 때, 보부상들을 보호할 목적으로 혜상공국이 설치되었다. 12. 국가 9급
O | **X**

55 상평통보 이전에는 팔분체 조선통보가 주조 유통되었다. 12. 국가 7급
O | **X**

56 평안도와 전라도의 감영과 병영에서도 상평통보의 주조가 허락되었다. 12. 국가 7급
O | **X**

57 보부상은 농촌의 장시를 하나의 유통망으로 연계시켰다. 11. 국가 7급
O | **X**

58 상품 화폐 경제가 발달하면서 신용 화폐가 점차 보급되었다. 11. 지방 7급
O | **X**

59 국가에 장인세를 바치는 납포장이 줄어들었다. 10. 국가 7급
O | **X**

60 순조 때 일어난 서울의 '쌀폭동'은 경강 상인이 도성 안의 미전 상인을 움직일 정도로 성장했음을 보여주는 사건이었다. 10. 국가 7급
O | **X**

Self Check

문항	O	X	틀린 이유
47	O	X	
48	O	X	
49	O	X	
50	O	X	
51	O	X	
52	O	X	
53	O	X	
54	O	X	
55	O	X	
56	O	X	
57	O	X	
58	O	X	
59	O	X	
60	O	X	

오답 확인하기

48 조선에서 처음 동전을 주조한 것은 조선 세종 때의 일(조선통보)이다.
53 경강상인에 대한 설명이다.
54 혜상공국은 개항 이후에 설치된 기관이므로 시기상 맞지 않다.
59 납포장이 증가하였다.

정답

47 **O** 48 **X** 49 **O** 50 **O** 51 **O**
52 **O** 53 **X** 54 **X** 55 **O** 56 **O**
57 **O** 58 **O** 59 **X** 60 **O**

Self Check

문항	○	×	틀린 이유
01	○	×	
02	○	×	
03	○	×	
04	○	×	
05	○	×	
06	○	×	
07	○	×	
08	○	×	
09	○	×	
10	○	×	
11	○	×	

테마 3 조선의 신분 제도와 사회 정책

01 서얼은 문과에 응시하는 것이 금지되었고, 관직 진출에도 제한이 있어 정3품까지만 승진할 수 있었다.

22. 지방 9급
O ┃ X

02 조선 시대에 조례, 나장, 일수 등은 상민에 속하였다.

21. 경찰 1차
O ┃ X

03 조선 시대, 공노비에게 유외잡직이라는 벼슬이 주어지기도 하였다.

21. 경찰 1차
O ┃ X

04 조선 시대의 양반은 과거를 통하지 않고는 관직에 나아갈 수 없었다.

21. 경찰 1차
O ┃ X

05 서얼의 신분 상승 운동은 중인에게 자극을 주었다.

20. 국가 9급
O ┃ X

06 서얼은 수차례에 걸친 집단 상소를 통해 관직 진출의 제한을 없애 줄 것을 요구하였다.

20. 국가 9급
O ┃ X

07 중인에 해당하는 인물로는 정조 때 규장각 검서관으로 등용된 유득공, 박제가, 이덕무 등이 있다.

20. 국가 9급
O ┃ X

08 중인은 주로 기술직에 종사하며 축적한 재산과 탄탄한 실무 경력을 바탕으로 신분 상승을 추구하였다.

20. 국가 9급
O ┃ X

09 조선 시대의 호적은 3년에 한 번씩 관청에서 호주의 신고를 받아 작성하였다.

20. 경찰 1차
O ┃ X

10 조선 시대, 호적에 관료였던 양반은 관직과 품계를 기록하고 관직에 몸담지 않은 양반은 유학이라고 기록하였다.

20. 경찰 1차
O ┃ X

11 조선 시대의 호적에는 호의 소재지, 호주의 직역과 성명, 호주와 처의 연령, 본관과 4조(부, 조부, 증조부, 외조부) 등을 적었다.

20. 경찰 1차
O ┃ X

오답 확인하기

04 조선 시대의 양반은 과거 외에도 취재, 천거, 음서 등을 통해 관직에 진출할 수 있었다.

07 중인이 아니라 서얼 출신의 인물들이다.

정답

01 O 02 O 03 O 04 X 05 O
06 O 07 X 08 O 09 O 10 O
11 O

12 조선 시대 사노비는 주인이 마음대로 매매·양도·상속할 수 있었을 뿐 아니라, 주인이 사노비를 함부로 죽이거나 사형(私刑)을 가하는 게 법으로 허용되었다.
19. 상반기 서울시 7급
O | X

13 사노비는 주인의 집에서 거주하는 솔거노비와 주인과 떨어져 거주하는 외거노비가 있었는데, 그 수는 솔거노비가 절대 다수였다.
19. 상반기 서울시 7급
O | X

14 외거하는 사노비는 주인으로부터 사경지(私耕地)를 받아 그 수확을 자신이 차지하여 재산을 축적하기도 하였다.
19. 상반기 서울시 7급
O | X

15 공명첩은 부유한 상민의 신분 상승에 이용되었다.
18. 교육행정
O | X

16 뱃사공, 백정 등은 법적으로는 양인으로 취급되기도 했으나 노비처럼 천대받으며 특수 직업에 종사하였다.
18. 서울시 9급
O | X

17 순조는 공노비 중 일부를 양인으로 해방시켜 주었다.
18. 서울시 9급
O | X

18 노비는 재산으로 취급되어 매매나 상속의 대상이 되었다.
18. 상반기 서울시 7급
O | X

19 소송은 원칙적으로 신분에 관계없이 제기할 수 있었다.
18. 경찰 3차
O | X

20 동일한 범죄에 대해서는 신분에 관계없이 동일한 처벌이 따랐다.
18. 경찰 3차
O | X

21 민간인 사이에 다툼이 있거나 범죄가 발생하면 『경국대전』과 명의 형법 규정인 『대명률』을 적용하였다.
18. 경찰 3차
O | X

22 조선 후기, 역관은 외래 문화의 수용에서 선구적 역할을 수행하였다.
17. 지방 7급
O | X

23 중앙과 지방에 있는 관청의 서리와 향리 및 기술관은 직역을 세습하고, 같은 신분 안에서 혼인하였으며, 관청에서 가까운 곳에 거주하였다.
17. 경찰 1차
O | X

24 양반 첩에게서 태어난 서얼은 중서라고도 불리었으며, 이들은 문과 응시에 제한이 없었다.
17. 경찰 1차
O | X

Self Check

문항	O	X	틀린 이유
12	O	X	
13	O	X	
14	O	X	
15	O	X	
16	O	X	
17	O	X	
18	O	X	
19	O	X	
20	O	X	
21	O	X	
22	O	X	
23	O	X	
24	O	X	

오답 확인하기

12 노비라고 하더라도 주인이 마음대로 죽이는 것은 법적으로 금지되었다.

13 외거노비가 솔거노비보다 숫자가 더 많았다.

20 조선은 신분제 사회로, 각종 법률과 제도로 양반의 신분적 특권을 제도화했기 때문에 동일한 범죄라 하더라도 신분에 따라 처벌의 경중이 달랐다.

24 서얼은 문과에 응시하는 것이 금지되었다.

정답

12 X 13 X 14 O 15 O 16 O
17 O 18 O 19 O 20 X 21 O
22 O 23 O 24 X

25 조선 후기에는 양반층 내부에서도 계층 분화가 일어났으며 중앙 정치에서 밀려난 양반은 향촌 사회에서 겨우 위세를 유지하는 향반이 되거나, 더욱 몰락하여 잔반이 되기도 하였다.   17. 경기 북부 여경

O ┃ X

26 조선 후기, 서얼의 청요직 진출이 부분적으로 허용되었다.   16. 지방 9급

O ┃ X

27 조선 후기에는 양민의 대다수를 차지한 농민을 백정(白丁)이라고 하였다.   16. 지방 9급

O ┃ X

⭐**28** 조선 후기, 중인은 집단으로 상소하여 청요직(淸要職) 허통(許通)을 요구하였다.   15. 국가 9급

O ┃ X

29 조선 후기에 중인은 관권과 결탁하고 향회를 장악하여, 향촌 사회에서 영향력을 키우려 하였다.   15. 국가 9급

O ┃ X

⭐**30** 서얼은 『경국대전』에 의해 문과 응시가 가능했지만 실제로는 제약을 받았다.   13. 국가 7급

O ┃ X

31 지위가 높은 문무 관원의 자손에게는 음서와 대가(代加) 등의 혜택이 주어졌다.   13. 국가 7급

O ┃ X

32 국역 노동이 끝난 공장(工匠)들은 시장을 상대로 필요한 물품을 만들어 판매하여 이득을 취하였다.   13. 국가 7급

O ┃ X

⭐**33** 중인들은 문과와 생원, 진사시에 응시할 수 있었다.   12. 지방 9급

O ┃ X

34 조선 초기 중인은 개시 무역에 종사하여 많은 부를 축적하였다.   12. 지방 9급

O ┃ X

⭐**35** 중인은 조선 후기에는 시사(詩社)를 조직하여 문예 활동을 하였다.   12. 지방 9급

O ┃ X

36 18세기 이후 서얼에 대한 차별이 더욱 심화되었다.   12. 지방 9급

O ┃ X

37 조선 시대 강상죄는 범죄 중에서 가장 무겁게 취급되었지만, 범인에 한정하여 처벌하였다.   12. 지방 9급

O ┃ X

38 조선 후기에 아버지가 노비라도 어머니가 양민이면 자식을 양민으로 삼는 법이 실시되었다.

12. 경찰 1차

O ¦ X

39 조선 후기, 양천제가 해체되면서 이를 대신해서 정부는 반상제를 법제적 신분제로 규정하였다.

11. 지방 7급

O ¦ X

40 조선 후기에는 '환부역조'와 '모칭유학' 등이 신분 상승을 위해 사용되었다.

11. 지방 7급

O ¦ X

41 의료 시설로는 혜민국, 동·서 대비원, 제생원, 동·서 활인서 등이 있었다.

10. 서울시 9급

O ¦ X

42 재판에 불만이 있을 때에는 사건의 내용에 따라 다른 관청이나 상부 관청에 소송을 제기할 수 있었다.

10. 서울시 9급

O ¦ X

제5편

테마 4 조선의 향촌 사회

01 조선 후기, 향전의 전개 속에서 수령의 권한이 강화되었다.

20. 국가 9급

O ¦ X

02 조선 후기에 신향층은 수령과 그를 보좌하는 향리층과 결탁하였다.

20. 국가 9급

O ¦ X

03 조선 후기에 수령은 경재소와 유향소를 연결하여 지방 통치를 강화하였다.

20. 국가 9급

O ¦ X

04 조선 후기에 재지 사족은 동계와 동약을 통해 향촌 사회에 대한 영향력을 유지하려 하였다.

20. 국가 9급

O ¦ X

05 신향들은 지금까지 지배층으로 군림하던 구향들과 향촌 지배권을 둘러싸고 경쟁하였다. 이를 '향전'이라 한다.

18. 경찰 3차

O ¦ X

06 조선 후기에 유향소를 통제하기 위하여 경재소가 설치되었다.

16. 국가 9급

O ¦ X

오답 확인하기

39 조선은 법적으로는 계속 양천제를 유지하였다.

03 조선 전기의 일이다.
06 경재소는 조선 전기에 설치되었다.

정답

38 O 39 X 40 O 41 O 42 O /
01 O 02 O 03 X 04 O 05 O
06 X

Self Check

문항	○	×	틀린 이유
07	○	×	
08	○	×	
09	○	×	
10	○	×	
11	○	×	
12	○	×	
13	○	×	
14	○	×	
15	○	×	
16	○	×	
17	○	×	
18	○	×	
19	○	×	
20	○	×	

07 조선 후기, 부농층이 관권과 결탁하여 향임직에 진출하였다. 　16. 국가 9급　○ | X

08 조선 후기, 불교의 신앙 조직인 향도가 널리 확산되었다. 　16. 지방 9급　○ | X

⭐**09** 조선 후기, 사족들이 형성한 동족 마을이 증가하였다. 　16. 국가 9급　○ | X

⭐**10** 조선 후기, 향회가 수령의 부세 자문 기구로 변질되었다. 　16. 국가 9급　○ | X

11 조선 후기에는 선현 봉사(奉祀)와 교육을 위한 서원이 설립되기 시작하였다. 　16. 지방 9급　○ | X

12 유향소는 수령을 보좌하고 향리를 감찰하며 향촌 사회의 풍속을 바로잡기 위한 기구였다. 　16. 경찰 1차　○ | X

13 경재소는 중앙 정부가 현직 관료로 하여금 연고지의 유향소를 통제하게 하는 제도로서, 중앙과 지방의 연락 업무를 맡았다. 　16. 경찰 1차　○ | X

⭐**14** 향약은 중종 때 조광조가 처음 시행한 이후 전국적으로 확산되었다. 　16. 경찰 1차　○ | X

15 조선 전기, 사림은 도덕과 의례의 기본 서적인 『소학』을 보급하였다. 　15. 국가 9급　○ | X

16 조선 전기, 사림은 향사례(鄕射禮)·향음주례(鄕飮酒禮)의 실시를 주장하였다. 　15. 국가 9급　○ | X

17 조선 전기, 사림은 향회를 통해서 자신들의 결속을 다지고, 향촌을 교화하였다. 　15. 국가 9급　○ | X

⭐**18** 조선 전기에 사림은 촌락 단위의 동약을 실시하고, 문중 중심으로 서원과 사우를 많이 세웠다. 　15. 국가 9급　○ | X

19 조선 후기에 농촌 공동체 생활을 주도하는 향도가 등장하였다. 　15. 사회복지　○ | X

⭐**20** 서원은 선현에 대한 제사와 교육을 담당하였다. 　15. 교육행정　○ | X

오답 확인하기
08 조선 후기에는 향도의 활동이 약화(위축)되었다.
11 최초의 서원은 조선 중종 때 설립된 백운동 서원이다.
18 조선 후기의 사회 모습이다.
19 향도는 고려 시대 이전부터 존재해왔다.

정답
07 **O** 08 **X** 09 **O** 10 **O** 11 **X**
12 **O** 13 **O** 14 **O** 15 **O** 16 **O**
17 **O** 18 **X** 19 **X** 20 **O**

21 서원은 학파와 붕당을 결속시키는 구심점이 되었다. 15. 교육행정
　　O ｜ X

22 조선 후기, 사족의 향촌 지배력이 약화되었다. 15. 지방 9급
　　O ｜ X

23 향약은 덕업상권, 과실상규, 예속상교, 환난상휼 등을 주요 강령으로 하였다. 15. 지방 7급
　　O ｜ X

⭐ **24** 향약은 서원과 더불어 향촌 사회에서 사림의 지위를 강화시키는 역할을 하였다. 15. 지방 7급
　　O ｜ X

25 영남 지방에서는 이황이 만든 예안향약을 표본으로 삼은 향약이 유행하였다. 15. 지방 7급
　　O ｜ X

26 17세기 중엽 이후에는 오가작통제를 통하여 촌락 주민에 대한 지배를 원활히 하고자 하였다. 14. 경찰 1차
　　O ｜ X

⭐ **27** 향약은 향촌 사회의 질서를 유지하고 치안을 담당하는 향촌의 자치 기능을 맡았다. 13. 국가 9급
　　O ｜ X

28 향약은 전통적 미풍양속을 계승하면서 삼강오륜을 중심으로 한 유교 윤리를 가미하였다. 13. 국가 9급
　　O ｜ X

29 향약은 어려운 일이 생겼을 때에 서로 돕는 역할을 하였고, 상두꾼도 이 조직에서 유래하였다. 13. 국가 9급
　　O ｜ X

30 향약은 지방 유력자가 주민을 위협, 수탈하는 배경을 제공하는 부작용도 있었다. 13. 국가 9급
　　O ｜ X

31 향안은 임진왜란 전후 시기에 각 군현마다 보편적으로 작성되었다. 12. 국가 9급
　　O ｜ X

32 세도 정치기에 향회는 수령과 향리들을 견제하고 지방 통치를 대리하는 기구로 성장하였다. 12. 국가 9급
　　O ｜ X

⭐ **33** 조선 후기, 양반은 촌락 단위보다는 군현 단위의 동약을 실시하였다. 12. 경찰 1차
　　O ｜ X

Self Check

문항	○	×	틀린 이유
21	○	×	
22	○	×	
23	○	×	
24	○	×	
25	○	×	
26	○	×	
27	○	×	
28	○	×	
29	○	×	
30	○	×	
31	○	×	
32	○	×	
33	○	×	

오답 확인하기

29 향도에 대한 설명이다.
32 조선 후기에 향회는 수령의 부세 자문 기구로 바뀌었다.
33 조선 후기에 양반은 촌락 단위의 동약을 실시하였다.

정답

21 **O** 22 **O** 23 **O** 24 **O** 25 **O**
26 **O** 27 **O** 28 **O** 29 **X** 30 **O**
31 **O** 32 **X** 33 **X**

오답 확인하기

35 경재소는 조선의 중앙 정부에서 설치한 기구이다.
38 수령의 권한이 강해지면서 관권과 결탁한 향리의 권한도 강해졌다.

04 조선 후기의 일이다.
05 조선 후기의 일이다.
06 조선 후기의 일이다.
08 현존하는 가장 오래된 족보는 성종 때 간행된 『안동 권씨 성화보』이다.

정답

34 **O** 35 **X** 36 **O** 37 **O** 38 **X** /
01 **O** 02 **O** 03 **O** 04 **X** 05 **X**
06 **X** 07 **O** 08 **X**

34 조선 후기, 부농층은 종래의 재지 사족(在地士族)이 담당하던 정부의 부세 제도에 적극 참여하였다.　12. 경찰 1차
O | **X**

35 재지 사족은 수령과의 관계를 원활히 하면서 경재소를 만들어 중앙 진출의 발판으로 삼았다.　10. 지방 7급
O | **X**

36 재지 사족은 유향소를 통해 조세의 부과 및 수세 과정에 관여하며 향리와 농민을 통제하였다.　10. 지방 7급
O | **X**

37 재지 사족은 향약 조직을 만들어 마을 공동체에 영향력을 행사하였다.　10. 지방 7급
O | **X**

⭐**38** 조선 후기, 향촌 사회에서는 수령의 권한이 약화되고 관권을 맡아보고 있던 향리의 역할도 비례하여 축소되었다.　10. 서울시 9·7급
O | **X**

테마5　전근대 가족제도

01 고려 시대에는 사위가 처가의 호적에 입적하는 경우도 자주 있었다.　19. 경찰 2차
O | **X**

02 고려 시대의 제사는 형제자매가 돌아가면서 지냈다.　19. 경찰 2차
O | **X**

⭐**03** 조선 전기에 윤회봉사·외손봉사 등이 행해졌다.　17. 하반기 국가 9급
O | **X**

04 조선 전기의 족보에는 아들을 먼저 기록하고 딸을 그 다음에 기록하였다.　17. 하반기 국가 9급
O | **X**

⭐**05** 조선 전기에는 자손이 없으면 무후(無後)라 하고 양자를 널리 맞아들였다.　17. 하반기 국가 9급
O | **X**

⭐**06** 조선 전기에 남자는 대개 결혼 후에 바로 친가에서 거주하였다.　17. 하반기 국가 9급
O | **X**

07 조선 시대에는 족보가 배우자를 구하거나 붕당을 구별하는 데 중요한 자료로 활용되기도 하였다.　17. 지방 9급
O | **X**

08 현존하는 가장 오래된 족보는 성종 7년에 간행된 『문화류씨가정보』이다.　17. 지방 9급
O | **X**

09 조선 초기의 족보는 친손과 외손을 구별하지 않고 모두 수록하였다. 17. 지방 9급

O | X

10 조선 후기에 부유한 농민들은 족보를 사거나 위조하기도 하였다. 17. 지방 9급

O | X

11 조선 후기, 친영이 일반화되었다. 17. 하반기 국가 7급

O | X

12 조선 후기, 이성불양의 관념으로 양자 제도가 확산되었다. 17. 하반기 국가 7급

O | X

13 고려 시대, 여성은 호주가 될 수 없었다. 17. 지방 7급

O | X

14 고려 시대, 부모의 재산은 아들과 딸의 구분 없이 고르게 상속되었다. 17. 지방 7급

O | X

15 고려 시대, 결혼할 때 여성이 데려온 노비에 대한 소유권은 남편에게 귀속되었다. 17. 지방 7급

O | X

16 고려에서는 결혼 후 신랑이 신부집에 머무르는 '서류부가혼'의 혼속이 있었다. 16. 지방 7급

O | X

17 고려에서는 국왕을 비롯한 종실의 경우 동성근친혼인 족내혼의 관행이 있었다. 16. 지방 7급

O | X

18 고려에서는 원의 영향으로 여러 명의 처와 첩을 두는 '다처병첩'이 법적으로 허용되었다. 16. 지방 7급

O | X

19 고려 시대 여성의 재가는 비교적 자유롭게 이루어졌으나, 그 소생 자식의 사회적 진출에는 차별을 두었다. 15. 경찰 2차

O | X

20 조선 후기, 제사는 형제가 돌아가면서 지냈으며 책임을 분담하였다. 13. 국가 7급

O | X

21 조선 후기, 입양 제도가 확대되고 부계 위주의 족보가 적극적으로 편찬되었다. 13. 국가 7급

O | X

22 18세기 이후 여자의 지위가 상승하여 딸도 아들처럼 부모의 재산을 상속받았다. 12. 지방 9급

O | X

Self Check

문항	O	×	틀린 이유
09	○	×	
10	○	×	
11	○	×	
12	○	×	
13	○	×	
14	○	×	
15	○	×	
16	○	×	
17	○	×	
18	○	×	
19	○	×	
20	○	×	
21	○	×	
22	○	×	

오답 확인하기

13 고려 시대 여성은 호주가 될 수 있었다.
15 고려 시대에 여성은 자신의 재산을 소유할 수 있었다.
18 '다처병첩'이 법적으로 허용되지는 않았다.
19 고려 시대 재가녀의 자식은 사회적 진출에 차별을 받지 않았다.
20 고려 ~ 조선 전기의 사회 모습이다.
22 조선 후기에 들어와 재산은 적장자에게 주로 상속되었다.

정답

09 **O**　10 **O**　11 **O**　12 **O**　13 **X**
14 **O**　15 **X**　16 **O**　17 **O**　18 **X**
19 **X**　20 **X**　21 **O**　22 **X**

테마 6 천주교 · 동학

01 [순서나열] 이수광이 『지봉유설』에서 마테오 리치의 『천주실의』를 소개하였다. → 이승훈이 북경에서 서양 신부에게 영세를 받고 돌아왔다. → 윤지충이 모친상 때 신주를 불사르고 천주교 의식을 행하였다. → 황사영이 북경에 있는 프랑스인 주교에게 군대를 동원하여 조선에서 신앙과 포교의 자유를 보장받을 수 있도록 청하는 서신을 보내려다 발각되었다. 22. 서울 9급
O ǀ X

★02 순조 즉위 이후 동학에 대한 대탄압이 가해졌다. 20. 국가 9급
O ǀ X

03 동학의 경전으로 『동경대전』과 『용담유사』가 편찬되었다. 20. 국가 9급
O ǀ X

04 조선 후기, 이승훈이 북경에서 영세를 받았다. 19. 지방 9급
O ǀ X

★05 조선 후기, 윤지충 사건을 계기로 하여 기해박해가 일어났다. 19. 지방 9급
O ǀ X

06 조선 후기, 최초의 한국인 신부 김대건이 귀국하여 포교 중 순교하였다. 19. 지방 9급
O ǀ X

07 동학은 임술 농민 봉기를 주도했다. 19. 법원 9급
O ǀ X

★08 조선 후기, 서울 부근의 일부 남인 학자는 천주교를 수용하였다. 17. 하반기 지방 9급
O ǀ X

09 신유박해 때 함께 붙잡혀 박해를 받은 정하상은 『상재상서』를 통해 포교의 정당함을 주장하였다. 15. 서울시 9급
O ǀ X

★10 안정복은 성리학의 입장에서 천주교를 비판하는 『천학문답』을 저술하였다. 14. 국가 9급
O ǀ X

★11 신유사옥 때 황사영은 군대를 동원하여 조선에서 신앙의 자유를 보장받게 해달라는 서신을 북경에 있는 주교에게 보내려다가 발각되었다. 14. 국가 9급
O ǀ X

테마 7 전근대 민란과 사회 변혁의 움직임

01 임술 농민 봉기가 일어나자 정부는 집강소를 설치하였다.

21. 소방직

O | X

⭐**02** 임술 농민 봉기가 일어나자 정부는 삼정이정청을 설치하였다.

21. 소방직

O | X

03 동학 사상을 바탕으로 몰락한 양반의 지휘 아래 평안도에서 난이 일어났다.

20. 국가 9급

O | X

04 동학 사상이 바탕이 되어 단성에서 시작된 농민 봉기는 진주로 이어졌다.

20. 국가 9급

O | X

05 임술 농민 봉기는 신유박해를 시작하게 된 계기가 되었다.

20. 국가 7급

O | X

06 임술 농민 봉기 때 이필제가 난을 주도하였다.

20. 국가 7급

O | X

⭐**07** 임술 농민 봉기 때 전봉준 등이 사발통문을 보내 봉기를 호소하였다.

20. 국가 7급

O | X

08 영·정조 대에 들어서 문과 합격자 중 평안도 출신자의 비중이 높아졌다.

17. 하반기 지방 9급

O | X

09 두 차례의 호란 직후 사회가 불안정해져 평안도의 인구가 급감하였다.

17. 하반기 지방 9급

O | X

10 조선 후기, 평안도 사람들은 서북인이라 하여 차별을 받았다.

17. 하반기 지방 9급

O | X

11 숙종 때 양주 백정 출신인 임꺽정을 중심으로 황해도에서 활동하였다.

17. 국가 7급

O | X

12 숙종 때 장길산을 우두머리로 하여 황해도와 평안도 등지에서 활동하였다.

17. 국가 7급

O | X

문항	O	X	틀린 이유
01	O	X	
02	O	X	
03	O	X	
04	O	X	
05	O	X	
06	O	X	
07	O	X	
08	O	X	
09	O	X	
10	O	X	
11	O	X	
12	O	X	

오답 확인하기

01 1894년 동학 농민 운동 때의 일이다.

03 동학은 철종 때 창시되었으며, 홍경래의 난은 동학이 창시되기 이전인 순조 때의 일이다.

04 철종 때 일어난 임술 농민 봉기에 대한 설명으로, 동학과는 관련이 없다.

05 신유박해는 순조 때 일어난 사건이고, 임술 농민 봉기는 철종 때 발생하였다.

06 흥선대원군 집권 시기의 일로, 임술 농민 봉기 이후이다.

07 고종 때 일어난 고부 민란에 대한 설명으로, 임술 농민 봉기 이후이다.

09 호란 직후에도 평안도 지역은 계속 인구가 꾸준히 증가하는 추세를 보였다.

11 명종 때의 일이다.

정답

01 X 02 O 03 X 04 X 05 X
06 X 07 X 08 O 09 X 10 O
11 X 12 O

★13 임술 농민 봉기 ~ 고종 즉위 사이의 시기에 홍경래를 중심으로 한 세력이 청천강 이북을 점령하였다.

16. 법원 9급

O | X

★14 임꺽정은 광대 출신으로 승려 세력과 함께 봉기하여 서울로 들어가려고 하였다.

14. 지방 9급

O | X

15 임꺽정은 황해도를 중심으로 경기, 강원, 평안, 함경도 주변 지역에서 활동하였다.

14. 지방 9급

O | X

16 임꺽정은 대동계라는 비밀 결사를 조직하여 새 왕조를 세우려는 역성 혁명을 꿈꾸었다.

14. 지방 9급

O | X

17 홍경래의 난을 주도한 세력은 금광 경영이나 인삼 무역으로 자금을 마련하였다.

14. 국가 7급

O | X

★18 임술 농민 봉기에서는 노비 문서의 소각과 탐관오리의 엄징을 요구하였다.

14. 국가 7급

O | X

19 홍경래의 난을 주도한 세력은 세도 정권과 특권 어용 상인에 대한 불만을 표출하였다.

14. 국가 7급

O | X

★20 임술 농민 봉기가 일어나자 조정은 삼정이정청을 설치하여 세제 개혁을 약속하였다.

14. 국가 7급

O | X

21 19세기 농민들의 불만이 조직적으로 확산되어 정부와 탐관오리를 비방하는 괘서(掛書) 사건으로 표출되었다.

13. 지방 7급

O | X

22 홍경래의 난을 계기로 국가는 삼정이정청을 설치하여 삼정의 개선 방안을 모색하였으며, 각지의 사족들 또한 상소문을 올려 해결 방안을 제시하였다.

11. 국가 9급

O | X

23 민란의 결과 부세 제도의 근본적 개혁이 이루어졌다.

11. 지방 9급

O | X

★24 홍경래의 난은 서북 지방의 몰락 양반과 영세 농민, 중소 상인, 광산 노동자 등이 참여하였다.

11. 사회복지

O | X

오답 확인하기

13 홍경래의 난에 대한 설명으로, 순조 재위 기간의 일이다.
14 장길산에 대한 설명이다.
16 정여립에 대한 설명이다.
18 1차 동학 농민 운동 때 폐정 개혁안의 내용이다.
22 삼정이정청은 임술 농민 봉기를 계기로 설치되었다.
23 부세 제도의 근본적인 개혁이 이루어지지 못하였다.

정답

13 X 14 X 15 O 16 X 17 O
18 X 19 O 20 O 21 O 22 X
23 X 24 O

25 진주 농민 항쟁은 봉기 세력이 유계춘의 지도 아래 진주성을 점령하기도 하였다.

11. 사회복지

O | X

26 조선 시대에 평안도민은 중앙 관직에 진출할 수 있는 기회가 매우 제한되었다.

10. 지방 7급

O | X

⭐**27** 홍경래의 난에 대한 호응이 전국적으로 일어날 만큼 지역 차별이 극심하였다.

10. 지방 7급

O | X

28 조선 후기에는 미륵 사상이나 『정감록』 등이 민중에게 널리 전파되었다.

10. 지방 7급

O | X

29 조선 후기인 철종 때 교정청을 설치하여 삼정 문란을 바로잡고자 노력하였다.

10. 지방 7급

O | X

테마 8 성리학의 변화

01 양명학은 명종 대에 처음 전래되어 이황에 의해 이단으로 비판받았다.

19. 국가 7급

O | X

02 양명학은 박은식의 유교 구신론과 정인보의 조선학 운동에 큰 영향을 끼쳤다.

19. 국가 7급

O | X

03 양명학은 정권에서 소외된 소론과 왕가의 종친 그리고 서얼 출신 인사들 사이에서 가학(家學)으로 이어지면서 퍼졌다.

19. 국가 7급

O | X

04 호론의 주장에는 청나라를 중화로 보려는 대의명분론이 깔려 있었다. 18. 경찰 1차

O | X

⭐**05** 조선 후기, 노론과 남인 간에 인성(人性)·물성(物性) 논쟁이 전개되었다.

17. 하반기 지방 9급

O | X

06 정제두는 양지와 양능의 본체성을 근거로 지행합일을 긍정하였다. 17. 국가 7급

O | X

Self Check

문항	○	×	틀린 이유
07	○	×	
08	○	×	
09	○	×	
10	○	×	
11	○	×	
12	○	×	
13	○	×	
14	○	×	
01	○	×	
02	○	×	
03	○	×	
04	○	×	
05	○	×	

07 정제두는 교조화된 주자학을 비판하다가 사문난적으로 몰리어 죽음을 당하였다.
17. 국가 7급 O ┃ X

08 정제두는 서인의 영수로서 왕과 사족, 서민은 예가 같아야 한다고 주장하였다.
17. 국가 7급 O ┃ X

★**09** 18세기에는 인간과 사물의 본성이 다르다고 주장하는 호론과, 이를 같다고 주장하는 낙론 사이에서 논쟁이 벌어졌다.
14. 국가 9급 O ┃ X

★**10** 호론은 북학파의 과학 기술 존중과 이용후생 사상으로 이어졌다.
13. 국가 9급 O ┃ X

★**11** 호론은 화이론에 따라 중화와 오랑캐를 본질적으로 구별되는 존재로 보려는 배타적 입장이 깔려 있었다.
13. 국가 7급 O ┃ X

12 소론 성리학자들은 양명학이나 노장 사상 등을 수용하였다.
12. 경찰 1차 O ┃ X

★**13** 양명학은 누구나 양지를 가지고 있음을 주장하고, 지행일치를 강조하였다.
11. 지방 7급 O ┃ X

★**14** 18세기 초 정제두는 양명학을 체계적으로 연구하여 학파로 발전시켰다.
11. 지방 7급 O ┃ X

테마 9 실학(중농학파)

01 이이는 한국사의 독자적인 정통론을 체계화하였다.
23. 법원 9급 O ┃ X

02 이이는 '목민심서'와 '경세유표' 등의 저술을 남겼다.
23. 법원 9급 O ┃ X

03 이이는 나라를 좀먹는 여섯 가지의 폐단을 지적하였다.
23. 법원 9급 O ┃ X

04 이이는 신분에 따라 차등 있게 토지를 분배하는 균전론을 내세웠다.
23. 법원 9급 O ┃ X

05 정약용은 열하일기를 저술하였다.
20. 법원 9급 O ┃ X

오답 확인하기

07 윤휴, 박세당에 대한 설명이다.
08 송시열에 대한 설명이다.
10 낙론에 대한 설명이다.

01 안정복 등에 대한 설명이다.
02 정약용에 대한 설명이다.
04 유형원에 대한 설명이다.
05 박지원에 대한 설명이다.

정답

07 X 08 X 09 O 10 X 11 O
12 O 13 O 14 O / 01 X 02 X
03 O 04 X 05 X

06 정약용은 반계수록을 저술하였다.
20. 법원 9급
O I X

07 정약용은 성호사설을 저술하였다.
20. 법원 9급
O I X

08 정약용은 목민심서를 저술하였다.
20. 법원 9급
O I X

09 이익은 천지·인사·만물·경사·시문 등 5개 부문으로 나누어 우리나라와 중국의 문화를 백과사전식으로 소개·비판한 『성호사설』을 저술하였다.
19. 상반기 서울시 7급
O I X

10 이익은 여전론을 제안하였다.
19. 법원 9급
O I X

11 이익은 노론 계열의 실학자이다.
19. 법원 9급
O I X

☆12 이익은 성호학파를 형성하였다.
19. 법원 9급
O I X

13 종래의 조선 농학과 박물학을 집대성한 서유구는 『임원경제지』를 저술하였다.
18. 지방 9급
O I X

14 정약용은 조선 시대의 역사를 서술한 『열조통기』를 편찬하였다.
17. 지방 9급
O I X

☆15 정약용은 홍역 관련 의서를 종합해 『마과회통』을 저술하였다.
17. 지방 9급
O I X

16 정약용은 『농가집성』을 펴내 이앙법 보급에 공헌하였다.
17. 지방 9급
O I X

17 정약용은 우리나라에서 처음으로 지전설을 주장하였다.
17. 지방 9급
O I X

18 『경세유표』에서는 주례에 나타난 주나라 제도를 모범으로 하여 중앙과 지방의 정치제도를 개혁할 것을 제안했다.
17. 지방 7급
O I X

19 『목민심서』는 수령들이 백성을 수탈하는 도적으로 변한 현실을 바로잡기 위해 백성을 기르는 목민관으로서 지켜야 할 규범을 제시한 일종의 수신 교과서이다.
17. 지방 7급
O I X

20 『흠흠신서』는 백성들이 억울한 벌을 받지 않도록 형법을 신중하게 집행하기 위해 지은 책이다.
17. 지방 7급
O I X

Self Check

문항	O	X	틀린 이유
06	O	X	
07	O	X	
08	O	X	
09	O	X	
10	O	X	
11	O	X	
12	O	X	
13	O	X	
14	O	X	
15	O	X	
16	O	X	
17	O	X	
18	O	X	
19	O	X	
20	O	X	

오답 확인하기

06 유형원에 대한 설명이다.
07 이익에 대한 설명이다.
10 정약용에 대한 설명이다.
11 이익은 남인 가문 출신의 실학자이다. 노론 계열의 실학자로는 홍대용, 박지원 등이 있다.
14 안정복에 대한 설명이다.
16 신속에 대한 설명이다.
17 숙종 때 김석문은 처음으로 지구가 1년에 366회씩 자전한다고 주장하였다.

정답

06 X 07 X 08 O 09 O 10 X
11 X 12 O 13 O 14 X 15 O
16 X 17 X 18 O 19 O 20 O

★**21** 『과농소초』는 정약용의 저술로 농업 기술과 농업 정책에 관하여 논하였다.

17. 서울시 사복

O ┆ X

★**22** 정약용은 한 마을을 단위로 토지를 집단화하여 공동 경작하고 그 수확량을 노동량에 따라 공동분배하는 일종의 공동 농장 제도인 여전제를 주장하였다.

17. 경기 북부 여경

O ┆ X

23 이익은 『곽우록』에서 한 가정의 생활을 유지하는 데 필요한 일정한 토지인 영업전의 매매를 허가하는 한전론을 주장하였다.

17. 경기 북부 여경

O ┆ X

24 유수원은 『의산문답』을 저술하였으며, 농업의 전문화와 상업화, 기술 혁신을 통해 생산력을 증강시켜야 한다고 주장하였다.

17. 경기 북부 여경

O ┆ X

★**25** 성호 이익은 농가를 안정시키는 방법으로 매 호마다 영업전(永業田)을 갖게 하고, 그 이외의 토지는 매매를 허락하여 점진적으로 토지 균등을 이루어 나가자고 주장하였다.

16. 서울시 7급

O ┆ X

26 정약용은 서얼 출신으로 정조 때 규장각 관원으로 채용되었다.

16. 법원 9급

O ┆ X

27 유형원은 『반계수록』을 저술하였고, 결부법 대신에 경무법을 사용할 것을 주장하였다.

16. 경찰 2차

O ┆ X

28 이익은 『동사강목』을 저술하여 한국사의 독자적 정통론을 체계화하였다.

15. 교육행정

O ┆ X

★**29** 이익은 실학을 집대성하여 『목민심서』, 『경세유표』 등 500여 권의 저술을 남겼다.

15. 교육행정

O ┆ X

★**30** 이익은 노비 제도, 양반 문벌 제도, 사치와 미신 숭배, 게으름 등의 시정을 주장하였다.

15. 교육행정

O ┆ X

31 정약용은 박제가와 함께 종두법을 연구하고 실험하였다.

15. 국가 7급

O ┆ X

32 정약용은 지구가 우주의 중심이 아니라는 무한우주론을 내놓았다.

15. 국가 7급

O ┆ X

33 정약용은 『북학의』를 저술하여 청의 문물을 적극 수용하자고 하였다.

15. 국가 7급

O ┆ X

34 이수광은 『지봉유설』을 저술하여 문화 인식의 폭을 확대하였고, 한백겸은 『동국지리지』를 저술하여 우리나라의 역사 지리를 치밀하게 고증하였다. 15. 경찰 1차

O ┃ X

35 유형원과 이익의 사상을 계승한 김정희는 토지 제도 개혁론을 비롯하여 많은 저술을 남겼다. 14. 국가 9급

O ┃ X

⭐**36** 유형원은 사·농·공·상 모두에게 차등을 두어 토지를 재분배함으로써 모든 국민을 자영농으로 안정시키고자 하였다. 13. 경찰 2차

O ┃ X

37 이익은 화폐 사용이 백성들의 삶에 크게 유익하다는 주장을 제기하였다. 12. 국가 7급

O ┃ X

38 허목은 중농 정책의 강화, 부세의 완화, 호포제 실시 반대 등을 주장하였다. 11. 지방 9급

O ┃ X

39 이익은 관직은 적은데 과거에 응시한 사람이 많은 데서 붕당이 생긴다고 보았다. 10. 국가 7급

O ┃ X

테마 10 실학(중상학파)

⭐**01** 박제가는 『북학의』를 저술하여 청의 선진 기술을 적극적으로 수용할 것과 상공업 육성 등을 역설하였다. 21. 지방 9급

O ┃ X

02 북학론을 주장한 세력들은 화이론에 따라 국제 문제를 해결하고자 하였다. 21. 경찰 1차

O ┃ X

03 북학론을 주장한 세력들은 청의 중국 지배 현실을 인정해야 한다고 주장하였다. 21. 경찰 1차

O ┃ X

04 박제가는 『열하일기』를 저술하였다. 21. 경찰 1차

O ┃ X

05 박제가는 토지 소유에서 한전론을 주장하였다. 21. 경찰 1차

O ┃ X

Self Check

문항	O	X	틀린 이유
34	O	X	
35	O	X	
36	O	X	
37	O	X	
38	O	X	
39	O	X	
01	O	X	
02	O	X	
03	O	X	
04	O	X	
05	O	X	

오답 확인하기

35 김정희가 아니라 정약용이다.
37 이익은 화폐의 폐지를 주장하는 폐전론을 주장하였다.

02 송시열을 비롯한 북벌을 주장한 세력들이 주장한 내용이다.
04 박지원에 대한 설명이다.
05 토지 개혁론으로 한전론을 주장한 사람으로는 이익, 박지원 등이 있다.

정답

34 O 35 X 36 O 37 X 38 O
39 O / 01 O 02 X 03 O 04 X
05 X

Self Check

문항	○	×	틀린 이유
06	○	×	
07	○	×	
08	○	×	
09	○	×	
10	○	×	
11	○	×	
12	○	×	
13	○	×	
14	○	×	
15	○	×	
16	○	×	
17	○	×	

06 '재물의 소비를 우물물에 비유'한 어느 실학자는 수레와 선박의 이용을 확대해야 한다고 주장하였다.

20. 법원 9급

O | X

07 '재물의 소비를 우물물에 비유'한 어느 실학자는 사농공상은 직업적으로 평등해야 한다고 주장하였다.

20. 법원 9급

O | X

08 '재물의 소비를 우물물에 비유'한 어느 실학자는 청에서 행해지는 국제 무역에 참여해야 한다고 주장하였다.

20. 법원 9급

O | X

09 '재물의 소비를 우물물에 비유'한 어느 실학자는 자영농을 중심으로 군사와 교육 제도를 재정비해야 한다고 주장하였다.

20. 법원 9급

O | X

10 박지원은 지구가 둥글다는 것을 인정하고, 중국이 세계의 중심이라는 생각을 비판했다.

20. 경찰 2차

O | X

11 박지원은 토지를 공동으로 소유 경작하여, 노동량에 따라 수확량을 배분하자고 제안했다.

20. 경찰 2차

O | X

12 박지원은 농업 생산력을 높이는 데 관심을 기울였으며, 화폐 유통의 필요성을 주장했다.

20. 경찰 2차

O | X

13 홍대용은 『우서』에서 상업적 경영을 통해 농업 생산성을 높여야 한다고 주장하였다.

17. 국가 9급

O | X

14 홍대용은 『반계수록』에서 신분에 따라 토지를 차등 있게 재분배하자고 주장하였다.

17. 국가 9급

O | X

15 홍대용은 『임하경륜』에서 성인 남자에게 2결의 토지를 나누어 주자고 주장하였다.

17. 국가 9급

O | X

16 홍대용은 『북학의』에서 소비를 권장하여 생산을 촉진하자고 주장하였다.

17. 국가 9급

O | X

17 박제가는 『의산문답』에서 중국이 세계의 중심이라는 생각을 비판하였다.

17. 하반기 국가 7급

O | X

오답 확인하기

07 유수원이 주장한 내용이다.
09 유형원이 주장한 내용이다.
10 홍대용에 대한 설명이다.
11 정약용이 주장한 여전제에 대한 설명이다.
13 유수원에 대한 설명이다.
14 유형원에 대한 설명이다.
16 박제가에 대한 설명이다.
17 홍대용에 대한 설명이다.

정답

06 **O** 07 **X** 08 **O** 09 **X** 10 **X**
11 **X** 12 **O** 13 **X** 14 **X** 15 **O**
16 **X** 17 **X**

18 박제가는 서양 선교사를 초빙하여 서양의 과학 기술을 배우자고 제안하였다.

17. 하반기 국가 7급

O | X

19 박제가는 중국과 일본에 있는 우리나라 관련 기록을 참조하여 『해동역사』를 저술하였다.

17. 하반기 국가 7급

O | X

20 『산림경제』는 홍만선의 저술로 농업, 임업, 축산업, 식품 가공 등을 망라하였다.

17. 서울시 사복

O | X

21 『색경』은 박세당의 저술로 과수, 축산, 기후 등에 중점을 두었다.

17. 서울시 사복

O | X

⭐**22** 박지원은 청에 다녀와 『열하일기』를 저술하고 상공업의 진흥을 강조하면서 수레와 선박의 이용, 화폐 유통의 필요성 등을 주장하였다.

17. 경찰 1차

O | X

⭐**23** 박제가는 서얼 출신으로 규장각 검서관에 등용되었다.

16. 사회복지

O | X

24 박지원은 정조가 일으킨 문체반정(文體反正)의 주 대상 인물이었다.

16. 지방 7급

O | X

25 박지원은 주자 성리학을 비판하고 양명학을 학문적으로 체계화하였다.

16. 지방 7급

O | X

26 박지원은 『청사열전』을 지어 김시습 등 도가(道家) 관련 인물들의 행적을 정리하였다.

16. 지방 7급

O | X

27 박지원은 경제적으로 여유가 있는 호민(豪民)이 나라의 중심이 되어야 한다고 주장하였다.

16. 지방 7급

O | X

⭐**28** 연암 박지원은 한전론(限田論)을 제안하였는데, 토지 소유의 상한선을 정하면 토지 소유의 양극화를 해소할 수 있다고 생각하였다.

16. 서울시 7급

O | X

29 풍석 서유구는 둔전론(屯田論)을 주장하였는데, 소농 생활의 안정을 위해서는 세금을 줄일 뿐만 아니라 지주제도 철폐해야 한다고 생각하였다.

16. 서울시 7급

O | X

⭐**30** 박제가는 '양반전'과 '호질'에서 양반의 부패를 풍자하였다.

16. 법원 9급

O | X

Self Check

문항	O	×	틀린 이유
18	O	×	
19	O	×	
20	O	×	
21	O	×	
22	O	×	
23	O	×	
24	O	×	
25	O	×	
26	O	×	
27	O	×	
28	O	×	
29	O	×	
30	O	×	

오답 확인하기

19 한치윤에 대한 설명이다.
25 정제두에 대한 설명이다.
26 허목에 대한 설명이다.
27 허균에 대한 설명이다.
29 서유구는 중상학파 실학자로 지주제 철폐를 주장하지 않았다.
30 박지원에 대한 설명이다.

정답

18 **O** 19 **X** 20 **O** 21 **O** 22 **O**
23 **O** 24 **O** 25 **X** 26 **X** 27 **X**
28 **O** 29 **X** 30 **X**

문항	○	×	틀린 이유
31	○	×	
32	○	×	
33	○	×	
34	○	×	
35	○	×	
36	○	×	
37	○	×	
38	○	×	
39	○	×	
40	○	×	
41	○	×	
42	○	×	
43	○	×	
44	○	×	

오답 확인하기

32 『연기』는 홍대용이 북경에 다녀온 후에 쓴 기행문이다.
34 한백겸에 대한 설명이다.
35 허목에 대한 설명이다.
36 정상기에 대한 설명이다.
38 정제두에 대한 설명이다.
42 박지원은 『중용주해』를 저술한 적이 없다.

정답

31 **O**　32 **X**　33 **O**　34 **X**　35 **X**
36 **X**　37 **O**　38 **X**　39 **O**　40 **O**
41 **O**　42 **X**　43 **O**　44 **O**

---

31 박제가는 생산력을 높이기 위해 소비를 권장해야 한다고 주장하였다.

16. 법원 9급
O | **X**

⭐**32** 박지원은 청에 갔던 기행문인 『연기』를 저술하였다.

15. 서울시 9급
O | **X**

33 이용후생 학파의 홍대용은 『의산문답』에서 지전설을 주장하였다.

15. 경찰 2차
O | **X**

34 홍대용은 『동국지리지』를 저술하여 역사 지리 연구의 단서를 열어 놓았다.

14. 국가 9급
O | **X**

35 홍대용은 『동사』에서 조선의 자연 환경과 풍속, 인성의 독자성을 강조하였다.

14. 국가 9급
O | **X**

36 홍대용은 『동국지도』를 만들어 지도 제작의 과학화에 기여하였다.

14. 국가 9급
O | **X**

⭐**37** 유수원은 『우서』를 저술하여 상공업의 진흥을 위한 사농공상의 직업적 평등과 전문화를 주장하였다.

14. 서울시 9급
O | **X**

⭐**38** 박제가는 『존언』, 『만물일체설』로 지행합일 이론을 체계화하였다.

13. 지방 9급
O | **X**

39 박제가는 인간과 사물의 본성이 같다는 인물성동론의 입장을 보였다.

13. 지방 9급
O | **X**

⭐**40** 박지원은 『한민명전의』에서 한전법을 주장하였다.

13. 국가 7급
O | **X**

⭐**41** 박지원은 『과농소초』를 통해 농기구의 개량을 주장하였다.

13. 국가 7급
O | **X**

42 박지원은 『중용주해』에서 주자 학설 중심의 성리학을 비판하였다.

13. 국가 7급
O | **X**

43 유수원은 상업에 있어서는 상인 간의 합자를 통한 경영 규모의 확대와 상인이 생산자를 고용하여 생산과 판매를 주관할 것을 주장하였다.

13. 경찰 2차
O | **X**

⭐**44** 박제가는 소비와 생산의 관계를 우물(井)물에 비유하여 절약보다 소비 촉진을 강조하였다.

11. 경찰
O | **X**

45 홍대용은 지구가 우주의 중심이 아니라는 무한우주론을 내놓았다. 10. 국가 7급

O | X

46 홍대용은 사람과 만물의 본성이 같지 않다는 '인물성이론'의 입장에서 자연과학을 탐구하였다. 10. 국가 7급

O | X

47 홍대용은 '실옹'과 '허자'의 문답 형식을 빌려 지금까지 믿어 온 고정 관념을 상대주의 논법으로 비판하였다. 10. 국가 7급

O | X

테마 11 실학(역사서)

01 발해고는 만주 지역까지 우리 역사의 범위를 확장하였다. 22. 국가 9급

O | X

02 발해고는 고조선부터 고려에 이르는 역사를 체계적으로 정리하였다. 22. 국가 9급

O | X

⭐**03** 안정복의 『동사강목』은 기사 본말체로 역사를 서술하였다. 22. 지방 9급

O | X

⭐**04** 유득공의 『발해고』에는 남북국이라는 용어가 사용되었다. 22. 지방 9급

O | X

05 조선 후기, 국어에 대한 연구도 활발하여 신경준의 '고금석림'과 유희의 '언문지'가 나왔다. 22. 서울 9급

O | X

06 유득공은 '동사강목'을 지어 고조선부터 고려 말까지의 우리 역사를 체계적으로 정리하였다. 22. 서울 9급

O | X

⭐**07** 한치윤은 중국 및 일본의 방대한 자료를 참고하여 『해동역사』를 편찬함으로써, 한·중·일 간의 문화 교류를 잘 보여주었다. 21. 지방 9급

O | X

08 [편찬 순서] 해동제국기 → 표해록 → 열하일기 → 서유견문 18. 국가 9급

O | X

⭐**09** 안정복의 동사강목은 단군으로부터 고려에 이르기까지의 우리 역사를 치밀한 고증에 입각하여 엮은 통사이다. 18. 지방 9급

O | X

Self Check

문항	O	×	틀린 이유
45	O	×	
46	O	×	
47	O	×	
01	O	×	
02	O	×	
03	O	×	
04	O	×	
05	O	×	
06	O	×	
07	O	×	
08	O	×	
09	O	×	

오답 확인하기

46 홍대용은 북학파로, 북학파는 낙론의 인물성동론을 계승하였다.

02 '발해고'는 발해의 역사를 다룬 책이다.

03 '동사강목'은 편년체와 강목체의 서술 방식을 따랐다.

05 신경준이 저술한 책은 '훈민정음운해'이다. '고금석림'은 이의봉이 저술한 책으로, 우리나라의 방언과 해외의 언어들을 정리한 것이다.

06 '동사강목'은 안정복이 저술하였다. 유득공이 저술한 역사서는 '발해고'이다.

정답

45 **O** 46 **X** 47 **O** / 01 **O** 02 **X**
03 **X** 04 **O** 05 **X** 06 **X** 07 **O**
08 **O** 09 **O**

Self Check

문항	O	X	틀린 이유
10	O	X	
11	O	X	
12	O	X	
13	O	X	
14	O	X	
15	O	X	
16	O	X	
17	O	X	
18	O	X	
19	O	X	
20	O	X	
21	O	X	

10 이익은 '삼한정통론'에서 기자가 조선에 봉해졌다는 주장을 부정하였다.

18. 지방 7급

O ∣ X

11 [순서나열] 지봉유설 → 성호사설 → 대동운부군옥 → 오주연문장전산고

18. 상반기 서울시 9급

O ∣ X

12 임상덕의 『동사회강』에서는 마한을 정통으로 인정하지 않고 삼국을 무통으로 보았다.

17. 국가 7급

O ∣ X

⭐**13** 안정복의 『동사강목』에서는 삼국을 무통으로 하고 단군−기자−마한−통일신라를 정통으로 하였다.

17. 국가 7급

O ∣ X

14 홍만종의 『동국역대총목』에서는 단군을 배제하고 기자−마한−통일신라의 흐름을 정통으로 규정하였다.

17. 국가 7급

O ∣ X

15 홍여하의 『동국통감제강』에서는 기자의 전통이 마한을 거쳐 신라로 이어졌다고 하여 기자−마한−신라를 정통 국가로 내세웠다.

17. 국가 7급

O ∣ X

⭐**16** 이의봉은 『고금석림』을 편찬하여 우리의 어휘를 정리하였다.

17. 서울시 9급

O ∣ X

17 이종휘는 『동사』를 지어 고구려사에 대한 관심을 고조시켰다.

17. 서울시 9 · 7급

O ∣ X

⭐**18** 이종휘는 『동사』에서 고구려 역사 연구를, 유득공은 『발해고』에서 발해사 연구를 심화하였다. 이들은 고대사 연구의 시야를 만주 지방까지 확대시킴으로써 한반도 중심의 협소한 사관을 극복하는 데 힘썼다.

17. 경찰 1차

O ∣ X

19 신경준이 저술한 『대동운부군옥』은 단군 시대 이래의 지리, 역사, 인물, 문학, 식물, 동물 등을 총망라한 어휘 백과사전이다.

17. 경기 북부 여경

O ∣ X

20 홍대용은 서양 과학의 본질이 수학에 있다는 생각을 바탕으로 『주해수용』을 저술하여 동양과 서양 수학의 연구 성과를 정리하였다.

17. 경기 북부 여경

O ∣ X

21 서호수는 『해동농서』를 저술하여 우리 고유의 농학을 중심에 두고 중국 농학을 선별적으로 수용하는 방향으로 농학의 새로운 체계화를 시도하였다.

17. 경기 북부 여경

O ∣ X

오답 확인하기

10 이익은 삼한정통론에서 단군−기자−마한으로 이어지는 정통론을 주장하였다.
11 대동운부군옥 → 지봉유설 → 성호사설 → 오주연문장전산고
14 홍만종은 동국역대총목에서 단군 정통론을 제시하였다.
19 『대동운부군옥』은 권문해가 저술한 어휘백과사전이다.

정답

10 X   11 X   12 O   13 O   14 X
15 O   16 O   17 O   18 O   19 X
20 O   21 O

⭐ **22** 김정희는 『금석과안록』을 지어 북한산비가 진흥왕 순수비임을 밝혔다.

16. 경찰 1차
O ｜ X

⭐ **23** 한치윤은 500여 종의 중국 및 일본의 자료를 참고하여 기전체 형식의 『해동역사』를 저술하였다.

16. 경찰 1차
O ｜ X

24 『동사강목』은 우리 역사의 독자적 정통론을 세워 이를 체계화하였다.

15. 지방 9급
O ｜ X

⭐ **25** 『동사강목』은 중국 및 일본의 자료를 망라한 기전체 사서로 민족사 인식의 폭을 넓혔다.

15. 지방 9급
O ｜ X

26 이익은 실증적이며 비판적인 역사 서술을 제시하고, 중국 중심의 역사관에서 벗어나 우리 역사를 체계화할 것을 주장하였다.

15. 경찰 2차
O ｜ X

27 [순서나열] 『동국이상국집』 → 『불씨잡변』 → 『임원경제지』 → 『해동제국기』

11. 국가 7급
O ｜ X

28 이익은 역사를 움직이는 힘을 '시세(時勢)', '행불행(幸不幸)', '시비(是非)'의 순서로 봄으로써 도덕 중심 사관을 비판하였다.

11. 지방 7급
O ｜ X

⭐ **29** 이긍익은 조선시대의 정치와 문화를 정리하여 『연려실기술』을 저술하였다.

10. 서울시 7급
O ｜ X

문항	O	×	틀린 이유
22	O	×	
23	O	×	
24	O	×	
25	O	×	
26	O	×	
27	O	×	
28	O	×	
29	O	×	

제5막

오답 확인하기

25 한치윤의 『해동역사』다.
27 『동국이상국집』 → 『불씨잡변』
　 → 『해동제국기』 → 『임원경제지』

정답

22 O　23 O　24 O　25 X　26 O
27 X　28 O　29 O

테마 12 과학 기술의 발달과 문화의 새 경향

01 조선 후기, 문화 인식의 폭이 확대되어 백과 사전류의 저서가 편찬되었다.
23. 법원 9급
O | X

02 조선 후기에는 격식에 구애받지 않고 감정을 표현하는 사설시조가 유행하였다.
23. 법원 9급
O | X

03 조선 후기, 주자소가 설치되어 계미자를 비롯한 다양한 활자를 주조하였다.
23. 법원 9급
O | X

04 조선 후기에는 생활 모습을 그린 풍속화와 출세와 장수, 행운과 복을 비는 민화가 크게 유행하였다.
20. 경찰 2차
O | X

⭐**05** 조선 후기에는 홍길동전, 춘향전 등과 같이 신분제를 비판하거나 탐관오리를 응징하는 한글 소설이 유행하였다.
20. 경찰 2차
O | X

06 김제 금산사 미륵전은 다층 건물이나 내부가 하나로 통한다.
19. 국가 9급
O | X

07 조선 후기에 판소리, 잡가, 가면극이 유행하였다.
19. 법원 9급
O | X

08 조선 후기에는 위선적인 양반의 생활을 풍자하는 '양반전', '허생전' 등의 한문 소설이 유행하였다.
19. 법원 9급
O | X

09 조선 후기에는 서얼이나 노비 출신의 문인들이 등장하였고, 황진이와 같은 여류 작가들도 활동하였다.
19. 법원 9급
O | X

10 김제 금산사 미륵전, 보은 법주사 팔상전, 논산 쌍계사 등이 조선 후기를 대표하는 불교 건축물이다.
19. 법원 9급
O | X

11 조선 후기에 곤여만국전도 같은 세계 지도가 전해짐으로써 보다 과학적이고 정밀한 지리학의 지식을 가지게 되었다.
19. 경찰 2차
O | X

12 조선 후기에 김석문은 『역학도해』에서 우리나라에서 처음으로 지전설을 주장하여 우주관을 전환시켰다.
19. 경찰 2차
O | X

⭐**13** 조선 후기에 홍대용은 김석문과 함께 지전설을 주장하였고, 지구가 우주의 중심이 아니라는 무한우주론을 주장하였다.
19. 경찰 2차
O | X

오답 확인하기

03 조선 전기에 대한 설명이다.
09 16세기의 일이다.

정답

01 **O** 02 **O** 03 **X** 04 **O** 05 **O**
06 **O** 07 **O** 08 **O** 09 **X** 10 **O**
11 **O** 12 **O** 13 **O**

14 위항인들이 편찬한 시집에는 어우야담, 연조귀감, 호산외기, 소대풍요 등이 있다.

18. 국가 7급
O | X

⭐**15** 『일성록』, 『난중일기』, 『비변사등록』, 『승정원일기』, 한국의 유교 책판 등은 유네스코 세계기록유산에 등재되었다.

17. 국가 7급
O | **X**

16 홍대용은 코페르니쿠스의 지구 자전과 공전을 설명한 『지구전요』를 저술하였고, 뉴턴의 만유인력설과 같은 서양의 과학을 소개한 『명남루총서』를 저술하기도 하였다.

17. 경찰 2차
O | **X**

⭐**17** 정약용은 요하네스 테렌츠의 『기기도설』을 참고하여 거중기를 제작하였다.

17. 경찰 2차
O | X

18 주자학에 대한 비판이 높아짐에 따라 역사 서술에서 강목체는 사라졌다.

16. 사회복지
O | **X**

19 '진경산수'가 유행하여 우리 산천에 대한 사실적인 묘사가 많아졌다.

16. 사회복지
O | X

⭐**20** 18세기에 들어 중국의 화풍을 배격하고 우리의 고유한 자연과 풍속을 있는 그대로 묘사한 진경산수(眞景山水)의 화풍이 등장했으며, 정선은 진경산수화의 대가로 '금강전도', '인왕제색도' 등을 그렸다.

16. 경찰 2차
O | **X**

⭐**21** 김홍도는 섬세하고 정교한 필치로 정조의 화성 행차와 관련된 병풍, 행렬도, 의궤 등 궁중 풍속을 많이 남겼다.

16. 경찰 2차
O | X

22 신윤복은 주로 도시인의 풍류 생활과 부녀자의 풍속, 남녀 사이의 애정 등을 감각적이고 해학적인 필치로 묘사하였다.

16. 경찰 2차
O | X

23 기해사옥 때 흑산도로 유배를 간 정약전은 그 지역의 어류를 조사한 『자산어보』를 서술하였다.

14. 국가 9급
O | **X**

⭐**24** 김정희는 우리의 정서와 개성을 추구하는 단아한 글씨의 동국진체를 완성하였다.

11. 사회복지
O | **X**

25 강세황은 서양화 기법을 반영하여 사물을 실감나게 표현하였다.

11. 사회복지
O | X

⭐**26** 정선은 바위산을 선으로 묘사하고, 흙산을 묵으로 묘사하는 기법을 활용하였다.

11. 사회복지
O | X

Self Check

문항	O	X	틀린 이유
14	O	X	
15	O	X	
16	O	X	
17	O	X	
18	O	X	
19	O	X	
20	O	X	
21	O	X	
22	O	X	
23	O	X	
24	O	X	
25	O	X	
26	O	X	

제5막

오답 확인하기

14 위항인들이 편찬한 시집으로는 소대풍요 등이 있다. 어우야담, 연조귀감, 호산외기는 위항인의 시집이 아니다.

15 『비변사등록』은 유네스코 세계 기록유산에 등재되지 않았다.

16 지구전요와 명남루총서는 둘다 최한기의 저서이다.

18 조선 후기에는 정통과 대의명분을 중시하는 강목체의 역사서가 많이 편찬되었다.

20 진경산수화는 중국의 화풍을 배격한 것이 아니라 중국의 남종·북종 화법을 고루 수용하였다.

23 기해사옥이 아니라 신유박해다.

24 동국진체를 완성한 사람은 이광사다.

정답

14 X 15 X 16 X 17 O 18 X
19 O 20 X 21 O 22 O 23 X
24 X 25 O 26 O

노범석 한국사
기선제압 OX

제 **6** 막

근대 사회의 발전

01

근대 사회의 전개(정치)

Self Check

문항	○	×	틀린 이유
01	○	×	
02	○	×	
03	○	×	
04	○	×	
05	○	×	
06	○	×	
07	○	×	
08	○	×	
09	○	×	
10	○	×	
11	○	×	
12	○	×	
13	○	×	

오답 확인하기

03 흥선대원군은 세도 정치의 핵심 기구인 비변사를 축소·격하시켜 사실상 폐지시켰다.
06 고종이 아니라 철종 때의 일이다.
07 보빙사를 파견한 것은 1883년의 일로, 흥선대원군이 하야한 이후인 고종 친정 시기이다.
09 조선 후기인 숙종 때의 일이다.
10 흥선대원군이 하야한 이후인 1880년의 일로, 고종 친정 시기이다.
11 신미양요 이전인 1868년의 일이다.
12 흥선대원군 때에는 노론의 정신적 지주 역할을 한 만동묘를 폐지하였다.
13 김홍집에 대한 설명이다.

정답

01 **O** 02 **O** 03 **X** 04 **O** 05 **O**
06 **X** 07 **X** 08 **O** 09 **X** 10 **X**
11 **X** 12 **X** 13 **X**

테마 1 흥선 대원군의 대내외 정책

01 흥선대원군은 사창제를 실시하였다.
23. 국가 9급
O | X

⭐**02** 흥선대원군은 『대전회통』을 편찬하였다.
23. 국가 9급
O | X

⭐**03** 흥선대원군은 비변사의 기능을 강화하였다.
23. 국가 9급
O | X

04 흥선대원군은 통상 수교 거부 정책을 추진하였다.
23. 국가 9급
O | X

05 평양에서 제너럴 셔먼호 사건이 발생하였다.
23. 국가 9급
O | X

06 고종은 삼정의 문란을 바로잡기 위해 삼정이정청을 설치했다.
22. 국가 9급
O | X

07 흥선대원군은 미국에 보빙사라는 사절단을 파견하였다.
22. 국가 9급
O | X

⭐**08** 흥선대원군은 전국 여러 곳에 척화비를 세우도록 했다.
22. 국가 9급
O | X

09 흥선대원군은 국경을 획정하고자 백두산정계비를 세웠다.
22. 국가 9급
O | X

10 흥선대원군은 통리기무아문을 설치하고 그 아래에 12사를 두었다.
22. 국가 9급
O | X

⭐**11** 신미양요 ~ 갑오개혁 사이에 오페르트 도굴 미수 사건이 일어났다.
22. 국가 9급
O | X

12 흥선대원군은 만동묘 건립을 주도하였다.
21. 국가 9급
O | X

13 흥선대원군은 군국기무처 총재를 역임하였다.
21. 국가 9급
O | X

Self Check

문항	O	X	틀린 이유
14	○	×	
15	○	×	
16	○	×	
17	○	×	
18	○	×	
19	○	×	
20	○	×	
21	○	×	
22	○	×	
23	○	×	
24	○	×	
25	○	×	
26	○	×	
27	○	×	
28	○	×	

⭐**14** 흥선대원군은 통리기무아문을 폐지하고 5군영을 부활하였다.
21. 국가 9급
O | X

15 흥선대원군은 탕평 정치를 정리한 『만기요람』을 편찬하였다.
21. 국가 9급
O | X

16 흥선대원군은 대한국국제를 만들어 공포하였다.
21. 지방 9급
O | X

⭐**17** 흥선대원군은 서원을 대폭 줄이는 정책을 추진하였다.
21. 지방 9급
O | X

18 흥선대원군은 우정총국 개국 축하연을 이용해 정변을 일으켰다.
21. 지방 9급
O | X

19 흥선대원군은 황쭌셴의 『조선책략』을 가져와 널리 유포하였다.
21. 지방 9급
O | X

20 제너럴셔먼호 사건부터 신미양요 사이의 시기에 고종이 홍범 14조를 발표하였다.
21. 지방 9급
O | X

21 제너럴셔먼호 사건부터 신미양요 사이의 시기에 일본의 운요호가 초지진을 포격하였다.
21. 지방 9급
O | X

⭐**22** 제너럴셔먼호 사건부터 신미양요 사이의 시기에 오페르트가 남연군의 묘 도굴을 시도하였다.
21. 지방 9급
O | X

23 제너럴셔먼호 사건부터 신미양요 사이의 시기에 차별 대우에 불만을 품은 군인이 임오군란을 일으켰다.
21. 지방 9급
O | X

24 흥선대원군은 일본에 조사 시찰단을 파견하였다.
21. 법원 9급
O | X

25 흥선대원군은 은결을 색출하고 호포제를 실시하였다.
21. 법원 9급
O | X

26 흥선대원군은 탕평파를 육성하고 탕평비를 건립하였다.
21. 법원 9급
O | X

⭐**27** 흥선대원군은 '대전통편'을 편찬해 통치 체제를 정비하였다.
21. 법원 9급
O | X

28 신미양요(고종) 때 군포에 대한 양반들의 면세특권이 폐지되었다.
20. 국가 9급
O | X

오답 확인하기

15 '만기요람'은 순조 때 서영보·심상규 등이 왕명을 받아 편찬한 책이다.
16 고종은 1899년 대한국국제를 공포하였다.
18 김옥균 등 급진개화파들이 일으킨 갑신정변에 대한 설명이다.
19 2차 수신사로 일본에 파견된 김홍집에 대한 설명이다.
20 신미양요 이후인 1894년 12월의 일이다.
21 신미양요 이후인 1875년의 일이다.
23 신미양요 이후인 1882년의 일이다.
24 흥선대원군 하야 이후인 1881년의 일이다.
26 영조의 업적이다.
27 '대전통편'은 정조 때 편찬된 법전이다.

정답

14 **O** 15 **X** 16 **X** 17 **O** 18 **X**
19 **X** 20 **X** 21 **X** 22 **O** 23 **X**
24 **X** 25 **O** 26 **X** 27 **X** 28 **O**

Self Check

문항	○	×	틀린 이유
29	○	×	
30	○	×	
31	○	×	
32	○	×	
33	○	×	
34	○	×	
35	○	×	
36	○	×	
37	○	×	
38	○	×	
39	○	×	
40	○	×	
41	○	×	
42	○	×	
43	○	×	

오답 확인하기

31 조선 후기 헌종 때의 일이다.
33 흥선대원군 집권기에는 비변사를 축소·격하시켜 사실상 폐지시켰다.
34 러시아가 아니라 프랑스다.
35 호포제와 서원 철폐 모두 유생들의 강력한 반대를 야기하였다.
40 조선책략이 조선에 유입된 것은 신미양요 이후인 1880년의 일이다.
42 1866년 병인양요에 대한 설명이다.

정답

29 **O** 30 **O** 31 **X** 32 **O** 33 **X**
34 **X** 35 **X** 36 **O** 37 **O** 38 **O**
39 **O** 40 **X** 41 **O** 42 **X** 43 **O**

29 최익현은 서원 철폐 조치 등에 반대하면서 흥선대원군을 탄핵하였다. 20. 국가 7급
O | **X**

30 흥선대원군 집권 시기에 한성근 부대는 문수산성에서, 양헌수 부대는 정족산성(삼랑성)에서 프랑스 군대와 전투를 벌였다. 20. 경찰 2차
O | **X**

31 흥선 대원군 집권기에 세한도가 제작되었다. 19. 지방 9급
O | **X**

32 흥선 대원군 집권기에 삼군부가 부활되고 삼수병이 강화되었다. 19. 지방 9급
O | **X**

33 흥선 대원군 집권기에 비변사 당상들이 중요한 권력을 장악하였다. 19. 지방 9급
O | **X**

34 러시아는 천주교 박해에 항의하여 강화도를 침략하였다. 19. 국가직 7급
O | **X**

35 흥선대원군의 서원 철폐·호포제 실시는 둘 다 유생들의 지지를 받으며 추진되었다. 19. 서울시 7급
O | **X**

36 흥선대원군의 서원 철폐·호포제 실시는 둘 다 정부의 재정 수입 증가에 기여하였다. 19. 서울시 7급
O | **X**

⭐37 흥선대원군은 만동묘를 철폐하고 폐단이 큰 서원을 철폐하도록 하였다. 18. 경찰 1차
O | **X**

⭐38 흥선대원군은 의정부와 삼군부의 기능을 부활시켜 각각 정치와 군사의 최고 기관으로 삼았다. 18. 경찰 1차
O | **X**

39 흥선대원군은 임진왜란 때 소실된 경복궁을 재건하고, 광화문 앞의 육조 거리 등 한양의 도시 구조를 복원하였다. 18. 경찰 1차
O | **X**

40 신미양요는 『조선책략』에 대한 반발로 발생한 사건이었다. 17. 하반기 지방 9급
O | **X**

⭐41 신미양요는 전국 여러 곳에 척화비가 세워지는 계기가 되었다. 17. 하반기 지방 9급
O | **X**

⭐42 신미양요 당시 정족산성에서 양헌수 부대가 승리를 거두었다. 17. 하반기 지방 9급
O | **X**

43 흥선대원군은 순무영을 설치하였다. 17. 하반기 국가 7급
O | **X**

44 신미양요 때 외규장각에 보관된 왕실 도서가 약탈당하였다. 16. 교육행정
O | X

45 흥선대원군은 을미의병이 확산되자 해산 권고 조칙을 발표하였다. 16. 지방 7급
O | X

46 흥선대원군은 갑신정변이 발발하자 청군의 개입을 요청하였다. 16. 지방 7급
O | X

47 흥선대원군은 임오군란으로 집권하여 5군영을 복구하였다. 16. 지방 7급
O | X

48 『직지심체요절』은 병인양요 때 프랑스 군에게 약탈당하였다. 13. 국가 9급
O | X

49 비변사를 사실상 혁파하고, 의정부와 삼군부의 기능을 다시 강화하였다.
12. 서울시 9급
O | X

50 통치 체제 정비를 위해 『대전회통』, 『육전조례』 등의 법전을 편찬하였다.
12. 서울시 9급
O | X

51 병인양요의 결과로 인하여 9명의 프랑스 신부를 처형하는 병인박해(1866)가 일어나게 되었다.
11. 경찰
O | X

52 병인양요 당시에 제너럴 셔먼호 소각 사건을 구실로, 프랑스의 극동 함대 사령관 로즈(Rose) 제독이 7척의 군함을 이끌고 강화도에 침입하였다.
11. 경찰
O | X

Self Check

문항	O	×	틀린 이유
44	O	×	
45	O	×	
46	O	×	
47	O	×	
48	O	×	
49	O	×	
50	O	×	
51	O	×	
52	O	×	

제 6 막

오답 확인하기

44 병인양요 때의 일이다.
45 고종에 대한 설명이다.
46 흥선대원군이 아니라 민씨 정권이다.
48 『직지심체요절』이 아니라 외규장각 의궤다.
51 병인박해는 병인양요의 원인이 된 사건이다.
52 제너럴셔먼호 사건을 계기로 일어난 것은 신미양요이다.

정답

44 X 45 X 46 X 47 O 48 X
49 O 50 O 51 X 52 X

오답 확인하기

02 1896년 2월 아관파천 직후, 러시아는 압록강 유역의 산림 채벌권을 획득하였다.

03 조·청 상민 수륙 무역 장정 이후인 1898년의 일이다.

04 조·청 상민 수륙 무역 장정 이후인 1889년의 일이다.

07 조·미 수호 통상 조약은 임오군란 발발 이전인 1882년 4월에 체결된 조약이다.

13 조·일 무역 규칙에 대한 설명이다.

정답

01 **O** 02 **X** 03 **X** 04 **X** 05 **O**
06 **O** 07 **X** 08 **O** 09 **O** 10 **O**
11 **O** 12 **O** 13 **X**

테마 2 개항과 불평등 조약의 체결

01 조·일 수호 조규 ~ 조·청 상민 수륙 무역 장정 시기 사이에 개항장에서는 일본 화폐가 통용되었다.
23. 국가 9급
O | **X**

02 조·일 수호 조규 ~ 조·청 상민 수륙 무역 장정 시기 사이에 러시아가 압록강 유역의 산림 채벌권을 획득하였다.
23. 국가 9급
O | **X**

03 조·일 수호 조규 ~ 조·청 상민 수륙 무역 장정 시기 사이에 황국 중앙 총상회가 조직되어 상권 수호 운동을 전개하였다.
23. 국가 9급
O | **X**

04 조·일 수호 조규 ~ 조·청 상민 수륙 무역 장정 시기 사이에 함경도의 방곡령에 불복하여 일본 상인이 손해 배상을 요구하였다.
23. 국가 9급
O | **X**

05 신미양요 ~ 갑오개혁 사이에 조·미 수호 통상 조약이 체결되었다.
22. 국가 9급
O | **X**

06 조·미 수호 통상 조약에 따라 영사재판권이 인정되었다.
21. 국가 9급
O | **X**

07 조·미 수호 통상 조약은 임오군란을 계기로 체결되었다.
21. 국가 9급
O | **X**

08 조·미 수호 통상 조약에는 최혜국 대우 조항이 포함되었다.
21. 국가 9급
O | **X**

09 조·미 수호 통상 조약은 『조선책략』의 영향을 받았다.
21. 국가 9급
O | **X**

10 운요호 사건 ~ 원산 개항 시기의 사이에 조·일 수호 조규 부록과 조·일 무역 규칙이 체결되었다.
21. 법원직 9급
O | **X**

11 조·일 무역 규칙 체결과 개정 조·일 통상 장정 체결 사이의 시기에 양화진에 청국인 상점을 허용하는 조약이 체결되었다.
19. 지방 9급
O | **X**

12 미국은 청의 알선으로 조선과 불평등 조약을 체결하였다.
19. 국가 7급
O | **X**

13 조·미 수호 통상 조약에는 양곡의 무제한 유출, 무관세, 무항세 조항이 포함되었다.
17. 국가 7급
O | **X**

14 조·미 수호 통상 조약은 다른 나라의 압박을 받으면 거중 조정한다는 내용의 조항이 들어 있었다.

17. 국가 7급

O | X

15 강화도 조약으로 부산에 이어 인천, 원산 순으로 개항되었다.

17. 경찰 1차

O | X

16 조·미 수호 통상 장정은 강화도 조약과 달리 관세 조항이 들어 있었다.

17. 경찰 1차

O | X

17 강화도 조약은 최혜국 대우가 인정되어 불평등 조약으로 평가받는다.

17. 경찰 2차

O | X

18 강화도 조약에서 양국 관리는 양국 인민의 자유로운 무역 활동에 일체 간섭하지 않는다고 규정하였다.

17. 경찰 2차

O | X

19 조·일 통상 장정(1876)에는 곡물 유출을 막는 방곡령 규정이 합의되었다.

16. 국가 9급

O | X

20 조·청 수륙 무역 장정(1882)의 체결로 서울에서 청국 상인의 개점이 허용되었다.

16. 국가 9급

O | X

21 개정 조·일 통상 장정(1883)의 체결로 일본과 수출입하는 물품에 일정 세율이 부과되었다.

16. 국가 9급

O | X

22 한·청 통상 조약(1899) 당시 대한제국 황제와 청 황제가 대등한 위치에서 조약을 체결하였다.

16. 국가 9급

O | X

23 조·일 수호 조규에서 개항장에서 일본 화폐의 유통을 허용하였다.

16. 국가 7급

O | X

24 조·일 수호 조규 부록에서는 일본국 항해자가 조선의 연해를 자유롭게 측량하도록 허가하였다.

16. 국가 7급

O | X

25 조·일 무역 규칙에서는 일본 정부 소속의 선박에는 항세를 면제하였다.

16. 국가 7급

O | X

26 강화도 조약을 통해 청과 일본은 조선에 대한 파병권을 동등하게 가졌다.

15. 사회복지

O | X

Self Check

문항	O	×	틀린 이유
14	O	×	
15	O	×	
16	O	×	
17	O	×	
18	O	×	
19	O	×	
20	O	×	
21	O	×	
22	O	×	
23	O	×	
24	O	×	
25	O	×	
26	O	×	

오답 확인하기

15 강화도 조약으로 부산, 원산, 인천 순으로 개항되었다.
17 강화도 조약에는 최혜국 대우와 관련된 규정이 포함되어 있지 않다.
19 방곡령 규정이 합의된 개정 조·일 통상장정은 1883년에 체결되었다.
23 조·일 수호 조규 부록의 내용이다.
24 조·일 수호 조규의 내용이다.
26 톈진 조약에 대한 설명이다.

정답

14 O 15 X 16 O 17 X 18 O
19 X 20 O 21 O 22 O 23 X
24 X 25 O 26 X

Self Check

문항	○	×	틀린 이유
27	○	×	
28	○	×	
29	○	×	
30	○	×	
31	○	×	
32	○	×	
33	○	×	
34	○	×	
35	○	×	
36	○	×	

27 제물포 조약을 통해 일본 공사관에서 경비병의 주둔을 허락하였다. 15. 국가 7급
O ㅣ X

⭐**28** 조·청 상민 수륙 장정을 통해 양화진에서 청국 상인의 통상을 인정하였다.
15. 국가 7급
O ㅣ X

29 조·청 상민 수륙 장정을 통해 조선에서 청국 상무위원의 영사재판권을 인정한다. 15. 국가 7급
O ㅣ X

⭐**30** 강화도 조약은 '운요호 사건' 이후 체결된 것이다. 14. 지방 9급
O ㅣ X

31 조·청 상민 수륙 무역 장정은 갑신정변 이후 체결된 것이다. 14. 지방 9급
O ㅣ X

32 조·청 상민 수륙 무역 장정에는 천주교의 포교권 인정이 규정되어 있다.
14. 지방 9급
O ㅣ X

33 강화도 조약 및 부속 조약의 체결로 쌀 유출이 허용되면서 쌀값이 폭등하고 쌀의 상품화가 촉진되었다. 13. 지방 9급
O ㅣ X

⭐**34** 강화도 조약 및 부속 조약의 체결로 개항지 지정이 약정되면서 군산항, 목포항, 양화진이 차례로 개항되었다. 13. 지방 9급
O ㅣ X

⭐**35** 조일 수호 조규 부록에서는 개항장 밖 10리까지 외국인의 왕래를 허가하였다.
13. 국가 7급
O ㅣ X

36 조·미 수호 통상 조약에는 조선과 미국 두 나라 중 한 나라가 다른 나라의 핍박을 받을 경우 분쟁을 해결하도록 주선한다는 내용이 있다. 10. 국가 9급
O ㅣ X

오답 확인하기

31 조·청 상민 수륙 장정은 갑신정변 이전인 1882년에 체결되었다.
32 조·불 수호 통상 조약의 내용이다.
34 부산, 원산, 인천이 개항되었다.

정답

27 **O** 28 **O** 29 **O** 30 **O** 31 **X**
32 **X** 33 **O** 34 **X** 35 **O** 36 **O**

테마 3 위정척사와 개화

01 동도서기론자들은 왜양일체론(倭洋一體論)을 주장하였다. 　20. 국가 9급
　　O ｜ X

02 동도서기론은 근대 문물 수용의 사상적 기반이 되었다. 　20. 국가 9급
　　O ｜ X

03 동도서기론은 갑신정변 주도 세력의 견해를 대변하였다. 　20. 국가 9급
　　O ｜ X

04 동도서기론은 우등한 사회가 열등한 사회를 지배하는 것이 당연하다고 보았다.
　　20. 국가 9급
　　O ｜ X

⭐**05** 강화도 조약 체결과 청에 영선사 파견 시기 사이에 개화 정책을 추진할 기구로 통리기무아문을 설치하였다. 　20. 지방 9급
　　O ｜ X

06 최익현은 『조선책략』을 입수하여 국내에 소개하였다. 　20. 국가 7급
　　O ｜ X

07 유길준은 1881년에 조사시찰단으로 일본에 다녀왔고, 1884년에 우정총국이 설립되자 우정국 총판에 임명되었다. 　20. 경찰 1차
　　O ｜ X

08 유길준은 1882년 수신사로 일본에 다녀왔고, 일제 강점기에는 일제로부터 후작을 받고 중추원 고문에 임명되었다. 　20. 경찰 1차
　　O ｜ X

⭐**09** 최익현은 왜양일체론을 내세우며 개항 반대 운동을 전개하였다. 　19. 서울시 9급
　　O ｜ X

10 이항로는 척화주전론을 주장하며 통상 반대 운동을 전개하였다. 　19. 서울시 9급
　　O ｜ X

11 기정진 등 영남 유생들이 만인소를 올려 『조선책략』을 들여온 김홍집의 처벌을 요구하였다. 　19. 서울시 9급
　　O ｜ X

12 홍재학은 주화매국의 신료를 처벌하고 서양 물품과 서양 서적을 불태울 것을 주장하였다. 　19. 서울시 9급
　　O ｜ X

13 1880년대에 교정청은 개화 정책을 총괄하는 기구였다. 　18. 국가 7급
　　O ｜ X

오답 확인하기

01 '왜양일체론'은 위정척사 운동을 주도한 최익현이 주장한 논리이고, '동도서기론'은 김윤식 등 온건개화파가 주장한 논리이다.
03 문명개화론을 주장한 급진 개화파 세력이 갑신정변을 주도하였다.
04 사회진화론에 대한 설명이다.
06 김홍집에 대한 설명이다.
07 홍영식에 대한 설명이다.
08 박영효에 대한 설명이다.
11 기정진은 1860년대 통상 반대 운동을 주도했던 인물로, 영남 만인소에는 참여하지 않았다.
13 교정청은 1894년에 설치되었다.

정답

01 X　02 O　03 X　04 X　05 O
06 X　07 X　08 X　09 O　10 O
11 X　12 O　13 X

Self Check

문항	O	X	틀린 이유
14	O	X	
15	O	X	
16	O	X	
17	O	X	
18	O	X	
19	O	X	
20	O	X	
21	O	X	
22	O	X	
23	O	X	
24	O	X	
25	O	X	
26	O	X	
27	O	X	
28	O	X	

오답 확인하기

16 조사시찰단이 아니라 2차 수신사이다.
17 최익현이 오불가소를 올린 것은 1870년대의 일이다.
20 임오군란에 대한 내용으로, 최익현과는 무관하다.
21 이만손, 홍재학 등에 대한 설명이다.
22 『화서아언』은 이항로의 저서이다.
24 동도서기론은 온건개화파, 문명개화론은 급진개화파의 주장이다.
27 온건개화파는 친청적인 입장을 취하였다.
28 급진개화파는 일본의 메이지유신을 본받고자 하였다.

정답

14 O   15 O   16 X   17 X   18 O
19 O   20 X   21 X   22 X   23 O
24 X   25 O   26 O   27 X   28 X

---

14 청에 파견된 영선사 김윤식 일행은 무기 제조법을 배웠다. 18. 국가 7급   O | X

15 미국에 파견된 보빙사는 근대 시설을 시찰하고 대통령을 접견하였다. 18. 국가 7급   O | X

16 김홍집은 조사시찰단으로 일본을 방문하여 '조선책략'을 가지고 돌아왔다. 18. 국가 7급   O | X

17 1880년 이후 최익현은 일본과 통상을 반대하는 『오불가소(五不可疏)』를 올렸다. 17. 지방 9급   O | X

18 [순서나열] 1차 수신사 → 2차 수신사 → 조사시찰단 → 영선사 → 보빙사 17. 서울시 사복   O | X

19 최익현은 의병 운동을 주도했으며 대마도에서 순국하였다. 14. 국가 7급   O | X

20 최익현은 왕궁, 일본 공사관, 민씨 일족을 습격하고 대원군을 옹립하고자 하였다. 14. 국가 7급   O | X

21 최익현은 『조선책략』의 내용을 비난하고 이것을 가져온 김홍집의 처벌을 요구하였다. 14. 국가 7급   O | X

22 최익현은 『화서아언』에서 프랑스와의 통상을 반대하고 서양 세력과 끝까지 항전해야 한다고 주장하였다. 14. 국가 7급   O | X

23 위정척사운동은 대원군의 쇄국 정책을 뒷받침하였다. 12. 국가 9급   O | X

24 위정척사운동은 동도서기론과 문명개화론을 주장하였다. 12. 국가 9급   O | X

25 위정척사운동의 일환으로 영남 유생들의 만인소 운동이 일어났다. 12. 국가 9급   O | X

26 영선사의 활동을 계기로 근대적 병기 공장인 기기창이 설치되었다. 12. 지방 9급   O | X

27 동도서기론을 주장한 세력은 정부의 친청적인 태도를 비판하였다. 10. 지방 7급   O | X

28 문명개화론을 주장한 사람들은 중국의 양무 운동을 본받고자 하였다. 10. 지방 7급   O | X

테마 4 임오군란과 갑신정변

01 [순서나열] 임오군란 → 강화도 조약 → 갑신정변 → 톈진 조약   22. 서울 9급
O | X

02 임오군란 ~ 갑신정변 사이의 시기에 군국기무처가 설치되었다.   22. 소방직
O | X

03 임오군란 ~ 갑신정변 사이의 시기에 이만손 등이 영남 만인소를 올렸다.   22. 소방직
O | X

04 임오군란 ~ 갑신정변 사이의 시기에 영국이 거문도를 불법으로 점령하였다.   22. 소방직
O | X

05 임오군란 ~ 갑신정변 사이의 시기에 조선은 일본과 제물포 조약을 체결하였다.   22. 소방직
O | X

06 제물포 조약과 한성 조약 체결 사이에 통리기무아문이 철폐되었다.   21. 경찰 1차
O | X

07 제물포 조약과 한성 조약 체결 사이에 묄렌도르프가 고문으로 파견되었다.   21. 경찰 1차
O | X

08 제물포 조약과 한성 조약 체결 사이에 청과 일본 사이에 톈진 조약이 체결되었다.   21. 경찰 1차
O | X

09 갑신정변은 한성 조약 체결의 계기가 되었다.   21. 소방직
O | X

10 갑신정변은 최익현 등의 유생들에 의해 주도되었다.   21. 소방직
O | X

11 갑신정변은 구식 군인에 대한 차별 대우가 발단이 되었다.   21. 소방직
O | X

12 조·일 무역 규칙 체결과 개정 조·일 통상 장정 체결 사이의 시기에 혜상공국의 폐지 등을 주장한 정변이 발생하였다.   19. 지방 9급
O | X

13 임오군란의 결과 청에 영선사가 파견되었다.   18. 교육행정
O | X

Self Check

문항	O	X	틀린 이유
01	O	X	
02	O	X	
03	O	X	
04	O	X	
05	O	X	
06	O	X	
07	O	X	
08	O	X	
09	O	X	
10	O	X	
11	O	X	
12	O	X	
13	O	X	

오답 확인하기

01 강화도 조약 → 임오군란 → 갑신정변 → 톈진 조약
02 갑신정변 이후인 1894년의 일이다.
03 임오군란 이전인 1881년의 일이다.
04 갑신정변 이후인 1885 ~ 1887년의 일이다.
06 통리기무아문은 임오군란 때 철폐되었는데, 이는 제물포 조약 체결 직전의 일이다.
08 톈진 조약은 한성 조약 체결 이후인 1885년에 체결되었다.
10 위정 척사 운동에 대한 설명이다.
11 임오군란에 대한 설명이다.
12 갑신정변에 대한 설명으로, 개정 조·일 통상 장정 체결 이후인 1884년에 일어났다.
13 임오군란 이전인 1881년의 일이다.

정답

01 X 02 X 03 X 04 X 05 O
06 X 07 O 08 X 09 O 10 X
11 X 12 X 13 X

Self Check

문항	○	×	틀린 이유
14	○	×	
15	○	×	
16	○	×	
17	○	×	
18	○	×	
19	○	×	
20	○	×	
21	○	×	
22	○	×	
23	○	×	
24	○	×	
25	○	×	
26	○	×	
27	○	×	

오답 확인하기

14 1904년 한·일 협약 체결 이후 이다.

16 박문국과 전환국은 갑신정변 발발 이전인 1883년에 설치되었다.

17 통리기무아문이 설치된 것은 갑신정변 발발 이전인 1880년의 일이다.

18 제물포 조약은 갑신정변 이전인 1882년에 체결되었다.

19 임오군란의 결과이다.

24 정미의병에 대한 설명이다.

25 동학 농민 운동에 대한 설명이다.

정답

14 X 15 O 16 X 17 X 18 X
19 X 20 O 21 O 22 O 23 O
24 X 25 X 26 O 27 O

---

14 임오군란의 결과 스티븐스가 외교 고문에 임명되었다.

18. 교육행정
O ⏐ X

15 갑신정변의 결과 청의 내정 간섭이 강화되었다.

18. 국가 7급
O ⏐ X

⭐**16** 갑신정변의 결과 박문국과 전환국이 설립되었다.

18. 국가 7급
O ⏐ X

17 갑신정변의 결과 개혁 추진 기관으로 통리기무아문이 설치되었다.

18. 국가 7급
O ⏐ X

⭐**18** 갑신정변의 결과 일본은 배상금 지급 등을 내용으로 하는 제물포 조약의 체결을 강요하였다.

18. 국가 7급
O ⏐ X

19 갑신정변의 결과 조·청 상민 수륙 무역 장정이 체결되었다.

18. 서울시 7급
O ⏐ X

20 갑신정변 이후 독일 부영사 부들러는 조선의 영세 중립국화를 건의하였다.

17. 국가 9급
O ⏐ X

⭐**21** 갑신정변 이후 러시아의 남하 정책에 대응하여 영국 함대가 거문도를 불법 점령하였다.

17. 국가 9급
O ⏐ X

⭐**22** 1880년 이후 개화파가 우정총국 개국 축하연을 이용해 정변을 일으켜 정권을 장악하였다.

17. 지방 9급
O ⏐ X

23 갑신정변 때 일본 공사관이 불타고 일본군이 청군에 패퇴하였다.

16. 국가 9급
O ⏐ X

24 임오군란 당시 군대 해산에 반발한 군인들은 의병 부대에 합류하였다.

16. 지방 9급
O ⏐ X

25 임오군란 당시 보국안민, 제폭구민의 대의를 위해 봉기할 것을 호소하였다.

16. 지방 9급
O ⏐ X

⭐**26** 임오군란에는 정부의 개화 정책에 반대하는 서울의 하층민들도 참여하였다.

16. 지방 9급
O ⏐ X

⭐**27** 김윤식은 갑신정변이 일어나자 청국 군대의 개입을 요청하였다.

16. 국가 7급
O ⏐ X

28 임오군란의 결과, 일본이 공사관 경비병을 주둔시켰다.
16. 법원 9급
O I X

29 임오군란의 결과, 김홍집이 수신사로 일본에 파견되었다.
16. 법원 9급
O I X

⭐**30** 임오군란의 결과, 조·청 상민 수륙 무역 장정이 체결되었다.
16. 법원 9급
O I X

31 임오군란의 결과, 5군영이 2영으로 통합되고 통리기무아문이 신설되었다.
16. 법원 9급
O I X

32 갑신정변은 전제군주제를 입헌군주제로 바꾸어 근대 국민 국가를 수립하려고 하였다.
11. 국가 7급
O I X

테마 5 동학 농민 운동의 전개

01 경복궁 점령과 공주 우금치 전투 사이의 시기에 홍계훈이 이끄는 경군 선발대가 장성 황룡촌 전투에서 농민군에 패하였다.
20. 경찰 1차
O I X

02 경복궁 점령과 공주 우금치 전투 사이의 시기에 손병희의 북접 농민군과 전봉준의 남접 농민군이 충청도 논산에서 합류하였다.
20. 경찰 1차
O I X

03 경복궁 점령과 공주 우금치 전투 사이의 시기에 농민군은 청·일 양군에 대한 철병 요구와 폐정 개혁을 조건으로 관군과 전주 화약을 맺고 해산하였다.
20. 경찰 1차
O I X

04 경복궁 점령과 공주 우금치 전투 사이의 시기에 농민군은 전봉준을 총대장으로, 김개남·손화중을 총관령으로, 김덕명과 오시영을 총참모로 정하는 등 지휘 체계와 조직을 세우고 백산에 '호남창의대장소'를 설치하였다.
20. 경찰 1차
O I X

05 동학 농민군은 화승총으로 무장한 관군과 싸우기 위해 장태를 이용하였다.
20. 경찰 2차
O I X

06 동학 농민군의 잔여 세력은 활빈당, 영학당, 남학당 등을 조직해 항일 투쟁을 계속하였다.
20. 경찰 2차
O I X

Self Check

문항	O	X	틀린 이유
28	O	X	
29	O	X	
30	O	X	
31	O	X	
32	O	X	
01	O	X	
02	O	X	
03	O	X	
04	O	X	
05	O	X	
06	O	X	

오답 확인하기

29 임오군란 이전인 1880년의 일이다.
31 통리기무아문이 설치된 것은 1880년의 일이고, 5군영이 2영으로 통합된 것은 1881년의 일이다.

01 1차 동학 농민 운동 때인 1894년 4월의 일로, 경복궁 점령 이전이다.
03 1차 동학 농민 운동 때인 1894년 5월의 일로, 경복궁 점령 이전이다.
04 1차 동학 농민 운동 때인 1894년 3월의 일로, 경복궁 점령 이전이다.

정답

28 O 29 X 30 O 31 X 32 O /
01 X 02 O 03 X 04 X 05 O
06 O

Self Check

문항	○	×	틀린 이유
07	○	×	
08	○	×	
09	○	×	
10	○	×	
11	○	×	
12	○	×	
13	○	×	
14	○	×	
15	○	×	
16	○	×	
17	○	×	
18	○	×	
19	○	×	
20	○	×	

오답 확인하기

07 전주 화약 체결 이후인 1894년 10월의 사실이다.
08 전주 화약 체결 이후인 1894년 11월의 사실이다.
10 전주 화약은 청·일 전쟁 발발 이전에 체결되었다.
13 우금치 전투 이후의 일(을미개혁)이다.
14 우금치 전투 이후의 일(2차 갑오개혁)이다.
16 삼정이정청이 아니라 교정청이다.
18 황룡촌 전투 → 전주화약 → 교정청 설치 → 군국기무처 설치 → 우금치 전투

정답

07 X 08 X 09 O 10 X 11 O
12 O 13 X 14 X 15 O 16 X
17 O 18 X 19 O 20 O

---

07 안핵사 이용태의 파견 ~ 전주 화약 체결 사이에 논산에서 남·북접의 동학군이 집결하였다.
18. 국가 9급
O | X

08 안핵사 이용태의 파견 ~ 전주 화약 체결 사이에 우금치 전투에서 동학군이 일본군과 격전을 벌였다.
18. 국가 9급
O | X

09 안핵사 이용태의 파견 ~ 전주 화약 체결 사이에 백산에서 전봉준이 보국안민을 위해 궐기하라는 통문을 보냈다.
18. 국가 9급
O | X

10 전주화약의 체결은 일본군이 풍도의 청군을 공격하면서 성립하였다.
17. 서울시 9급
O | X

11 전주화약 이후 동학 농민군은 내정을 개혁할 목적으로 전라도 53개 군에 집강소를 설치하여 한사람의 집강과 그 아래 서기, 성찰, 집사, 동몽 등의 임원을 두었다.
17. 경찰 1차
O | X

12 우금치 전투 당시 정부가 개국기년을 사용하기로 하였다.
16. 국가 7급
O | X

13 우금치 전투 당시 건양이라는 연호가 제정되었다.
16. 국가 7급
O | X

14 우금치 전투 당시 지방제도가 23부 337군으로 개편되었다.
16. 국가 7급
O | X

15 전주화약 이후 조선 정부는 청·일 군대의 철수를 요청하였다.
15. 지방 9급
O | X

16 조선 정부는 동학 농민들의 요구에 대응하여 삼정이정청을 설치하였다.
15. 지방 9급
O | X

17 일본군이 경복궁을 점령한 후 전라도와 충청도 지역의 농민군이 연합하였다.
15. 지방 9급
O | X

18 [순서나열] 황룡촌 전투 → 교정청 설치 → 전주화약 → 군국기무처 설치 → 우금치 전투
15. 경찰 2차
O | X

19 동학농민군은 봉기군을 이끌고 황토현에서 관군과 교전하였다.
14. 국가 7급
O | X

20 동학농민군은 고부읍을 점령하고 백산에서 농민군을 정비하였다.
14. 국가 7급
O | X

21 동학농민군은 삼정의 문란을 비판하고 전운사를 혁파하려 하였다.
14. 국가 7급
O | X

22 고부 농민 봉기는 조병갑의 학정에 항거한 사건이며, 정부는 안핵사 이용태를 파견하여 동학교도를 색출하고 탄압하였다.
14. 경찰 1차
O | X

23 청이 조선 정부의 요청으로 파병하자 일본은 임오군란 때 맺은 톈진(천진)조약을 구실로 파병하였다.
14. 경찰 1차
O | X

★**24** 농민군은 전주화약의 체결로 전라도 일대에 집강소를 설치하여 치안과 행정을 담당하였다.
14. 경찰 1차
O | X

제6막

테마 6 갑오개혁과 을미개혁

★**01** 홍범 14조에서 탁지아문에서 조세 부과와 왕실과 국정 사무의 분리를 규정하였다.
23. 국가 9급
O | X

02 홍범 14조에서 지계 발급을 위한 지계아문 설치와 대한 천일 은행 등 금융기관 설립을 규정하였다.
23. 국가 9급
O | X

03 강화도 조약 체결과 청에 영선사 파견 시기 사이에 군국기무처를 두어 여러 건의 개혁안을 처리하였다.
20. 지방 9급
O | X

04 강화도 조약 체결과 청에 영선사 파견 시기 사이에 국정 개혁의 기본 방향을 담은 홍범 14조를 공포하였다.
20. 지방 9급
O | X

★**05** 을미사변 이후 신변의 위협을 느낀 고종은 러시아의 공사관으로 피신하였다.
20. 법원 9급
O | X

06 유길준은 갑신정변 이후 일본을 거쳐 미국에 망명하였고, 1894년에 귀국하여 제2차 김홍집 내각의 법부대신이 되었다.
20. 경찰 1차
O | X

오답 확인하기

23 톈진조약은 갑신정변 진압 이후인 1885년에 체결되었다.

02 지계아문 설치와 대한 천일 은행 설립은 모두 대한제국 시기의 일이다.

03 군국기무처가 설치된 것은 1차 갑오개혁 때인 1894년 6월로, 영선사 파견 이후이다.

04 영선사 파견 이후인 1894년 12월에 홍범 14조가 공포되었다.

06 서광범에 대한 설명이다.

정답

21 **O** 22 **O** 23 **X** 24 **O** / 01 **O**
02 **X** 03 **X** 04 **X** 05 **O** 06 **X**

Self Check

문항	○	×	틀린 이유
07	○	×	
08	○	×	
09	○	×	
10	○	×	
11	○	×	
12	○	×	
13	○	×	
14	○	×	
15	○	×	
16	○	×	
17	○	×	
18	○	×	
19	○	×	
20	○	×	
21	○	×	

07 유길준은 1894년 제1차 갑오개혁 당시 군국기무처의 회의원으로 참여하였고, 후에 국어 문법서인 『조선문전』을 저술하였다. 　20. 경찰 1차 　O | X

⭐**08** 2차 갑오개혁 때 과거제를 폐지하였다. 　19. 법원 9급 　O | X

⭐**09** 2차 갑오개혁 때 재판소를 설치하였다. 　19. 법원 9급 　O | X

⭐**10** 2차 갑오개혁 때 8도를 23부로 개편하였다. 　19. 법원 9급 　O | X

11 2차 갑오개혁 때 친위대, 진위대를 설치하였다. 　19. 법원 9급 　O | X

⭐**12** 2차 갑오개혁 때 교육입국조서를 반포하였다. 　18. 국가 7급 　O | X

13 2차 갑오개혁 때 종래의 6조를 8아문으로 개편하였다. 　18. 국가 7급 　O | X

14 2차 갑오개혁 때 경무청을 신설하여 경찰 제도를 도입하였다. 　18. 국가 7급 　O | X

⭐**15** 2차 갑오개혁 때 궁내부를 신설하여 왕실과 정부 사무를 분리하였다. 　18. 국가 7급 　O | X

16 갑오개혁 때 내장원에서 광산, 홍삼 전매 등을 관장하였다. 　18. 지방 7급 　O | X

17 갑오개혁 때 신식화폐발행장정을 반포하여 일본 화폐의 유통을 허용하였다. 　18. 지방 7급 　O | X

18 1차 김홍집 내각에서 모든 재정은 호조에서 통할하도록 하였다. 　17. 국가 7급 　O | X

19 1차 김홍집 내각에서 국가 재정을 탁지아문의 관할로 일원화시키도록 하였다. 　17. 국가 7급 　O | X

⭐**20** 1차 김홍집 내각에서는 궁내부 산하의 내장원에서 광산, 홍삼 사업 등의 재정을 관할하도록 하였다. 　17. 국가 7급 　O | X

21 1차 김홍집 내각에서 국가 재정은 탁지부에서 전관하고, 예산과 결산을 국민에게 공표하도록 하였다. 　17. 국가 7급 　O | X

오답 확인하기

08 1차 갑오개혁 때의 일이다.
11 을미개혁의 내용이다.
13 1차 갑오개혁 때 실시된 정책이다.
14 1차 갑오개혁 때 실시된 정책이다.
15 1차 갑오개혁 때 실시된 정책이다.
16 광무개혁 때 실시된 정책이다.
18 갑신정변 당시 발표된 14개조 개혁 정강의 내용이다.
20 광무개혁의 내용이다.
21 독립협회에서 올린 헌의 6조의 내용이다.

정답

07 **O**　08 **X**　09 **O**　10 **O**　11 **X**
12 **O**　13 **X**　14 **X**　15 **X**　16 **X**
17 **O**　18 **X**　19 **O**　20 **X**　21 **X**

22 1차 갑오개혁 때 중국 연호의 사용을 폐지하였다.
16. 지방 9급
O | X

⭐**23** 1차 갑오개혁은 군국기무처의 주도 하에 추진되었다.
16. 지방 9급
O | X

⭐**24** 을미개혁 당시 건양이라는 연호를 제정하였다.
14. 국가 7급
O | X

25 을미개혁 당시 서울에 친위대를, 지방에 진위대를 두었다.
14. 국가 7급
O | X

26 을미개혁 당시 단발령을 폐지하고 의정부를 다시 설치하였다.
14. 국가 7급
O | X

27 2차 갑오개혁 때 재판소를 설치하여 사법권을 행정부로부터 독립시켰다.
14. 지방 7급
O | X

28 2차 갑오개혁 때 지방의 영세 상인인 보부상을 지원하기 위하여 상무사를 조직하여 상업 특권을 부여하였다.
14. 지방 7급
O | X

29 군국기무처에서 은본위 화폐 제도를 실시하였다.
13. 국가 9급
O | X

30 군국기무처는 양전 사업을 실시하여 지계를 발급하였다.
13. 국가 9급
O | X

⭐**31** 군국기무처는 재판소를 설치하여 사법권과 행정권을 분리시켰다.
13. 국가 9급
O | X

⭐**32** [순서나열] 과거 제도와 신분제를 폐지한다. → 지방 제도는 전국을 23부로 개편한다. → 군대는 친위대와 진위대를 설치한다. → 양전 사업을 실시하여 지계를 발급한다.
11. 지방 9급
O | X

Self Check

문항	O	×	틀린 이유
22	O	×	
23	O	×	
24	O	×	
25	O	×	
26	O	×	
27	O	×	
28	O	×	
29	O	×	
30	O	×	
31	O	×	
32	O	×	

오답 확인하기

26 을미개혁 이후인 아관파천 시기에 추진된 정책들이다.
28 대한제국 때의 일이다.
30 광무개혁 때의 일이다.
31 2차 갑오개혁 때 실시된 정책으로, 이 시기에 군국기무처는 폐지되었다.

정답

22 O 23 O 24 O 25 O 26 X
27 O 28 X 29 O 30 X 31 X
32 O

문항	○	×	틀린 이유
01	○	×	
02	○	×	
03	○	×	
04	○	×	
05	○	×	
06	○	×	
07	○	×	
08	○	×	
09	○	×	
10	○	×	
11	○	×	
12	○	×	
13	○	×	
14	○	×	
15	○	×	
16	○	×	
17	○	×	

오답 확인하기

02 대한자강회 등에 대한 설명이다.
03 보안회에 대한 설명이다.
05 교육 입국 조서는 고종이 1895년에 공포한 것으로, 독립협회와는 관련이 없다.
07 홍범 14조는 고종이 1894년 12월에 발표한 것으로, 독립협회와는 관련 없다.
08 국채 보상 운동은 독립협회가 해체된 이후인 1907년에 전개되었다.
11 육영공원이 설립된 것은 대한제국 선포(1897) 이전인 1886년의 일이다.
13 1차 갑오개혁 때의 일이다.
14 을미개혁 때 건양 연호를 사용하였다.
15 2차 갑오개혁 때의 일이다.
17 신민회에 대한 설명이다.

정답

01 **O** 02 **X** 03 **X** 04 **O** 05 **X**
06 **O** 07 **X** 08 **X** 09 **O** 10 **O**
11 **X** 12 **O** 13 **X** 14 **X** 15 **X**
16 **O** 17 **X**

테마 7 독립협회와 광무개혁

01 독립협회는 '구국 운동 상소문'을 지었다.
23. 법원 9급
O | X

02 독립협회는 고종 강제 퇴위 반대 운동에 앞장섰다.
23. 법원 9급
O | X

03 독립협회는 일제의 황무지 개간권 요구에 반대하였다.
23. 법원 9급
O | X

04 독립협회는 러시아의 내정 간섭과 이권 요구에 반대하였다.
23. 법원 9급
O | X

05 독립협회는 교육 입국 조서를 작성해 공포하였다.
22. 국가 9급
O | X

⭐**06** 독립협회는 영은문이 있던 자리 부근에 독립문을 세웠다.
22. 국가 9급
O | X

07 독립협회는 개혁의 기본 강령인 홍범 14조를 발표하였다.
22. 국가 9급
O | X

08 독립협회는 일본에 진 빚을 갚자는 국채 보상 운동을 일으켰다.
22. 국가 9급
O | X

⭐**09** 대한제국 시기에 대한국 국제를 반포하였다.
22. 소방직
O | X

⭐**10** 대한제국 시기에 토지 소유자에게 지계를 발급하였다.
22. 소방직
O | X

11 대한제국 시기에 근대식 교육 기관인 육영 공원을 설립하였다.
22. 소방직
O | X

12 대한제국 시기에 청과 대등한 입장에서 통상 조약을 체결하였다.
22. 소방직
O | X

13 대한제국은 경무청을 창설하였다.
21. 경찰 1차
O | X

14 대한제국은 건양이란 연호를 사용하였다.
21. 경찰 1차
O | X

15 대한제국은 지방 재판소와 고등 재판소를 개설하였다.
21. 경찰 1차
O | X

16 대한제국은 이민 업무를 담당하는 수민원을 설치하였다.
21. 경찰 1차
O | X

17 독립협회는 만주에 독립군 기지를 마련하였다.
21. 소방직
O | X

18 독립협회는 자유 민권 운동과 의회 설립 운동을 추진하였다. 21. 소방직

O | X

19 독립협회는 헌정연구회의 활동을 계승하여 월보를 간행하고 지회를 설치하였다. 20. 지방 9급

O | X

★20 독립협회는 국민 계몽을 위해 회보를 발간하고 만민공동회 등 대규모 집회를 열었다. 20. 지방 9급

O | X

★21 독립협회는 일본이 황무지 개간을 구실로 토지를 약탈하려 하자 대중적 반대 운동을 벌였다. 20. 지방 9급

O | X

22 양전 지계 사업에서 지계아문은 지계 발급 사무를 맡았다. 20. 국가 7급

O | X

23 양전 지계 사업은 러·일 전쟁 발발 직후 일본의 간섭으로 중단되었다. 20. 국가 7급

O | X

★24 대한제국은 양전 사업을 실시하고 지계(地契)를 발급하였다. 20. 지방 7급

O | X

★25 대한제국 때 국가 재정은 탁지아문으로 일원화하였다. 20. 지방 7급

O | X

26 대한제국은 서북철도국을 설치하여 경의철도 부설을 시도하였다. 20. 지방 7급

O | X

★27 대한제국은 원수부를 설치하여 황제가 군의 통수권을 장악하였다. 20. 지방 7급

O | X

28 대한제국은 '옛 것을 근본으로 하고 새로운 것을 참작한다.'라는 구본신참의 원칙을 내세워 개혁을 추진하였다. 20. 경찰 1차

O | X

29 대한제국은 재판소를 설치하여 사법 제도의 근대화를 꾀하였으며, 교육 입국 조서를 반포하고 교육 개혁을 추진하였다. 20. 경찰 1차

O | X

★30 대한 제국 시기에 시위대와 진위대를 증강하였다. 19. 지방 9급

O | X

★31 대한 제국 시기에 『독립신문』의 창간을 지원하였다. 19. 지방 9급

O | X

32 대한 제국 시기에 화폐 제도의 개혁과 중앙은행의 창립을 추진하였다. 19. 지방 9급

O | X

Self Check

문항	○	×	틀린 이유
18	○	×	
19	○	×	
20	○	×	
21	○	×	
22	○	×	
23	○	×	
24	○	×	
25	○	×	
26	○	×	
27	○	×	
28	○	×	
29	○	×	
30	○	×	
31	○	×	
32	○	×	

오답 확인하기

19 대한자강회에 대한 설명이다.

21 보안회에 대한 설명이다.

25 1차 갑오개혁의 내용이다.

29 대한제국 성립 이전인 2차 갑오개혁 때의 일이다.

31 대한제국의 성립(1897. 10.) 이전인 1896년 4월의 일이다.

정답

18 O 19 X 20 O 21 X 22 O
23 O 24 O 25 X 26 O 27 O
28 O 29 X 30 O 31 X 32 O

Self Check

문항	○	×	틀린 이유
33	○	×	
34	○	×	
35	○	×	
36	○	×	
37	○	×	
38	○	×	
39	○	×	
40	○	×	
41	○	×	
42	○	×	
43	○	×	
44	○	×	
45	○	×	
46	○	×	

오답 확인하기

35 방곡령과 독립 협회는 관련이 없다.

36 개정 조·일 통상 장정이 체결된 것은 1883년의 일로, 대한제국 성립 이전의 일이다.

37 조선 후기인 철종 때의 일이다.

38 임오군란으로 재집권한 흥선대원군이 추진한 정책이다.

40 1880년대 초기 개화 정책이다.

41 제1차 갑오개혁 때 추진된 정책이다.

42 경복궁이 아니라 경운궁이다.

43 헌의 6조 결의 이전의 일이다.

46 원산은 1876년 강화도 조약 체결 당시에 개항한 곳이다.

정답

33 O 34 O 35 X 36 X 37 X
38 X 39 O 40 X 41 X 42 X
43 X 44 O 45 O 46 X

⭐ **33** 대한 제국 시기에 황실 재정을 담당하는 내장원의 기능을 확대하였다. 　19. 지방 9급
O ㅣ X

⭐ **34** 독립협회는 러시아가 절영도 조차를 요구하자 이에 반대하였다. 　19. 지방 7급
O ㅣ X

35 독립협회는 황해도 일대에 방곡령을 내려 외국에 곡물을 유출하지 못하게 하였다. 　19. 지방 7급
O ㅣ X

36 대한제국 정부는 일본에 상품 관세를 부과하고자 조·일 통상 장정을 체결하였다. 　19. 지방 7급
O ㅣ X

37 대한제국 정부는 삼정 문란을 바로잡기 위하여 삼정이정청을 창설하였다. 　19. 지방 7급
O ㅣ X

38 대한제국은 별기군을 폐지하고 5군영을 복구하였다. 　18. 지방 9급
O ㅣ X

⭐ **39** 대한제국은 양전 사업을 시행하고자 양지아문을 설치하였다. 　18. 지방 9급
O ㅣ X

⭐ **40** 대한제국은 통리기무아문을 설치하여 개화 정책을 추진하였다. 　18. 지방 9급
O ㅣ X

⭐ **41** 대한제국은 화폐 제도를 은 본위제로 개혁하고자 신식 화폐 발행 장정을 공포하였다. 　18. 지방 9급
O ㅣ X

42 러시아 공사관에 머물던 고종은 1897년 2월 경복궁으로 환궁하였다. 　18. 경찰 1차
O ㅣ X

⭐ **43** 헌의 6조가 결의된 후 고종이 러시아 공사관으로 거처를 옮기게 되었다. 　17. 국가 9급
O ㅣ X

44 헌의 6조가 결의된 후 황제권 강화 작업의 일환으로 원수부가 설치되었다. 　17. 국가 9급
O ㅣ X

45 대한제국의 지계 발급은 러·일 전쟁으로 중단되어 전국적으로 확대되지 못하였다. 　17. 하반기 국가 7급
O ㅣ X

46 대한제국은 과거와는 달리 목포, 군산, 원산을 스스로 개항하였다. 　17. 서울시 7급
O ㅣ X

47 『대한국 국제』는 황제에게 육해군 통수권, 입법권, 행정권, 조약 체결권 등 모든 권한을 집중시켰다.

O | X

48 대한제국은 두 차례에 걸쳐 토지 조사 사업을 실시하였고, 지계 발급 사업을 실시하였다.

O | X

49 대한제국은 만국 우편 연합에 가입하고, 만국 박람회에 참여하였다.

O | X

50 대한제국은 군국기무처를 설치하고 국가의 주요 정책에 대한 개혁을 추진하였다.

O | X

51 대한제국 시기에 경운궁을 정궁으로 삼았다.

O | X

52 대한제국 시기에 한성은행, 대한천일은행 등 민족계 은행을 지원하였다.

O | X

53 대한제국 시기에 중추원을 개조하여 우리 옛 법령과 풍속을 연구하였다.

O | X

54 대한제국 시기에 한성전기회사를 통하여 서울에 전차 노선을 개통하였다.

O | X

55 대한제국은 양잠전습소와 잠업시험장을 설립하였다.

O | X

56 대한제국은 금본위제를 실시하려고 하였다.

O | X

57 대한제국은 산업 정책을 담당하는 공무아문을 설치하였다.

O | X

58 고종은 연호를 광무라 하고 경운궁에서 황제 즉위식을 거행하였다.

O | X

59 대한제국은 원수부를 설치해 황제가 군대를 통솔하였다.

O | X

60 대한제국은 양전 사업을 실시해 지주 전호제를 폐지하였다.

O | X

61 대한제국은 헌법을 제정해 '주권재민'의 원칙을 실현하려 하였다.

O | X

Self Check

문항	O	×	틀린 이유
47	O	×	
48	O	×	
49	O	×	
50	O	×	
51	O	×	
52	O	×	
53	O	×	
54	O	×	
55	O	×	
56	O	×	
57	O	×	
58	O	×	
59	O	×	
60	O	×	
61	O	×	

오답 확인하기

50 1차 갑오개혁 때의 일이다.

53 일제 강점기 때의 일이다.

57 공무아문은 1차 갑오개혁 때 만들어졌다.

58 경운궁이 아니라 환구단이다.

60 대한제국에서는 양전사업을 실시하여 근대적 토지 소유권 제도를 확립하고자 시도하였으나 지주 전호제를 폐지하지는 않았다.

61 대한제국은 전제 군주정을 표방했으므로, '주권재민'으로 대표되는 공화정을 받아들이지 않았다.

정답

47 O	48 O	49 O	50 X	51 O
52 O	53 X	54 O	55 O	56 O
57 X	58 X	59 O	60 X	61 X

문항	○	×	틀린 이유
62	○	×	
63	○	×	
64	○	×	
65	○	×	
66	○	×	
67	○	×	
68	○	×	
69	○	×	
70	○	×	
71	○	×	
72	○	×	
73	○	×	
74	○	×	
75	○	×	

62 대한제국은 입헌 군주제의 도입을 시도해 민주주의를 발전시켰다. 16. 법원 9급
O | X

63 대한국 국제에 따르면 내시부를 없애고, 그 중에 우수한 인재를 등용한다.
15. 국가 9급
O | X

64 대한국 국제에 따르면 조세의 부과와 징수, 경비의 지출은 모두 탁지아문이 관할한다.
15. 국가 9급
O | X

65 대한국 국제에 따르면 칙임관은 황제가 정부에 자문하여 그 과반수의 의견에 따라 임명한다.
15. 국가 9급
O | X

66 대한국 국제에 따르면 대한국 대황제는 각 조약 체결 국가에 사신을 파견하고, 선전 강화 및 제반 조약을 체결한다.
15. 국가 9급
O | X

67 대한제국 정부는 청국과 간도 협약을 체결하였다. 15. 사회복지
O | X

68 대한제국 정부는 독도는 일본과 상관이 없다는 태정관 지령을 내렸다.
15. 사회복지
O | X

⭐**69** 독립협회 해산 이후 황제의 군사권을 강화하고자 원수부를 설치하였다.
13. 지방 9급
O | X

70 대한제국은 근대적인 재정 일원화를 위해 내장원의 업무를 탁지부로 이관하였다.
11. 지방 9급
O | X

71 대한제국은 광무개혁을 통해 과거제를 폐지하고 근대적 관리 임용 제도를 도입하였다.
11. 국가 7급
O | X

⭐**72** 대한제국은 원수부를 설치하고 시위대, 진위대를 강화하였다. 11. 지방 7급
O | X

73 대한제국은 보부상과 상인을 지원하기 위해 상무사를 설립하였다. 11. 서울시 9급
O | X

74 대한제국 시기에 간도의 교민을 보호하기 위해 북변도 관리를 두었다. 11. 서울시 9급
O | X

75 대한제국은 청나라와의 관계 단절을 목적으로 중국 연호를 폐지하였다.
11. 서울시 9급
O | X

오답 확인하기

62 대한제국은 입헌 군주제 도입이 아니라 전제 군주정을 표방하였다.
63 갑신정변 14개조 정강의 내용이다.
64 홍범 14조의 내용이다.
65 헌의 6조의 내용이다.
67 간도협약은 일본과 청나라 사이에서 체결된 조약이다.
68 태정관은 일본 메이지 정부의 최고 의사결정 기관이다.
70 대한제국은 탁지부의 업무를 내장원으로 이관하였다.
71 1차 갑오개혁 때의 일이다.
75 1차 갑오개혁 때의 일이다.

정답

62 X 63 X 64 X 65 X 66 O
67 X 68 X 69 O 70 X 71 X
72 O 73 O 74 O 75 X

테마 8 근대 개혁안

01 홍범 14조의 내용으로 '문벌에 구애받지 않고 인재 등용의 길을 넓힌다'가 있다.
18. 경찰 2차
O | X

02 홍범 14조의 내용으로 '의정부와 6조 외의 불필요한 관청은 모두 없앤다'가 있다.
18. 경찰 2차
O | X

⭐**03** 동학농민군의 주장으로는 각종 무명잡세를 근절할 것이 있다. 16. 지방 7급
O | X

04 동학농민군의 주장으로는 장교를 육성하고 징병제를 실시할 것이 있다. 16. 지방 7급
O | X

05 동학농민군의 주장으로는 민법과 형법을 제정하여 인민의 생명과 재산을 보호할 것이 있다.
16. 지방 7급
O | X

⭐**06** 갑신정변의 14개조 정강에 따르면 지조법을 개정하여 관리의 부정을 막고 백성을 구제하며 국가 재정을 충실케 한다.
16. 경찰 1차
O | X

⭐**07** 동학농민군의 주장으로는 '관리 채용에는 지벌을 타파하고, 인재를 등용할 것'이 있다.
15. 서울시 7급
O | X

08 홍범 14조에 따르면 왕실 사무와 국정 사무를 모름지기 나누어 서로 뒤섞지 아니한다.
14. 지방 9급
O | X

⭐**09** 헌의 6조에 따르면 재정은 모두 탁지부에서 전담하여 맡고, 예산과 결산은 인민에게 공포한다.
14. 지방 9급
O | X

10 갑신정변 14개조 정강의 내용으로 '혜상공국을 없앨 것'이 있다. 14. 서울시 9급
O | X

11 갑신정변 14개조 정강의 내용으로 '재정을 모두 호조에서 관할하도록 할 것'이 있다.
14. 서울시 9급
O | X

12 헌의 6조의 내용으로는 토지는 평균으로 나누어 경작하도록 한다. 13. 지방 7급
O | X

⭐**13** 헌의 6조의 내용으로는 내시부를 없애고 그 중에 우수한 인재를 등용하도록 한다.
13. 지방 7급
O | X

14 헌의 6조의 내용으로는 나라 안의 총명한 자제를 파견하여 외국의 학술과 기예를 보고 익히도록 한다.
13. 지방 7급
O | X

Self Check

문항	○	×	틀린 이유
01	○	×	
02	○	×	
03	○	×	
04	○	×	
05	○	×	
06	○	×	
07	○	×	
08	○	×	
09	○	×	
10	○	×	
11	○	×	
12	○	×	
13	○	×	
14	○	×	

오답 확인하기

02 갑신정변의 14개조 개혁 정강이다.
04 홍범14조의 내용이다.
05 홍범14조의 내용이다.
12 동학농민군의 폐정개혁안이다.
13 갑신정변의 14개조 정강이다.
14 홍범 14조이다.

정답

01 O 02 X 03 O 04 X 05 X
06 O 07 O 08 O 09 O 10 O
11 O 12 X 13 X 14 X

Self Check

문항	○	×	틀린 이유
01	○	×	
02	○	×	
03	○	×	
04	○	×	
05	○	×	
06	○	×	
07	○	×	
08	○	×	
09	○	×	
10	○	×	
11	○	×	

테마 9 간도와 독도

01 독도가 대한민국의 영토임을 알 수 있는 자료들로는 은주시청합기, 삼국접양지도, 일본의 태정관 지령문, 일본의 시마네현 고시 등이 있다. 　20. 국가 9급　**O | X**

02 순종 재위 기간에 일본이 간도를 청에 귀속하는 협약을 체결하였다. 　20. 지방 7급　**O | X**

03 세종실록 지리지에는 독도를 강원도 울진현 소속으로 구분하고, 우산으로 표기하였다. 　17. 지방 7급　**O | X**

04 숙종 때 안용복은 일본에 건너가 울릉도와 더불어 독도가 조선의 영토임을 확인받았고, 당시 일본에서는 '송도(松島)'로 기록하였다. 　17. 지방 7급　**O | X**

05 일본 정부는 1870년대에 독도가 조선의 영토임을 인정했으면서도, 1905년 국제법상 무주지(無主地)라는 명목으로 일본 영토에 편입시켰다. 　17. 지방 7급　**O | X**

06 1952년 UN군 사령부와 협의하에 이승만 정부는 '인접 해양의 주권에 관한 대통령 선언'을 발표하여 독도를 한국의 영토로 확인하였고, 당시 일본은 이를 묵인하였다. 　17. 지방 7급　**O | X**

07 대한제국 정부는 이범윤을 울릉도 시찰 위원에 임명하여 현지에 파견하였다. 　13. 지방 7급　**O | X**

08 러·일 전쟁 중에 일본은 대한제국 정부에 알리지 않고 독도를 시마네현에 편입시켰다. 　13. 지방 7급　**O | X**

09 대한제국 정부는 칙령을 반포하여 울릉도를 군으로 승격시키고 독도[石島]를 관할 구역 안에 포함시켰다. 　13. 지방 7급　**O | X**

10 『팔도총도』는 울릉도와 독도를 별개의 섬으로 하여 그림으로 그려 놓은 최초의 지도가 되었다. 　12. 경찰 2차　**O | X**

11 우리의 외교권을 빼앗은 일제가 1909년 간도 협약을 체결하여 남만주의 철도 부설권을 얻는 대가로 간도를 청의 영토로 인정하였다. 　12. 경찰 3차　**O | X**

오답 확인하기

01 일본의 시마네현 고시는 일본이 독도 영유권을 주장하는 문헌 근거로써, 독도가 대한민국의 영토임을 알 수 있는 자료로 적절치 못하다.
06 일본은 '인접 해양의 주권에 관한 대통령선언'을 부정하였다.
07 이범윤은 간도 관리사로 임명된 인물이다.

정답

01 X　02 O　03 O　04 O　05 O
06 X　07 X　08 O　09 O　10 O
11 O

★12 조선의 관리들은 토문(土門)의 해석을 두만강이라고 주장하였다.

12. 경찰 3차

O | X

★13 조선과 청은 1712년 "서쪽으로는 압록강, 동쪽으로는 토문강을 국경으로 한다."는 백두산 정계비를 세웠다.

10. 국가 9급

O | X

14 통감부 설치 후 일제는 1906년 간도에 통감부 출장소를 두어 간도를 한국의 영토로 인정하였다.

10. 국가 9급

O | X

15 대한제국 정부는 간도 관리사로 이범윤을 임명하는 한편, 이를 한국 주재 청국 공사에게 통고하고 간도의 소유권을 주장하였다.

10. 국가 9급

O | X

테마 10 국권의 피탈 과정

01 신미양요 ~ 갑오개혁 사이에 을사늑약이 체결되었다.

22. 국가 9급

O | X

02 을미사변 ~ 러일전쟁 사이 시기에 독립문이 건립되었다.

22. 지방 9급

O | X

★03 을미사변 ~ 러일전쟁 사이 시기에 통감부가 설치되었다.

22. 지방 9급

O | X

04 을미사변 ~ 러일전쟁 사이 시기에 동양 척식 주식회사가 설립되었다.

22. 지방 9급

O | X

05 을미사변 ~ 러일전쟁 사이 시기에 임진왜란 때 소실된 경복궁이 중건되었다.

22. 지방 9급

O | X

06 안중근은 일본에서 순국하였다.

22. 지방 9급

O | X

★07 안중근은 한인 애국단 소속이었다.

22. 지방 9급

O | X

08 안중근은 「동양평화론」을 집필하였다.

22. 지방 9급

O | X

09 안중근은 연해주에서 의병 투쟁을 전개하였다.

22. 지방 9급

O | X

오답 확인하기

12 두만강이 아니라 송화강의 지류라고 주장하였다.

14 일제가 간도에 통감부 출장소를 둔 것은 1907년의 일이다.

01 갑오개혁 이후인 1905년의 일이다.

03 러일전쟁 이후인 1906년의 일이다.

04 러일전쟁 이후인 1908년의 일이다.

05 을미사변 이전인 흥선대원군 때의 일이다.

06 안중근은 뤼순 감옥에서 옥고를 치르다가 1910년 3월에 순국하였다.

07 한인 애국단은 안중근 사망 이후인 1931년에 조직되었다.

정답

12 X 13 O 14 X 15 O / 01 X
02 O 03 X 04 X 05 X 06 X
07 X 08 O 09 O

오답 확인하기

10 1910년 체결된 한·일 병합 조약에 관한 설명이다.
11 헤이그 특사 사건은 을사조약 체결 이후인 1907년의 일이다.
12 1883년에 체결된 개정 조·일 통상 장정에 대한 설명이다.
16 1차 한·일 협약 체결 이전인 1903년의 일이다.
18 순종 즉위 이전의 사실들이다. 1905년 을사조약이 체결됐으며, 1906년 통감부가 설치되었다. 순종은 다음해인 1907년에 즉위하였다.
19 메가타와 스티븐스는 제1차 한·일 협약에 따라 파견되었다.

정답

10 X 11 X 12 X 13 O 14 O
15 O 16 X 17 O 18 X 19 X
20 O 21 O 22 O 23 O

---

10 을사조약에는 조선총독부를 설치한다는 조항이 포함되어 있다.
21. 지방 9급
O | X

11 을사조약은 헤이그 특사 사건 직후 일제의 강요로 체결되었다.
21. 지방 9급
O | X

12 을사조약에는 방곡령 시행 전에 미리 통보해야 한다는 합의가 실려 있다.
21. 지방 9급
O | X

13 을사조약에는 일본의 중재 없이 국제적 성격을 가진 조약을 체결할 수 없다는 내용이 담겨 있다.
21. 지방 9급
O | X

14 대한제국 설립 ~ 국권 강탈 사이의 시기에 포츠머스 조약이 체결되었다.
21. 법원 9급
O | X

15 1차 한·일 협약의 영향을 받아 화폐 정리 사업이 추진되었다.
21. 경찰 1차
O | X

16 1차 한·일 협약의 영향을 받아 러시아가 용암포를 점령하였다.
21. 경찰 1차
O | X

17 한·일 신협약의 영향을 받아 대한제국의 군대가 해산되었다.
21. 경찰 1차
O | X

18 순종 재위 기간에 대한제국의 외교권을 박탈하고 통감부를 설치하였다.
20. 지방 7급
O | X

19 메가타와 스티븐스는 '을사조약' 체결 이후 각각 대한제국의 재정과 외교를 감독했다.
19. 상반기 서울시 9급
O | X

20 한·일 신협약(정미 7조약) 이후 각 부의 차관에 일본인이 임명되어 이른바 차관 정치가 시작되었다.
19. 서울시 9급
O | X

21 한·일 신협약(정미 7조약) 이후 사법권과 경찰권을 빼앗겼다.
19. 서울시 9급
O | X

22 한·일 신협약과 한·일 병합 조약의 체결 사이에 『사립학교령』이 공포되었다.
19. 서울시 7급
O | X

23 한·일 신협약과 한·일 병합 조약의 체결 사이에 한국 군대를 해산하는 조치이 발표되었다.
19. 서울시 7급
O | X

24 한·일 신협약 체결은 고종이 헤이그에 특사를 파견하는 계기가 되었다.

18. 지방 9급

O ┆ X

25 한·일 신협약은 통감이 추천하는 일본인을 한국 관리에 임명한다는 내용을 담고 있다.

18. 지방 9급

O ┆ X

26 [순서나열] 일본군이 인천항에 정박한 러시아 군함 2척을 공격 → 대한제국 정부의 국외 중립선언 → 일본군이 러시아에 선전포고 → 한·일 의정서 체결

18. 상반기 서울시 9급

O ┆ X

27 [순서나열] 일본인 메가타를 재정 고문으로, 미국인 스티븐스를 외교 고문으로 임명하도록 하였다. → 헤이그 특사 파견을 문제 삼아 고종 황제를 강제로 퇴위시켰다. → 통감이 추천한 일본인을 대한제국의 관리로 임명하도록 하였다. → 대한제국의 사법권을 빼앗고 감옥 사무를 장악하였다.

17. 국가 9급

O ┆ X

28 대한제국 수립 ~ 을사늑약 체결 사이의 시기에 영국이 불법적으로 거문도를 점령하였다.

17. 법원 9급

O ┆ X

29 한·일 의정서는 러·일 전쟁의 원활한 수행을 위해, 일본이 대한제국의 국외 중립 선언을 무시하고 체결하였다.

17. 경찰 2차

O ┆ X

30 한·일 신협약에 따라 한국 고등 관리의 임면은 통감의 동의로써 이를 행할 것을 규정하였다.

17. 국가 9급

O ┆ X

31 을사늑약의 체결로 한국 황제 밑에 1명의 통감을 두되 통감은 오로지 외교에 관한 사항을 관리하기 위해 경성에 주재하고 친히 한국 황제폐하를 만날 수 있는 권리를 가진다.

16. 경찰 1차

O ┆ X

32 [순서나열] 미국은 한국에서 일본의 보호권 확립을, 일본은 미국의 필리핀 지배를 인정받았다. → 영국은 한국에서 일본의 특수 이익을, 일본은 영국의 인도 지배를 서로 승인하였다. → 일본은 러시아로부터 한국에 대한 지도 보호 및 감독의 권리를 인정받았다. → 일본은 한국의 외교권을 박탈하고, 통감부를 설치하였다.

15. 서울시 9급

O ┆ X

Self Check

문항	O	X	틀린 이유
24	O	X	
25	O	X	
26	O	X	
27	O	X	
28	O	X	
29	O	X	
30	O	X	
31	O	X	
32	O	X	

오답 확인하기

24 을사조약에 대한 설명이다.

26 대한제국 정부의 국외 중립 선언 → 일본군이 인천항에 정박한 러시아 군함 2척을 공격 → 일본군이 러시아에 선전포고 → 한·일 의정서 체결

28 영국의 거문도 점령은 대한제국 수립 이전인 1885 ~ 1887년의 일이다.

정답

24 **X** 25 **O** 26 **X** 27 **O** 28 **X**
29 **O** 30 **O** 31 **O** 32 **O**

Self Check

문항	○	×	틀린 이유
01	○	×	
02	○	×	
03	○	×	
04	○	×	
05	○	×	
06	○	×	
07	○	×	
08	○	×	
09	○	×	
10	○	×	
11	○	×	
12	○	×	
13	○	×	
14	○	×	
15	○	×	

오답 확인하기

01 갑오개혁 이후인 1907년의 일이다.
02 을미의병에 대한 설명이다.
05 활빈당이 결성된 것은 정미의병 발발 이전인 1900년의 일이다.
07 한성순보 창간 이후인 1906년부터 1907년까지이다.
10 대한자강회에 대한 설명이다.
11 헌정연구회에 대한 설명이다.
12 5적 암살단은 나철, 오기호 등이 친일 인사들을 습격할 목적으로 조직한 단체로, 신민회와는 관련이 없다.
13 안중근은 동양평화론을 완성하지 못한 채 사형당하였다.
14 민종식에 대한 설명이다.

정답

01 X 02 X 03 O 04 O 05 X
06 O 07 X 08 O 09 O 10 X
11 X 12 X 13 X 14 X 15 O

테마 11 항일 의병과 애국 계몽 운동

01 신미양요 ~ 갑오개혁 사이에 정미 의병이 발생하였다.
22. 국가 9급
O | X

02 정미의병은 고종이 해산 권고 조칙을 내리자 대부분 해산하였다.
21. 법원 9급
O | X

03 정미의병은 13도 창의군을 결성하여 서울 진공 작전을 시도하였다.
21. 법원 9급
O | X

04 정미의병은 각국 영사관에 교전 단체로 인정해 줄 것을 요구하였다.
21. 법원 9급
O | X

05 정미의병은 의병 잔여 세력이 활빈당 등의 무장 결사를 조직하였다.
21. 법원 9급
O | X

06 을사조약이 체결되자 신돌석 등 평민 출신 의병장이 활약하였다.
20. 국가 7급
O | X

07 한성순보의 창간 이전 시기에는 식산흥업을 강조한 '대한자강회월보'가 간행되었다.
20. 지방 7급
O | X

08 순종 재위 기간에 유생 의병장 중심으로 13도 창의군을 결성하였다.
20. 지방 7급
O | X

09 신민회는 해외 독립 운동 기지 건설에 앞장섰다.
20. 법원 9급
O | X

10 신민회는 고종이 퇴위 당하자 의병 투쟁에 앞장섰다.
20. 법원 9급
O | X

11 신민회는 입헌 군주제 수립을 목표로 활동하였다.
20. 법원 9급
O | X

12 신민회는 5적 암살단을 조직하였다.
20. 법원 9급
O | X

13 안중근은 만주 하얼빈 역에서 이토 히로부미를 저격하였고 이후 뤼순 감옥에서 『동양평화론』을 완성하였다.
19. 경찰간부
O | X

14 최익현은 의병을 이끌고 홍주성을 점령하였다.
18. 국가 7급
O | X

15 최익현은 대마도(쓰시마)로 압송된 후 순국하였다.
18. 국가 7급
O | X

Self Check

문항	O	×	틀린 이유
16	O	×	
17	O	×	
18	O	×	
19	O	×	
20	O	×	
21	O	×	
22	O	×	
23	O	×	
24	O	×	
25	O	×	
26	O	×	
27	O	×	
28	O	×	

⭐ **16** [순서나열] 국모 시해와 단발령에 반발 → 평민 출신 의병장 신돌석이 의병 활동 시작 → '한·일신협약'으로 해산된 군인들이 의병에 합류 → '남한대토벌작전' 이후 의병들이 간도와 연해주 등으로 이동

18. 경찰 2차
O | X

⭐ **17** 대한제국의 군대 해산 이후 신돌석과 같은 평민 출신의 의병장이 처음으로 등장하였다.

17. 국가 9급
O | X

18 대한제국의 군대 해산 이후 단발령의 실시로 위정척사 사상에 바탕을 둔 의병 운동이 시작되었다.

17. 국가 9급
O | X

19 대한제국의 군대 해산 이후 일본군의 '남한 대토벌 작전'으로 의병 부대의 근거지가 초토화되었다.

17. 국가 9급
O | X

20 을사늑약 체결 이전, 명성 황후 시해 사건과 단발령으로 의병 운동이 확산되었다.

17. 하반기 국가 9급
O | X

⭐ **21** 정미의병 때 민종식 의병 부대가 홍주성을 점령하였다.

17. 교육행정
O | X

⭐ **22** 정미의병 때 13도 연합 의병이 결성되어 서울 진공 작전을 전개하였다.

17. 교육행정
O | X

⭐ **23** 신민회는 평양과 대구 등의 지역에 태극서관을 설립하였다.

16. 교육행정
O | X

⭐ **24** 신민회는 평양에 대성학교, 정주에 오산학교를 설립하였다.

16. 서울시 7급
O | X

⭐ **25** 신민회는 평양 근교에 자기(磁器) 회사를 설립, 운영하기도 하였다.

16. 서울시 7급
O | X

26 신민회는 통감부가 설치된 직후에 정치 집회가 금지되면서 해산당했다.

16. 서울시 7급
O | X

27 대한자강회는 만민 공동회를 개최하여 러시아의 침략 정책을 강력하게 규탄하였다.

15. 지방 9급
O | X

28 대한자강회는 고종의 강제 퇴위 반대 운동을 전개하다가 일본의 탄압으로 해산되었다.

15. 지방 9급
O | X

오답 확인하기

17 을사의병에 대한 설명이다.
18 을미의병에 대한 설명이다.
21 을사의병에 대한 설명이다.
26 신민회가 해체된 것은 1911년의 일이다.
27 독립협회이다.

정답

16 **O** 17 **X** 18 **X** 19 **O** 20 **O**
21 **X** 22 **O** 23 **O** 24 **O** 25 **O**
26 **X** 27 **X** 28 **O**

29 대한자강회는 일본의 황무지 개간에 대한 대중적인 반대 운동을 일으켜 이를 철회시키는 데 성공하였다. 15. 지방 9급
O | X

30 을미의병은 아관 파천 이후 고종의 해산 조칙을 계기로 대부분 해산하였다. 15. 지방 7급
O | X

31 을미의병은 일제의 강요로 군대가 해산되자 그에 반발하여 일어났다. 15. 지방 7급
O | X

32 을사조약에 반발하여 민종식, 최익현 등이 의병을 일으켰다. 15. 국가 7급
O | X

33 을사조약에 대하여 장지연은 논설 '시일야방성대곡'으로 비판하였다. 15. 국가 7급
O | X

34 신민회는 국권 회복과 입헌군주 체제의 국민 국가 건설을 목표로 삼은 비밀 조직이었다. 15. 경찰 1차
O | X

35 신민회의 국내 조직은 105인 사건으로 인하여 와해되었다. 15. 경찰 1차
O | X

36 민영환은 을사조약을 체결하자 이에 저항하여 자결하였다. 13. 국가 7급
O | X

37 서울 진공 작전 때 13도 창의대진소가 설치되고 이인영을 창의대장으로 뽑았다. 12. 지방 7급
O | X

38 정미의병은 고종이 퇴위하고 정미 7조약이 강요되는 계기가 되었다. 12. 지방 7급
O | X

39 서울 진공 작전 때 허위가 이끄는 선발 부대는 동대문 인근까지 진출하였다. 12. 지방 7급
O | X

40 정미의병은 해산된 군인의 합류로 전투력이 크게 향상되었다. 11. 지방 9급
O | X

41 정미의병 때 일본의 '남한 대토벌 작전'으로 인해 의병 투쟁은 크게 타격을 받았다. 11. 지방 9급
O | X

42 보안회는 일본이 황무지 개척을 구실로 토지를 약탈하려 하자 이를 철회시켰다. 11. 지방 7급
O | X

오답 확인하기

29 보안회이다.
31 정미의병에 대한 설명이다.
34 신민회는 공화정 체제를 추구하였다.
38 정미의병의 계기가 된 사건은 정미 7조약 체결과 군대 해산이었다.

정답

29 X 30 O 31 X 32 O 33 O
34 X 35 O 36 O 37 O 38 X
39 O 40 O 41 O 42 O

CHAPTER 02

근대의 경제·사회·문화

테마1 근대 개항기의 경제·사회

01 국채 보상 운동 때 조선 형평사를 조직하였다.
23. 지방 9급
O I X

02 국채 보상 운동 때 조선 물산 장려회를 조직하였다.
23. 지방 9급
O I X

03 국채 보상 운동은 신사 참배 거부 운동을 전개하였다.
23. 지방 9급
O I X

⭐**04** 국채 보상 운동은 1907년 대구에서 시작되어 전국으로 확산되었다.
23. 지방 9급
O I X

05 여권통문은 평양의 양반 부인들이 발표하였다.
22. 서울 9급
O I X

06 여권통문의 발표를 계기로 찬양회가 조직되었다.
22. 서울 9급
O I X

07 여권통문은 교육입국조서 발표의 배경이 되었다.
22. 서울 9급
O I X

08 여권통문의 발표에 따라 한성사범학교가 설치되었다.
22. 서울 9급
O I X

09 화폐 정리 사업은 한국 상업 자본에 큰 타격을 주었다.
22. 소방직
O I X

⭐**10** 화폐 정리 사업은 재정 고문 메가타의 주도로 시행되었다.
22. 소방직
O I X

11 화폐 정리 사업에 따라 전환국에서 새로운 화폐를 발행하게 되었다.
22. 소방직
O I X

12 화폐 정리 사업에 따라 일본 제일은행이 한국의 중앙은행 지위를 확보하게 되었다.
22. 소방직
O I X

Self Check

문항	O	X	틀린 이유
01	O	X	
02	O	X	
03	O	X	
04	O	X	
05	O	X	
06	O	X	
07	O	X	
08	O	X	
09	O	X	
10	O	X	
11	O	X	
12	O	X	

오답 확인하기

01 조선 형평사는 1923년에 조직된 단체로, 백정들의 평등한 대우를 요구하는 형평 운동을 전개하였다.
02 조선 물산 장려회는 1920년대 물산 장려 운동과 관련된 단체이다.
03 신사 참배 강요는 1930년대 이후 민족 말살 통치 시기의 일로, 시기상 적절하지 못하다.
05 여권통문은 1898년 서울 북촌에 사는 양반 부인들이 발표하였다.
07 교육 입국 조서는 여권통문 발표 이전인 1895년에 발표되었기 때문에 시기상 적절치 못하다.
08 한성사범학교는 교육입국조서의 발표에 따라 설치되었다.
11 화폐 정리 사업이 추진됨에 따라 전환국은 폐지되었다.

정답

01 X 02 X 03 X 04 O 05 X
06 O 07 X 08 X 09 O 10 O
11 X 12 O

Self Check

문항	○	×	틀린 이유
13	○	×	
14	○	×	
15	○	×	
16	○	×	
17	○	×	
18	○	×	
19	○	×	
20	○	×	
21	○	×	
22	○	×	
23	○	×	
24	○	×	
25	○	×	
26	○	×	
27	○	×	
28	○	×	
29	○	×	

오답 확인하기

14 조·청 수륙 무역 장정으로 청나라에서의 수입액이 꾸준히 증가한 것은 맞지만, 수입액이 일본을 앞지른 적은 없었다.

19 화폐 정리 사업은 통감부 설치 이전인 1905년에 실시되었다.

23 1905년의 일이다.

24 함경도 방곡령 사건은 1889년에 일어났다.

25 한·일 신협약은 1907년에 체결되었기 때문에 시기상 맞지 않는 설명이다.

26 화폐 정리 사업에 따라서 은본위가 아니라 금본위 화폐제도가 성립되었다.

29 동양 척식 주식 회사에 대한 설명이다.

정답

13 **O**   14 **X**   15 **O**   16 **O**   17 **O**
18 **O**   19 **X**   20 **O**   21 **O**   22 **O**
23 **X**   24 **X**   25 **X**   26 **X**   27 **O**
28 **O**   29 **X**

⭐13 근대 개항기, 개항장에서 조선인 객주가 중개 활동을 하였다.
21. 국가 9급   **O | X**

⭐14 조·청 무역장정으로 청국에서의 수입액이 일본을 앞질렀다.
21. 국가 9급   **O | X**

15 근대 개항기, 일본 상인은 면제품을 팔고, 쇠가죽·쌀·콩 등을 구입하였다.
21. 국가 9급   **O | X**

⭐16 조·일 통상장정의 개정으로 곡물 수출이 금지되기도 하였다.
21. 국가 9급   **O | X**

17 통감부 지배 시기에 내장원이 가졌던 홍삼 전매와 역둔토 수입을 국고로 귀속시켰다.
20. 국가 7급   **O | X**

18 통감부 지배 시기에 토지가옥증명규칙을 제정하여 매매·저당 등의 법적 기초를 마련하였다.
20. 국가 7급   **O | X**

19 통감부 지배 시기에 백동화 및 엽전을 신화폐로 교환하는 화폐 정리 사업을 개시하였다.
20. 국가 7급   **O | X**

20 통감부 지배 시기에 일본 농민의 이주와 토지 수탈을 지원하고자 동양척식 주식회사를 설립하였다.
20. 국가 7급   **O | X**

21 경부선은 군용 철도 명목으로 개통되었다.
20. 국가 7급   **O | X**

22 순종 재위 기간에 일본은 동양 척식 주식회사를 설립하였다.
20. 지방 7급   **O | X**

23 조·일 무역 규칙 체결과 개정 조·일 통상 장정 체결 사이의 시기에 메가타 재정 고문이 화폐 정리 사업을 시도하였다.
19. 지방 9급   **O | X**

24 조·일 무역 규칙 체결과 개정 조·일 통상 장정 체결 사이의 시기에 함경도 방곡령 사건으로 일본과 외교적 마찰이 일어났다.
19. 지방 9급   **O | X**

⭐25 화폐 정리 사업은 한·일 신협약을 계기로 추진되었다.
19. 국가 7급   **O | X**

26 화폐 정리 사업에 따라 은화를 발행하여 본위화로 삼고자 하였다.
19. 국가 7급   **O | X**

27 미국은 운산 금광 채굴권을 차지하였다.
19. 서울시 9급   **O | X**

28 농광회사는 황무지 개간권 요구에 대응하여 설립된 특허 회사였다.
18. 국가 9급   **O | X**

⭐29 농광회사는 역둔토나 국유 미간지를 약탈하려는 국책 회사였다.
18. 국가 9급   **O | X**

30 농광회사는 종로의 백목전 상인이 주도가 된 직조 회사였다. 18. 국가 9급
O | X

31 국채보상운동은 보안회가 주도하였다. 16. 사회복지
O | X

⭐**32** 국채보상운동은 총독부의 탄압과 방해로 실패하였다. 16. 사회복지
O | X

⭐**33** 국채보상운동은 대구에서 시작되어 전국적으로 확대되었다. 16. 사회복지
O | X

34 국채보상운동은 '내 살림 내 것으로', '조선 사람 조선 것' 등의 표어를 내걸었다. 16. 사회복지
O | X

35 황국중앙총상회를 조직한 시전 상인들은 경제적 특권 회복을 요구하였다. 14. 사회복지
O | X

36 황국중앙총상회가 상권 수호 운동을 전개하자 통감부는 양기탁을 횡령 혐의로 구속하는 등 탄압하였다. 14. 사회복지
O | X

37 국채보상운동은 한·일 신협약에 따라 중지되었다. 14. 국가 7급
O | X

38 국채보상운동 당시 서울에서는 국채 보상 기성회가 발족되었다. 14. 국가 7급
O | X

39 국채보상운동 당시 2,000만 조선인의 금연 및 금주 운동이 전개되었다. 14. 국가 7급
O | X

⭐**40** 국채보상운동은 언론 기관인 대한매일신보사와 황성신문사가 지원하였다. 14. 국가 7급
O | X

41 화폐정리사업으로 한국 상인들이 경제적으로 큰 타격을 받았다. 13. 국가 9급
O | X

42 화폐정리사업으로 일본 제일 은행이 중앙 은행의 역할을 하게 되었다. 13. 국가 9급
O | X

⭐**43** 화폐정리사업은 액면가대로 바꾸어 주는 화폐 교환 방식을 따랐다. 13. 국가 9급
O | X

44 동학농민군은 폐정 개혁안에서 백정이 쓰는 평량갓을 없애자고 주장하였다. 11. 지방 7급
O | X

45 갑오개혁 때 신분 제도가 폐지됨에 따라 백정도 평등한 지위를 얻었다. 11. 지방 7급
O | X

46 대한제국 시기에 백정들은 형평사를 창립하고 형평 운동을 펼쳐 나갔다. 11. 지방 7급
O | X

Self Check

문항	O	×	틀린 이유
30	O	×	
31	O	×	
32	O	×	
33	O	×	
34	O	×	
35	O	×	
36	O	×	
37	O	×	
38	O	×	
39	O	×	
40	O	×	
41	O	×	
42	O	×	
43	O	×	
44	O	×	
45	O	×	
46	O	×	

오답 확인하기

30 종로직조사에 대한 설명이다.
31 보안회는 국채보상운동이 일어나기 전에 협동회로 개편되었다.
32 통감부의 탄압과 방해로 실패하였다.
34 물산장려운동에 대한 설명이다.
36 국채보상운동에 대한 설명이다.
37 한·일 신협약에 따라 중지된 것이 아니라 통감부의 탄압으로 중단되었다.
43 액면가를 무시하고 동전의 질에 따라 교환해주었다.
46 일제 강점기인 1923년의 일이다.

정답

30 X 31 X 32 X 33 O 34 X
35 O 36 X 37 X 38 O 39 O
40 O 41 O 42 O 43 X 44 O
45 O 46 X

문항	○	×	틀린 이유
01	○	×	
02	○	×	
03	○	×	
04	○	×	
05	○	×	
06	○	×	
07	○	×	
08	○	×	
09	○	×	
10	○	×	
11	○	×	
12	○	×	
13	○	×	
14	○	×	

테마 2 근대 개항기의 문화

01 독립신문은 한글판을 발행하여 서양의 문물과 제도를 소개했으며, 영문판을 발행하여 국내 사정을 외국인에게도 전달하였다.
23. 지방 9급
O | X

02 경부선의 부설을 위하여 한성전기회사가 설립되었다.
20. 국가 7급
O | X

⭐**03** 한성순보의 창간 이전 시기에는 국내외 정보를 제공한 '독립신문'이 서재필에 의해 발간되었다.
20. 지방 7급
O | X

04 [순서나열] 경의선 철도 개통 → 경부선 철도 개통 → 국채보상운동 전개 → 신채호, 『독사신론』 발표 → 덕수궁 석조전 완성
19. 경찰간부
O | X

05 베델은 세계 각국의 산천·풍토 등을 한글로 소개한 『사민필지』를 저술하였다.
19. 경찰간부
O | X

06 제국신문, 대한매일신보 등이 한글로 발간되면서 국어 연구에 도움이 되었다.
19. 경찰간부
O | X

⭐**07** 1883년 박문국이 설립되어 『한성순보』를 발간하기 시작하였다.
19. 경찰 1차
O | X

08 1883년 전환국이 설립되어 당오전(當五錢)을 발행하였다.
19. 경찰 1차
O | X

⭐**09** 1883년 우리나라 최초의 근대적 사립 학교인 원산학사가 설립되었다.
19. 경찰 1차
O | X

10 1883년 우리나라 최초의 철도인 경인선이 개통되었다.
19. 경찰 1차
O | X

11 덕수궁 석조전은 서양 고딕 양식의 건물이다.
18. 지방 9급
O | X

12 신채호는 이순신, 을지문덕 등 위인의 전기를 써 민족 의식을 고취하였다.
18. 국가 7급
O | X

13 선교사들이 들어와서 세운 기독교 계통의 학교에는 배재학당과 이화학당 등이 있었다.
18. 지방 7급
O | X

14 정부는 외국어 교육 기관으로 동문학을 설립하였다.
18. 지방 7급
O | X

오답 확인하기

02 경부선이 아니라 전차에 대한 설명이다.
03 한성순보 창간 이후인 1896년의 일이다.
04 경부선 철도 개통 → 경의선 철도 개통 → 국채보상운동 전개 → 신채호『독사신론』 발표 → 덕수궁 석조전 완성
05 『사민필지』는 헐버트가 번역·소개한 역사 지리서다.
10 1899년의 일이다.
11 덕수궁 석조전은 르네상스 건축 양식으로 지어졌다.

정답

01 O 02 X 03 X 04 X 05 X
06 O 07 O 08 O 09 O 10 X
11 X 12 O 13 O 14 O

Self Check

문항	○	×	틀린 이유
15	○	×	
16	○	×	
17	○	×	
18	○	×	
19	○	×	
20	○	×	
21	○	×	
22	○	×	
23	○	×	
24	○	×	
25	○	×	
26	○	×	
27	○	×	
28	○	×	

15 교육입국조서가 반포되었고, 사범 학교와 외국어학교의 관제가 제정되었다.

18. 지방 7급

O | X

16 배재학당은 선교사 아펜젤러가 서울에 설립한 사립 학교이다.

18. 서울시 9급

O | X

⭐**17** 원산학사는 함경도 덕원 주민들이 기금을 조성하여 설립한 학교이다.

18. 서울시 9급

O | X

⭐**18** 2차 동학 농민 운동 당시, 제중원에서 치료를 받는 환자를 볼 수 있다.

17. 교육행정

O | X

19 2차 동학 농민 운동 당시, 독립신문 창간호를 인쇄하는 기사를 볼 수 있다.

17. 교육행정

O | X

⭐**20** 2차 동학 농민 운동 당시, 인천에서 기차를 타고 서울로 가는 상인을 볼 수 있다.

17. 교육행정

O | X

⭐**21** 한성순보는 우리나라 최초의 신문으로 1883년 창간되었으며, 한문체로 발간된 관보의 성격을 띠었다.

17. 서울시 사복

O | X

22 강화도 조약 ~ 임오군란 사이의 시기에 박문국을 설치하여 한성순보를 발간하였다.

17. 법원 9급

O | X

23 임오군란 ~ 갑오개혁 사이의 시기에 최초의 근대식 병원인 광혜원이 설립되었다.

17. 법원 9급

O | X

24 갑오개혁 ~ 대한제국 수립 사이의 시기에 함경도 덕원주민들이 원산학사를 세웠다.

17. 법원 9급

O | X

25 육영공원은 관민이 합심하여 설립하였다.

17. 법원 9급

O | X

26 육영공원은 경성 제국 대학으로 계승되었다.

17. 법원 9급

O | X

27 육영공원은 좌원과 우원의 두 반으로 편성되었다.

17. 법원 9급

O | X

28 육영공원은 근대식 사관 양성을 목적으로 하였다.

17. 법원 9급

O | X

오답 확인하기

19 2차 동학 농민 운동 발발 이후인 1896년의 일이다.

20 2차 동학 농민 운동 진압 이후인 1899년의 일이다.

22 박문국은 임오군란 이후인 1883년에 설치되었다.

24 원산학사는 갑오개혁 이전인 1886년에 세워졌다.

25 원산학사(1883)에 대한 설명이다.

26 경성 제국 대학은 일본이 민립 대학 설립 운동을 무마하기 위해 1924년에 세운 대학으로 육영공원과는 무관하다.

28 연무공원(1888)에 대한 설명이다.

정답

15 O 16 O 17 O 18 O 19 X
20 X 21 O 22 X 23 O 24 X
25 X 26 X 27 O 28 X

오답 확인하기

30 만세보는 국·한문으로 발행된 일간지이다.
31 대한매일신보에 대한 설명이다.
33 전차는 아관파천 이후인 1899년 부터 운행하였다.
34 대한천일은행은 1899년에 설립되었다.
37 만세보에 대한 설명이다.
39 신문지법은 1907년에 제정되었다.
40 고종은 2차 갑오개혁 당시 교육입국조서를 반포하였다.
42 한성순보는 대한제국 성립 이전인 1884년에 폐간되었다.

정답

29 **O** 30 **X** 31 **X** 32 **O** 33 **X**
34 **X** 35 **O** 36 **O** 37 **X** 38 **O**
39 **X** 40 **X** 41 **O** 42 **X** 43 **O**
44 **O**

29 1907년에는 국문 연구소가 만들어져 주시경과 지석영 등의 주도로 국문의 정리와 국어의 이해 체계가 확립되기 시작하였다. <small>17. 경기 북부 여경</small>
O | **X**

30 『만세보』는 손병희, 오세창 등이 창간한 일간지로 순 한글판으로 발행되었으며, 일진회를 공격하고 반민족 행위에 대하여 맹렬한 비판을 가하였다. <small>17. 경기 북부 여경</small>
O | **X**

31 황성신문은 언론 검열을 피하기 위해 영국인 베델을 발행인으로 초빙하였다. <small>16. 사회복지</small>
O | **X**

32 황성신문은 남궁억이 창간한 국한문 혼용체의 신문으로 민족 의식을 고취하였다. <small>16. 사회복지</small>
O | **X**

⭐**33** 아관파천 기간에 청량리행 전차를 운행하는 기사를 볼 수 있었다. <small>16. 지방 7급</small>
O | **X**

34 아관파천 기간에 대한천일은행에서 근무하는 은행원을 볼 수 있었다. <small>16. 지방 7급</small>
O | **X**

35 아관파천 기간에 백동화를 주조하는 주전관을 볼 수 있었다. <small>16. 지방 7급</small>
O | **X**

36 국·한문 혼용체를 사용한 황성신문은 장지연의 '시일야방성대곡'을 실어 을사조약을 비판하고 민족의식을 고취하였다. <small>16. 경찰 1차</small>
O | **X**

37 순 한글로 간행된 제국신문은 창간 이듬해 이인직이 인수하였고, 이후 제국신문은 친일지로 개편되었다. <small>16. 경찰 1차</small>
O | **X**

⭐**38** 대한매일신보는 영국인 베델과 양기탁에 의하여 설립되었고, 경제적 국권 회복 운동인 국채보상운동에도 앞장섰다. <small>16. 경찰 1차</small>
O | **X**

39 일본은 1909년 신문지법을 제정하여 언론에 대한 탄압을 강화하였다. <small>16. 경찰 1차</small>
O | **X**

40 고종은 광무개혁의 일환으로 교육입국조서를 반포하며 지·덕·체를 아우르는 교육을 내세웠고, 이에 따라 소학교, 한성사범학교 등이 설립되었다. <small>16. 경찰 2차</small>
O | **X**

41 대한제국 시기에 전등이 켜진 경복궁을 볼 수 있었다. <small>15. 국가 7급</small>
O | **X**

⭐**42** 대한제국 시기에 한성순보를 읽는 관리를 볼 수 있었다. <small>15. 국가 7급</small>
O | **X**

43 대한제국 시기에 종로 일대를 달리는 전차를 볼 수 있었다. <small>15. 국가 7급</small>
O | **X**

44 대한제국 시기에 광제원에서 치료받는 환자를 볼 수 있었다. <small>15. 국가 7급</small>
O | **X**

Self Check

문항	○	×	틀린 이유
45	○	×	
46	○	×	
47	○	×	
48	○	×	
49	○	×	
50	○	×	
51	○	×	
52	○	×	
53	○	×	
54	○	×	
55	○	×	
56	○	×	
57	○	×	

⭐ **45** 박은식은 실천적인 새로운 유교 정신을 강조하는 유교구신론을 주장하였다.

14. 지방 9급
O | X

46 서양 의학이 보급되면서 근대 의료 시설인 광혜원을 설립하여, 지석영에게 책임을 맡겼다.

14. 경찰 2차
O | X

47 서울에는 명동 성당과 덕수궁 석조전과 같은 서양식 건축물이 세워졌다.

14. 경찰 2차
O | X

48 대한제국 말기 신채호는 대한매일신보에 『독사신론』을 연재하여 일본의 식민주의 사관에 대항할 수 있는 민족주의 사학의 발판을 마련하였다.

14. 경찰 2차
O | X

49 박은식은 양명학을 토대로 대동 사상을 주창하였다.

13. 서울시 9급
O | X

⭐ **50** 박은식은 『독사신론』을 통해 역사학의 방향을 제시하였다.

13. 서울시 9급
O | X

⭐ **51** 순한글로 간행된 제국신문은 창간 이듬해 이인직이 인수하여 친일지로 개편되었다.

13. 서울시 9급
O | X

52 독립신문은 한글과 영문을 사용하였으며, 근대적 지식 보급과 국권·민권 사상을 고취하였다.

13. 서울시 9급
O | X

53 지석영은 서양 의학의 성과를 토대로 서구의 종두법을 최초로 소개하였다.

12. 국가 9급
O | X

⭐ **54** 대한매일신보에 고종은 을사조약의 부당성을 폭로하는 친서를 발표하였다.

11. 국가 9급
O | X

55 대한매일신보는 양기탁이 신민회를 조직하면서 신민회의 기관지 역할을 하였다.

11. 국가 9급
O | X

56 손병희는 일진회가 동학 조직을 흡수하려 하자, 천도교를 창설하고 정통성을 지키려 하였다.

11. 국가 9급
O | X

57 20세기 초 찬송가 등이 보급되면서 서양의 근대 음악이 자리 잡기 시작하였다.

11. 지방 9급
O | X

오답 확인하기

46 광혜원의 책임자는 미국 선교사인 알렌이다.
50 신채호에 대한 설명이다.
51 만세보에 대한 설명이다.
53 정약용에 대한 설명이다.

정답

45 O   46 X   47 O   48 O   49 O
50 X   51 X   52 O   53 X   54 O
55 O   56 O   57 O

노범석 한국사
기선제압 OX

제 **7** 막

일제의 침략과
민족의 독립운동

CHAPTER **01**

일제 강점기의 정치

오답 확인하기

03 제국신문은 1898년에 창간되어 1910년에 폐간되었다.
05 1930년대 중·일 전쟁 이후에 실시된 민족 말살 통치 시기에 대한 설명이다.
06 일제는 1941년 국민학교령을 제정하여 심상소학교의 명칭을 '황국 신민 학교'의 줄임말인 '국민학교'로 개칭하였다.
07 일제가 헌병 경찰 제도를 실시한 것은 1910년대 무단 통치 시기의 일이다.
09 조선 태형령이 제정된 것은 1912년의 일이다.

정답

01 **O**　02 **O**　03 **X**　04 **O**　05 **X**
06 **X**　07 **X**　08 **O**　09 **X**　10 **O**

테마1　식민 통치 체제의 구축

01 만주사변 발생 ~ 태평양 전쟁 발발 사이에 소학교에 등교하는 조선인 학생을 볼 수 있다.
23. 국가 9급
O I **X**

⭐**02** 만주사변 발생 ~ 태평양 전쟁 발발 사이에 황국 신민 서사를 암송하는 청년을 볼 수 있다.
23. 국가 9급
O I **X**

03 만주사변 발생 ~ 태평양 전쟁 발발 사이에 『제국신문』 기사를 작성하는 기자를 볼 수 있다.
23. 국가 9급
O I **X**

04 1910년대 무단 통치 시기에 보통학교 수업 연한을 4년으로 정한 『조선교육령』이 공포되었다.
23. 국가 9급
O I **X**

⭐**05** 무단 통치 시기에 창씨개명 조치가 시행되었다.
22. 국가 9급
O I **X**

06 무단 통치 시기에 초등 교육 기관의 명칭이 국민학교로 변경되었다.
22. 국가 9급
O I **X**

07 국가총동원법을 한국에 적용한 이후, 일제는 헌병 경찰 제도를 실시하였다.
22. 서울 9급
O I **X**

08 민립 대학 설립 운동이 전개된 시기에 조선인이 발행한 신문을 검열하였다.
22. 소방직
O I **X**

09 민립 대학 설립 운동이 전개된 시기에 조선 태형령을 제정하여 조선인을 탄압하였다.
22. 소방직
O I **X**

10 중·일 전쟁 이후 조선총독부는 아침마다 궁성요배를 강요하였다.
21. 국가 9급
O I **X**

11 중·일 전쟁 이후 조선총독부는 일본에 충성하자는 황국 신민 서사를 암송하게 하였다.

21. 국가 9급

O I X

12 중·일 전쟁 이후 조선총독부는 황국 신민 의식을 강화하고자 소학교를 국민학교로 개칭하였다.

21. 국가 9급

O I X

13 국가총동원법이 제정된 이후에 조선사상범예방구금령이 제정·공포되었다.

21. 법원 9급

O I X

14 2차 조선 교육령이 시행되던 시기에 사립학교령이 공포되었다.

21. 경찰 1차

O I X

15 2차 조선 교육령이 시행되던 시기에 조선어가 선택 과목이 되었다.

21. 경찰 1차

O I X

16 치안유지법이 시행되던 시기에 『조선 태형령』이 공포되었다.

20. 국가 9급

O I X

17 치안유지법이 시행되던 시기에 경성 제국 대학이 설립되었다.

20. 국가 9급

O I X

18 치안유지법이 시행되던 시기에 학도 지원병 제도가 실시되었다.

20. 국가 9급

O I X

19 회사령이 시행되던 시기에 경성 제국 대학이 설립되었다.

19. 국가 7급

O I X

20 회사령이 시행되던 시기에 경찰범 처벌 규칙이 제정되었다.

19. 국가 7급

O I X

21 회사령이 시행되던 시기에 학교에서 조선어 사용이 금지되었다.

19. 국가 7급

O I X

22 일본은 자국의 '헌법'과 '법률'을 적용하여 한국에 무단 통치를 실시하였다.

19. 상반기 서울시 9급

O I X

23 육해군 대장 중에서 임명된 조선 총독은 일본 천황에 직속되어 한반도에 대한 입법·사법·행정권을 장악하고 있었다.

19. 상반기 서울시 9급

O I X

24 헌병 경찰은 구류, 태형, 3개월 이하의 징역 등에 해당하는 한국인의 범죄에 대해 법 절차나 재판 없이 즉결 처분할 수 있는 권한이 있었다.

19. 상반기 서울시 9급

O I X

Self Check

문항	O	×	틀린 이유
11	O	×	
12	O	×	
13	O	×	
14	O	×	
15	O	×	
16	O	×	
17	O	×	
18	O	×	
19	O	×	
20	O	×	
21	O	×	
22	O	×	
23	O	×	
24	O	×	

오답 확인하기

14 2차 조선 교육령 이전인 1908년의 일이다.
15 3차 조선 교육령 시행 시기의 일이다.
16 치안유지법 제정 이전인 1912년의 일이다.
17 치안유지법 제정 이전인 1924년의 일이다.
19 회사령 폐지 이후인 1924년의 일이다.
21 1943년에 제정된 4차 교육령 시기의 일로 회사령 폐지 이후다.
22 일제는 자국의 헌법과 법률을 그대로 적용하지 않고 차별을 두어서 적용하였다.

정답

11 **O** 12 **O** 13 **O** 14 **X** 15 **X**
16 **X** 17 **X** 18 **O** 19 **X** 20 **O**
21 **X** 22 **X** 23 **O** 24 **O**

25 문화 통치 시기에 전국 각지에 대화숙을 설치하여 사상범에게 전향을 강요하였다.
18. 지방 7급
O | X

26 문화 통치 시기에 헌병경찰제가 보통경찰제로 전환되면서 경찰의 수가 증가하였다.
18. 지방 7급
O | X

⭐**27** 문화 통치 시기에 치안유지법을 제정하여 사상을 통제하고 사회 운동을 탄압하였다.
18. 지방 7급
O | X

28 문화 통치 시기에 문관도 총독으로 임명될 수 있도록 하였으나 무관 총독만이 부임하였다.
18. 지방 7급
O | X

29 1920년대 초등 교육 기관의 명칭을 국민학교로 바꾸었다.
17. 교육행정
O | X

30 1910년대 일제는 총독의 자문 기관인 중추원 관제를 공포하였다.
17. 하반기 국가 7급
O | X

31 1910년대 일제는 계몽 운동을 주도한 황성신문을 폐간하였다.
17. 하반기 국가 7급
O | X

⭐**32** 일제는 군 인력 보충을 위해 처음에 '징병 제도'를 실시했으나 이후에는 '지원병 제도'로 바꾸었다.
16. 사회복지
O | X

⭐**33** 국가총동원령 공포 이후 일본식 성과 이름으로 고치는 창씨개명을 시행하였다.
15. 지방 9급
O | X

34 국가총동원령 공포 이후 마을에 애국반을 편성하여 일상 생활을 통제하였다.
15. 지방 9급
O | X

⭐**35** 무단통치 시기 제1차 조선교육령이 공포되었다.
15. 서울시 7급
O | X

⭐**36** 문화 통치 시기 조선 총독부는 조선인 계통의 신문인 조선일보, 동아일보의 발행을 허가하였다.
14. 국가 7급
O | X

37 문화 통치 시기 조선 총독부는 친일파 양성을 겨냥하여 도 평의회와 부·면 협의회를 만들었다.
14. 국가 7급
O | X

오답 확인하기

25 대화숙을 설치한 것은 1940년대 이후의 사실이다.
29 1941년 국민학교령이 공포된 이후의 일이다.
32 일제는 '지원병제'를 먼저 실시하였고, 이후 '징병제'를 도입하였다.

정답

25 X 26 O 27 O 28 O 29 X
30 O 31 O 32 X 33 O 34 O
35 O 36 O 37 O

38 중 · 일 전쟁 이후 일제는 헌병 경찰이 칼을 차고 민간의 치안 및 행정 업무를 처리하도록 하였다.
13. 지방 9급
O | X

39 1910년대 조선인에 한해 태형령이 적용되었다.
13. 서울시 7급
O | X

⭐**40** 1910년대 치안유지법으로 독립 운동이 탄압받았다.
13. 서울시 7급
O | X

테마 2 일제의 경제 수탈

01 1910년대 무단 통치 시기에 산미 증식 계획이 폐지되었다.
23. 국가 9급
O | X

⭐**02** 1910년대 무단 통치 시기에 『국가총동원법』이 제정되었다.
23. 국가 9급
O | X

03 1910년대 무단 통치 시기에 원료 확보를 위한 남면북양 정책이 추진되었다.
23. 국가 9급
O | X

⭐**04** 무단 통치 시기에 토지 조사령이 공포되었다.
22. 국가 9급
O | X

05 국가총동원법을 한국에 적용한 이후, 일제는 국민 징용령을 공포하였다.
22. 서울 9급
O | X

06 국가총동원법을 한국에 적용한 이후, 일제는 여자 근로 정신령을 만들었다.
22. 서울 9급
O | X

07 국가총동원법을 한국에 적용한 이후, 일제는 학도 지원병제와 징병제를 시행하였다.
22. 서울 9급
O | X

08 민립 대학 설립 운동이 전개된 시기에 공출제를 실시하여 미곡을 강제로 거두었다.
22. 소방직
O | X

09 민립 대학 설립 운동이 전개된 시기에 노동력 동원을 위해 국민 징용령을 시행하였다.
22. 소방직
O | X

Self Check

문항	O	×	틀린 이유
38	O	×	
39	O	×	
40	O	×	
01	O	×	
02	O	×	
03	O	×	
04	O	×	
05	O	×	
06	O	×	
07	O	×	
08	O	×	
09	O	×	

오답 확인하기

38 1910년대의 일이다.
40 1925년 치안유지법 제정 이후의 일이다.

01 일제는 1920년부터 산미 증식 계획을 실시했으나, 1934년 일본의 농민들을 보호하기 위해 산미 증식 계획을 중단하였다.
02 국가 총동원법은 민족 말살 통치 시기인 1938년에 제정되었다.
03 일제는 1930년대부터 공업 원료의 수탈을 목적으로 남면북양 정책을 추진하였다.
08 1940년대의 일이다.
09 국민 징용령이 시행된 것은 1939년의 일이다.

정답

38 X 39 O 40 X / 01 X 02 X
03 X 04 O 05 O 06 O 07 O
08 X 09 X

Self Check

문항	○	×	틀린 이유
10	○	×	
11	○	×	
12	○	×	
13	○	×	
14	○	×	
15	○	×	
16	○	×	
17	○	×	
18	○	×	
19	○	×	
20	○	×	
21	○	×	
22	○	×	
23	○	×	

오답 확인하기

10 토지 조사 사업의 주무 기관은 토지 조사국이다.
12 1908년의 일로, 토지 조사 사업 실시 이전이다.
13 농촌 진흥 운동에 대한 설명이다.
14 남면북양 정책은 1931년 만주 사변 이후부터 추진된 정책이고, 중·일 전쟁은 그 이후인 1937년에 발발하였다.
15 국가총동원법은 1938년에 제정되었고 중·일 전쟁이 발발한 것은 1937년의 일이다.
17 지계는 대한제국 때 발급한 증명서이다.
18 1938년의 일이다.
20 한국광복군 창설 이후인 1944년의 일이다.
22 일제는 처음에는 모집 형식으로, 나중에는 알선 형식으로 인력을 동원했으나 병력 부족이 심각해지자 1944년부터 징병제를 조선에 도입하였다.
23 1923년의 일이다.

정답

10 X   11 O   12 X   13 X   14 X
15 X   16 O   17 X   18 X   19 O
20 X   21 O   22 X   23 X

---

10 토지 조사 사업은 농상공부를 주무 기관으로 하였다.
21. 국가 9급
O | X

11 토지 조사 사업에 따라 역둔토, 궁장토를 총독부 소유로 만들었다.
21. 국가 9급
O | X

12 토지 조사 사업에 따라 토지 약탈을 위해 동양척식회사를 설립하였다.
21. 국가 9급
O | X

13 토지 조사 사업은 춘궁 퇴치, 농가 부채 근절을 목표로 내세웠다.
21. 국가 9급
O | X

14 중·일 전쟁 이후 조선총독부는 공업 자원의 확보를 위하여 남면북양 정책을 시행하였다.
21. 국가 9급
O | X

15 국가총동원법이 제정된 이후에 중국 본토에서 중·일 전쟁이 발발하였다.
21. 법원 9급
O | X

16 토지 조사 사업의 결과, 조선 총독부의 지세 수입이 증가하였다.
21. 소방직
O | X

17 토지 조사 사업의 결과, 토지 소유권을 인정하는 증명서로 지계를 발급하였다.
21. 소방직
O | X

18 1941년에 총독부가 국민 정신 총동원 조선 연맹을 설치하였다.
20. 국가 7급
O | X

19 중·일 전쟁 발발 ~ 한국광복군 창설 사이의 시기에 국가총동원법이 제정되었다.
20. 지방 7급
O | X

20 중·일 전쟁 발발 ~ 한국광복군 창설 사이의 시기에 징병제로 한국인 청년들이 군인으로 끌려갔다.
20. 지방 7급
O | X

21 일제 강점기 지원병은 학생들도 모집 대상이었다.
19. 지방 9급
O | X

22 일제 강점기 지원병은 처음에는 징병제에 따라 동원되기 시작하였다.
19. 지방 9급
O | X

23 회사령이 시행되던 시기에 일본 상품에 대한 관세가 철폐되었다.
19. 국가 7급
O | X

24 토지 조사 사업에 따라 농민의 관습적 경작권이 인정되었다.
19. 법원 9급
O ⏐ X

25 토지 조사 사업의 결과 기한부 계약에 의한 소작인이 증가했다.
19. 법원 9급
O ⏐ X

26 토지 조사 사업은 지세를 안정적으로 확보하기 위해 시행되었다.
19. 법원 9급
O ⏐ X

27 토지 조사국이 존속하던 시기에 신문에 연재 중인 소설 『무정』을 읽는 학생을 볼 수 있었다.
18. 국가 9급
O ⏐ X

28 토지 조사국이 존속하던 시기에 연초 전매 제도에 따라 조합에 수매되는 담배를 볼 수 있었다.
18. 국가 9급
O ⏐ X

29 토지 조사국이 존속하던 시기에 의열단에 가입하는 신흥 무관 학교 출신 청년을 볼 수 있었다.
18. 국가 9급
O ⏐ X

30 국가총동원법에 근거하여 국민징용령을 공포하여 강제적인 노무 동원을 실시하였다.
18. 국가 9급
O ⏐ X

31 국가총동원법에 근거하여 금속류회수령을 제정하여 주요 군수 물자를 공출하였다.
18. 국가 9급
O ⏐ X

32 국가총동원법에 근거하여 육군특별지원병령을 제정하여 지원병을 선발하였다.
18. 국가 9급
O ⏐ X

33 국가총동원법에 근거하여 물자통제령을 공포하여 배급제를 확대하였다.
18. 국가 9급
O ⏐ X

34 산미증식계획의 영향으로 식민지 조선 내에서 부족해진 식량은 만주에서 조, 수수, 콩 등의 잡곡을 수입해서 메꾸었다.
18. 서울시 7급
O ⏐ X

35 국가 총동원법은 일제가 태평양 전쟁을 일으킨 이후 제정하였다.
17. 하반기 국가 9급
O ⏐ X

36 1910년대 일제는 일본인 업자에 특혜를 준 연초전매령을 공포하였다.
17. 하반기 국가 7급
O ⏐ X

Self Check

문항	O	×	틀린 이유
24	O	×	
25	O	×	
26	O	×	
27	O	×	
28	O	×	
29	O	×	
30	O	×	
31	O	×	
32	O	×	
33	O	×	
34	O	×	
35	O	×	
36	O	×	

오답 확인하기

24 토지 조사 사업에 따라 농민의 관습적 경작권 등은 인정되지 않았고, 지주의 소유권만 인정되었다.

28 연초전매제는 토지조사국 폐지(1918) 이후인 1921년에 시행되었다.

29 토지조사국 폐지 이후인 1919년의 일이다.

32 육군특별지원병령은 국가총동원법 시행 이전인 1938년 2월에 공포되었다.

35 국가 총동원법은 태평양 전쟁 발발 이전에 제정되었다.

36 일제는 1921년 연초전매령을 공포하였다.

정답

24 **X** 25 **O** 26 **O** 27 **O** 28 **X**
29 **X** 30 **O** 31 **O** 32 **X** 33 **O**
34 **O** 35 **X** 36 **X**

Self Check

문항	○	×	틀린 이유
37	○	×	
38	○	×	
39	○	×	
40	○	×	
41	○	×	
42	○	×	
43	○	×	
44	○	×	
45	○	×	
46	○	×	
47	○	×	
48	○	×	
49	○	×	
50	○	×	

오답 확인하기

38 여자 정신 근로령은 1944년에 실시되었다.
39 토지조사사업은 1910년대에 실시되었다.
40 토지조사사업에서는 임야를 함께 조사하지는 않았다.
42 1918년에 개정된 지세령에 대한 설명이다.
43 토지가옥증명규칙은 1906년에 공포되었다.
44 1910년대의 일이다.
46 일제가 황무지의 국유지 편입을 규정한 것은 1906년의 일이다.
47 토지조사사업이 추진됨에 따라 다수의 분쟁이 발생하였다.
48 1910년대의 일이다.
49 1910년대의 일이다.
50 농촌진흥운동에 대한 설명이다.

정답

37 O 38 X 39 X 40 X 41 O
42 X 43 X 44 X 45 O 46 X
47 X 48 X 49 X 50 X

37 1910년대 일제는 농공 은행을 조선 식산 은행으로 개편하였다. 17. 하반기 국가 7급
O ㅣ X

38 1920년대 여자 정신 근로령을 발표하였다. 17. 교육행정
O ㅣ X

⭐**39** 1920년대에 식민 통치 비용을 확보하고자 토지 조사 사업에 착수하였다. 17. 교육행정
O ㅣ X

⭐**40** 토지조사령에 따르면 토지와 임야를 함께 조사하도록 하였다. 16. 국가 9급
O ㅣ X

41 토지조사령에 따르면 토지 등급은 물론 지적, 결수, 지목 등을 신고하도록 하였다. 16. 국가 9급
O ㅣ X

42 토지조사령에 따르면 지역별 지가와 그것의 1.3%를 지세로 하는 과세 표준을 명시하였다. 16. 국가 9급
O ㅣ X

43 토지조사령에 따라 토지 소유를 증명하는 토지가옥증명규칙과 시행 세칙이 공포되었다. 16. 국가 9급
O ㅣ X

44 1930년대 농공 은행을 통합하여 조선 식산 은행을 설립하였다. 16. 국가 7급
O ㅣ X

⭐**45** 무단 통치 시기 조선총독부는 회사령을 공포하여 회사를 설립할 때 총독의 허가를 받도록 하였다. 16. 지방 7급
O ㅣ X

46 무단 통치 시기 조선총독부는 토지조사령에서 황무지의 국유지 편입을 규정하였다. 16. 지방 7급
O ㅣ X

⭐**47** 토지조사사업에서 소유권 분쟁을 인정하지 않아 분쟁은 발생하지 않았다. 16. 서울시 9급
O ㅣ X

⭐**48** 1920년대 조선어업령을 공포하여 모든 어민의 기득권을 부인하고 새로이 면허·허가를 받아 조업하도록 하였다. 16. 경찰 2차
O ㅣ X

⭐**49** 1920년대 조선광업령을 공포하여 광업권에 대한 허가제를 실시하였다. 16. 경찰 2차
O ㅣ X

50 산미증식계획은 춘궁 퇴치, 자력갱생 등을 내세웠다. 15. 지방 9급
O ㅣ X

51 산미증식계획을 추진하면서 소작농을 보호한다는 명목으로 소작조정령을 발표하였다.
15. 지방 9급
O I X

52 산미증식계획은 공업화로 인한 일본의 식량 부족 문제를 해결하고자 실시하였다.
15. 지방 9급
O I X

53 산미증식계획의 결과 쌀 생산량의 증가보다 일본으로의 수출량 증가가 두드러졌다.
15. 서울시 9급
O I X

54 일제는 만주사변 도발과 함께 국가총동원법을 제정하여 전시 동원 체제를 확립하고 조선에도 이를 적용하였다.
14. 지방 7급
O I X

55 여성도 근로보국대라는 이름으로 동원하여 노동력을 착취하였다.
14. 지방 7급
O I X

56 중·일 전쟁 이후 일제는 공출 제도를 강화하여 놋그릇, 농기구까지 수탈하였다.
13. 지방 9급
O I X

57 중·일 전쟁 이후 일제는 우가키 총독이 농촌 개발을 명분으로 농촌진흥운동을 주장하였다.
13. 지방 9급
O I X

58 중·일 전쟁 이후 새로운 미곡 증산을 위한 흥남질소비료공장을 설립하였다.
13. 국가 7급
O I X

59 태평양 전쟁 이후 징병제를 실시하여 조선인 청년을 국내외로 동원하였다.
13. 국가 7급
O I X

60 1910년에 시작된 토지조사사업에서 신고된 토지에 대한 지주의 권리만을 인정하고, 농민이 오랫동안 누려왔던 관습적인 경작권은 부정되었다.
12. 국가 7급
O I X

61 1920년대 일본 자본의 조선 진출 요구가 커지자, 조선총독부는 회사의 설립과 해산을 신고제에서 허가제로 강화하였다.
12. 국가 7급
O I X

62 토지조사사업은 토지세 과세지가 확대되는 계기가 되었다.
12. 지방 7급
O I X

Self Check

문항	O	×	틀린 이유
51	O	×	
52	O	×	
53	O	×	
54	O	×	
55	O	×	
56	O	×	
57	O	×	
58	O	×	
59	O	×	
60	O	×	
61	O	×	
62	O	×	

오답 확인하기

51 소작조정령은 산미증식계획과 관련이 없다.
54 만주사변은 1931년, 국가 총동원법 제정은 1938년의 일이다.
57 중일전쟁 이전인 1932년의 일이다.
58 중·일전쟁은 1937년, 흥남질소비료공장의 설립은 1927년의 일이다.
61 회사 설립을 '허가제'에서 '신고제'로 완화하였다.

정답

51 X 52 O 53 O 54 X 55 O
56 O 57 X 58 X 59 O 60 O
61 X 62 O

Self Check

문항	○	×	틀린 이유
63	○	×	
64	○	×	
65	○	×	
66	○	×	
67	○	×	
68	○	×	
69	○	×	
01	○	×	
02	○	×	
03	○	×	
04	○	×	

63 토지조사사업에서 국유지는 동양척식회사 등을 통해 일본인에게 불하되었다.

12. 지방 7급
O ㅣ X

64 [순서나열] 토지의 소유권과 가격에 대한 대대적인 조사를 진행하였다. → 회사령을 철폐하여 일본 자본이 조선에 자유롭게 유입될 수 있게 하였다. → 농촌 경제의 안정화를 명분으로 농촌 진흥 운동을 전개하였다. → 학도지원병 제도를 강행하여 학생들을 전쟁터로 내몰았다.

11. 국가 9급
O ㅣ X

⭐**65** 일제는 1910년 토지 조사국을 설치하고 1912년 토지 조사령을 공포하였다.

11. 지방 9급
O ㅣ X

66 토지조사사업을 통해 역둔토나 궁장토 등의 소유권은 조선 왕실에게 귀속되었다.

11. 지방 9급
O ㅣ X

⭐**67** 토지조사사업은 전국의 토지를 측량하여 소유권 및 지적(地籍)을 확정한다는 명분으로 실시하였다.

11. 지방 9급
O ㅣ X

68 토지조사사업과 병행하여 일본인 농업 이민과 일본인 지주들이 증가했다.

11. 지방 9급
O ㅣ X

⭐**69** 토지조사사업으로 명의상의 주인을 내세우기 어려운 동중·문중 토지의 상당 부분이 국유지에 편입되었다.

11. 국가 7급
O ㅣ X

오답 확인하기

66 역둔토와 궁장토 등의 토지는 조선총독부에 귀속되었다.

04 화폐 주조 기관인 전환국이 설치된 것은 근대 시기인 1883년의 일이다.

정답

63 **O**　64 **O**　65 **O**　66 **X**　67 **O**
68 **O**　69 **O** / 01 **O**　02 **O**　03 **O**
04 **X**

테마 3　3·1 운동과 대한민국 임시 정부

01 대한민국 임시정부는 독립 공채를 발행하였다.

23. 국가 9급
O ㅣ X

02 대한민국 임시정부는 기관지로 『독립신문』을 발간하였다.

23. 국가 9급
O ㅣ X

⭐**03** 대한민국 임시정부는 비밀 행정 조직인 연통부를 설치하였다.

23. 국가 9급
O ㅣ X

04 대한민국 임시정부는 재정 확보를 위하여 전환국을 설립하였다.

23. 국가 9급
O ㅣ X

05 임시정부는 외교 운동을 위해 미국에 구미 위원부를 설치하였다. <small>22. 국가 9급</small>
O | X

06 임시정부는 비밀결사 운동을 추진하고자 독립 의군부를 만들었다. <small>22. 국가 9급</small>
O | X

07 임시정부는 이인영, 허위 등을 중심으로 서울 진공 작전을 추진하였다. <small>22. 국가 9급</small>
O | X

08 임시정부는 영국인 베델을 발행인으로 한 대한매일신보를 창간하였다. <small>22. 국가 9급</small>
O | X

09 박은식은 대한민국 임시 정부의 2대 대통령을 역임하였다. <small>22. 서울 9급</small>
O | X

10 국민대표회의에서 대한민국 건국 강령이 상정되었다. <small>21. 국가 9급</small>
O | X

11 국민대표회의에서 박은식이 임시대통령으로 선출되었다. <small>21. 국가 9급</small>
O | X

12 국민대표회의에서 민족유일당운동 차원에서 조선혁명당이 참가하였다. <small>21. 국가 9급</small>
O | X

13 국민대표회의에서 임시정부를 대체할 새로운 조직을 만들자는 주장이 나왔다. <small>21. 국가 9급</small>
O | X

14 임시정부는 대동단결선언을 발표하였다. <small>21. 지방 9급</small>
O | X

15 임시정부는 국내와의 연락을 위해 교통국을 두었다. <small>21. 지방 9급</small>
O | X

16 임시정부는 독립군을 양성하기 위해 신흥무관학교를 설립하였다. <small>21. 지방 9급</small>
O | X

17 임시정부는 조선혁명선언을 강령으로 삼아 의열 투쟁을 전개하였다. <small>21. 지방 9급</small>
O | X

18 개조파는 주로 외교론을 비판하는 무장 투쟁론자들로 구성되었다. <small>21. 법원 9급</small>
O | X

Self Check

문항	O	×	틀린 이유
05	O	×	
06	O	×	
07	O	×	
08	O	×	
09	O	×	
10	O	×	
11	O	×	
12	O	×	
13	O	×	
14	O	×	
15	O	×	
16	O	×	
17	O	×	
18	O	×	

오답 확인하기

06 독립 의군부는 임시정부가 수립되기 이전인 1912년에 국내에서 결성된 단체이다.

07 서울 진공 작전은 정미의병 때인 1908년에 추진되었다.

08 대한매일신보가 창간된 것은 근대 시기인 1904년의 일이다.

10 국민 대표 회의 개최 이후인 1941년의 일이다.

11 국민 대표 회의 개최 이후인 1925년의 일이다.

12 국민 대표 회의와는 관련 없는 내용이다. 1935년 지청천의 조선 혁명당, 조소앙의 한국 독립당은 민족 혁명당 창당에 참여하였다.

14 임시정부가 수립되기 이전인 1917년의 일이다.

16 이회영 · 이시영 등 신민회 회원들에 대한 설명이다.

17 의열단에 대한 설명이다.

18 창조파에 대한 설명이다.

정답

05 **O** 06 **X** 07 **X** 08 **X** 09 **O**
10 **X** 11 **X** 12 **X** 13 **O** 14 **X**
15 **O** 16 **X** 17 **X** 18 **X**

Self Check

문항	○	×	틀린 이유
19	○	×	
20	○	×	
21	○	×	
22	○	×	
23	○	×	
24	○	×	
25	○	×	
26	○	×	
27	○	×	
28	○	×	
29	○	×	
30	○	×	
31	○	×	

오답 확인하기

19 임시정부는 1925년 지도 체제를 개편하여 대통령 중심제에서 국무령 중심의 내각 책임제로 바꾸었다.

20 대일 선전 포고는 1941년 12월에 발표되었고, 대한민국 건국 강령은 그 직전인 1941년 11월에 발표되었다.

22 1948년에 구성된 제헌국회에서 이승만을 대통령, 이시영을 부통령으로 선출하였다.

23 대한 독립군단 등에 대한 설명이다.

27 1937년 동북 항일 연군 소속의 조선인 유격대들이 압록강을 건너 함경남도 보천보에 있는 일제의 행정 관청 등을 습격하였다.

28 화북 조선 독립 동맹에 대한 설명이다.

29 조선 민족 혁명당에 대한 설명이다.

31 대동단결 선언, 대한독립선언(무오독립선언), 2·8 독립선언 순으로 발표되었다.

정답

19 X 20 X 21 O 22 X 23 X
24 O 25 O 26 O 27 X 28 X
29 X 30 O 31 X

---

19 국민 대표 회의 이후 임시정부는 헌법을 고쳐 대통령 중심의 집단 지도 체제로 전환하였다.
21. 법원 9급
O ｜ X

20 대일 선전 포고를 발표한 이후에 대한민국 임시 정부는 김구를 주석으로 하는 단일 지도 체제를 만들고 대한민국 건국 강령을 제정하였다.
20. 국가 9급
O ｜ X

21 김구는 상해 임시정부의 초대 경무국장으로 활동하였다.
20. 경찰 2차
O ｜ X

22 대한민국 임시정부는 이승만을 대통령, 이시영을 부통령으로 선출하였다.
19. 지방 9급
O ｜ X

23 대한민국 임시정부는 자유시 참변을 겪고 러시아 적군에 무장 해제를 당하였다.
19. 지방 9급
O ｜ X

24 대한민국 임시정부는 미군전략정보국(OSS) 지원 아래 국내 진공 작전을 준비하였다.
19. 지방 9급
O ｜ X

25 대한민국 건국강령에서는 보통선거 실시를 주장하였다.
19. 국가 7급
O ｜ X

26 2·8 독립 선언 발표와 6·10 만세 운동 발발 사이에 상하이에서 대한민국 임시정부가 수립되었다.
19. 국가 7급
O ｜ X

27 임시정부는 함경남도 보천보의 일제 통치 기구를 공격하였다.
19. 법원 9급
O ｜ X

28 임시정부는 화북 지방에서 조선의용군을 결성하여 일제에 저항하였다.
19. 법원 9급
O ｜ X

29 임시정부는 중일 전쟁이 발발하자 조선 민족 전선 연맹을 결성하였다.
19. 법원 9급
O ｜ X

30 3·1운동 당시 미국에서는 필라델피아 한인 자유대회가 개최되었다.
19. 경찰간부
O ｜ X

31 대한 독립 선언(무오독립선언), 대동 단결 선언, 2·8 독립 선언 순으로 발표되었다.
19. 경찰간부
O ｜ X

32 기미독립선언문의 본문은 최남선이 작성하고 공약 3장은 한용운이 작성하였다.

19. 경찰간부

O | X

33 상하이의 신한청년단은 파리강화회의에 보낼 독립청원서를 작성하여 김규식을 대표로 파견하였다.

19. 경찰 1차

O | X

⭐**34** 3 · 1 운동은 제1차 세계대전 승전국의 식민지에서 일어난 최초의 반제 민족 운동이다.

19. 경찰 1차

O | X

35 대한민국 임시정부의 초대 대통령에는 이승만, 국무총리에는 안창호가 임명되었다.

19. 경찰 1차

O | X

36 일본이 중 · 일 전쟁을 일으키자 대한민국 임시정부는 군사 조직인 조선혁명군을 조직하여 무력으로 대항하였다.

19. 경찰 1차

O | X

⭐**37** 대한민국 임시정부는 제1차 개헌(1919)에 따라 대통령 중심제와 내각책임제를 절충하였다.

19. 경찰 2차

O | X

38 대한민국 임시정부는 제3차 개헌(1927)에 따라 국무위원 중심의 집단 지도체제로 개편하였다.

19. 경찰 2차

O | X

⭐**39** 대한민국 임시정부는 제4차 개헌(1940)에 따라 주석 지도 체제로 강력한 지도력을 발휘할 수 있게 되었다.

19. 경찰 2차

O | X

40 1940년대 임시정부는 의열 활동을 위해 한인 애국단을 결성하였다. 18. 국가 7급

O | X

⭐**41** 1940년대 임시정부는 삼균주의를 바탕으로 한 건국 강령을 발표하였다.

18. 국가 7급

O | X

⭐**42** 1940년대 임시정부는 정부의 형태가 대통령제에서 국무령 중심의 의원내각제로 바뀌었다.

18. 국가 7급

O | X

43 국민대표회의에서 한국국민당을 통한 정당 정치 실시가 결정되었다. 17. 국가 9급

O | X

⭐**44** 국민대표회의에서 창조파와 개조파 등의 주장이 대립되었다.

17. 국가 9급

O | X

Self Check

문항	O	×	틀린 이유
32	O	×	
33	O	×	
34	O	×	
35	O	×	
36	O	×	
37	O	×	
38	O	×	
39	O	×	
40	O	×	
41	O	×	
42	O	×	
43	O	×	
44	O	×	

오답 확인하기

35 초대 대통령으로는 이승만이, 국무총리에는 이동휘가 선임되었다.

36 조선 혁명군은 조선 혁명당 산하의 군사 조직으로, 중 · 일 전쟁 발발 이전에 조직되었다.

40 한인애국단은 1931년에 결성되었다.

42 국무령 중심 체제는 1925년 ~ 1927년 동안 실시되었다.

43 국민대표회의 이후인 1935년의 일이다.

정답

32 O 33 O 34 O 35 X 36 X
37 O 38 O 39 O 40 X 41 O
42 X 43 X 44 O

45 [순서나열] 임시 정부는 중국 국민당 정부를 따라 충칭으로 이동하였다. → 임시 정부는 조소앙의 삼균주의를 기초로 하는 대한민국 건국강령을 발표하였다. → 임시 정부는 김원봉이 이끄는 조선 의용대를 한국 광복군에 편입하였다. → 임시 정부는 부주석제를 신설하여 김규식을 부주석으로 하였다.
17. 국가 7급
O | X

46 대한민국 임시 정부는 1919년 파리 강화 회의에 대표를 파견하는 등 외교 활동을 전개하였다.
17. 지방 7급
O | X

47 대한민국 임시 정부는 블라디보스토크와 상해, 한성(서울) 등 세 곳의 임시 정부가 협력하여 구성하였다.
17. 지방 7급
O | X

48 대한민국 임시 정부는 국내 항일 세력들과 연락하기 위해 연통제를 운영하였다.
17. 서울시 9급
O | X

49 대한민국 임시 정부는 국외 거주 동포에게 독립 공채를 발행하였다.
17. 서울시 9급
O | X

50 대한민국 임시 정부는 임시 정부 수립 직후 임시 의정원을 구성하였다.
17. 서울시 9급
O | X

51 대한민국 헌법 전문에는 우리 국가의 정통성이 대한민국 임시 정부에 있음을 밝히고 있다.
16. 경찰 2차
O | X

52 3 · 1 운동은 조선 학생 과학 연구회를 중심으로 계획되었다.
15. 교육행정
O | X

53 3 · 1 운동은 대한매일신보, 제국신문 등 언론의 지원을 받았다.
15. 교육행정
O | X

54 3 · 1 운동은 도쿄에서 발표된 2 · 8 독립 선언에 자극을 받았다.
15. 교육행정
O | X

55 임시정부는 사료 편찬소를 두어 『한 · 일 관계 사료집』을 간행하였다.
15. 지방 7급
O | X

56 3 · 1 운동의 결과 일제는 무단 통치를 이른바 '문화 통치'로 바꾸었다.
14. 국가 9급
O | X

57 3 · 1 운동 이후 파리 강화 회의에 신규식을 대표로 파견하여 이 사건의 진상을 널리 알렸다.
14. 국가 9급
O | X

오답 확인하기

50 임시 의정원은 임시 정부 수립 직전(4월 9일)에 구성되었다.
52 6 · 10 만세 운동에 대한 설명이다.
53 대한매일신보, 제국신문은 1910년에 폐간되었다.
57 신규식은 파리 강화 회의에 파견된 적이 없다.

정답

45 **O** 46 **O** 47 **O** 48 **O** 49 **O**
50 **X** 51 **O** 52 **X** 53 **X** 54 **O**
55 **O** 56 **O** 57 **X**

58 3 · 1 운동을 계기로 운동 이념상 복벽주의는 점차 청산되었다.

14. 사회복지

O ｜ X

59 [순서나열] 이승만을 대통령에서 탄핵 → 국민대표회의 소집 → 한국국민당 창립 → 한인애국단 조직

14. 서울시 7급

O ｜ X

⭐**60** 임시정부는 주석 중심제로 정부 체제를 개편하고 대한민국 건국 강령을 발표하였다.

12. 지방 9급

O ｜ X

61 임시정부 사료편찬소에서 박은식의 『한국독립운동지혈사』가 간행되었다.

12. 서울시 9급

O ｜ X

62 임시정부는 외교를 위해 미국, 이탈리아, 독일에 각각 위원부를 두었다.

12. 경찰 2차

O ｜ X

테마 4 국내의 민족 운동

01 1910년대 임병찬이 주도한 독립 의군부는 항일 운동을 전개하였다.

23. 지방 9급

O ｜ X

02 신간회는 조선 민립 대학 기성회를 창립하였다.

23. 지방 9급

O ｜ X

03 신간회는 파리 강화 회의에 대표를 파견하였다.

23. 지방 9급

O ｜ X

04 신간회는 6 · 10 만세 운동을 사전에 계획하였다.

23. 지방 9급

O ｜ X

05 신간회는 광주 학생 항일 운동이 일어나자 조사단을 파견하였다.

23. 지방 9급

O ｜ X

06 대한광복회는 독립군 양성을 위한 신흥강습소를 설치하였다.

22. 서울 9급

O ｜ X

07 대한광복회는 블라디보스토크에 최초의 임시정부를 수립하였다.

22. 서울 9급

O ｜ X

08 대한광복회는 무력 항쟁의 의지를 담은 대한독립선언서를 발표하였다.

22. 서울 9급

O ｜ X

Self Check

문항	O	×	틀린 이유
58	○	×	
59	○	×	
60	○	×	
61	○	×	
62	○	×	
01	○	×	
02	○	×	
03	○	×	
04	○	×	
05	○	×	
06	○	×	
07	○	×	
08	○	×	

오답 확인하기

59 국민대표회의 소집 → 이승만을 대통령에서 탄핵 → 한인애국단 조직 → 한국국민당 창립

62 임시정부는 미국, 파리에 각각 위원부를 두고 외교 활동을 하였다.

02 민립 대학 설립 운동과 관련된 내용이다.

03 신한청년당(단)과 임시정부에 대한 설명이다.

04 6 · 10 만세 운동은 신간회 결성 이전인 1926년에 일어났다.

06 남만주에서 1911년에 신흥 강습소가 설립되었다. 대한광복회는 1915년에 조직되었기 때문에 시기상 적절치 못하다.

07 1914년에 조직된 대한 광복군 정부에 대한 설명이다.

08 대한독립선언서는 1918년 중국 길림에서 39명의 민족 지도자가 발표하였다.

정답

58 O 59 X 60 O 61 O 62 X /
01 O 02 X 03 X 04 X 05 O
06 X 07 X 08 X

Self Check

문항	○	×	틀린 이유
09	○	×	
10	○	×	
11	○	×	
12	○	×	
13	○	×	
14	○	×	
15	○	×	
16	○	×	
17	○	×	
18	○	×	
19	○	×	
20	○	×	
21	○	×	
22	○	×	
23	○	×	

오답 확인하기

10 물산장려운동은 신간회 설립 이전인 1920년부터 시작되었다.
11 민립대학설립운동은 신간회 설립 이전인 1920년대 전반에 시작되었다.
12 브나로드 운동은 동아일보가 1930년대에 전개한 운동이다.
14 형평 운동에 대한 설명이다.
15 방정환이 중심이 된 천도교 소년회의 활동에 대한 설명이다.
16 1929년 원산 노동자 총파업에 대한 설명이다.
18 1920년대에 전개된 물산 장려 운동에 대한 설명이다.
19 1926년 6·10 만세 운동에 대한 설명이다.
20 독립의군부는 최익현이 죽은 이후인 1912년에 조직된 단체이다.
23 중광단은 대종교가 만든 무장 독립 단체이다.

정답

09 **O** 10 **X** 11 **X** 12 **X** 13 **O**
14 **X** 15 **X** 16 **X** 17 **O** 18 **X**
19 **X** 20 **X** 21 **O** 22 **O** 23 **X**

09 대한광복회는 공화주의 이념에 따라 공화 정치를 실현하는 것을 목표로 하였다.
22. 서울 9급
O | X

10 신간회는 조선물산장려회를 조직해 물산장려운동을 펼쳤다.
21. 지방 9급
O | X

11 신간회는 고등 교육 기관을 설립하기 위해 민립대학설립운동을 시작하였다.
21. 지방 9급
O | X

12 신간회는 문맹 퇴치와 미신 타파를 목적으로 브나로드 운동을 전개하였다.
21. 지방 9급
O | X

★**13** 신간회는 광주학생항일운동의 진상을 조사하고 이를 알리는 대회를 개최하고자 하였다.
21. 지방 9급
O | X

14 신간회는 백정에 대한 차별을 철폐하는 운동을 전개하였다.
21. 소방직
O | X

15 신간회는 어린이날을 제정하고, 잡지 『어린이』를 발간하였다.
21. 소방직
O | X

16 광주 학생 항일 운동은 원산에서 일제 강점기 최대 규모의 노동 쟁의를 일으켰다.
21. 법원 9급
O | X

17 광주 학생 항일 운동은 전국으로 확대되어 이듬해까지 동맹 휴학 투쟁이 계속되었다.
21. 법원 9급
O | X

18 광주 학생 항일 운동은 민족 산업의 보호와 육성을 위해 국산품 애용 등을 주장하였다.
21. 법원 9급
O | X

★**19** 광주 학생 항일 운동은 순종의 국장일에 학생들이 만세 시위를 벌이고 시민들이 가세하였다.
21. 법원 9급
O | X

20 최익현은 임병찬과 함께 독립의군부를 조직하려고 하였다.
20. 국가 7급
O | X

★**21** 대한 광복회는 공화제 국가 수립을 지향하였다.
20. 지방 7급
O | X

22 대한 광복회는 군자금을 모집하고 친일파를 공격하였다.
20. 지방 7급
O | X

23 대한 광복회는 북간도에서 무장 독립 단체인 중광단을 조직하였다.
20. 지방 7급
O | X

24 대한 광복회는 경상도 일대에서 결성되어 전국 조직으로 확대하였다. 20. 지방 7급
O I X

25 2·8 독립선언 발표와 6·10 만세 운동 발발 사이에 박상진이 대한광복회를 조직하였다. 19. 지방 7급
O I X

26 2·8 독립선언 발표와 6·10 만세 운동 발발 사이에 임병찬이 독립의군부를 만들었다. 19. 지방 7급
O I X

⭐ **27** 신간회는 비타협적 민족주의 세력과 사회주의 세력이 연합하였다. 19. 상반기 서울시 9급
O I X

⭐ **28** 신간회는 일제에 의해 조작된 소위 105인 사건으로 탄압을 받았다. 19. 상반기 서울시 9급
O I X

29 신간회는 전국에 140여 개소의 지회와 약 4만 명의 회원을 확보하였다. 19. 상반기 서울시 9급
O I X

30 신간회의 회장은 이상재, 부회장은 홍명희가 선출되었다. 19. 경찰간부
O I X

31 신간회는 갑산 화전민 학살 사건 진상 규명 운동과 단천 산림 조합 사건 지원 운동을 하였다. 19. 경찰간부
O I X

⭐ **32** 신간회 존속 기간에 암태도 소작쟁의가 일어났다. 18. 상반기 서울시 9급
O I X

33 대한 광복회는 풍기광복단과 조선국권회복단의 일부 인사가 통합하여 만들었다. 18. 경찰 2차
O I X

34 대한 광복회는 중국의 항일 무장 세력과 연합하여 쌍성보 전투, 사도하자 전투, 대전자령 전투 등에서 일본군을 격파하는 큰 전과를 올렸다. 18. 경찰 2차
O I X

⭐ **35** 대한 광복회는 중국 관내에서 결성된 최초의 한인 무장 부대로, 중국의 지원을 받으며 대일 심리전과 후방 공작 활동을 전개하였다. 18. 경찰 2차
O I X

⭐ **36** 신간회는 조선인 본위의 교육제도 실시를 주장하였고, 원산 노동자 총파업을 지원하였다. 17. 하반기 국가 9급
O I X

⭐ **37** 신간회는 민중의 직접 폭력 혁명으로 강도 일본을 무너뜨리는 목표를 설정하였다. 17. 하반기 국가 9급
O I X

Self Check

문항	O	×	틀린 이유
24	O	×	
25	O	×	
26	O	×	
27	O	×	
28	O	×	
29	O	×	
30	O	×	
31	O	×	
32	O	×	
33	O	×	
34	O	×	
35	O	×	
36	O	×	
37	O	×	

오답 확인하기

25 2·8 독립선언 발표 이전인 1915년의 일이다.
26 2·8 독립선언 발표 이전인 1912년의 일이다.
28 신민회에 대한 설명이다.
32 신간회 결성 이전인 1923년의 일이다.
34 한국 독립군에 대한 설명이다.
35 조선 의용대에 대한 설명이다.
37 의열단에 대한 설명이다.

정답

24 **O**	25 **X**	26 **X**	27 **O**	28 **X**
29 **O**	30 **O**	31 **O**	32 **X**	33 **O**
34 **X**	35 **X**	36 **O**	37 **X**	

Self Check

문항	○	×	틀린 이유
38	○	×	
39	○	×	
40	○	×	
41	○	×	
42	○	×	
43	○	×	
44	○	×	
45	○	×	
46	○	×	
47	○	×	
48	○	×	
49	○	×	
50	○	×	
51	○	×	
52	○	×	
53	○	×	
54	○	×	

오답 확인하기

39 3·1 운동에 대한 설명이다.
41 조선 청년 총동맹은 6·10 만세운동 이전인 1924년에 결성되었다.
42 6·10 만세 운동은 신간회 창립 이전에 일어난 사건이다.
43 3·1 운동은 신간회 창립 이전에 일어난 사건이다.
44 대한 자강회에 대한 설명이다.
45 독립의군부는 '복벽주의'를 표방하였다.
46 독립의군부에 대한 설명이다.
48 독립의군부는 '임병찬'을, 대한광복회는 '박상진'을 중심으로 조직되었다.
49 조선 민흥회는 신간회 창립 이전에 결성된 단체이다.
51 신간회는 1931년에 해소되었다.
53 신간회는 고등교육기관의 설립 등을 주장하지 않았다.

정답

38 O 39 X 40 O 41 X 42 X
43 X 44 X 45 X 46 X 47 O
48 X 49 X 50 O 51 X 52 O
53 X 54 O

---

38 광주 학생 항일 운동 때 신간회에서 진상 조사단을 파견하였다.
17. 법원 9급 O | X

39 광주 학생 항일 운동은 대한민국 임시 정부의 수립에 영향을 주었다.
17. 법원 9급 O | X

40 6·10 만세 운동은 사회주의 세력과 학생들이 준비하였다.
16. 교육행정 O | X

41 6·10 만세 운동은 조선 청년 총동맹이 결성되는 계기가 되었다.
16. 교육행정 O | X

42 신간회는 6·10 만세 운동을 주도하였다.
16. 법원 9급 O | X

43 신간회는 3·1 운동을 전국으로 확산시켰다.
16. 법원 9급 O | X

44 신간회는 보안법에 의해 강제로 해산되었다.
16. 법원 9급 O | X

45 독립의군부는 공화국의 건설을 목표로 하였다.
15. 국가 9급 O | X

46 대한광복회는 고종의 비밀 지령을 받아 조직되었다.
15. 국가 9급 O | X

47 독립의군부와 대한광복회는 모두 1910년대 국내에서 결성된 단체이다.
15. 국가 9급 O | X

48 독립의군부는 박상진을 중심으로, 대한광복회는 임병찬을 중심으로 한 조직이었다.
15. 국가 9급 O | X

49 신간회는 일부 사회주의 계열과 제휴하여 조선 민흥회를 창립하였다.
15. 지방 7급 O | X

50 신간회는 정치·경제적 각성 촉구, 단결, 기회주의 배격을 기본 강령으로 내세웠다.
15. 지방 7급 O | X

51 1920년대 중엽에는 신간회가 해소되고 혁명적 농민 조합 운동이 격렬하게 전개되었다.
14. 사회복지 O | X

52 신간회는 동양척식주식회사를 폐지하자고 하였다.
14. 국가 7급 O | X

53 신간회는 의무 교육제와 고등 교육 기관 설립을 주장하였다.
14. 국가 7급 O | X

54 6·10 만세 운동의 주도 세력은 순종의 장례일에 대규모 만세 시위를 계획하였다.
14. 서울시 9급 O | X

⭐ **55** 6·10 만세 운동의 준비 과정에서 사회주의 계열과 민족주의 계열이 연대하여 민족 유일당을 결성할 수 있는 공감대가 형성되었다. 14. 서울시 9급

O ｜ X

⭐ **56** 신간회는 여성 단체인 근우회의 결성에 자극을 주었다. 13. 지방 7급

O ｜ X

57 노인단의 강우규는 조선 총독의 마차를 겨냥하고 영국제 수류탄을 던져 총독부 요인과 관리들에게 큰 부상을 입혔다. 12. 국가 7급

O ｜ X

⭐ **58** 광주 학생 항일 운동은 3·1 운동 이후 최대의 민족 운동으로 신간회 설립에 영향을 주었다. 11. 경찰

O ｜ X

Self Check

문항	○	×	틀린 이유
55	○	×	
56	○	×	
57	○	×	
58	○	×	
01	○	×	
02	○	×	
03	○	×	
04	○	×	
05	○	×	
06	○	×	
07	○	×	
08	○	×	

테마 5 　의열단과 한인 애국단

⭐ **01** 김원봉은 조선 의용대를 결성하였고, 신채호는 '국혼'을 강조하였다. 22. 지방 9급

O ｜ X

02 김원봉은 신흥 무관 학교를 세웠고, 신채호는 형평사를 창립하였다. 22. 지방 9급

O ｜ X

03 김원봉은 조선 건국 동맹을 조직하였고, 신채호는 식민 사학의 한국사 정체성론을 반박하였다. 22. 지방 9급

O ｜ X

04 김원봉은 황포 군관 학교에서 훈련받았고, 신채호는 민족주의 역사 서술의 기본 틀을 제시하였다. 22. 지방 9급

O ｜ X

05 의열단은 독립 지사들에게 잔인한 고문을 일삼던 종로경찰서에 폭탄을 던져 큰 피해를 주었다. 22. 서울 9급

O ｜ X

06 의열단은 동양척식주식회사에 들어가 그 간부를 사살하고 경찰과 시가전을 벌이기도 하였다. 22. 서울 9급

O ｜ X

⭐ **07** 의열단은 상하이 홍커우 공원에서 열린 일본군의 상하이 점령 축하 기념식장에 폭탄을 던져 일본군을 살상하였다. 22. 서울 9급

O ｜ X

08 의열단은 일제 식민 지배의 중심 기관인 조선총독부에 폭탄을 던졌다. 22. 서울 9급

O ｜ X

오답 확인하기

58 광주 학생 항일 운동은 신간회 설립 이후에 발생한 사건이다.

01 국혼을 강조한 사람은 박은식이다.
02 이회영과 백정 출신인 이학찬에 대한 설명이다.
03 여운형과 백남운에 대한 설명이다.
07 한인 애국단원인 윤봉길의 의거 활동에 대한 설명이다.

정답

55 O　56 O　57 O　58 X / 01 X
02 X　03 X　04 O　05 O　06 O
07 X　08 O

Self Check

문항	○	×	틀린 이유
09	○	×	
10	○	×	
11	○	×	
12	○	×	
13	○	×	
14	○	×	
15	○	×	
16	○	×	
17	○	×	
18	○	×	
19	○	×	
20	○	×	
21	○	×	
22	○	×	

오답 확인하기

09 김구에 대한 설명이다.
10 윤봉길에 대한 설명이다.
12 1931년에 결성된 한인애국단에 대한 설명이다.
13 북로군정서군·대한독립군 등에 대한 설명이다.
15 1929년 원산 총파업에 대한 설명으로, 의열단과는 관련이 없다.
16 대동단결선언은 1917년에 박은식, 신규식 등이 작성하였다.
18 강우규의 의거에 대한 설명이다.
19 한인애국단에 대한 설명이다.
20 육삼정 의거는 의열단과 관련이 없다.

정답

09 X 10 X 11 O 12 X 13 X
14 O 15 X 16 X 17 O 18 X
19 X 20 X 21 O 22 O

★09 박은식은 적극적인 의열 활동을 위해 한인애국단을 만들었다.
20. 지방 9급
O ｜ X

10 이봉창은 홍커우 공원에서 폭탄을 던졌다.
20. 국가 7급
O ｜ X

★11 김구는 상해에서 한인애국단을 결성하였다.
20. 경찰 2차
O ｜ X

12 의열단은 임시정부 활동에 활기를 불어넣고자 결성하였다.
19. 지방 9급
O ｜ X

13 의열단은 청산리 지역에서 일본군과 접전을 벌여 대승을 거두었다.
19. 지방 9급
O ｜ X

★14 의열단은 한국 독립당, 조선 혁명당 등과 함께 민족 혁명당을 결성하였다.
19. 지방 9급
O ｜ X

15 의열단은 원산에서 일본인이 한국인 노동자를 구타한 사건을 계기로 총파업을 일으켰다.
19. 지방 9급
O ｜ X

16 의열단은 공화주의를 주창하는 내용의 대동단결선언을 작성해 발표하였다.
18. 지방 9급
O ｜ X

17 의열단은 일부 구성원을 황푸군관학교에 보내 군사 훈련을 받도록 하였다.
18. 지방 9급
O ｜ X

18 의열단은 새로 부임하는 사이토 조선 총독에게 폭탄을 투척하는 의거를 일으켰다.
18. 지방 9급
O ｜ X

19 의열단의 단원 이봉창이 동경에서 일왕 히로히토에게 폭탄을 던졌다.
18. 상반기 서울시 9급
O ｜ X

20 의열단의 단원 백정기, 이강훈, 원심창이 상해 육삼정에서 일본 공사 아리요시를 암살하려고 시도하였다.
18. 상반기 서울시 9급
O ｜ X

21 의열단의 단원 오성륜, 김익상, 이종암이 상해 황포탄에서 일본 육군대장 다나카 기이치를 저격하였다.
18. 상반기 서울시 9급
O ｜ X

★22 의열단에 속한 김익상이 조선총독부에 폭탄을 투척하였다.
17. 하반기 지방 9급
O ｜ X

23 의열단은 유화현 삼원보에 경학사와 부민단을 세우고 신흥강습소를 설립하여 독립군 간부를 양성하였다.

17. 경찰 2차
O | X

24 의열단은 민족혁명당 창당에 가담하였다.

16. 국가 9급
O | X

25 의열단은 경성 부민관에 폭탄을 투척하였다.

16. 국가 9급
O | X

26 의열단은 일본 제국의회와 황궁을 공격할 계획을 세웠다.

16. 국가 9급
O | X

27 의열단은 혁명 투사·독립 운동 지도자를 양성하기 위한 조선 혁명 간부 학교를 설립·운영하였다.

16. 경찰 1차
O | X

28 의열단원인 박재혁이 부산 경찰서를 공격하였다.

15. 국가 7급
O | X

29 의열단원인 김상옥이 종로 경찰서에 폭탄을 투척하였다.

15. 국가 7급
O | X

30 의열단원인 이재명이 이완용을 습격해 중상을 입혔다.

14. 지방 9급
O | X

31 의열단원인 나석주가 동양 척식 주식 회사에 폭탄을 투척하였다.

14. 지방 9급
O | X

32 의열단원인 장인환이 샌프란시스코에서 외교 고문 스티븐스를 사살하였다.

14. 지방 9급
O | X

33 의열단원인 안중근이 만주 하얼빈 역에서 초대 통감이었던 이토 히로부미를 사살하였다.

14. 지방 9급
O | X

34 신채호는 의열단의 요청으로 '조선 혁명 선언'을 집필하였고 뤼순 감옥에서 순국하였다.

13. 국가 7급
O | X

35 의열단은 만주 길림에서 김원봉이 중심이 되어 조직하였다.

13. 서울시 9급
O | X

제 7 막

오답 확인하기

23 신민회에 대한 설명이다.
25 대한 애국 청년단에 대한 설명이다.
30 이재명은 의열단원이 아니다.
32 장인환은 의열단원이 아니다.
33 안중근은 의열단원이 아니다.

정답

23 X 24 O 25 X 26 O 27 O
28 O 29 O 30 X 31 O 32 X
33 X 34 O 35 O

Self Check

테마 6 무장 독립 전쟁의 전개

⭐**01** 만주사변 발생 ~ 태평양전쟁 발발 사이에 쌍성보에서 항전하는 한국독립당 군인을 볼 수 있다.
23. 국가 9급
O ｜ X

02 1910년대 만주에서 참의부·정의부·신민부 등 3부가 조직되었다.
23. 지방 9급
O ｜ X

03 1910년대 조선 혁명군이 양세봉의 지휘 아래 영릉가에서 일본군을 격파하였다.
23. 지방 9급
O ｜ X

04 1910년대 중국 화북 지방에서 조선 독립 동맹이 결성되었다.
23. 지방 9급
O ｜ X

05 김구는 무장 항일투쟁을 위해 하와이로 건너가 대조선 국민 군단을 결성하였다.
22. 국가 9급
O ｜ X

06 국가총동원법이 제정된 이후에 양세봉의 조선 혁명군이 영릉가 전투에서 승리하였다.
21. 법원 9급
O ｜ X

⭐**07** [순서나열] 김좌진이 이끄는 북로 군정서군이 백운평 전투와 천수평, 어랑촌 전투에서 대승을 거두었다. → 일본군이 청산리 대첩 패전에 대한 보복으로 간도 동포를 무차별로 학살하였다. → 서일을 총재로 조직된 대한 독립군단은 일본군을 피해 러시아 영토인 자유시로 집결하였다. → 참의부, 정의부, 신민부의 3부가 혁신의회와 국민부로 재편되었다.
21. 법원 9급
O ｜ X

08 한국광복군 선언문이 발표될 당시에 한국 광복군에 합류를 선언하는 조선의용대 군인을 볼 수 있었다.
21. 경찰 1차
O ｜ X

09 [순서나열] 청산리 대첩 → 봉오동 전투 → 3부 통합 운동 → 자유시 참변
21. 소방직
O ｜ X

⭐**10** 대일 선전 포고의 발표 이후, 한국광복군은 김원봉이 이끌던 조선의용대의 병력을 통합하였다.
20. 국가 9급
O ｜ X

⭐**11** 대일 선전 포고의 발표 이후, 영국군의 요청에 따라 인도·미얀마 전선에 한국광복군이 파견되었다.
20. 국가 9급
O ｜ X

12 대일 선전 포고를 발표한 이후에 조선독립동맹은 조선의용대 화북 지대를 기반으로 조선의용군을 조직하였다.

20. 국가 9급

O I X

13 이회영은 조선어학회 사건으로 옥고를 치렀다.

20. 지방 9급

O I X

⭐**14** 이회영은 독립운동 단체인 경학사를 조직하였다.

20. 지방 9급

O I X

15 이회영은 3·1 운동 민족 대표 33인 중 한 명이었다.

20. 지방 9급

O I X

16 이회영은 '삼균주의'에 입각한 한국국민당을 결성하였다.

20. 지방 9급

O I X

⭐**17** 1941년에 조선민족전선연맹이 조선의용대를 조직하였다.

20. 국가 7급

O I X

18 이상설은 경학사를 조직하였다.

20. 지방 7급

O I X

19 이상설은 독립의군부를 조직하였다.

20. 지방 7급

O I X

20 이상설은 대한인국민회를 조직하였다.

20. 지방 7급

O I X

⭐**21** 이상설은 대한광복군 정부를 조직하였다.

20. 지방 7급

O I X

22 중·일 전쟁 발발 ~ 한국광복군 창설 사이의 시기에 비밀결사 조직인 조선건국동맹이 조직되었다.

20. 지방 7급

O I X

⭐**23** 1942년 설립된 조선의용군의 일부는 화북으로 이동하고 남은 병력은 한국광복군에 합류하였다.

20. 경찰 2차

O I X

⭐**24** 한국독립군은 중국의 항일 무장 세력과 연합하여 쌍성보 전투, 사도하자 전투, 대전자령 전투 등에서 일본군을 격파하였다.

20. 경찰 2차

O I X

25 1930년대에 한국 독립군이 쌍성보 전투에 참전하였다.

19. 국가 7급

O I X

26 1930년대에 의열단, 조선 혁명당 등이 결집하여 민족 혁명당을 창당하였다.

19. 국가 7급

O I X

Self Check

문항	O	×	틀린 이유
12	O	×	
13	O	×	
14	O	×	
15	O	×	
16	O	×	
17	O	×	
18	O	×	
19	O	×	
20	O	×	
21	O	×	
22	O	×	
23	O	×	
24	O	×	
25	O	×	
26	O	×	

오답 확인하기

13 이회영은 조선어학회 사건(1942)이 일어나기 이전인 1932년에 순국하였다.

15 이회영은 3·1 운동 당시 민족 대표 33명에 속하지 않았다.

16 김구에 대한 설명이다.

17 조선의용대가 조직된 것은 1938년의 일이다.

18 경학사는 이회영, 이시영 등 대종교인들을 중심으로 남만주에 설립된 최초의 자치 단체이다.

19 임병찬에 대한 설명이다.

20 미국(미주)에서 1910년에 박용만·이승만이 중심이 된 대한인국민회가 조직되었다.

22 한국광복군 창설 이후인 1944년의 일이다.

23 조선의용군이 아니라 조선의용대에 대한 설명이다.

정답

12 **O** 13 **X** 14 **O** 15 **X** 16 **X**
17 **X** 18 **X** 19 **X** 20 **X** 21 **O**
22 **X** 23 **X** 24 **O** 25 **O** 26 **O**

27 1930년대에 양세봉이 이끄는 조선 혁명군이 흥경성 전투에서 일본군을 물리쳤다.

19. 국가 7급
O ┃ X

28 한국 독립당은 조선의용대 화북 지대를 흡수하여 조선의용군을 조직하였다.

19. 지방 7급
O ┃ X

29 한국 독립당은 무력 투쟁을 준비하기 위해 만주에 신흥무관학교를 창설하였다.

19. 지방 7급
O ┃ X

30 한국 독립당은 대한민국 임시정부를 주도적으로 이끌어 나가는 역할을 하였다.

19. 지방 7급
O ┃ X

31 김구가 조직한 한국 독립당은 쌍성보와 대전자령 전투에서 일본군을 물리쳤다.

19. 지방 7급
O ┃ X

32 윤희순은 의병들의 군자금을 모으고 다양한 의병가도 지었다.

19. 경찰간부
O ┃ X

33 안창호는 1913년에 미국 샌프란시스코에서 흥사단을 조직하였다.

19. 경찰간부
O ┃ X

34 봉오동 전투 직후에 일제가 중국 마적을 매수하여 훈춘의 민가, 일본 영사관을 습격하고, 이를 핑계로 일본 군대를 두만강 이북으로 출병시켰다.

19. 경찰 2차
O ┃ X

35 한국독립군은 양세봉의 지휘하에 흥경성 전투에 참여하였다.

18. 지방 9급
O ┃ X

36 한국독립군은 만주 지역에서 활동했던 한국독립당의 산하 조직이었다.

18. 지방 9급
O ┃ X

37 한국독립군은 중국 의용군과 연합하여 영릉가 전투에서 일본군을 물리쳤다.

18. 지방 9급
O ┃ X

38 김구는 조선민족혁명당을 조직하고 조선의용대를 이끌었다.

18. 지방 9급
O ┃ X

39 민족혁명당의 창설 당시 김구는 참여하지 않았다.

18. 국가 7급
O ┃ X

40 민족혁명당은 동북 항일 연군을 산하의 군사 조직으로 두었다.

18. 국가 7급
O ┃ X

문항	○	×	틀린 이유
41	○	×	
42	○	×	
43	○	×	
44	○	×	
45	○	×	
46	○	×	
47	○	×	
48	○	×	
49	○	×	
50	○	×	
51	○	×	
52	○	×	
53	○	×	
54	○	×	

41 민족혁명당은 한국독립당, 한국국민당, 조선혁명당 3당의 통합으로 만들어졌다.

18. 국가 7급
O | X

42 신흥강습소는 일제가 만주 군벌과 체결한 미쓰야 협정으로 폐교되었다.

18. 지방 7급
O | X

43 신흥강습소는 이회영 등이 독립운동기지 건설 운동의 일환으로 설립하였다.

18. 지방 7급
O | X

44 신흥강습소는 대한민국 임시정부가 출범함에 따라 상해로 근거지를 옮겼다.

18. 지방 7급
O | X

45 신흥강습소는 중·일 전쟁 이후에 조선민족전선연맹의 산하 조직으로 편입되었다.

18. 지방 7급
O | X

46 경상도 일대에서는 윤상태, 서상일, 이시영 등이 중심이 되어 조선국권회복단을 조직하였다. 이 단체는 3·1운동이 일어나자 이에 적극 가담하여 각 지방의 만세 운동을 주도하였다.

18. 지방 7급
O | X

47 안창호는 헤이그 특사로 파견되었다.

18. 지방 7급
O | X

48 안창호는 대한매일신보에 '독사신론'을 연재하였다.

18. 지방 7급
O | X

49 지청천은 화북 조선 독립동맹의 주석으로 선출되어 활동하였다.

18. 서울시 9급
O | X

50 조소앙은 정치·경제·교육의 균등을 주장하였다.

17. 지방 9급
O | X

51 조소앙은 임시 정부의 국무 위원이었다.

17. 지방 9급
O | X

52 미주에서 독립운동 기지인 한흥동이 건설되었다.

17. 국가 9급
O | X

53 미주에서 군사 양성 기관인 대조선 국민군단이 창설되었다.

17. 국가 9급
O | X

54 연해주에서 권업회라는 독립 운동 단체가 조직되었다.

17. 국가 7급
O | X

오답 확인하기

41 3당 통합으로 한국 독립당이 결성되었다.
42 신흥강습소는 1920년에 폐교되었고, 미쓰야 협정은 1925년에 체결되었기 때문에 시기상 맞지 않다.
44 신흥강습소는 폐교될 때까지 남만주에서 운영되었다.
45 조선 의용대에 대한 설명이다.
47 헤이그 특사로 파견된 사람들은 이준·이상설·이위종이다.
48 신채호에 대한 설명이다.
49 김두봉에 대한 설명이다.
52 미주가 아니라 북만주 밀산부다.

정답

41 X 42 X 43 O 44 X 45 X
46 O 47 X 48 X 49 X 50 O
51 O 52 X 53 O 54 O

Self Check

문항	○	×	틀린 이유
55	○	×	
56	○	×	
57	○	×	
58	○	×	
59	○	×	
60	○	×	
61	○	×	
62	○	×	
63	○	×	
64	○	×	
65	○	×	
66	○	×	
67	○	×	
68	○	×	

55 연해주에서는 독립군 양성을 위한 신흥 강습소가 설치되었다. 17. 국가 7급 O ┃ X

⭐**56** 연해주에서 대한광복군 정부가 수립되어 독립 운동을 벌였다. 17. 국가 7급 O ┃ X

57 연해주에서 신규식, 박은식 등의 주도로 동제사가 조직되었다. 17. 국가 7급 O ┃ X

58 [순서나열] 일제는 중국 마적단을 매수하여 훈춘의 일본 영사관을 공격하게 하는 조작 사건을 일으켰다. → 서일을 총재로 하는 대한 독립 군단은 소비에트 러시아의 자유시로 이동하였다. → 일제는 무장 독립 세력을 진압하기 위해 만주 군벌과 미쓰야 협정을 맺었다. → 한국 독립당의 산하에 지청천을 총사령관으로 하는 한국 독립군이 조직되었다. 17. 국가 7급 O ┃ X

⭐**59** 김구는 대한민국 임시 정부의 대통령을 역임하였다. 17. 하반기 국가 7급 O ┃ X

60 김구는 동학 접주로서 농민 전쟁에 참전하였다. 17. 하반기 국가 7급 O ┃ X

61 1920년대 대종교 계통 인사들이 신민부를 결성하였다. 16. 국가 9급 O ┃ X

⭐**62** 1920년대 독립군 연합 부대가 봉오동 전투에서 승리하였다. 16. 국가 9급 O ┃ X

⭐**63** 1920년대 민족 유일당 운동의 일환으로 국민부를 결성하였다. 16. 국가 9급 O ┃ X

⭐**64** 충칭 정부 시기에 한국 광복군이 인도·미얀마 전선에서 활동하였다. 16. 교육행정 O ┃ X

65 1930년 이후에 홍진, 이청천 등이 만주에서 한국독립당을 발족하였다. 16. 국가 7급 O ┃ X

66 1930년 이후에 조선혁명군이 영릉가 전투에서 일본군을 물리쳤다. 16. 국가 7급 O ┃ X

67 1930년 이후에 태항산 지역에서 조선의용군이 팔로군과 협동 작전을 벌였다. 16. 국가 7급 O ┃ X

⭐**68** 한국광복군은 중국군과 연합하여 쌍성보 전투를 수행하였다. 16. 지방 7급 O ┃ X

오답 확인하기

55 신흥강습소는 남만주 삼원보에 설립되었다.
57 동제사는 상하이에서 조직되었다.
59 이승만이나 박은식에 대한 설명이다.
68 한국독립군에 대한 설명이다.

정답

55 X 56 O 57 X 58 O 59 X
60 O 61 O 62 O 63 O 64 O
65 O 66 O 67 O 68 X

69 한국광복군은 중국 팔로군과 함께 태항산 지구에서 일본군과 교전하였다.

16. 지방 7급
O | X

70 한국독립당은 『조선 혁명 선언』을 활동 지침으로 삼았다.

15. 교육행정
O | X

71 한국독립당은 대한민국 임시정부의 여당 역할을 하였다.

15. 교육행정
O | X

72 한국독립당은 조선 민족 전선 연맹의 창설을 주도하였다.

15. 교육행정
O | X

73 1940년에 창당된 한국독립당은 한국 광복 운동 단체 연합회를 결성하였다.

15. 교육행정
O | X

74 한국광복군은 김원봉이 이끄는 조선 의용대의 일부를 통합하여 군사력을 증강하였다.

15. 서울시 9급
O | X

75 한국광복군은 중국 주둔 미국 전략 정보국(OSS)과 합작하여 국내 진공 작전을 계획하였으나 실현되지 못했다.

15. 서울시 9급
O | X

76 한국광복군은 총사령에 이청천, 참모장에 이범석을 선임하였다.

14. 국가 9급
O | X

77 한국광복군은 영국군의 요청으로 일부 병력을 인도와 버마(미얀마) 전선에 참전시켰다.

14. 국가 9급
O | X

78 [순서나열] 블라디보스토크에서 이상설, 이동휘 등이 중심이 된 대한광복군 정부가 수립되었다. → 홍범도가 이끄는 대한 독립군을 비롯한 연합 부대는 봉오동 전투에서 대승을 거두었다. → 양세봉이 이끄는 조선 혁명군은 중국 의용군과 연합하여 영릉가 전투에서 일본군을 무찔렀다. → 대한민국 임시 정부가 지청천을 총사령으로 하는 한국 광복군을 창설하였다.

14. 지방 9급
O | X

79 한국광복군은 중국 관내에서 조직된 최초 한국인 군사 조직이었다.

13. 지방 9급
O | X

80 이동휘는 비밀 결사 조직인 신민회에 참여하였다.

12. 국가 9급
O | X

81 이동휘는 하바로프스크에서 한인 사회당을 결성하기도 하였다.

12. 국가 9급
O | X

문항	O	×	틀린 이유
69	O	×	
70	O	×	
71	O	×	
72	O	×	
73	O	×	
74	O	×	
75	O	×	
76	O	×	
77	O	×	
78	O	×	
79	O	×	
80	O	×	
81	O	×	

오답 확인하기

69 조선의용군에 대한 설명이다.
70 의열단에 대한 설명이다.
72 민족 혁명당에 대한 설명이다.
73 한국 광복 운동 단체 연합회는 한국 국민당 등이 중심이 되어 1937년에 결성하였다.
79 조선의용대에 대한 설명이다.

정답

69 X 70 X 71 O 72 X 73 X
74 O 75 O 76 O 77 O 78 O
79 X 80 O 81 O

Self Check

문항	○	X	틀린 이유
82	○	X	
83	○	X	
84	○	X	
85	○	X	
86	○	X	
87	○	X	
88	○	X	
89	○	X	

82 이동휘는 대동 보국단을 조직하고 『진단』이라는 잡지를 발간하기도 하였다.

12. 국가 9급

O | X

⭐ **83** 이동휘는 블라디보스토크에 대한 광복군 정부라는 임시 정부를 수립하였다.

12. 국가 9급

O | X

⭐ **84** 용정에서는 성명회와 권업회 등의 단체가 조직되어 항일 운동을 전개하였다.

12. 경북교행

O | X

85 1920년 김좌진이 이끌던 북로 군정서군과 홍범도가 이끈 대한 독립군의 연합 부대는 청산리 일대에서 6일간 10여 차례의 전투를 통해 일본군을 대파하였다.

12. 국가 7급

O | X

86 1차 세계 대전 이후 연해주의 신한촌에서는 의병과 계몽 운동가들이 힘을 모아 권업회를 조직하였다.

11. 국가 9급

O | X

87 홍범도의 대한 독립군은 봉오동 전투에서, 김좌진의 북로 군정서군은 청산리 전투에서 크게 승리하였다.

11. 지방 9급

O | X

88 연해주의 자유시로 이동한 독립군은 적색군에 의해 무장 해제를 당하였다.

11. 지방 9급

O | X

89 독립군의 통합 운동으로 참의부, 정의부, 신민부가 조직되어 각각 입법부, 사법부, 행정부의 역할을 담당하였다.

11. 지방 9급

O | X

오답 **확인하기**

82 신규식, 박은식에 대한 설명이다.
84 용정이 아니라 연해주다.
86 권업회는 제1차 세계 대전 이전인 1911년에 조직되었다.
89 참의부, 정의부, 신민부의 3부는 입법, 사법, 행정부 역할을 모두 담당하였다.

정답

82 X   83 O   84 X   85 O   86 X
87 O   88 O   89 X

CHAPTER **02**

일제 강점기의 경제·사회·문화

테마1 민족 실력 양성 운동

01 평양에서 1923년 조선 형평사가 결성되었다.
23. 국가 9급
O | X

02 물산 장려 운동은 가뭄과 홍수로 인해 중단되었다.
22. 지방 9급
O | X

03 물산 장려 운동은 조선총독부의 「회사령」에 맞서기 위해 전개되었다.
22. 지방 9급
O | X

⭐**04** 물산 장려 운동은 일부 사회주의자는 자본가 계급을 위한 운동이라고 비판하였다.
22. 지방 9급
O | X

05 물산 장려 운동은 조선에 사는 일본인이 일본 자본에 대항하기 위해 일으켰다.
22. 지방 9급
O | X

⭐**06** 치안유지법이 시행되던 시기에 물산 장려 운동이 시작되었다.
20. 국가 9급
O | X

07 동아일보는 한글 보급운동에 앞장서 『한글원본』을 만들었다.
20. 국가 9급
O | X

08 동아일보는 브나로드 운동이라는 농촌 계몽 운동을 전개하였다.
20. 국가 9급
O | X

09 동아일보는 『개벽』, 『신여성』, 『어린이』 등의 잡지를 발행하였다.
20. 국가 9급
O | X

10 동아일보는 신간회가 결성되자 신간회 본부와 같은 역할을 하게 되었다.
20. 국가 9급
O | X

11 일제 강점기에 농민 운동이 활성화되면서 전국적인 농민 운동 단체인 조선 농민 총동맹이 결성되어 보다 조직적으로 농민 운동을 이끌었다.
20. 경찰 2차
O | X

Self Check

문항	O	×	틀린 이유
01	O	×	
02	O	×	
03	O	×	
04	O	×	
05	O	×	
06	O	×	
07	O	×	
08	O	×	
09	O	×	
10	O	×	
11	O	×	

오답 확인하기

01 조선 형평사가 결성된 지역은 경상남도 진주이다.
02 민립대학설립운동에 대한 설명이다.
03 회사령 폐지에 맞서기 위해 전개되었다.
05 물산 장려 운동은 조선인들이 주도하였다.
06 치안유지법 제정 이전인 1920년에 물산장려 운동이 시작되었다.
07 조선일보에 대한 설명이다.
09 천도교에 대한 설명이다.
10 조선일보에 대한 설명이다.

정답

01 X 02 X 03 X 04 O 05 X
06 X 07 X 08 O 09 X 10 X
11 O

오답 확인하기

12 1922년 5월 1일을 우리나라 최초의 어린이날로 정하였다.
13 원산총파업과 물산장려운동은 관련성이 없다.
15 조선노농총동맹과 물산장려운동은 관련성이 없다.
16 민립 대학 설립 운동에 대한 설명이다.
18 브나로드 운동에 대한 설명이다.
19 형평사 창립 → 신민부 조직 → 정우회 조직 → 원산노동자 총파업
20 물산 장려 운동은 대구가 아니라 평양에서 일어났다. 대구에서 일어난 경제적 구국운동으로는 국채 보상 운동이 있다.
21 암태도 소작 쟁의는 소작료를 낮추는 성과를 거두었다.
22 물산 장려 운동은 민족주의계가 주도하였다.

정답

12 X 13 X 14 O 15 X 16 X
17 O 18 X 19 X 20 X 21 X
22 X 23 O

12 일제 강점기에 방정환과 조철호를 중심으로 어린이 운동이 전개되면서 처음으로 5월 5일을 어린이날로 정하였다. 20. 경찰 2차 O | X

13 물산장려운동은 원산총파업을 계기로 조직적으로 전개될 수 있었다. 18. 지방 9급 O | X

14 물산장려운동은 조만식 등에 의해 평양에서 시작되어 전국으로 확산되었다. 18. 지방 9급 O | X

15 물산장려운동은 조선노농총동맹의 적극적 참여로 대중적인 기반이 확충되었다. 18. 지방 9급 O | X

16 물산장려운동은 '한민족 1천만이 한 사람이 1원씩'이라는 구호를 내세웠다. 18. 교육행정 O | X

17 물산장려운동 때 "조선인이 만든 것을 입고, 먹고, 쓰자"라는 구호를 내세웠고 민족 자본을 육성하려 하였다. 18. 서울시 7급 O | X

18 물산장려운동 때 조선어학회가 참여하였으며, 전국 규모의 문맹퇴치운동을 전개하였다. 18. 서울시 7급 O | X

19 [순서나열] 백정의 사회적 차별을 철폐하고자 하는 형평사가 창립되었다. → 민족협동전선론에 따라 정우회가 조직되었다. → 김좌진을 중심으로 한 신민부가 조직되었다. → 노동 조건의 개선을 요구한 원산 노동자 총파업이 일어났다. 16. 지방 9급 O | X

20 대구에서 물산 장려 운동이 처음 시작되었다. 16. 법원 9급 O | X

21 소작 쟁의의 대표적인 사례는 암태도 소작 쟁의로 1년여에 걸친 투쟁에도 효과가 없었다. 14. 서울시 9급 O | X

22 조선 물산 장려회는 사회주의 성향의 운동 세력이 주도하였다. 13. 지방 9급 O | X

23 조선 물산 장려회는 조선과 일본 간의 관세 철폐 정책에 대항하였다. 13. 지방 9급 O | X

24 민립 대학 기성회는 민족 연합 전선 단체인 신간회의 후원을 받았다.

13. 지방 9급
O | X

25 형평 운동은 경남 진해에서 가장 먼저 시작되었다.

13. 서울시 7급
O | X

26 형평 운동은 민족 해방 운동 성격까지 내포하게 되었다.

13. 서울시 7급
O | X

⭐**27** 형평 운동은 신분 제도가 법적으로 폐지되는 계기가 되었다.

13. 서울시 7급
O | X

⭐**28** 조선형평사가 결성된 해에 조선 노농 총동맹이 창립되었다.

13. 서울시 7급
O | X

Self Check

문항	O	×	틀린 이유
24	O	×	
25	O	×	
26	O	×	
27	O	×	
28	O	×	
01	O	×	
02	O	×	
03	O	×	
04	O	×	
05	O	×	
06	O	×	
07	O	×	
08	O	×	

제7막

테마2 일제 강점기의 사회

01 일제 강점기에 현관과 화장실을 갖춘 개량 한옥이 보급되었고 복도와 응접실, 침실 등 개인의 독립된 공간이 있는 문화 주택이 등장하였다.

20. 경찰 2차
O | X

02 일제 강점기에 도쿄 유학생들을 중심으로 토월회가 결성되어 남녀평등, 봉건적 인습 비판 등을 주제로 작품을 만들어 순회 공연을 열었다.

20. 경찰 2차
O | X

03 동학(천도교)은 중광단을 결성하였다.

19. 법원 9급
O | X

04 동학(천도교)은 잡지 '신여성'과 '어린이'를 발간하였다.

19. 법원 9급
O | X

⭐**05** 도시 외곽의 토막촌에는 빈민이 살았다.

18. 국가 9급
O | X

06 번화가에서 최신 유행의 모던걸과 모던보이가 활동하였다.

18. 국가 9급
O | X

⭐**07** 몸뻬를 입은 여성들이 근로보국대에서 강제 노동을 하였다.

18. 국가 9급
O | X

08 상류층이 한식 주택을 2층으로 개량한 영단 주택에 모여 살았다.

18. 국가 9급
O | X

오답 확인하기

24 민립 대학 설립 운동은 신간회가 등장하기 이전에 흐지부지되었다.

25 진해가 아니라 진주다.

27 신분 제도가 법적으로 폐지된 것은 형평 운동 이전인 1차 갑오개혁 때의 일이다.

28 형평사는 1923년, 조선 노농 총동맹은 1924년에 조직되었다.

03 대종교에 대한 설명이다.

08 영단 주택이 아니라 문화주택이다.

정답

24 **X** 25 **X** 26 **O** 27 **X** 28 **X** /
01 **O** 02 **O** 03 **X** 04 **O** 05 **O**
06 **O** 07 **O** 08 **X**

문항	○	×	틀린 이유
09	○	×	
10	○	×	
11	○	×	
12	○	×	
13	○	×	
14	○	×	
15	○	×	
16	○	×	
17	○	×	

☆09 1920년대에는 대한천일은행, 한성은행, 조선은행 등이 설립되어 경성 상인에게 자본을 빌려주어 유행을 뒷받침하였다.

17. 서울시 7급

O | X

10 1920년대에 조선총독부는 기존의 우측통행 방침을 바꾸어 좌측통행을 일반화하였다.

17. 서울시 7급

O | X

11 1920년대에는 사회주의 운동의 영향으로 식민지 현실의 계급 모순을 비판하는 프로 문학이 등장하였다.

17. 서울시 7급

O | X

☆12 1920년대에는 나운규가 일제강점기 민족의 아픔을 그린 영화 '아리랑'을 제작하였다.

17. 경기 북부 여경

O | X

13 총독부는 백정 출신을 호적에 '도한'으로 써 넣거나 붉은 점을 찍어 차별하였다.

11. 지방 7급

O | X

14 1920년대 중반에는 신경향파 문학이 대두하여 문학의 사회적 기능이 강조되었다.

10. 국가 9급

O | X

15 정지용과 김영랑은 『시문학』 동인으로 순수 문학의 발전에 이바지하였다.

10. 국가 9급

O | X

16 미술에서는 안중식이 서양화를 대표하였다.

10. 국가 9급

O | X

17 영화에서는 나운규가 아리랑을 발표하여 한국 영화 발전에 기여하였다.

10. 국가 9급

O | X

오답 확인하기

09 대한천일은행 · 한성은행 · 조선은행은 1890년대에 설립되었다. 그러나 국권 피탈 이후 일본 은행에 통폐합되었다.
16 안중식은 동양화를 대표하는 화가였다.

정답

09 X 10 O 11 O 12 O 13 O
14 O 15 O 16 X 17 O

테마 3 민족 문화 수호 운동의 전개

01 백남운은 민족정신으로서 조선 국혼을 강조하였다.
23. 지방 9급
O | X

02 백남운은 민족주의 사학을 계승하여 조선의 얼을 강조하였다.
23. 지방 9급
O | X

⭐**03** 백남운은 마르크스 유물 사관을 바탕으로 한국사를 연구하였다.
23. 지방 9급
O | X

04 백남운은 진단 학회를 조직하여 문헌 고증을 중시하는 실증주의 사학을 정립하였다.
23. 지방 9급
O | X

05 박은식은 유교구신론을 써서 유교의 개혁을 주장하였다.
22. 서울 9급
O | X

06 박은식의 활동은 식민 사학 중 정체성론의 근거를 무너트리는 데에 기여하였다.
22. 서울 9급
O | X

⭐**07** 박은식은 『한국독립운동지혈사』를 저술하였다.
22. 서울 9급
O | X

08 국가총동원법이 제정된 이후에 백남운이 조선사회경제사를 저술하였다.
21. 법원 9급
O | X

09 사회 경제 사학은 일선동조론을 유포하였다.
21. 법원 9급
O | X

10 사회 경제 사학은 실증 사학의 영향을 받았다.
21. 법원 9급
O | X

11 사회 경제 사학의 대표적인 인물로 백남운이 있다.
21. 법원 9급
O | X

12 사회 경제 사학자들은 진단학회를 결성하여 진단학보를 발간하였다.
21. 법원 9급
O | X

⭐**13** 신채호는 『대한매일신보』에 『독사신론』을 발표하여 민족주의 사학의 연구방향을 제시하였다.
21. 소방직
O | X

14 신채호는 정약용 서거 99주년을 기념하며 『여유당전서』를 간행하면서 조선학을 제창하였다.
21. 소방직
O | X

15 신채호는 진단학회를 조직하고 철저한 문헌 고증으로 한국사를 객관적으로 서술하려 하였다.
21. 소방직
O | X

Self Check

문항	O	X	틀린 이유
01	O	X	
02	O	X	
03	O	X	
04	O	X	
05	O	X	
06	O	X	
07	O	X	
08	O	X	
09	O	X	
10	O	X	
11	O	X	
12	O	X	
13	O	X	
14	O	X	
15	O	X	

오답 확인하기

01 박은식에 대한 설명이다.
02 정인보에 대한 설명이다.
04 이병도 등에 대한 설명이다.
06 사회 경제사학자인 백남운에 대한 설명이다.
08 국가총동원법 제정 이전인 1933년의 일이다.
09 일선동조론은 한국과 일본이 시조가 같다고 하여 우리 민족의 뿌리를 없애고자 한 것으로, 일제 사학자들이 우리 한국사를 왜곡하기 위해 유포한 것이다.
10 이병도 등 실증 사학자들에 대한 설명이다.
12 이병도 등 실증 사학자들에 대한 설명이다.
14 정인보·안재홍 등에 대한 설명이다.
15 이병도 등 실증 사학자에 대한 설명이다.

정답

01 X 02 X 03 O 04 X 05 O
06 X 07 O 08 X 09 X 10 X
11 O 12 X 13 O 14 X 15 X

Self Check

문항	○	×	틀린 이유
16	○	×	
17	○	×	
18	○	×	
19	○	×	
20	○	×	
21	○	×	
22	○	×	
23	○	×	
24	○	×	
25	○	×	
26	○	×	
27	○	×	
28	○	×	
29	○	×	
30	○	×	
31	○	×	

오답 확인하기

16 백남운을 비롯한 사회 경제 사학자에 대한 설명이다.
18 신채호에 대한 설명이다.
19 손병희에 대한 설명이다.
20 백남운에 대한 설명이다.
24 백남운을 비롯한 사회·경제 사학자들에 대한 설명이다.
25 박은식은 조선사 편수회에 참여하지 않았다.
27 신채호에 대한 설명이다.
28 박은식에 대한 설명이다.
29 정인보에 대한 설명이다.
30 문일평에 대한 설명이다.
31 우리말 큰사전 편찬은 1931년 설립된 조선어학회가 주도했다. 주시경은 1914년에 순국하였다.

정답

16 X 17 O 18 X 19 X 20 X
21 O 22 O 23 O 24 X 25 X
26 O 27 X 28 X 29 X 30 X
31 X

---

16 신채호는 유물 사관에 바탕을 두고 한국사가 세계사의 보편 법칙에 따라 발전하였다는 점을 강조하였다.
21. 소방직
O ｜ X

⭐**17** 박은식은 일본의 침략상을 폭로하는 『한국통사』를 저술하였다.
20. 지방 9급
O ｜ X

18 박은식은 김원봉의 요청을 받아들여 『조선혁명선언』을 작성하였다.
20. 지방 9급
O ｜ X

19 신채호는 동학을 천도교로 개편하고 친일적 인물들을 교단에서 내쫓았다.
19. 지방 7급
O ｜ X

20 신채호는 보편적 역사 발전 법칙에 따라 역사를 기술한 『조선사회경제사』를 집필하였다.
19. 지방 7급
O ｜ X

21 박은식은 윤세복이 만주에 세운 동창학교에 참여하였다.
19. 상반기 서울시 7급
O ｜ X

22 신채호는 을지문덕전을 간행하여 자주 정신을 일깨웠다.
19. 법원 9급
O ｜ X

⭐**23** 신채호는 역사를 '아(我)와 비아(非我)의 투쟁'으로 해석했다.
19. 법원 9급
O ｜ X

24 신채호는 유물 사관으로 식민 사학의 정체성 이론을 반박했다.
19. 법원 9급
O ｜ X

25 박은식은 조선사 편수회에 참여하였다.
18. 교육행정
O ｜ X

⭐**26** 박은식은 민족 정신으로서 국혼을 강조하였다.
18. 교육행정
O ｜ X

27 박은식은 대한매일신보에 독사신론을 연재하였다.
18. 교육행정
O ｜ X

28 신채호는 한국의 독립운동 과정을 서술한 『한국독립운동지혈사』를 저술하였다.
18. 국가 7급
O ｜ X

⭐**29** 신채호는 '5천년간 조선의 얼'이라는 글을 신문에 연재하여 민족 정신을 고취하였다.
18. 국가 7급
O ｜ X

⭐**30** 신채호는 '조선심'을 강조하며 정약용 연구를 중심으로 한 조선학 운동을 전개하였다.
18. 국가 7급
O ｜ X

31 주시경은 우리말 큰사전의 편찬을 주도하였다.
18. 국가 7급
O ｜ X

32 주시경은 문법 서적인 『국어문법』을 저술하였다.

18. 국가 7급

O | X

33 주시경은 조선어연구회를 주도적으로 조직하였다.

18. 국가 7급

O | X

34 '아리랑'이 상영되던 시기에 역사학에서는 민족주의 역사가들 사이에서 이른바 조선학 운동이 시작되었다.

18. 상반기 서울시 9급

O | X

35 문일평, 안재홍 등은 조선 문화의 독자성과 우수성을 강조하는 조선학 운동을 전개하였다.

18. 경찰 2차

O | X

36 『조선민족사 개론』의 저자는 『조선상고사』와 『조선사연구초』를 저술하였다.

17. 국가 9급

O | X

37 『조선민족사 개론』의 저자는 『진단학보』를 발간한 진단학회의 발기인으로 활동하였다.

17. 국가 9급

O | X

38 백남운은 일제 식민사학의 정체성론을 극복하는 근거를 제공하였다.

17. 하반기 국가 9급

O | X

39 백남운은 우리 고대사를 중국 민족에 필적하는 강건한 민족의 역사로 서술했다.

17. 하반기 국가 9급

O | X

40 신채호는 을지문덕, 최영, 이순신 등 애국 명장의 전기를 써서 애국심을 고취하였다.

17. 지방 9급

O | X

41 신채호는 『여유당전서』를 발간하여 조선 후기 실학자들을 재평가하였다.

17. 지방 9급

O | X

42 한용운은 일본 불교의 침투에 대항하면서 민족 불교의 자주성을 지키기 위해 노력하였으며, 『조선 불교 유신론』을 저술하였다.

17. 경기 북부 여경

O | X

43 백남운은 『조선민족의 진로』라는 글에서 '연합성 신민주주의'를 제창하였다.

15. 사회복지

O | X

44 정인보는 『5천년간의 조선 얼』을 강조하였다.

15. 국가 7급

O | X

45 신채호는 『조선상고사』를 연재하여 민족 의식을 고취하였다.

15. 국가 7급

O | X

Self Check

문항	O	×	틀린 이유
32	O	×	
33	O	×	
34	O	×	
35	O	×	
36	O	×	
37	O	×	
38	O	×	
39	O	×	
40	O	×	
41	O	×	
42	O	×	
43	O	×	
44	O	×	
45	O	×	

오답 확인하기

33 조선어연구회는 주시경 사망 이후인 1921년에 조직되었다.

34 '아리랑'은 1926년에 상영되었으나, 조선학 운동은 1930년대에 전개되었다.

36 『조선민족사 개론』의 저자는 손진태이며, 『조선상고사』와 『조선사연구초』를 저술한 이는 신채호다.

39 신채호에 대한 설명이다.

41 정인보, 안재홍, 문일평 등에 대한 설명이다.

정답

32 O 33 X 34 X 35 O 36 X
37 O 38 O 39 X 40 O 41 X
42 O 43 O 44 O 45 O

★ **46** 박은식은 한민족의 독립 의지를 담은 『한국독립운동지혈사』를 저술하였다.

15. 지방 7급

O | X

★ **47** 정인보는 『조선사연구초』를 저술하여 우리나라 고대사의 독자성을 부각시켰다.

15. 지방 7급

O | X

48 백남운은 중국으로 망명하여 독립 운동을 전개하면서 민족주의 역사학의 기반을 확립하였다.

15. 지방 7급

O | X

49 최남선은 한국사가 세계사의 보편적 법칙에 따라 발전하였다고 보는 사회경제사학을 주도하였다.

15. 지방 7급

O | X

50 박은식은 조선심의 개념을 중시하고 한글을 그 결정체로 보았다. 14. 지방 9급

O | X

★ **51** 박은식은 3·1 운동 때 민족 대표 33인의 한 사람이며, 일제의 사찰령에 반대하였다.

14. 지방 9급

O | X

52 박은식은 양기탁의 추천으로 제국신문의 주필을 지냈다. 14. 지방 7급

O | X

53 총독부가 설치한 조선사편수회는 식민주의 사관을 토대로 『조선사』를 편찬하여 한국사의 왜곡에 앞장섰다.

14. 경찰 2차

O | X

54 신채호는 『독사신론』을 연재하여 민족주의 사학의 발판을 마련하였다. 12. 지방 9급

O | X

55 박은식은 『조선불교유신론』을 통해 새로운 사회의 방향을 추구하였다.

12. 지방 9급

O | X

★ **56** 박은식은 낭가 사상을 강조하여 민족 독립의 정신적 기반을 만들려고 하였다.

12. 지방 9급

O | X

★ **57** 박은식은 국가의 구성 요소를 국혼과 국백으로 나누었다. 12. 지방 7급

O | X

★ **58** 박은식은 역사 연구의 목표를 '조선 얼'의 유지에 두었다. 12. 지방 7급

O | X

★ **59** 신채호는 묘청의 난을 '조선 역사상 일천년래 제일대사건'이라고 칭하였다.

11. 국가 7급

O | X

제 8 막

현대 사회의 발전

현대의 정치

테마 1 광복과 대한민국 정부 수립

01 유엔 소총회의 결의에 따라 미 군정청이 설치되었다. 23. 국가 9급 O | X

02 유엔 소총회의 결의에 따라 5·10 총선거가 실시되었다. 23. 국가 9급 O | X

03 유엔 소총회의 결의에 따라 좌우 합작 위원회가 구성되었다. 23. 국가 9급 O | X

04 유엔 소총회의 결의에 따라 미·소 공동 위원회가 개최되었다. 23. 국가 9급 O | X

05 좌·우 합작 7원칙 발표 이후에 3·15 부정선거에 대항하여 4·19 혁명이 일어났다. 23. 지방 9급 O | X

06 좌·우 합작 7원칙 발표 이후에 친일파를 청산하기 위한 반민족 행위 처벌법이 공포되었다. 23. 지방 9급 O | X

07 좌·우 합작 7원칙 발표 이후에 제헌 국회에서 대통령에 이승만, 부통령에 이시영을 선출하였다. 23. 지방 9급 O | X

08 좌·우 합작 7원칙 발표 이후에 임시 민주 정부 수립을 논의하기 위해 제1차 미·소 공동 위원회가 개최되었다. 23. 지방 9급 O | X

09 김구는 좌우 합작 위원회를 구성해 좌우 합작 7원칙을 발표하였다. 22. 국가 9급 O | X

10 김구는 광복 직후 안재홍 등과 함께 조선 건국 준비 위원회를 만들었다. 22. 국가 9급 O | X

11 김구는 모스크바 3국 외상 회의의 결정 사항이 알려지자 신탁통치 반대 운동을 펼쳤다. 22. 국가 9급 O | X

오답 확인하기

01 미 군정청이 설치된 것은 1945년 9월의 일이다.
03 좌·우 합작 위원회가 구성된 것은 1946년 7월의 일이다.
04 모스크바 3국 외상 회의의 결정에 따라 미·소 공동 위원회가 개최되었다.
08 좌·우 합작 7원칙 발표 이전인 1946년 3월의 일이다.
09 김규식·여운형 등에 대한 설명이다. 김구는 좌우 합작 위원회에 참여하지 않았다.
10 여운형에 대한 설명이다.

정답

01 X 02 O 03 X 04 X 05 O
06 O 07 O 08 X 09 X 10 X
11 O

12 제헌국회에서 반민족 행위 특별 조사 위원회를 구성하였다. 　22. 국가 9급

O | X

13 제헌국회는 한·일 기본 조약 체결에 반대하는 성명을 내놓았다. 　22. 국가 9급

O | X

14 제헌국회는 통일 3대 원칙이 언급된 7·4 남북 공동 성명을 발표하였다.

22. 국가 9급

O | X

15 제헌국회에서 통일 주체 국민 회의에서 대통령을 뽑는다는 내용의 개헌안을 통과시켰다. 　22. 국가 9급

O | X

16 반민족 행위 처벌법은 제헌국회에서 제정되었다. 　22. 지방 9급

O | X

17 반민족 행위 처벌법은 농지개혁법이 제정된 후 제정되었다. 　22. 지방 9급

O | X

18 반민족 행위 처벌법에 의해 반민특위와 특별 재판부가 구성되었다. 　22. 지방 9급

O | X

19 반민족 행위 처벌법에 의해 친일 경력을 지닌 고위 경찰 간부가 체포되었다.

22. 지방 9급

O | X

20 미·소 공동 위원회는 미·소 양측의 의견 차이로 결렬되었다. 　21. 지방 9급

O | X

21 미·소 공동 위원회는 조선건국준비위원회를 조직하는 성과를 냈다. 　21. 지방 9급

O | X

22 미·소 공동 위원회는 민주 공화제를 핵심으로 한 제헌헌법을 만들었다.

21. 지방 9급

O | X

23 미·소 공동 위원회는 유엔 감시하의 총선거로 정부를 수립한다는 결정을 내렸다. 　21. 지방 9급

O | X

24 조선 건국 준비 위원회는 자유당을 창당하였다. 　21. 법원 9급

O | X

25 조선 건국 준비 위원회는 조선 인민 공화국의 수립을 선포하였다. 　21. 법원 9급

O | X

Self Check

문항	○	×	틀린 이유
12	○	×	
13	○	×	
14	○	×	
15	○	×	
16	○	×	
17	○	×	
18	○	×	
19	○	×	
20	○	×	
21	○	×	
22	○	×	
23	○	×	
24	○	×	
25	○	×	

오답 확인하기

13 1964년에 전개된 6·3 시위에 대한 설명이다.

14 7·4 남북 공동 성명이 발표된 것은 1972년 7월의 일이다.

15 1972년에 통과된 유신 헌법에 대한 설명이다.

17 반민족 행위 처벌법은 농지개혁법 제정 이전인 1948년 9월에 만들어졌다.

21 조선건국준비위원회는 1차 미·소 공동 위원회 개최 이전인 1945년 8월에 조직되었다.

22 제헌헌법은 제헌국회에서 제정한 헌법으로, 1948년 7월에 제정되었다.

23 1947년 11월 유엔 총회에서 결의한 내용이다.

24 자유당은 1951년 12월 이승만이 임시 수도인 부산에서 창당한 정당이다.

정답

12 O 13 X 14 X 15 X 16 O
17 X 18 O 19 O 20 O 21 X
22 X 23 X 24 X 25 O

Self Check

문항	○	×	틀린 이유
26	○	×	
27	○	×	
28	○	×	
29	○	×	
30	○	×	
31	○	×	
32	○	×	
33	○	×	
34	○	×	
35	○	×	
36	○	×	
37	○	×	
38	○	×	
39	○	×	

오답 확인하기

26 독립 촉성 중앙 협의회는 한국 민주당, 국민당을 비롯한 2백여 단체들로 구성된 협의체로, 조선 건국 준비 위원회와는 관련이 없다.
27 1948년 김구·김규식 등에 대한 설명이다.
29 송진우·김성수 등에 대한 설명이다.
30 김규식에 대한 설명이다.
31 이승만에 대한 설명이다.
37 김구·김규식 등에 대한 설명으로, 여운형의 암살(1947) 이후의 일이다.
38 김구는 단독 정부 수립에 반대했으며, 5·10 총선거에도 출마하지 않았다.
39 반민족 행위 처벌법은 제헌 국회에서 1948년에 제정되었다.

정답

26 X 27 X 28 O 29 X 30 X
31 X 32 O 33 O 34 O 35 O
36 O 37 X 38 X 39 X

26 조선 건국 준비 위원회는 독립 촉성 중앙 협의회의 결성을 주도하였다. 21. 법원 9급
O ⏐ X

27 조선 건국 준비 위원회는 38도선을 넘어 북한지도부와 남북 협상을 가졌다.
21. 법원 9급
O ⏐ X

28 제2차 미·소 공동 위원회 개최 ~ 5·10 총선거 사이의 시기에 '삼천만 동포에게 읍고함'이 발표되었다. 21. 법원 9급
O ⏐ X

29 안재홍은 한국 민주당 결성을 주도하였다. 21. 경찰 1차
O ⏐ X

30 안재홍은 남조선 과도 입법 의원의 의장이 되었다. 21. 경찰 1차
O ⏐ X

31 안재홍은 독립 촉성 중앙 협의회의 회장에 추대되었다. 21. 경찰 1차
O ⏐ X

★32 안재홍은 조선 건국 준비 위원회의 결성에 참여하였다. 21. 경찰 1차
O ⏐ X

★33 [순서나열] 조선건국동맹을 기반으로 조선건국준비위원회가 조직됨. → 민주주의 임시정부 수립을 논의하기 위해 제1차 미·소 공동위원회 개최 → 여운형과 김규식은 좌우 합작위원회를 조직함. → 제헌국회가 구성되어 헌법을 제정함.
20. 지방 9급
O ⏐ X

★34 여운형은 건국 동맹을 결성하여 일제의 패망과 광복에 대비하였다. 20. 국가 7급
O ⏐ X

35 여운형은 김규식과 함께 좌·우합작위원회를 조직하여 활동하였다. 20. 국가 7급
O ⏐ X

36 여운형은 민족 역량의 총집결을 강령으로 하는 조선인민당을 결성하였다.
20. 국가 7급
O ⏐ X

37 여운형은 평양에서 개최된 '전조선제정당사회단체연석회의'에 참석하였다.
20. 국가 7급
O ⏐ X

★38 김구는 단독 정부 수립에는 반대하였으나 5·10 총선거에 후보로 출마하였다.
20. 경찰 2차
O ⏐ X

39 조선 건국 준비 위원회는 반민족 행위 처벌법에 근거하여 설치되었다.
19. 국가 7급
O ⏐ X

40 조선 건국 준비 위원회는 임정 지지를 주장하면서 한국 민주당에 참가하였다.

19. 국가 7급

O ｜ X

41 조선 건국 준비 위원회는 친일 청산 등을 명시한 좌우 합작 7원칙을 결정하였다.

19. 국가 7급

O ｜ X

42 [순서나열] 이승만의 정읍 발언 → 좌·우 합작 7원칙 발표 → 좌·우 합작 위원회와 한민당을 주축으로 남조선 과도 입법 의원 구성 → 제2차 미·소 공동 위원회 재개 → 여운형 암살

19. 상반기 서울시 7급

O ｜ X

⭐**43** 카이로 선언은 미국, 영국, 중국의 정상이 모여 회담을 한 후 나온 선언이다.

19. 상반기 서울시 7급

O ｜ X

⭐**44** 좌·우 합작 위원회는 여운형과 김규식 등이 주도하였다.

19. 법원 9급

O ｜ X

45 좌·우 합작 위원회는 모스크바 3국 외상 회의 결정에 반대하였다.

19. 법원 9급

O ｜ X

⭐**46** 모스크바 3국 외상 회의에서는 조선을 독립 국가로 재건하기 위해 임시 민주 정부를 수립한다고 하였다.

19. 경찰간부

O ｜ X

⭐**47** 모스크바 3국 외상 회의에서 3국은 임시 민주 정부 수립에 참여할 단체의 범위를 둘러싸고 대립하였다.

19. 경찰간부

O ｜ X

48 제헌헌법은 약 4년간 유지되었다.

19. 경찰간부

O ｜ X

⭐**49** 제헌국회는 대통령에 이승만, 부통령에 이시영을 각각 선출하였다.

19. 경찰간부

O ｜ X

⭐**50** 1948년 5월 10일 총선거는 21세 이상 모든 국민에게 투표권이 부여된 우리나라 최초의 보통선거이며 198명의 제헌 국회의원이 선출되었다.

19. 경찰간부

O ｜ X

51 제헌 국회의원을 정당별로 보면 한국민주당이 가장 많았다.

19. 경찰간부

O ｜ X

52 제헌 헌법에서는 친일 반민족자의 처벌, 토지 개혁을 통한 지주제 폐지, 지하 자원과 산업의 국유화, 사기업에서 노동자들의 이익 참가권 등을 규정하였다.

19. 경찰 2차

O ｜ X

Self Check

문항	O	X	틀린 이유
40	O	X	
41	O	X	
42	O	X	
43	O	X	
44	O	X	
45	O	X	
46	O	X	
47	O	X	
48	O	X	
49	O	X	
50	O	X	
51	O	X	
52	O	X	

오답 확인하기

40 송진우·김성수 등에 대한 설명이다. 이들은 건준위에 가담하지 않았다.

41 1946년 7월에 결성된 좌·우 합작 위원회에 대한 설명이다.

45 좌·우 합작 위원회는 모스크바 3국 외상 회의 결정에 찬성하는 입장이었다.

47 모스크바 3국 외상 회의가 아니라 미·소 공동 위원회 당시 미국과 소련의 대립에 대한 설명이다.

51 제헌 국회의 구성을 보면 무소속이 85석으로 가장 많았으며, 그 다음으로는 대한독립 촉성 국민회(54석), 한국 민주당(29석), 대동 청년당(12석), 조선 민족 청년당(6석) 순이었다.

정답

40 X 41 X 42 O 43 O 44 O
45 X 46 O 47 X 48 O 49 O
50 O 51 X 52 O

Self Check

문항	○	×	틀린 이유
53	○	×	
54	○	×	
55	○	×	
56	○	×	
57	○	×	
58	○	×	
59	○	×	
60	○	×	
61	○	×	
62	○	×	
63	○	×	
64	○	×	
65	○	×	
66	○	×	

오답 확인하기

53 이승만은 5·10 총선거에 참여하였다.
54 지지하지 않았다.
56 김규식에 대한 설명이다.
58 여운형에 대한 설명이다.
59 이승만에 대한 설명이다.
60 반민특위는 1949년에 와해되었고, 부산 정치파동은 1952년에 발생했다.
62 1945년 2월 얄타회담 때의 일이다.
65 제헌헌법에서 정·부통령은 국회에서 무기명 투표로 선출되었다.

정답

53 X 54 X 55 O 56 X 57 O
58 X 59 X 60 X 61 O 62 X
63 O 64 O 65 X 66 O

---

53 이승만은 5·10 총선거에 불참하였다.
18. 국가 9급
O | X

54 이승만은 좌우 합작 7원칙을 지지하였다.
18. 국가 9급
O | X

⭐**55** 김구는 탁치 반대 국민 총동원 위원회를 조직하였다.
18. 국가 9급
O | X

56 김구는 남조선과도 입법 의원의 의장을 역임하였다.
18. 국가 9급
O | X

⭐**57** 김구는 평양에서 열린 남북 협상 회의에 참석하였다.
18. 지방 9급
O | X

58 김구는 안재홍과 함께 조선건국준비위원회를 주도적으로 조직하였다.
18. 지방 9급
O | X

59 김구는 대통령 직선제를 골자로 하는 발췌 개헌안을 국회에 제출하였다.
18. 지방 9급
O | X

60 반민특위는 부산 정치파동으로 인해 해산되었다.
18. 지방 7급
O | X

61 반민특위는 제헌 헌법의 특별 규정에 의해 제정된 법률에 따라 구성되었다.
18. 지방 7급
O | X

⭐**62** 카이로 선언에서 미국의 루즈벨트 대통령이 20 ~ 30년간의 신탁 통치안을 처음으로 제안하였다.
18. 상반기 서울시 7급
O | X

63 [순서나열] '적당한 시기(in due course)'에 한국을 독립시킬 것을 결의하였다. → '조선 건국동맹'이 조직되었다. → 3국 정상들은 독일에 모여 한국의 독립을 재확인하였다. → '한국문제에 관한 4개항의 결의서'를 결정하였다.
18. 경찰 1차
O | X

64 제헌헌법에는 농지는 농민에게 분배하며 그 분배의 방법, 소유의 한도, 소유권의 내용과 한계는 법률로써 정한다는 내용이 명시되어 있다.
18. 경찰 2차
O | X

⭐**65** 제헌헌법에는 대통령과 부통령은 국민의 보통·평등·직접·비밀선거에 의하여 각각 선출한다는 내용이 명시되어 있다.
18. 경찰 2차
O | X

⭐**66** 좌우 합작 7원칙에서는 미·소 공동 위원회의 속개를 요청하는 공동 성명을 발표하자고 규정하였다.
18. 경찰 3차
O | X

67 반민족 행위 처벌법의 제정은 제헌 헌법에 명시된 사항이었다.

17. 지방 9급

O | X

68 반민족 행위 처벌법은 여수·순천 10·19 사건 직후에 국회에서 통과되었다.

17. 지방 9급

O | X

69 조소앙은 제헌 국회의원에 당선되었다.

17. 지방 9급

O | X

70 건준위는 전국에 지부를 건설하고 치안대를 조직하였다.

17. 하반기 국가 7급

O | X

71 건준위는 전국 인민 대표 대회에서 조선 인민 공화국의 수립을 선언하였다.

17. 하반기 국가 7급

O | X

72 김구는 민족 자주 연맹을 결성하여 남북 협상을 주도하였다.

17. 하반기 국가 7급

O | X

73 남조선 과도 입법 의원은 입법의원 의원선거법을 제정하였다.

17. 지방 7급

O | X

74 남조선 과도 입법 의원의 초대 의장으로 여운형이 선임되었다.

17. 지방 7급

O | X

75 미 군정은 처음부터 좌우 합작 위원회를 지지하지 않았으나 대중은 이 운동을 지지하였다.

17. 서울시 7급

O | X

76 좌우 합작 위원회에서 발표한 좌우합작 7원칙은 토지 문제와 친일파 처리 문제 등을 중도적 입장에서 조정한 것이었다.

17. 서울시 7급

O | X

77 좌·우 합작 7원칙 합의 ~ 제헌국회 개원 사이의 시기에 이승만이 '정읍발언'을 발표하였다.

17. 법원 9급

O | X

78 좌·우 합작 7원칙 합의 ~ 제헌국회 개원 사이의 시기에 제주에서 4·3 사건이 발생하였다.

17. 법원 9급

O | X

79 좌·우 합작 7원칙 합의 ~ 제헌국회 개원 사이의 시기에 남한에서 5·10 총선거가 실시되었다.

17. 법원 9급

O | X

80 좌·우 합작 7원칙 합의 ~ 제헌국회 개원 사이의 시기에 2차 미·소 공동 위원회가 개최되었다.

17. 법원 9급

O | X

Self Check

문항	O	×	틀린 이유
67	O	×	
68	O	×	
69	O	×	
70	O	×	
71	O	×	
72	O	×	
73	O	×	
74	O	×	
75	O	×	
76	O	×	
77	O	×	
78	O	×	
79	O	×	
80	O	×	

오답 확인하기

68 여수·순천 10·19 사건은 반민법 제정 이후에 일어났다.

69 조소앙은 5·10 선거에 불참했기에 제헌 국회의원에 당선되지 않았다.

72 김규식에 대한 설명이다.

74 초대 의장으로는 김규식이 선임되었다.

75 좌우 합작 운동은 처음부터 미군정의 지원을 받아 진행되었다.

77 정읍발언 발표는 1946년 6월의 일로, 좌·우 합작 7원칙 합의 이전이다.

정답

67 O 68 X 69 X 70 O 71 O
72 X 73 O 74 X 75 X 76 O
77 X 78 O 79 O 80 O

Self Check

문항	○	×	틀린 이유
81	○	×	
82	○	×	
83	○	×	
84	○	×	
85	○	×	
86	○	×	
87	○	×	
88	○	×	
89	○	×	
90	○	×	
91	○	×	
92	○	×	
93	○	×	
94	○	×	
95	○	×	
96	○	×	

오답 확인하기

82 유엔 총회의 임시 위원회의 결정에 따라 남한에서 총선거가 실시되었다.
83 미·소 군정이 실시된 것은 모스크바 3상회의 이전의 일이다.
84 모스크바 3상 회의에 대한 설명이다.
87 안재홍에 대한 설명이다.
88 백남운에 대한 설명이다.
89 1944년의 일이다.
90 송진우, 김성수 등에 대한 설명이다.
91 이승만에 대한 설명이다.
93 5·10 총선거에서는 21세 이상의 모든 국민에게 투표권이 부여되었다.

정답

81 O 82 X 83 X 84 X 85 O
86 O 87 X 88 X 89 X 90 X
91 X 92 O 93 X 94 O 95 O
96 O

⭐81 모스크바 3상 회의 결정문에 근거하여 미·소 공동위원회가 개최되었다. 16. 국가 9급
O ｜ X

⭐82 모스크바 3상 회의 결정문에 근거하여 유엔 감시 하에 남한에서 총선거가 실시되었다. 16. 국가 9급
O ｜ X

83 모스크바 3상 회의 결정문에 근거하여 한반도에서 미군과 소련군의 군정이 시작되었다. 16. 국가 9급
O ｜ X

⭐84 카이로 회담에서 4개국에 의한 최장 5개년의 한반도 신탁통치를 결정하였다. 16. 국가 7급
O ｜ X

85 카이로 회담은 제2차 세계대전 중 최초로 한국의 독립을 국제적으로 보장하였다. 16. 국가 7급
O ｜ X

⭐86 여운형은 미군정의 지원을 받은 좌우합작위원회에 참가하였다. 16. 지방 7급
O ｜ X

87 여운형은 신민족주의를 내세운 국민당을 창당하였다. 16. 지방 7급
O ｜ X

88 여운형은 연합성 신민주주의를 표방한 신민당을 결성하였다. 16. 지방 7급
O ｜ X

⭐89 8·15 광복 직후 여운형은 조선건국동맹을 조직하였다. 15. 지방 9급
O ｜ X

⭐90 김구는 한국 민주당을 결성하여 미군정에 적극적으로 참여하였다. 14. 지방 9급
O ｜ X

91 김구는 미국에서 귀국한 후 독립 촉성 중앙 협의회를 구성하였다. 14. 지방 9급
O ｜ X

92 8·15 광복 직후 모스크바 3상 회의에서 한반도 문제가 논의되었다. 15. 지방 9급
O ｜ X

93 만 19세 이상이면 모든 국민이 5·10 총선거의 투표권을 가졌다. 15. 서울시 7급
O ｜ X

94 5·10 총선거를 통해 선출된 국회의원의 임기는 2년이었다. 15. 서울시 7급
O ｜ X

95 우익 세력은 신탁 통치 반대 운동을 하였다. 12. 지방 9급
O ｜ X

96 [순서나열] 카이로 회담 → 얄타회담 → 건국 준비 위원회 결성 → 1차 미소 공동 위원회 → 제주도 4·3사건 12. 경찰 3차
O ｜ X

97 모스크바 3상 회의는 카이로 선언의 원칙을 구체적으로 실행에 옮기기 위한 방안에서 나온 것이다.

11. 국가 9급

O | X

98 모스크바 3상 회의의 결정문은 미국의 즉각적인 독립안과 소련의 신탁 통치안이 대립하면서 나온 절충안이다.

11. 국가 9급

O | X

99 모스크바 3상 회의 이후 공동 위원회에서 소련은 표현의 자유를 내세워 모든 단체의 회담 참여를 주장하였다.

11. 국가 9급

O | X

100 모스크바 3상 회의에서 미국은 한국의 즉시 독립을, 소련은 4개국 신탁 통치를 제안하였다.

10. 지방 9급·7급

O | X

101 모스크바 3상 회의의 결과 김구, 이승만 등은 격렬한 신탁 통치 반대 운동을 펼쳤다.

10. 지방 9급·7급

O | X

102 반민족 행위 처벌법에 따라 반민족 행위를 조사하기 위하여 특별 조사 위원회를 설치하였다.

10. 국가 9급

O | X

테마2 6·25 전쟁

01 6·25 전쟁 중 국군과 유엔군이 인천 상륙 작전을 감행하였다.

23. 지방 9급

O | X

02 6·25 전쟁 중 대통령 직선제를 포함한 발췌 개헌안이 국회에서 통과되었다.

23. 지방 9급

O | X

03 6·25 전쟁 중 이승만 정부가 북한 송환을 거부하는 반공 포로를 석방하였다.

23. 지방 9급

O | X

04 6·25 전쟁 중 미국이 한반도를 미국의 태평양 지역 방위선에서 제외한다는 애치슨 선언을 발표하였다.

23. 지방 9급

O | X

05 6·25 전쟁 발발 이후부터 정전협정 체결 사이에 유엔군 측은 자유 의사에 따른 포로 송환 방침을 제안하였다.

20. 지방 7급

O | X

06 6·25 전쟁 발발 이후부터 정전협정 체결 사이에 초대 대통령에 한하여 중임 제한을 철폐하는 개헌안이 관철되었다.

20. 지방 7급

O | X

Self Check

문항	O	×	틀린 이유
97	O	×	
98	O	×	
99	O	×	
100	O	×	
101	O	×	
102	O	×	
01	O	×	
02	O	×	
03	O	×	
04	O	×	
05	O	×	
06	O	×	

오답 확인하기

98 미국은 '신탁통치안'을, 소련은 '임시정부 수립안'을 주장하였다.

99 미·소 공동위원회에서 '미국'이 주장한 내용이다.

100 미국은 '4개국 신탁 통치'를, 소련은 '임시정부 수립안'을 제안하였다.

04 미국이 애치슨 선언을 발표한 것은 6·25 발발 이전인 1950년 1월의 일이다.

06 정전협정 체결 이후인 1954년의 일이다.

정답

97 **O** 98 **X** 99 **X** 100 **X** 101 **O** 102 **O** / 01 **O** 02 **O** 03 **O** 04 **X** 05 **O** 06 **X**

Self Check

문항	○	×	틀린 이유
07	○	×	
08	○	×	
09	○	×	
10	○	×	
11	○	×	
12	○	×	
13	○	×	
14	○	×	
15	○	×	
16	○	×	
17	○	×	
18	○	×	
19	○	×	
20	○	×	
21	○	×	

오답 확인하기

10 정전협정에 한국군은 조인하지
   않았다.
12 휴전 협정 체결은 1차 개헌(발췌
   개헌)이 적용될 때의 일이다.
14 맥아더는 1 · 4 후퇴 이후인 1951년
   4월에 사령관직에서 해임되었다.
15 1950년 1월의 일이다.
18 유엔군 측은 포로의 '자유' 송환
   을 주장하였다.
21 이승만이 반공 포로들을 석방한
   것은 휴전 협정 체결 직전의 일
   이다.

정답

07 **O** 08 **O** 09 **O** 10 **X** 11 **O**
12 **X** 13 **O** 14 **X** 15 **X** 16 **O**
17 **O** 18 **X** 19 **O** 20 **O** 21 **X**

07 6 · 25 전쟁 발발 이후부터 정전협정 체결 사이에 대통령 간선제를 직선제로 바꾸는 '발췌 개헌안'이 통과되었다.
20. 지방 7급
O | X

08 정전 회담의 주요 쟁점은 군사분계선 설정 문제, 포로 교환 문제 등이었다.
18. 경찰 2차
O | X

09 소련이 정전을 제안하였고 유엔군과 공산군이 이를 받아들이면서 정전회담이 시작되었다.
18. 경찰 2차
O | X

10 유엔군과 한국군, 중국군, 북한군은 1953년 7월 27일에 정전 협정에 조인하였다.
18. 경찰 2차
O | X

11 정전 협정에서 양측은 현 전선을 군사분계선으로 정하고, 군사분계선 남북 각각 2km 지역을 비무장지대로 설치하였다.
18. 경찰 2차
O | X

12 제헌 헌법이 적용되던 시기에, 판문점에서 휴전 협정이 체결되었다.
17. 지방 9급
O | X

13 서울 수복과 1 · 4 후퇴 사이에 대규모 해상 작전인 흥남 철수가 이루어졌다.
17. 국가 7급
O | X

14 서울 수복과 1 · 4 후퇴 사이에 맥아더 장군이 유엔군 총사령관직에서 해임되었다.
17. 국가 7급
O | X

15 서울 수복과 1 · 4 후퇴 사이에 미국은 극동 방위선에서 한국을 제외한다고 선언하였다.
17. 국가 7급
O | X

16 개성과 판문점 등지에서 휴전 회담이 진행되었다.
15. 국가 7급
O | X

17 휴전 회담에서 공산군 측은 38도선을 경계로 휴전할 것을 요구하였다.
15. 국가 7급
O | X

18 휴전 회담에서 유엔군 측은 제네바 협정에 따른 포로의 자동 송환을 주장하였다.
15. 국가 7급
O | X

19 휴전 회담에서 쌍방은 소련을 제외한 4개국 중립국 감시 위원회의 구성에 합의하였다.
15. 국가 7급
O | X

20 휴전 협정이 체결되고 같은 해 한 · 미 상호 방위 조약이 체결되었다.
10. 국가 7급
O | X

21 휴전 협정이 체결되자 이승만은 거제도에 수용되어 있던 반공 포로들을 석방하였다.
10. 국가 7급
O | X

Self Check

문항	○	×	틀린 이유
01	○	×	
02	○	×	
03	○	×	
04	○	×	
05	○	×	
06	○	×	
07	○	×	
08	○	×	
09	○	×	
10	○	×	
11	○	×	
12	○	×	

테마 3 민주주의의 시련과 발전

01 박정희 정부는 대통령 직선제 개헌을 추진하였다. 　23. 국가 9급
O | X

02 박정희 정부는 3·1 민주 구국 선언을 발표하였다. 　23. 국가 9급
O | X

03 박정희 정부는 반민족 행위 특별 조사 위원회를 구성하였다. 　23. 국가 9급
O | X

04 박정희 정부는 베트남 파병에 필요한 조건을 명시한 브라운 각서를 체결하였다. 　23. 국가 9급
O | X

05 4·19 혁명 때 「대학 교수단 4·25 선언문」이 발표되었다. 　22. 지방 9급
O | X

06 유신 헌법에는 대통령은 국회를 해산할 수 있다고 규정되어 있다. 　22. 지방 9급
O | X

07 유신 헌법에는 대통령의 임기는 7년으로 하며, 중임할 수 없다고 규정되어 있다. 　22. 지방 9급
O | X

08 유신 헌법에는 대법원장은 대통령이 국회의 동의를 얻어 임명한다고 규정되어 있다. 　22. 지방 9급
O | X

09 유신 헌법에는 대통령은 국정 전반에 걸쳐 필요한 긴급조치를 할 수 있다고 규정되어 있다. 　22. 지방 9급
O | X

10 노태우 정부 시기에 남북한 동시 유엔(UN) 가입, 서울올림픽 개최 등의 사실이 있었다. 　22. 서울 9급
O | X

11 노태우 정부 시기에 금융실명제 실시, 6·29 선언 등의 사실이 있었다. 　22. 서울 9급
O | X

12 [순서나열] 부·마 민주 항쟁 → 3·1 민주 구국 선언 → 5·18 민주화 운동 → 6월 민주 항쟁 　22. 소방직
O | X

오답 확인하기

01 이승만 정부(1952년 1차 개헌) 때와 1980년대 후반 전두환 정부 때(1987년 6월 민주항쟁)의 일이다.
02 1976년 재야 민주 인사들이 명동성당에서 발표한 것이다.
03 이승만 정부 때의 일이다.
07 1980년 8차 개헌에 대한 설명이다.
11 금융실명제 실시는 김영삼 정부 때의 일이고, 6·29 선언이 발표된 것은 전두환 정부 때의 일이다.
12 3·1 민주 구국 선언 → 부·마 민주 항쟁 → 5·18 민주화 운동 → 6월 민주 항쟁

정답

01 X 02 X 03 X 04 O 05 O
06 O 07 X 08 O 09 O 10 O
11 X 12 X

Self Check

문항	○	×	틀린 이유
13	○	×	
14	○	×	
15	○	×	
16	○	×	
17	○	×	
18	○	×	
19	○	×	
20	○	×	
21	○	×	
22	○	×	
23	○	×	
24	○	×	
25	○	×	

오답 확인하기

14 유신 헌법 제정 이전인 1968년의 일이다.

15 유신 헌법 제정 이전인 1964년의 일이다.

16 4·19 혁명 발발 이전인 1948년의 일이다.

18 유신 헌법 공포 이후인 1991년의 일이다.

19 유신 헌법 공포 이후인 1980년의 일이다.

20 1990년대 노태우 정부 때의 일이다.

22 1990년대 김영삼 정부가 추진한 정책에 대한 설명이다.

23 1969년 6차 개정 헌법에 대한 설명이다.

24 8차 개정 헌법에 따라 대통령의 임기를 7년 단임으로 하였다.

25 8차 개정 헌법에 따라 대통령 선거인단이 대통령을 간접 선출하였다.

정답

13 **O**   14 **X**   15 **X**   16 **X**   17 **O**
18 **X**   19 **X**   20 **X**   21 **O**   22 **X**
23 **X**   24 **X**   25 **X**

---

13 유신 헌법이 시행 중인 시기에 부·마 민주 항쟁이 일어났다.
21. 국가 9급
O | X

14 유신 헌법이 시행 중인 시기에 국민교육헌장을 선포하였다.
21. 국가 9급
O | X

⭐**15** 유신 헌법이 시행 중인 시기에 한·일 협정 체결을 반대하는 6·3 시위가 있었다.
21. 국가 9급
O | X

16 4·19 혁명 발발부터 유신헌법 공포 사이에 반민족행위처벌법이 제정되었다.
21. 지방 9급
O | X

⭐**17** 4·19 혁명 발발부터 유신헌법 공포 사이에 7·4 남북 공동 성명이 발표되었다.
21. 지방 9급
O | X

18 4·19 혁명 발발부터 유신헌법 공포 사이에 남북한이 유엔에 동시 가입하였다.
21. 지방 9급
O | X

19 4·19 혁명 발발부터 유신헌법 공포 사이에 5·18 민주화 운동이 일어났다.
21. 지방 9급
O | X

20 사사오입 개헌이 이루어진 정부 시기에 소련, 중국과 교류를 확대하였다.
21. 법원 9급
O | X

21 사사오입 개헌이 이루어진 정부 시기에 진보당 사건으로 조봉암을 처형하였다.
21. 법원 9급
O | X

⭐**22** 사사오입 개헌이 이루어진 정부 시기에 지방 자치제를 전면적으로 실시하였다.
21. 법원 9급
O | X

23 유신 헌법에서는 '대통령의 연임을 3회까지만 허용한다.'라고 하였다.
21. 법원 9급
O | X

24 8차 개정 헌법에서는 대통령의 임기를 5년으로 하였다.
21. 법원 9급
O | X

⭐**25** 8차 개정 헌법에 따라 통일 주체 국민 회의에서 대통령을 선출하였다.
21. 법원 9급
O | X

26 유신 헌법이 적용된 시기에 윤보선이 대통령직에서 물러났다.

21. 소방직

O | X

27 유신 헌법이 적용된 시기에 국가 재건 최고 회의를 만들었다.

21. 소방직

O | X

28 유신 헌법이 적용된 시기에 고위 공무원의 재산 등록을 의무화하였다.

21. 소방직

O | X

29 3차 개헌은 임시 수도 부산에서 개정되었다.

20. 지방 9급

O | X

⭐**30** 3차 개헌은 '사사오입'의 논리로 통과되었다.

20. 지방 9급

O | X

31 사사오입 개헌안이 통과된 이후, 헌법 개정으로 대통령 선출 방식이 국회 간선제에서 국민 직선제 방식으로 바뀌었다.

20. 경찰 1차

O | X

32 사사오입 개헌안이 통과된 이후, 정·부통령 선거에서 대통령에 자유당의 이승만, 부통령에 민주당의 장면이 당선되었다.

20. 경찰 1차

O | X

⭐**33** 1950년대 자유당은 대통령 선거를 간선제에서 직선제로, 국회를 단원제에서 양원제로 하는 발췌개헌안을 제출하여 통과시켰다.

20. 경찰 2차

O | X

34 사사오입 개헌안은 대통령이 국회의원의 3분의 1을 직접 지명하도록 규정하였다.

19. 지방 7급

O | X

35 사사오입 개헌안에는 대통령선거인단에 의한 간접 선거로 대통령을 선출한다는 조항을 두었다.

19. 지방 7급

O | X

⭐**36** 사사오입 개헌안에는 당시 재임 중인 대통령에 대해서는 중임 제한 규정을 적용하지 않는다는 내용이 있었다.

19. 지방 7급

O | X

37 『서울대학교 문리대 선언문』 발표 이후 이승만 대통령이 하야하였다.

19. 서울시 9급

O | X

38 유신 헌법 제정 이후 굴욕적인 한·일 회담에 반대하는 학생 시위가 전개되었다.

19. 서울시 9급

O | X

Self Check

문항	O	X	틀린 이유
26	O	X	
27	O	X	
28	O	X	
29	O	X	
30	O	X	
31	O	X	
32	O	X	
33	O	X	
34	O	X	
35	O	X	
36	O	X	
37	O	X	
38	O	X	

오답 확인하기

26 윤보선은 5·16 군사 정변이 일어난 이듬해인 1962년에 대통령직에서 물러났다.

27 국가 재건 최고 회의는 박정희 군정 시기인 1961년에 설치되었다.

28 1990년대 김영삼 정부 때의 일이다.

29 1952년 발췌 개헌(1차 개헌)은 임시 수도인 부산에서 통과되었다.

30 1954년 사사오입 개헌(2차 개헌)에 대한 설명이다.

31 사사오입 개헌안이 통과되기 이전인 1952년 발췌개헌안에 대한 설명이다.

34 1972년에 제정된 유신 헌법에 대한 설명이다.

35 1980년에 제정된 8차 헌법에 대한 설명이다.

38 유신 헌법 제정 이전인 6·4 시위(1964)에 대한 설명이다.

정답

26 **X** 27 **X** 28 **X** 29 **X** 30 **X**
31 **X** 32 **O** 33 **O** 34 **X** 35 **X**
36 **O** 37 **O** 38 **X**

문항	○	×	틀린 이유
39	○	×	
40	○	×	
41	○	×	
42	○	×	
43	○	×	
44	○	×	
45	○	×	
46	○	×	
47	○	×	
48	○	×	
49	○	×	
50	○	×	

★ 39 [순서 나열] 대통령과 부통령을 직선, 임기는 4년 → 대통령을 통일주체 국민회의에서 선출, 임기는 6년 → 대통령을 대통령선거인단에서 선출, 임기는 7년 → 대통령을 직선으로 선출, 임기는 5년
19. 상반기 서울시 7급
O | X

40 4 · 19 혁명 때 야당 정치인과 종교인 등이 민주회복국민회의를 결성하여 저항하였다.
19. 상반기 서울시 7급
O | X

41 4 · 19 혁명 때 경무대를 향해 돌진하던 시위대에 경찰이 총격을 가하였다.
19. 상반기 서울시 7급
O | X

42 4 · 19 혁명 때 서울의 봄이라고 불리는 대규모 학생 시위가 벌어졌다.
19. 상반기 서울시 7급
O | X

43 유신 헌법이 시행된 시기에 방직회사인 YH무역의 여성 노동자들이 신민당사에서 농성을 벌였다.
19. 경찰 1차
O | X

44 유신 헌법이 시행된 시기에 헌법을 부정 · 반대 · 왜곡하는 일체의 행위를 금하는 긴급조치 1호가 공포되었다.
19. 경찰 1차
O | X

45 7차 개헌과 8차 개헌 사이의 시기에 7년 단임의 대통령 간선제가 실시되었다.
19. 경찰간부
O | X

46 김영삼 대통령 집권 시기에 부동산 실명제를 실시하였다.
19. 경찰간부
O | X

★ 47 정부와 자유당이 3 · 15 부정 선거를 자행한 것은 6월 민주항쟁의 원인이 되었다.
18. 교육행정
O | X

★ 48 정부가 4 · 13 조치로 대통령 직선제 요구를 거부한 것은 6월 민주항쟁의 원인이 되었다.
18. 교육행정
O | X

49 한 · 일 기본 조약에 반대하여 학생들이 6 · 10 민주항쟁을 일으켰다.
18. 서울시 9급
O | X

50 한 · 일 기본 조약 협의를 위해 중앙정보부장 이후락이 특사로 파견되었다.
18. 서울시 9급
O | X

오답 확인하기

40 민주회복국민회의는 1974년 유신 체제 타도를 위해 결성되었다.
42 서울의 봄은 1980년 5월에 전개되었다.
45 7년 단임의 대통령 간선제는 1980년 8차 개헌에 따라 실시되었기 때문에 8차 개헌과 9차 개헌 사이의 시기에 속한다.
47 4 · 19 혁명에 대한 설명이다.
49 6 · 10 민주 항쟁은 1987년에 전개되었다.
50 이후락이 아니라 김종필이다.

정답

39 **O** 40 **X** 41 **O** 42 **X** 43 **O**
44 **O** 45 **X** 46 **O** 47 **X** 48 **O**
49 **X** 50 **X**

문항	○	×	틀린 이유
51	○	×	
52	○	×	
53	○	×	
54	○	×	
55	○	×	
56	○	×	
57	○	×	
58	○	×	
59	○	×	
60	○	×	
61	○	×	
62	○	×	
63	○	×	

51 1980년대에 6월 민주항쟁을 통해 군사 정권을 종식시키고 선거를 통해 문민 정부가 출범하였다.
18. 서울시 9급
O ｜ X

52 제4공화국 시기에 통일주체국민회의 대의원들의 간접 선거로 대통령이 선출 되었다.
18. 서울시 7급
O ｜ X

53 제4공화국 시기에 비상계엄하에서 제정되어 국민 투표로 확정된 헌법이 시행 되었다.
18. 서울시 7급
O ｜ X

54 2차 개헌이 적용되던 시기에, 평화통일론을 주장한 진보당의 정당 등록이 취 소되었다.
17. 지방 9급
O ｜ X

55 정전 협정과 이승만 하야 선언 사이의 시기에 국민학교 의무 교육이 개시되었다.
17. 하반기 국가 7급
O ｜ X

56 정전 협정과 이승만 하야 선언 사이의 시기에 임시 수도 부산에서 자유당을 창당하였다.
17. 하반기 국가 7급
O ｜ X

57 정전 협정과 이승만 하야 선언 사이의 시기에 점령지 구호(GARIOA) 원조가 전개되었다.
17. 하반기 국가 7급
O ｜ X

58 [순서나열] 5·16 군사 정변 → 4·19 혁명 → 3·1 민주 구국 선언 → 10월 유신 → 5·18 민주화 운동 → 6·29 민주화 선언
17. 서울시 7급
O ｜ X

59 4·19 혁명은 유신 체제에 대한 저항이었다.
17. 법원 9급
O ｜ X

60 4·19 혁명으로 인해 신군부가 권력을 장악하게 되었다.
17. 법원 9급
O ｜ X

61 6월 민주 항쟁은 대통령이 하야하는 계기가 되었다.
17. 법원 9급
O ｜ X

62 4·19 혁명과 6월 민주 항쟁의 결과로 헌법이 개정되었다.
17. 법원 9급
O ｜ X

63 제헌 헌법은 임기 4년의 대통령을 국회에서 간접 선거로 선출하고, 국회는 단 원제로 구성하는 것을 내용으로 하였다.
17. 경기 북부 여경
O ｜ X

오답 확인하기

51 문민정부(김영삼 정부)는 1993년에 출범하였다.
55 국민학교 의무 교육이 개시(1950.6)된 것은 정전 협정 체결 이전의 일이다.
56 자유당 창당(1951)은 정전 협정 체결 이전의 일이다.
57 정전 협정 체결 이전인 1945년 9월에 점령지 구호 원조가 전개되었다.
58 4·19 혁명 → 5·16 군사정변 → 10월 유신 → 3·1 민주구국 선언 → 5·18 민주화운동 → 6·29 민주화선언
59 유신 체제에 저항한 민주화 운동으로는 3·1 민주 구국 선언, 부·마 항쟁 등이 있다.
60 12·12 사태(1979)에 대한 설명이다.
61 4·19 혁명에 대한 설명이다.

정답

51 X 52 O 53 O 54 O 55 X
56 X 57 X 58 X 59 X 60 X
61 X 62 O 63 O

오답 확인하기

65 유신 헌법은 대통령의 임기를 6년으로 규정했다.

66 노태우 정부 때의 일이다.

69 국민교육헌장 제정 → 7·4 남북 공동 성명 발표 → 유신 헌법의 국민투표 통과 → 김대중 납치 사건 발생 → 김영삼 신민당 당수 국회 제명

71 한·일 국교 정상화(1965)는 박정희 정부 때 시행되었다.

72 국민 연금 제도는 1988년 10인 이상 사업장에 대해서 부분적으로 시행되었다가 점차 확대되어 2006년에 1인 이상 사업장에까지 확대 적용되었다.

74 국가보위비상대책위원회는 전두환 정권 때 구성되었다.

76 허정 과도 정부에 대한 설명이다.

정답

64 **O**　65 **X**　66 **X**　67 **O**　68 **O**
69 **X**　70 **O**　71 **X**　72 **X**　73 **O**
74 **X**　75 **O**　76 **X**　77 **O**

★**64** 3차 개헌은 내각 책임제와 양원제 국회를 구성하는 것을 내용으로 하였다.

17. 경기 북부 여경
O ｜ **X**

65 유신 헌법은 대통령의 임기를 5년으로 규정하고 있었으며, 연임 제한을 두지 않았다.

17. 경기 북부 여경
O ｜ **X**

★**66** 김영삼 정부는 중국, 소련과 국교를 맺었다.

16. 교육행정
O ｜ **X**

67 김영삼 정부는 경제 협력 개발 기구(OECD)에 가입하였다.

16. 교육행정
O ｜ **X**

68 이승만 정권은 신국가보안법을 제정하였고 반공청년단을 조직하였으며 진보당의 조봉암을 간첩 혐의로 사형에 처하였다.

16. 서울시 9급
O ｜ **X**

69 [순서나열] 7·4 남북 공동 성명 발표 → 국민교육헌장 제정 → 유신 헌법의 국민투표 통과 → 김영삼 신민당 당수 국회 제명 → 김대중 납치 사건 발생

16. 서울시 9급
O ｜ **X**

70 1980년 대통령 선거에서 11대 대통령으로 전두환이 당선되었다.

16. 서울시 7급
O ｜ **X**

71 김영삼 정부 때 한·일 국교를 정상화하였다.

16. 법원 9급
O ｜ **X**

72 김영삼 정부 때 국민 연금 제도를 도입하였다.

16. 법원 9급
O ｜ **X**

★**73** 김영삼 정부 때 지방 자치제를 전면 실시하였다.

16. 법원 9급
O ｜ **X**

74 김영삼 정부 때 국가보위비상대책위원회를 구성하였다.

16. 법원 9급
O ｜ **X**

★**75** 3·15 부정 선거는 4·19 혁명 발발의 중요한 계기가 되었다.

15. 서울시 9급
O ｜ **X**

76 장면 정부는 3·15 부정 선거 결과를 무효로 하고 재선거를 실시하였다.

15. 서울시 9급
O ｜ **X**

77 3·15 부정 선거는 이승만의 대통령 당선 가능성이 높은 상황에서 실시되었다.

15. 서울시 9급
O ｜ **X**

78 4·19 혁명 이후 과도 정부가 출범하고, 내각 책임제와 양원제를 골자로 하는 헌법으로 개정되었다.
14. 국가 9급
O ┆ X

79 대통령 직선제는 사사오입 개헌으로 시작되었다.
14. 국가 7급
O ┆ X

80 6월 민주항쟁으로 국가보위 비상 대책 위원회가 구성되었다.
13. 국가 9급
O ┆ X

81 6월 민주항쟁의 결과 5년 단임의 대통령 직선제 개헌이 이루어졌다.
13. 국가 9급
O ┆ X

82 6월 민주항쟁으로 대통령의 중임 제한을 없애고 간선제를 골자로 하는 헌법을 제정하였다.
13. 국가 9급
O ┆ X

83 장면 정권은 경제 개발 5개년 계획을 실행했으나 군사 정변으로 중단되고 말았다.
11. 지방 9급
O ┆ X

84 이승만이 하야 성명을 발표한 후 허정을 수반으로 하는 과도 정부가 수립되었다.
11. 지방 9급
O ┆ X

85 4·19 혁명 이후 총선거 결과 민주당의 윤보선과 장면이 각각 대통령과 국무총리에 선임되었다.
11. 지방 9급
O ┆ X

86 제4대 정·부통령 선거에서 자유당이 공무원과 관변 단체를 동원하여 부정선거를 저질렀다.
11. 지방 9급
O ┆ X

87 [순서나열] 유신 헌법 공포 → 3선 개헌 → 10·26 사태 → 5·18 민주화 운동 → 6월 민주 항쟁
11. 지방 7급
O ┆ X

Self Check

문항	O	X	틀린 이유
78	O	X	
79	O	X	
80	O	X	
81	O	X	
82	O	X	
83	O	X	
84	O	X	
85	O	X	
86	O	X	
87	O	X	

오답 확인하기

79 1952년 발췌개헌으로 대통령 직선제가 시작되었다.
80 전두환 신군부 때의 일이다.
82 유신헌법에 대한 내용이다.
83 장면 내각은 경제 개발 5개년 계획을 수립했으나 실행에 옮기지는 못하였다.
87 3선 개헌 → 유신 헌법 공포 → 10·26 사태 → 5·18 민주화 운동 → 6월 민주 항쟁

정답

78 O 79 X 80 X 81 O 82 X
83 X 84 O 85 O 86 O 87 X

Self Check

문항	○	×	틀린 이유
01	○	×	
02	○	×	
03	○	×	
04	○	×	
05	○	×	
06	○	×	
07	○	×	
08	○	×	
09	○	×	
10	○	×	
11	○	×	

오답 확인하기

01 유신헌법 제정 직전인 1972년 7월의 일이다.

02 2000년 6·15 남북 공동 선언이 발표된 이후, 북한의 개성에 남한 기업이 공업 단지를 조성하였다.

03 현대 그룹의 주도로 해로를 통해 금강산 관광이 최초로 시작된 것은 1998년의 일이다.

05 남북 기본 합의서 채택 직후에 남북한은 한반도 비핵화에 관한 공동 선언을 체결하였다.

06 1960년 4·19 혁명 직후인 장면 내각 때의 일이다.

08 푸에블로호가 납치된 것은 1968년의 일이다.

09 7·4 남북 공동 성명 → 남북 기본 합의서 → 6·15 남북 공동 선언 → 4·27 판문점 선언

10 북한이 보낸 31명의 무장 공비가 청와대를 기습 공격(1·21 사태)한 것은 1968년의 일이다.

11 '한반도 비핵화에 관한 공동 선언'에 대한 설명이다.

정답

01 X 02 X 03 X 04 O 05 X
06 X 07 O 08 X 09 X 10 X
11 X

테마 4 통일 정책

01 유신 헌법이 시행 중인 시기에 7·4 남북공동성명이 발표되었다. 21. 국가 9급
O ┆ X

02 7·4 남북 공동 선언과 남북 기본 합의서의 사이에 개성 공업 지구가 조성되었다. 20. 법원 9급
O ┆ X

03 7·4 남북 공동 선언과 남북 기본 합의서의 사이에 최초로 금강산 관광이 시작되었다. 20. 법원 9급
O ┆ X

04 7·4 남북 공동 선언과 남북 기본 합의서의 사이에 남북한이 동시에 유엔에 가입하였다. 20. 법원 9급
O ┆ X

05 7·4 남북 공동 선언과 남북 기본 합의서의 사이에 남북한이 비핵화공동선언을 체결하였다. 20. 법원 9급
O ┆ X

06 1961년 5·16 직후 중립화 통일론이나 남북협상론 등 통일 논의가 제기되었다. 19. 경찰간부
O ┆ X

07 7·4 남북 공동 성명에서 서울·평양 간 상설 전화 개설에 합의하였다. 19. 경찰간부
O ┆ X

08 7차 개헌과 8차 개헌 사이의 시기에 푸에블로호 납치 사건이 발생했다. 19. 경찰간부
O ┆ X

09 [순서나열] 4·27 판문점 선언 → 7·4 남북 공동 성명 → 남북 기본 합의서 → 6·15 남북 공동 선언 19. 경찰 1차
O ┆ X

10 유신 헌법이 시행된 시기에 북한 민족보위성 정찰국 소속의 무장 공비 31명이 청와대를 기습하기 위해 서울에 침투하였다. 19. 경찰 1차
O ┆ X

11 7·4 남북 공동 성명서는 남북기본합의서와 동시에 작성된 문서이다. 18. 지방 9급
O ┆ X

12 7·4 남북 공동 성명서는 남북조절위원회를 구성하기로 합의한 내용이 담겨 있다.
18. 지방 9급
O | X

13 7·4 남북 공동 성명서는 분단 후 최초로 열린 남북정상회담의 결과로 발표된 성명서이다.
18. 지방 9급
O | X

14 7·4 남북 공동 성명서는 금강산 관광사업을 추진하기로 결정했다는 내용이 수록되어 있다.
18. 지방 9급
O | X

15 6·15 남북 공동 선언 이후, 남북 조절 위원회를 구성하였다.
18. 교육행정
O | X

16 6·15 남북 공동 선언 이후, 남북 유엔 동시 가입을 성사시켰다.
18. 교육행정
O | X

17 7·4 남북 공동 성명 ~ 남북 기본 합의서 발표 사이에, 4·19 혁명이 발발하였다.
18. 국가 7급
O | X

18 7·4 남북 공동 성명 ~ 남북 기본 합의서 발표 사이에, 금융 실명제가 실시되었다.
18. 국가 7급
O | X

19 7·4 남북 공동 성명 ~ 남북 기본 합의서 발표 사이에, 5·18 민주화 운동이 발발하였다.
18. 국가 7급
O | X

20 7·4 남북 공동 성명 ~ 남북 기본 합의서 발표 사이에, 제2차 경제 개발 5개년 계획이 시작되었다.
18. 국가 7급
O | X

21 [순서나열] 북조선임시인민위원회 성립 → 토지개혁 실시 → 북조선노동당 결성 → 조선인민군 창설 → 최고인민회의 대의원 선거 실시 → 조선민주주의인 민공화국 성립
18. 상반기 서울시 9급
O | X

22 김영삼 정부 때 남북 기본 합의서를 체결하였다.
17. 하반기 국가 9급
O | X

23 노무현 정부 때 10·4 남북 공동 선언을 체결하였다.
17. 하반기 국가 9급
O | X

24 8차 개헌이 적용되던 시기에, 남한과 북한은 함께 유엔에 가입하였다.
17. 지방 9급
O | X

Self Check

문항	O	×	틀린 이유
12	O	×	
13	O	×	
14	O	×	
15	O	×	
16	O	×	
17	O	×	
18	O	×	
19	O	×	
20	O	×	
21	O	×	
22	O	×	
23	O	×	
24	O	×	

오답 확인하기

13 6·15 남북 공동 선언에 대한 설명이다.
14 김대중 정부 때의 사실이다.
15 박정희 정부 때인 1972년의 사실이다.
16 노태우 정부 때인 1991년의 사실이다.
17 4·19 혁명은 1960년에 발발하였다.
18 금융실명제는 1993년 김영삼 정부 때 시행되었다.
20 7·4 남북 공동 성명 이전인 1967년 박정희 정부 때의 일이다.
22 노태우 정부 때 체결하였다.
24 남북한 유엔 동시 가입은 9차 개헌이 적용될 때의 일이다.

정답

12 O 13 X 14 X 15 X 16 X
17 X 18 X 19 O 20 X 21 O
22 X 23 O 24 X

Self Check

문항	○	×	틀린 이유
25	○	×	
26	○	×	
27	○	×	
28	○	×	
29	○	×	
30	○	×	
31	○	×	
32	○	×	
33	○	×	
34	○	×	
35	○	×	
36	○	×	
37	○	×	

오답 확인하기

25 남북 공동 성명이 발표된 것은 7차 개헌 직전의 일이다.
27 1985년의 사실이다.
28 남북 기본 합의서 발표 이전인 1991년 9월의 일이다.
33 노태우 정부 때의 일이다.
34 남북한 정상이 아닌 고위급회담을 통해 채택되었다.
35 남북한 유엔 동시 가입은 남북 기본 합의서 발표 이전인 1991년 9월의 일이다.

정답

25 X 26 O 27 X 28 X 29 O
30 O 31 O 32 O 33 X 34 X
35 X 36 O 37 O

---

25 7차 개헌이 적용되던 시기에, 민족 통일을 위한 남북 공동 성명이 발표되었다.

17. 지방 9급

O ⏐ X

⭐**26** [순서나열] 남북이 유엔에 동시 가입하였다. → '남북 사이의 화해와 불가침 및 교류·협력에 관한 합의서'가 체결되었다. → 북한 핵시설 동결과 경수로 발전소 건설 지원 등을 명시한 '북·미 제네바 기본 합의서'가 채택되었다. → 분단 후 처음으로 금강산 관광 사업이 실현되었다.

17. 하반기 지방 9급

O ⏐ X

27 '남북 기본 합의서'의 채택 이후 이산가족의 고향 방문이 시작되었다.

17. 교육행정

O ⏐ X

⭐**28** '남북 기본 합의서'의 채택 이후 남북이 동시에 유엔 회원국이 되었다.

17. 교육행정

O ⏐ X

⭐**29** 6·15 남북 공동 선언을 발표한 정부 때 해방 이후 최초로 남북 정상 회담이 열렸다.

17. 경찰 2차

O ⏐ X

30 평양에서 남북 정상 회담(2000년, 2007년)이 개최되었다.

16. 법원 9급

O ⏐ X

⭐**31** 6·15 남북 공동 선언 이후 경의선 복구 사업이 추진되었다.

15. 교육행정

O ⏐ X

32 박정희 정부 때 남북한은 자주, 평화, 민족 대단결의 통일 원칙을 내세운 공동 성명을 발표하였다.

15. 경찰 2차

O ⏐ X

33 박정희 정부 때 남북한은 유엔에 동시 가입하고, 화해와 불가침 및 교류·협정에 관한 합의서를 채택하였다.

15. 경찰 2차

O ⏐ X

⭐**34** 남북기본합의서는 남북의 정상이 만나서 약속한 것이다.

14. 국가 7급

O ⏐ X

35 남북기본합의서는 남북이 동시에 유엔에 가입하는 계기가 되었다.

14. 국가 7급

O ⏐ X

36 남북기본합의서에서 군사 당국자 간의 직통 전화를 가설하기로 하였다.

14. 국가 7급

O ⏐ X

37 남북기본합의서는 남북 불가침을 위한 남북 군사 공동 위원회 설치를 명시하였다.

14. 국가 7급

O ⏐ X

Self Check

문항	○	×	틀린 이유
38	○	×	
39	○	×	
40	○	×	
41	○	×	

⭐**38** 7 · 4 남북 공동 성명 발표 이후 남북 조절 위원회가 설치되었다.

13. 지방 9급

O ┃ **X**

39 7 · 4 남북 공동 성명의 결과로 경의선 및 동해선 철도가 연결되었다.

13. 지방 9급

O ┃ **X**

40 [순서나열] 7 · 4 남북 공동 성명 발표 → 민족 자존과 통일 번영을 위한 특별 선언(7 · 7 선언) → 남북한 사이의 화해와 불가침 및 교류 · 협력에 관한 합의서 채택(남북 기본 합의서) → 6 · 15 남북 공동 선언 발표

13. 경찰 2차

O ┃ **X**

⭐**41** 1972년 7 · 4 남북 공동 성명에서 자주적, 평화적, 민족대단결의 통일 원칙에 합의하였다.

10. 서울시 9급

O ┃ **X**

CHAPTER **02**

현대의 경제 · 사회 · 문화

테마1 **현대의 경제 · 사회 · 문화**

01 이승만 정부 때 한·미 원조 협정을 체결하였다. 21. 국가 9급 O I X

02 이승만 정부는 농지개혁에 따른 지가증권을 발행하였다. 21. 국가 9급 O I X

03 이승만 정부는 제분, 제당, 면방직 등 삼백 산업을 적극 지원하였다. 21. 국가 9급 O I X

04 이승만 정부는 제1차 경제개발 5개년 계획을 추진하였다. 21. 국가 9급 O I X

05 장면 내각 시기에 화폐 개혁이 단행되었다. 21. 경찰 1차 O I X

06 장면 내각 시기에 잡지 '사상계'가 창간되었다. 21. 경찰 1차 O I X

07 장면 내각 시기에 주민등록증 발급이 시작되었다. 21. 경찰 1차 O I X

08 장면 내각 시기에 경제개발 5개년 계획이 수립되었다. 21. 경찰 1차 O I X

09 1945년 8월부터 1946년 1월 사이에 해외로부터 귀환인이 급증하여 식량이 부족했다. 20. 국가 9급 O I X

10 1945년 8월부터 1946년 1월 사이에 미곡수집제 폐지, 토지개혁 실시를 주장하는 대규모 시위가 일어났다. 20. 국가 9급 O I X

11 2차 석유파동 ~ 경제 협력 개발 기구 가입 사이에, 제3차 경제개발 5개년 계획이 실시되었다.

20. 국가 9급

O ¦ X

☆ 12 2차 석유 파동 ~ 경제 협력 개발 기구 가입 사이에 저금리, 저유가, 저달러의 3저 호황을 경험하였다.

20. 국가 9급

O ¦ X

13 2차 석유 파동 ~ 경제 협력 개발 기구 가입 사이에, 베트남 파병을 시작하고 『브라운 각서』를 체결하였다.

20. 국가 9급

O ¦ X

14 2차 석유파동 ~ 경제 협력 개발 기구 가입 사이에, 일본과 대일 청구권 문제에 합의하고 한·일 기본 조약을 체결하였다.

20. 국가 9급

O ¦ X

15 1948년 12월 유엔의 대한민국 정부 공인 ~ 1950년 6.25 전쟁 발발 직후 유엔 안정 보장 이사회 소집 사이에 귀속재산 처리를 위한 귀속재산처리법이 제정되었다.

20. 국가 7급

O ¦ X

16 귀속재산 처리법이 발효된 시기에 금융실명제가 실시되었다.

20. 법원 9급

O ¦ X

☆ 17 귀속재산 처리법이 발효된 시기에 수출 100억달러를 달성하였다.

20. 법원 9급

O ¦ X

18 농지 개혁법의 대상에는 농지 이외 임야도 포함되었다.

19. 지방 9급

O ¦ X

19 농지 개혁법에 따라 신한공사가 보유하던 토지를 분배하였다.

19. 지방 9급

O ¦ X

20 농지 개혁법에 따라 중앙토지행정처가 분배 업무를 주무하였다.

19. 지방 9급

O ¦ X

☆ 21 농지 개혁법에 따라 농지를 분배받은 농민은 평년 생산량의 30%를 5년간 상환하였다.

19. 지방 9급

O ¦ X

22 베트남 파병은 1960년대 경제 개발 계획의 추진에 기여하였다.

19. 지방 9급

O ¦ X

23 베트남 파병은 한·미 상호방위원조협정을 체결하는 계기가 되었다.

19. 지방 9급

O ¦ X

Self Check

문항	O	X	틀린 이유
11	O	X	
12	O	X	
13	O	X	
14	O	X	
15	O	X	
16	O	X	
17	O	X	
18	O	X	
19	O	X	
20	O	X	
21	O	X	
22	O	X	
23	O	X	

오답 확인하기

11 1972년 박정희 정부 때 3차 경제 개발 5개년 계획이 실시되었다.

13 1960년대의 일로, 2차 석유 파동 이전이다.

14 2차 석유 파동 이전인 1965년의 일이다.

16 금융실명제가 실시된 것은 김영삼 정부 때인 1993년의 일이다.

17 1977년 우리나라는 100억 달러 수출을 달성하였다.

18 남한의 농지 개혁은 임야와 산림을 제외한 농지를 대상으로 하였다.

19 신한공사는 농지개혁 실시 이전인 1948년에 해체되었다.

20 미 군정은 1948년 신한공사를 해체하고 중앙토지행정처를 설치하여 귀속 농지의 매각을 담당하도록 하였다.

23 한·미 상호 방위 원조 협정을 체결한 것은 1950년 1월의 일이다.

정답

11 X 12 O 13 X 14 X 15 O
16 X 17 X 18 X 19 X 20 X
21 O 22 O 23 X

Self Check

문항	○	×	틀린 이유
24	○	×	
25	○	×	
26	○	×	
27	○	×	
28	○	×	
29	○	×	
30	○	×	
31	○	×	
32	○	×	
33	○	×	
34	○	×	
35	○	×	
36	○	×	

오답 확인하기

24 귀속재산처리법 공포는 1949년의 사실이다.

26 1996년 우리나라는 경제 협력 개발 기구에 가입하였다.

27 1950년대의 일이다.

28 2000년대 이후, 우리나라는 미국·중국·일본 등과 자유 무역 협정(FTA)을 체결하였다.

30 1960년대 이후 박정희 정부는 식량 부족 문제를 해결하고자 1969년 1월부터 매주 수요일과 토요일을 '분식의 날', '쌀이 없는 날'로 지정하였다.

31 충주 비료 공장은 1959년에 설립되었다.

33 마산은 1970년에 수출 자유 지역으로 선정되었다.

34 경부 고속 국도는 1970년에 개통되었다.

35 1980년대의 경제 상황이다.

정답

24 **X** 25 **O** 26 **X** 27 **X** 28 **X**
29 **O** 30 **X** 31 **X** 32 **O** 33 **X**
34 **X** 35 **X** 36 **O**

---

24 1960년대에 귀속재산처리법을 공포하였다.
19. 상반기 서울시 9급
O I **X**

25 1970년대 중화학 공업을 적극 육성하였다.
19. 법원 9급
O I **X**

26 1970년대 경제 협력 개발 기구(OECD)에 가입하였다.
19. 법원 9급
O I **X**

27 1970년대 미국의 잉여농산물을 가공하는 삼백 산업을 육성하였다.
19. 법원 9급
O I **X**

28 1970년대 자유 무역 협정(FTA)을 통해 시장 개방을 확대하였다.
19. 법원 9급
O I **X**

29 1950년대 6·25 전쟁 직후의 절실한 사회 단면을 파헤친 정비석의 소설 『자유부인』이 출간되었다.
19. 경찰간부
O I **X**

30 1950년대 정부는 식량 부족 문제를 해결하고자 '쌀이 없는 날'을 정하였다.
19. 경찰간부
O I **X**

31 김종필·오히라 메모 ~ 브라운 각서 체결 사이에, 유엔의 지원으로 충주에 비료 공장을 설립하였다.
18. 국가 9급
O I **X**

32 김종필·오히라 메모 ~ 브라운 각서 체결 사이에, 국가 기간 산업인 울산 정유 공장이 가동되었다.
18. 국가 9급
O I **X**

33 김종필·오히라 메모 ~ 브라운 각서 체결 사이에, 마산에 수출 자유 지역이 건설되었다.
18. 국가 9급
O I **X**

34 김종필·오히라 메모 ~ 브라운 각서 체결 사이에, 경부 고속 국도가 개통되었다.
18. 국가 9급
O I **X**

35 대충자금이 조성되던 시기에 금리, 기름값, 달러 인하로 3저 호황을 누렸다.
18. 교육행정
O I **X**

36 농지개혁법의 법령 및 조약에 의하여 몰수 또는 국유로 된 농지와 소유권의 명의가 분명하지 않은 농지는 정부에 귀속하게 하였다.
18. 경찰 2차
O I **X**

37 '덮어 놓고 낳다 보면 거지꼴을 못 면한다' 표어 시기 군사 정부가 '경제 개발 5개년 계획'을 추진하였다.

17. 하반기 국가 9급

O | X

38 '딸 아들 구별 말고 둘만 낳아 잘 기르자' 표어 시기 유신 체제가 성립되었고, 2차례의 오일 쇼크와 중화학 공업 과잉 중복 투자에 따른 경제 불황이 있었다.

17. 하반기 국가 9급

O | X

39 '잘 키운 딸 하나 열 아들 안 부럽다' 표어 시기 6월 민주 항쟁과 저금리, 저유가, 저달러의 3저 호황이 있었다.

17. 하반기 국가 9급

O | X

40 미군정기에는 미국식 민주주의 교육과 6 - 3 - 3학제가 도입되었다.

17. 지방 9급

O | X

41 1950년대에는 경제적 어려움 속에서도 초등학교 의무교육제가 시행되었다.

17. 지방 9급

O | X

⭐42 1960년대에는 입시 과열을 막기 위해 중학교 무시험 추첨제가 도입되었다.

17. 지방 9급

O | X

⭐43 1970년대에는 국가주의 이념을 강조한 국민교육헌장이 제정되었다. 17. 지방 9급

O | X

44 1·2차 경제 개발 계획 시기, 경부 고속 국도가 건설되었다. 17. 하반기 지방 9급

O | X

45 1·2차 경제 개발 계획 시기, 연간 수출 총액이 늘어나 100억 달러를 돌파하였다.

17. 하반기 지방 9급

O | X

⭐46 농지개혁법에 따라 신한 공사를 설립해 귀속 농지를 관리하도록 하였다.

17. 교육행정

O | X

47 농지개혁법에 따라 농어촌 환경 개선을 위해 새마을 운동을 실시하였다.

17. 교육행정

O | X

⭐48 농지개혁법에 따라 지주로부터 농지를 매입하고 지가 증권을 발행하였다.

17. 교육행정

O | X

오답 **확인하기**

43 국민교육헌장은 1968년에 제정되었다.
45 3·4차 경제 개발 계획이 실시되던 1977년의 일이다.
46 신한공사는 일본의 소유였던 적산을 처리하는 기구였다.
47 새마을 운동은 농지개혁법 실시 이후인 1970년대에 전개되었다.

정답

37 O 38 O 39 O 40 O 41 O
42 O 43 X 44 O 45 X 46 X
47 X 48 O

Self Check

문항	○	×	틀린 이유
49	○	×	
50	○	×	
51	○	×	
52	○	×	
53	○	×	
54	○	×	
55	○	×	
56	○	×	
57	○	×	
58	○	×	
59	○	×	
60	○	×	
61	○	×	
62	○	×	

오답 확인하기

51 김영삼 정부에 대한 설명이다.
52 협동조합은 농지개혁법의 실시와 관련이 없다.
54 남한의 농지개혁은 유상매입, 유상분배를 원칙으로 하였다.
55 3·1 소작제는 미군정에서 시작했다.

정답

49 **O** 50 **O** 51 **X** 52 **X** 53 **O**
54 **X** 55 **X** 56 **O** 57 **O** 58 **O**
59 **O** 60 **O** 61 **O** 62 **O**

---

49 1970년대 처음으로 고등학교 입학시험이 연합고사로 바뀌었다.
17. 지방 7급
O | **X**

50 1990년대 대학수학능력시험이 실시되었다.
17. 지방 7급
O | **X**

⭐**51** 노태우 정부 때 금융실명제가 전면 실시되었다.
17. 서울시 9급
O | **X**

52 남한의 농지개혁법 시행 결과 협동조합이 모든 농지를 소유하게 되었다.
16. 지방 9급
O | **X**

53 남한의 농지개혁법 시행 결과 소작지가 크게 줄어들고 자작지가 늘어났다.
16. 지방 9급
O | **X**

⭐**54** 남한의 농지개혁법 시행 결과 지주 소유 토지를 몰수하여 농민에게 무상으로 분배하였다.
16. 지방 9급
O | **X**

55 농지개혁법에서 소작료는 1/3제로 제한한다.
15. 사회복지
O | **X**

⭐**56** 농지개혁법은 유상매수, 유상분배를 원칙으로 하였다.
15. 사회복지
O | **X**

⭐**57** 농지개혁에서 호당 3정보 이하 농지는 매수 대상에서 제외하였다.
15. 국가 7급
O | **X**

58 농지개혁에서 3정보 이상의 농지로 이미 매도된 경우 개혁에서 제외하였다.
15. 국가 7급
O | **X**

59 농지개혁에 따라 매수된 농지의 지주에게는 연평균 수확량의 150%를 5년간 나누어 보상하도록 하였다.
15. 국가 7급
O | **X**

60 1970년대 연간 대외 수출액이 100억 달러를 넘어섰다.
15. 국가 7급
O | **X**

⭐**61** 1980년대 저금리·저유가·저달러의 3저 현상으로 호황을 맞이하였다.
15. 국가 7급
O | **X**

⭐**62** 1990년대 경제 협력 개발 기구(OECD)에 가입하였다.
15. 국가 7급
O | **X**

63 이승만 정부는 미국과 경제 원조 협정을 체결하여 경제 안정과 시설 복구를 위한 원조를 받았다.

14. 지방 7급

O ｜ X

64 이승만 정부는 귀속재산처리법에 따라 일본인이 소유했던 재산과 공장 등을 민간인에게 불하하였다.

14. 지방 7급

O ｜ X

65 이승만 정부는 농지개혁법을 제정하여 유상매입, 무상분배의 농지 개혁을 실시하였다.

14. 지방 7급

O ｜ X

66 이승만 정부는 금융 기관의 공공성 유지와 경영 건실화를 위하여 한국은행법과 은행법을 제정하였다.

14. 지방 7급

O ｜ X

67 1960년대 미국의 무상 원조가 경제 개발의 주요 재원으로 활용되었다.

12. 국가 9급

O ｜ X

68 1960년대 경제 건설에 필요한 재원 조달을 위해 한·일 협정이 체결되었다.

12. 국가 9급

O ｜ X

69 농지 개혁에서 임야 소유권 문제는 제외하였다.

12. 지방 7급

O ｜ X

70 농지 개혁에 따라 귀속 농지 분배를 위하여 신한공사를 설치하였다.

12. 지방 7급

O ｜ X

Self Check

문항	○	×	틀린 이유
63	○	×	
64	○	×	
65	○	×	
66	○	×	
67	○	×	
68	○	×	
69	○	×	
70	○	×	

오답 확인하기

65 농지개혁법은 유상매입, '유상분배'를 원칙으로 하였다.
67 1950년대의 경제 상황에 대한 설명이다.
70 신한공사는 미 군정 시기에 설치한 것으로, 농지개혁 실시 이전에 해체되었다.

정답

63 **O** 64 **O** 65 **X** 66 **O** 67 **X**
68 **O** 69 **O** 70 **X**

노범석

주요 약력

박문각 공무원 한국사 전임교수
EBS 공무원 한국사 강사
전) KG패스원 공무원 한국사 전임교수
전) 강남구청 인터넷수능방송 강사
전) 두로경찰간부학원 한국사 교수
전) 을지대학교 한국사 특강 교수

주요 저서

2024 박문각 공무원 입문서 시작! 노범석 한국사
노범석 한국사 기본서
노범석 한국사 필기노트
노범석 한국사 기선제압 OX
노범석 한국사 기출문제집
노범석 한국사 기출필수코드 단원별 실전문제
노범석 한국사 파이널 모의고사
2024 박문각 한국사능력검정시험 노범석 원샷 한능검 심화 1/2/3급

노범석 한국사
기선제압 OX

초판 인쇄 | 2023. 7. 20.   **초판 발행** | 2023. 7. 25.   **편저** | 노범석
발행인 | 박 용   **발행처** | (주)박문각출판   **등록** | 2015년 4월 29일 제2015-000104호
주소 | 06654 서울시 서초구 효령로 283 서경 B/D 4층   **팩스** | (02)584-2927
전화 | 교재 문의 (02)6466-7202

저자와의
협의하에
인지생략

정가 25,000원
ISBN 979-11-6987-413-7